长江三峡工程文物保护
项目报告戊种第十号

二十年

郝国胜 著

三峡工程
重庆库区文物保护
总结性研究
（1992—2011年）

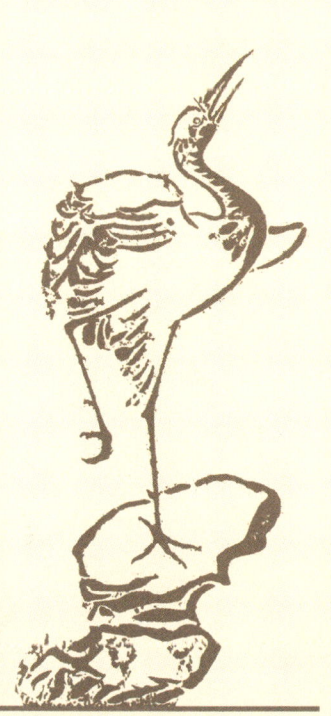

科学出版社

内 容 简 介

本书以研究的形式对三峡重庆库区20年文物保护工作进行了梳理和总结，总结和研究了三峡文物保护规划和实施两个阶段的文物保护状况，包括规划的制定及作用、三峡文物保护管理体制特点和效能、各区县地下和地面文物保护状况、文物工作者奉献和白鹤梁水文题刻、张桓侯庙、石宝寨等文物保护工程，提炼出三峡文物保护特点、经验和创新内容，以翔实的文物保护数据和精美的出土文物图片及文物保护工地的现场照片回溯了20年文物保护历程，展现了重庆库区文物保护成果，并以丰硕保护成果阐述了三峡重庆库区文物保护工程在保障三峡水利枢纽工程顺利进行的基础上，超额完成了保护任务，将三峡文物的损失降到了最低限度。这是自改革开放以来，我国文物保护战线上取得的重大保护成果，体现了党中央、国务院对文物保护工作的高度重视，体现了我国文物保护的方针、政策、理念，体现了政策与决策的正确性。三峡文物保护是一项配合基本建设的典范工程，它以丰硕的保护成果凝聚了三峡文化的软实力，为实现文化强国梦奠定了基础。

本书可供考古学、历史学等学科研究人员及关心三峡工程文物保护的广大读者阅读、参考。

图书在版编目（CIP）数据

二十年：三峡工程重庆库区文物保护总结性研究：1992—2011年/郝国胜著.—北京：科学出版社，2014.2

ISBN 978-7-03-039703-4

Ⅰ.①二⋯ Ⅱ.①郝⋯ Ⅲ.①三峡工程–历史文物–文物保护–研究–重庆市–1992—2011 Ⅳ.①K872.719.04

中国版本图书馆CIP数据核字（2014）第020502号

责任编辑：王光明／责任校对：鲁 素
责任印制：钱玉芬／书籍设计：北京美光设计制版有限公司

科学出版社 出版
北京东黄城根北街16号
邮政编码：100717
http://www.sciencep.com

中国科学院印刷厂 印刷
北京美光设计制版有限公司 制版
科学出版社发行　各地新华书店经销

*

2014年2月第 一 版　开本：787×1092　1/16
2014年2月第一次印刷　印张：23 3/4
字数：545 000

定价：258.00元
（如有印装质量问题，我社负责调换）

序言

　　三峡文物保护漫长而艰辛，我们与郝国胜先生都是在最艰难的时期从事三峡文物保护的。那时，他30多岁，我们50多岁，岁月如梭，转瞬20余载，我们已经到了耄耋之年，郝国胜先生也已50有余，我们都是三峡文物的守护人。

　　20世纪90年代初，我们受命与俞伟超、傅连兴先生共同主持编制《三峡文物保护规划》，俞伟超先生为组长，参加的同仁有：关强、乔梁、王立平、王仁湘、傅佳欣、顾军、郝国胜等。当时条件非常艰苦，三峡文物状况不明朗，规划经费不能及时到位，文物保护观念有待提高等。在国家文物局领导下，克服重重困难，在全国30所文物保护研究机构和高等院校300余名文物工作者的努力下，《三峡文物保护规划》如期完成。这是新中国成立以来第一部系统、完整的文物保护规划，在20余年后的今天，仍然有着参考价值。

　　已经仙逝的俞伟超、傅连兴先生为规划的制定呕心沥血，作出了巨大贡献，让我们敬仰和怀念！

　　在实施规划的十余年中，重庆库区的文物保护工作异常艰巨，遇到的困难也非常多。首先，淹没区面积大，文物数量多，且要在蓄水之前完成保护；其次，重点和工程量大的保护项目多集中在重庆；再次，刚刚成为直辖市的重庆，骤然主持这样大的文物保护工程，从体制、机构到专业人员的配置等亟待完善。天性嗜辣的重庆人没有退缩，组成以王川平为核心的文物保护团队。这个团队年轻人多，是个能吃苦、肯付出、有朝气的团队，其成员有：刘豫川、幸军、邹后曦、柳春鸣、邵卫东、王建国、袁东山、袁泉、白九江、谭京梅、杨晓刚等。在国务院三峡建委办公室和国家文物局领导下，调集了全国文物保护研究机构和高等院

校的数千名文物工作者进驻三峡，聘请知名专家成立重庆市人民政府三峡文物保护专家顾问组，健全和完善管理体制和机制。在没有可供经验借鉴的前提下，将重庆库区文物保护工程开展得井然有序，如期完成了重庆库区文物保护的任务，使三峡文物的损失降到了最低限度。回顾20年三峡文物保护历程，三峡文物保护是一项出色的保护工程，需系统、深入地总结经验。

郝国胜先生参加了历时20年的三峡文物保护工程，尤其在制定与实施《三峡文物保护规划》的过程中，他始终在第一线积极参与了大量的管理与协调工作，在收集、整理文物保护规划与实施过程中，他以勤奋与坚持不懈的精神，归纳总结出不少具有保存价值的文章与报告，为三峡的世纪文保工程，作出了重要的贡献。

由郝国胜先生主持的"三峡工程重庆库区文物保护总结性研究"课题，经过2年多研究，如期完成。展现给读者的《二十年——三峡工程重庆库区文物保护总结性研究（1992—2011年）》系统翔实。其中的13万余件出土文物数据和白鹤梁、石宝寨、张桓侯庙保护工程的专项报告，看了让人欣慰。规划阶段保护成果、管理体制与机制、各区县保护成果、完成任务状况、保护和研究成果、重庆库区保护特色和经验要述、文物工作者奉献等篇章，据实而详尽。在深层次地阐述成功经验和三峡文物保护特色之外，以"他们将生命中最美好的时光，奉献给了三峡文物保护"的感言，讴歌了文物工作者无私奉献的精神。

三峡文物保护是一项浩大的文物保护工程，经过20年保护，经过文物工作者的艰辛努力，应该说三峡建设期的文物保护工作已经出色完成。

《二十年——三峡工程重庆库区文物保护总结性研究（1992—2011年）》一书的出版，读者将会从中了解三峡文物保护历程，体会三峡文物保护艰辛，共享三峡文物保护成果。

徐光冀　黄克忠
2013年7月

前 言

  长江三峡地跨渝、鄂低山峡谷和渝东平行岭谷低山丘陵区，北靠大巴山麓，南依云贵高原北麓，处于大巴山断褶带、渝东褶皱带和渝、鄂、湘隆起褶皱带的交汇处，强烈的造山运动引起海陆变迁和江水下切，形成了独特的峡谷地貌和相对独立的地理单元。三峡库区恰好坐落在我国三大地貌阶梯的第二级阶梯的斜坡地带，成为我国东与西、面向海洋和面向亚洲腹地的两大地理单元的重要结合部之一，这一区域的自然、人文面貌既反映了地理区划的分区特征，又表现出了结合部位交汇与融合的特点。

  三峡地区历史悠久，人文荟萃，是中国远古文化的发祥地之一。丰富的水资源，使三峡地区的水路交通成为了与外界交往的重要渠道。冶炼、制盐业的兴

三峡大坝

旺，奠定了三峡地区经济发展的基础。乱世之年的纷争，加大了民族间的融合。避灾祈福的偶像崇拜，滋生了有三峡地域特点的宗教文化。经过数千年的代代更迭，三峡先民们生活和习俗的状况被历史遗存物承载着，它们或蛰伏在峡江沿岸地下，或矗立于平台坡地的地面，记录着历史面貌，见证着历史现象，成为了全人类的宝贵财富。

由于三峡水利枢纽工程建设需要，峡江沿岸广阔地区将被淹没，为了保护这一地区的文化遗产，兴起了规模浩大的文物保护工程。

在三峡文物保护工程中，隶属重庆市的区域最大，任务最重，占据了80%的区县和69%以上的文物，经过20年（1992—2011年）的保护，完成了抢救性保护任务。为巩固保护成果，向全国文物保护工作者提供可资借鉴的经验，特以课题研究的方式梳理和总结重庆库区文物保护工作。

2009年,"三峡工程文物保护总结性研究"课题研讨会在北京召开,国务院三峡建委办公室黄德林司长、国家文物局关强司长、重庆中国三峡博物馆馆长王川平及考古专家徐光冀先生等出席,关强司长主持,郝国胜研究员汇报课题研究成果

本书作者郝国胜研究员陪同谢辰生、吕济民、黄克忠先生考察白鹤梁水下博物馆

目 录

序言
前言

第一章
三峡重庆库区文物保护工程综述   1

第一节 三峡重庆库区文物保护工程
       概述   2
   一 三峡工程与重庆库区文物保护   2
   二 符合我国《文物保护法》的保护理念   3
   三 阶段目标   4
   四 保护工作完成状况   7

第二节 保障措施与保护成果   8
   一 保障措施   8
   二 保护成果   10

第三节 三峡重庆库区文物保护意义   11
   一 三峡文物保护的社会影响   11
   二 三峡重庆库区文物保护意义   12

第二章
三峡重庆库区文物保护工程管理体制与管理机制   13

第一节 三峡文物保护工程管理体制   14
   一 大体制的确立   14
   二 重庆库区文物保护管理体制   14
   三 三峡文物保护工程管理体制的特点
      和效能   15

第二节 重庆库区文物保护工程管理
       和机制   17
   一 重庆库区文物保护工程的项目管理   17
   二 三峡文物保护工程的监督管理   20
   三 文物档案资料管理与业务培训   21

第三章
三峡文物保护规划   23

第一节 前期工作   24
   一 三峡文物的早期调查   24
   二 "先规划,后实施"模式的形成   25
   三 "先规划,后实施"模式的意义   26

第二节 文物调查   26
   一 文物调查的组织与管理   26
   二 调查的内容和成果   27

第三节 规划制定   29
   一 编制单位   29
   二 规划制定   29

第四节 规划成果及内容   30
   一 规划成果   31
   二 规划内容   32

第五节 规划的论证与审批   38
   一 三峡文物保护规划论证   38
   二 三峡文物保护规划审批   39
   三 三峡文物保护规划的现实与深远意义   40

第四章
三峡重庆库区地下文物保护   44

第一节 概述   45
   一 旧石器时期   45
   二 新石器时期   45
   三 夏商周时期   46
   四 秦汉及以后   48

第二节 保护措施及出土文物   50
   一 保护方式的调整   50
   二 保护措施   53
   三 出土文物   54

第三节 三峡重庆库区各区县地下文物保护
及主要遗址和墓葬的发掘　60
 一　重庆市巫山县　61
 二　重庆市巫溪县　69
 三　重庆市奉节县　70
 四　重庆市云阳县　76
 五　重庆市万州区　84
 六　重庆市开县　89
 七　重庆市石柱县　91
 八　重庆市忠县　92
 九　重庆市丰都县　98
 十　重庆市涪陵区　107
 十一　重庆市武隆县　110
 十二　重庆市长寿区　111
 十三　重庆市巴南区　111
 十四　重庆市渝北区　112
 十五　重庆市市区　113

第五章
三峡重庆库区地面文物保护　114

第一节　三峡重庆库区地面文物概述　115
 一　汉代石阙　115
 二　宗教建筑　117
 三　民居建筑　120
 四　石刻　123
 五　水文石刻　126
 六　古桥梁　129
 七　航运交通　131

第二节　地面文物保护方式　132
 一　保护方式的调整　132
 二　保护方式　133

第三节　重点保护项目　135
 一　白鹤梁水文题刻原址水下保护工程　135

 二　张桓侯庙搬迁保护工程　143
 三　石宝寨文物保护工程　148

第四节　重庆库区各区县地面文物保护　156
 一　重庆市巫山县　156
 二　重庆市奉节县　173
 三　重庆市云阳县　178
 四　重庆市万州区　183
 五　重庆市石柱县　187
 六　重庆市忠县　190
 七　重庆市丰都县　194
 八　重庆市涪陵区　198
 九　重庆市开县　201
 十　重庆市武隆县　202
 十一　重庆市长寿区　202
 十二　重庆市江北区　203
 十三　重庆市巴南区　203
 十四　重庆市渝北区　204
 十五　重庆市市区　204

第六章
三峡重庆库区文物保护经费管理　205

第一节　重庆库区文物保护经费的
核定　206
 一　静态投资与动态投资　206
 二　三峡重庆库区文物保护经费　206
 三　经费申报与拨付程序　206

第二节　重庆库区文物保护经费的投资
与使用　207
 一　文物保护投资概算执行情况　207
 二　移民各类别投资形态　207
 三　资金结存情况　208
 四　规划及计划执行　208

第三节　经费管理与投资效应　208
　　　　一　经费管理　208
　　　　二　监督管理　210
　　　　三　投资效应　211

第七章
三峡重庆库区文物保护工程阶段性目标完成状况　212

　　第一节　规划阶段成果　213
　　　　一　规划阶段的工作状况　213
　　　　二　文物保护观念的提高　213
　　　　三　确立了三峡文物保护的管理体制　213
　　第二节　实施阶段保护成果　214
　　　　一　重庆库区文物保护完成状况　214
　　　　二　类别文物保护完成状况　216
　　　　三　保护三峡文物，促进三峡文化事业可持续发展　217
　　第三节　三峡文物保护研究成果　219
　　　　一　研究领域　219
　　　　二　研究成果的出版和刊发状况　221

第八章
三峡重庆库区文物保护的特色内容及经验要述　224

　　第一节　三峡重庆库区文物保护工程的特色内容　225
　　　　一　最大规模的文物保护工程　225
　　　　二　保护观念提升的社会影响　226
　　　　三　具有三峡特色的管理模式　226
　　　　四　制定了地面文物保护经费概算细则　227
　　　　五　对非物质文化遗产制定了保护规划　227
　　　　六　地面文物保护特色　228
　　　　七　地下文物保护特色　229
　　第二节　三峡文物保护经验要述　230
　　　　一　以国务院三峡建委为领导核心的领导作用　230
　　　　二　国家文物局的组织与领导作用　231
　　　　三　先规划，后实施　233
　　　　四　综合监理制　236
　　第三节　文物工作者的奉献　237
　　　　一　客居三峡　237
　　　　二　艰苦环境　238
　　　　三　兢兢业业　239
　　　　四　呕心沥血　241

第九章
三峡重庆库区文物保护成果　244

　　第一节　重要考古发现　245
　　　　一　旧石器时期　245
　　　　二　新石器时期　246
　　　　三　夏商周时期　247
　　　　四　秦汉及以后时期　249
　　第二节　采用先进的技术和手段　249
　　第三节　重要文物保护成果　251
　　　　一　重要出土文物　251
　　　　二　重要地面文物保护成果　257

第十章
启示与建议　262

　　第一节　保护成果的启示　263
　　　　一　体现了党中央、国务院高度重视三峡文物保护　263

二 体现了我国国力的增强 263	
三 体现了我国文物保护理念 263	附录4
四 体现了以人为本的社会理念 263	重庆市人民政府关于印发重庆市三峡工程淹没及迁
五 体现了高超的组织和协调能力 263	建区文物保护管理办法的通知 287
六 体现了高超的管理水平 263	
七 体现了现阶段我国文物保护的科技水平 264	附录5
八 体现了当前我国的学术研究水平 264	重庆市文物局、重庆市建设委员会、重庆市移民局
九 体现了多学科相结合共同保护文物的发展	关于加强三峡工程重庆库区文物保护工程质量管理
趋势 264	的通知 298
十 体现了文物工作者和工程建设者崇高的保护	
责任和保护意识 264	附录6
第二节 出现的问题及其解决 264	重庆市文物局、重庆市移民局关于印发《重庆市三
一 规划阶段出现的问题及其解决 264	峡库区文物保护统筹经费使用管理办法》的通知
二 实施阶段出现的问题及其解决 265	309
第三节 三峡文物保护后续工作建议 267	
一 坚持"先规划，后实施"策略 267	附录7
二 坚持被实践验证的管理体制和管理机制 267	三峡工程重庆库区地下文物保护项目一览表 313
三 弥补前三峡文物保护中的不足 267	
四 新形势下后续工作的开展 268	附录8
五 加强课题研究 269	三峡工程重庆库区地面文物保护项目一览表 329

附录 271

附录9
研究成果的出版与刊发 337

附录1
重庆市文化局关于印发《重庆市三峡工程淹没及迁
建区文物抢救保护管理暂行办法》的通知 271

附录10
参加《三峡文物保护规划》编制的单位名单 353

附录2
重庆市文化局关于印发《重庆市三峡工程淹没及迁
建区考古发掘项目监理试行办法》的通知 279

附录11
参加三峡重庆库区文物保护工作单位名单 354

大事记（1992—2011年） 360
后记 367

附录3
重庆市人民政府关于加强三峡工程重庆库区出土文
物管理工作的通知 284

第一章 三峡重庆库区文物保护工程综述

　　三峡文物保护工程是迄今为止我国规模最大的文物保护工程，其保护范围之广、保护文物数量之多在全世界的文物保护史上极为罕见。其中重庆库区的文物保护工作最为繁重，肩负着三峡库区文物保护工程的主要保护任务。

　　按照三峡文物保护工程的阶段分期，重庆库区的文物保护工作分为规划和实施两个阶段。规划阶段自1992年至2000年，完成了规划的制定、论证、审批。虽然工程的范围是全库区，但重庆库区占据了整个区县个数的80%和文物点数量的69%。实施阶段自1997年始（提前实施规划）至2011年。重庆库区完成了775处文物的保护，包括规划任务的752处和规划外的22处地下和1处地面文物，出土文物13.3088万件套（不含158处未整理的文物点出土文物）。整个工程历时20年，全国182所文物保护研究机构和大专院校以及施工单位的数千名文物工作者参加了重庆库区的文物保护工作。

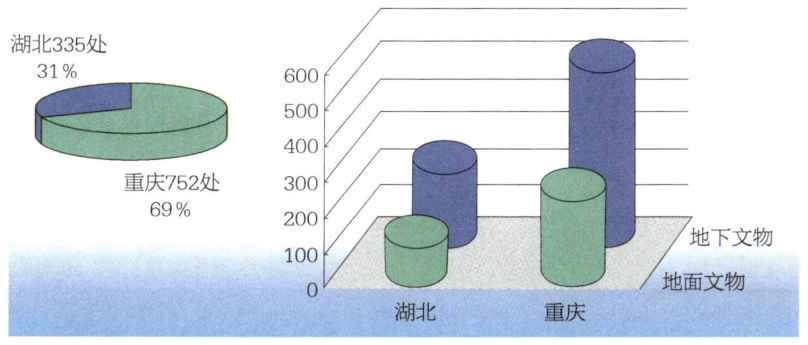

三峡库区文物保护规划分布示意图

第一节　三峡重庆库区文物保护工程概述

在重庆库区三峡文物保护中，文物工作者以高度的历史责任感和使命感保护了祖国的文化遗产，将受淹文物的损失降到了最低程度，保障了三峡工程建设的顺利进行。

一　三峡工程与重庆库区文物保护

三峡水利枢纽工程是我国一项重要的基本建设工程。为了将长江下游防洪能力由十年一遇提高到百年一遇水平和提高长江航运能力，保证高效的水力发电能量，需要将水位提高。因此，海拔175米的坝前水位成为了三峡水利枢纽工程既定的最高水位线。为达到这一水位线，将形成从湖北宜昌夷陵区至重庆江津的1084平方公里的三峡库区。按照三峡坝址的海拔水位78.2米（吴淞高程，下同）计算，三峡

重庆在中国的位置

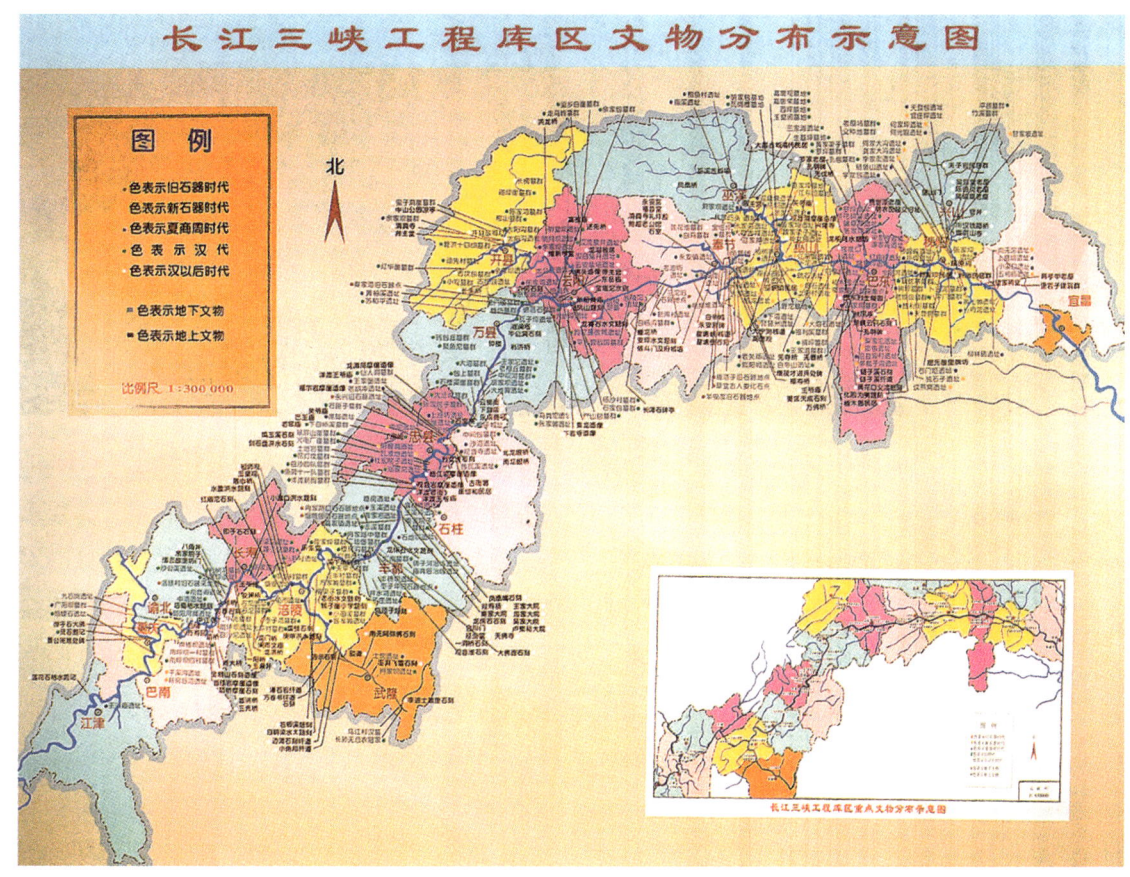

长江三峡工程库区文物分布示意图

大坝建成后,最高将使坝前水位提高96.8米。

坝前水位的提高,将使湖北宜昌至重庆全长660公里的峡江水域上涨,也将连带包括大宁河等支流的水位上涨,由此将使沿江(河)的陆地受淹,形成632平方公里的陆地淹没面积,这些淹没地带在三峡工程建设中称为"三峡淹没区"或"三峡库区",隶属重庆市的受淹地区称为"重庆淹没区"或"重庆库区"。

三峡淹没区涉及湖北省和重庆市的20个区县,有100余万居民将在淹没之前进行搬迁安置。为了妥善安置淹没区的居民,在适宜的区域,建设了规模不等的安置区。这些安置区在三峡工程建设中称为"三峡移民迁建区",隶属重庆市的移民安置地区称为"重庆移民迁建区"。

三峡文物保护是我国规模最大的文物保护工程之一,重庆库区在整个三峡文物保护工程中任务最重,占总淹没区县的80%(按实施阶段区县计算)和文物保护点数量的69%。经过文物工作者20年的辛勤劳动,重庆库区的文物得到了有效保护。这是自改革开放以来,我国在文物保护战线上取得的又一重大成果。

二 符合我国《文物保护法》的保护理念

在对重庆库区的文物保护中,文物工作者依据我国《文物保护法》精神,根据重庆库区文物状况,对地下文物采取了考古发掘、登记建档、考古勘探的保护措施,对地面文物实行了搬迁保护、原地保护、留取资料的保护措施,贯彻了"保护为主,抢救第一"

重庆市市长黄奇帆、国家文物局局长励小捷、重庆市副市长谭栖伟在重庆市文物工作会议主席台上

的文物保护方针。

在对重庆库区地面文物保护中，根据我国《文物保护法》和国际上普遍遵循的《威尼斯宪章》精神，对地面可移动或不可移动文物，实行了"不改变文物原状"的保护方略，成功实施了"白鹤梁原址水下保护工程""张桓侯庙搬迁复建工程""石宝寨护坡仰墙保护工程""大昌古镇整体搬迁工程""瞿塘峡石刻升高复建保护工程"，为我国大型文物保护项目的保护树立了榜样，积累了经验。

在重庆库区文物保护实施过程中，虽然抢救和保护是第一位的，但不是单纯为了保护，而是在保护的基础上注重发展和利用。其基本点是以人为本，为民服务，其途径是"贴近实际、贴近群众、贴近生活"。在保护中，将保护下来的地下出土文物，在保障文物安全的基础上，有选择性地将部分较珍贵文物分期分批在博物馆展出。将保护下来的地面文物选择至适宜保护的环境实行搬迁复建，兴建了多处文物复建区，复建内容包括：古民居、石刻、古桥梁、庙宇、祠堂、牌楼、古塔等，结合传统文化传承和旅游开发建设需要，形成新的文物保护区和文化旅游景区，与白鹤梁、石宝寨、张桓侯庙、大昌古镇等共同向公众开放，以达到为民所有、为民所用的目的，体现了"合理利用，加强管理"原则。

三 阶段目标

1992—2011年，三峡文物保护工作全面展开，保护工作涉及受三峡工程影响的重庆库区全部地下和地面文物。其中地下文物包括陆地埋藏的遗址、遗迹、墓地等；地面文物除地面保留的文物古迹外，也包括了长江三峡库区水下及河道表面保留的文物古迹。根据文物特点，将其分

国务院三峡建委办公室副主任雷鸣山、重庆市副市长谭嘉林参观"三峡文物保护成果展"

为11个类别，即：旧石器时期遗存、新石器时期遗存、夏商周时期遗存、秦汉及以后遗存、汉代石阙文物、宗教建筑文物、民居建筑文物、石刻文物、水文石刻文物、古桥梁文物、交通航运文物。其阶段目标完成状况如下：

1 规划阶段（1992—2000年）

对三峡库区文物全面调查，摸清了文物"家底"，特别是基本搞清楚了重庆库区文物状况。在调查的基础上，编制了《长江三峡工程淹没及迁建区文物古迹保护规划报告》（简称《三峡文物保护规划》，下同）该规划遵循以县为基础、省市负责制的原则，将三峡22个区县（按规划阶段区县统计，下同）的受淹文物进行了系统规划，涉及重庆库区（原四川省）18个区县（原万州市划分为3个区）的883处文物列入规划，经论证和审核，正式批准列入规划的重庆库区文物为752处。《三峡文物保护规划》的制定为实施阶段保护工作的顺利开展奠定了坚实基础。

2 实施阶段（1997—2011年）

按照规划和三峡水库蓄水进度要求，分阶段对各蓄水高程以下文物实行保护。即：

第一阶段（1997—1998年）：重点对海拔78.2—82.28米的文物进行保护。此阶段因规划

2002年3月，重庆市委副书记邢元敏考察瞿塘峡石刻

2001年，国务院三峡建委办公室宋原生副主任、柳地司长等检查三峡文物保护工作

2003年2月，国家文物局局长单霁翔视察张桓侯庙保护工地

2001年，重庆市副市长甘宇平视察白帝城考古发掘现场，王川平陪同

2004年4月，重庆市委书记黄镇东考察白帝城

国家文物局副局长童明康、文物保护司司长关强考察白鹤梁水下博物馆

国家文物局副局长顾玉才与王川平副局长商讨文物保护

国家文物局张柏副局长在发掘现场

国家文物局文物保护司关强司长检查三峡文物保护工地

未正式批准,只能将亟待保护的文物,按照待批准的规划提前进行了保护。因82.28米高程以下的文物较少,也对此高程以上的重要文物实行了保护或保护前的准备工作。

第二阶段(1998—2003年):按照规划以82.28—135米高程文物为保护重点。此阶段的前期,也因为规划未及批准,对亟待保护的文物,仍按照待批准的规划提前进行了保护。此阶段保护任务繁重,包括张桓侯庙的搬迁、白鹤梁水文题刻的围堰和梁体保护及重要遗址、墓地的发掘等。

第三阶段(2004—2006年):按照规划完成了海拔135—156米范围的文物保护。由于大部分重要的地下和地面文物集中在此高程范围,本阶段的文物保护任务非常艰巨和复杂,保护工期也最为紧张。在国家文物局的组织和领导下,全国182所文物保护研究机构和大专院校及建设单位的数千名文物工作者进入重庆库区,开展了文物保护的"大会战"。白鹤梁水文题刻原址水下保护工程、石宝寨文物保护工程、瞿塘峡石刻保护工程、大昌古镇搬迁保护工程等重大保护项目以及一些重要墓地和遗址的发掘,均集中在此阶段进行。

第四个阶段(2007—2011年):完成了海拔156—177米(含175米淹没线以上2米风浪影响)范围的文物保护。在此阶段,一些重大的考古项目和出土文物相继完成和出土,地下文物发掘工作全部结束。地面文物保护工作也基本完成,一批重要搬迁复建工程相继竣工。

三峡文物保护工程的地域范围包括湖北省宜昌市夷陵区三斗坪以西至重庆市市区的峡江区域,全长660公里,库区面积1084平方公里,淹没区陆地面积632平方公里,库岸线(含支流)全长约5300公里,涉及重庆市的16个区县(按实施阶段的行政区划,下同)的受淹文物，即：巫山县、巫溪县、奉节县、云阳县、万州区（含龙宝移民开发区、五桥移民开发区、天城移民开发区）、开县、忠县、石柱县、丰都县、涪陵区、武隆县、长寿区、巴南区、江北区、渝北区和重庆市市区。按照三峡文物保护规划进程，对上述16个区县受影响的地下和地面文物进行了全面保护。

根据国务院三峡建委办公室正式批准的《三峡工程淹没区及迁建区文物保护规划（保护项目和保护方案）》，三峡重庆库区的文物保护项目为752处（含白鹤梁、石宝寨、张桓侯庙），其中地下文物506处，地面文物246处，占库区文物总数量的69%。白鹤梁、石宝寨、张桓侯庙被列为重点项目，实行单独规划，单独立项，独立论证，重点施工保护。

四 保护工作完成状况

在国务院三峡建委办公室、国家文物局和重庆市人民政府的领导组织下，在重庆市文物主管部门和文物工作者的努力下，抢救性保护任务全部完成。

（1）动员了全国30所文物保护研究机构的300余名文物工作者对三峡库区文物进行调查，基本探明了三峡文物状况，特别是将重庆库区的文物"家底"基本摸清。

（2）《三峡文物保护规划》的制定，奠定了重庆库区文物保护工作开展的基础。

（3）对规划的752处重庆库区文物实行了全面保护，其中地下文物506处，地面文物246处。

（4）对重庆库区增补的22处地下和1处地面文物进行了全面保护，使重庆库区受到保护的文物数量达到775处。

（5）在地下文物保护中，528处文物得到了不同方式的保护，出土文物13.3088万件套（不含158处未整理的文物点），其中，一般文物9.3067万件套（含标本），较珍贵文物4.0021万件套（占出土文物总数的30%）。完成发掘面积130余万平方米。完成勘探面积1021.2408万平方米。

（6）为使公众了解三峡文物保护成果，感悟三峡文物的文化内涵，重庆市的文物主管部门在做好保护工作的基础上，将部分较珍贵出土文物及时展示和利用。目前，已有7315件套较珍贵文物通过展示手段等得到了合理利用。

（7）在地面文物保护中，246处文物得到了有效保护，其中，文物搬迁复建91处，原地保护57处，留取资料98处。白鹤梁原址水下保护工程、石宝寨文物保护工程、张桓侯庙搬迁保护工程3个重点项目已全部竣工，并向游人

重庆市文广局局长汪俊检查奉节府城墙建设

国家文物局关强司长在文物保护工地现场

开放。瞿塘峡石刻、大昌古镇、白帝城、古民居、古桥梁、古代庙宇、古代石刻、古栈道、古阡道等都得到了不同方式的保护。

（8）在对地面文物保护中，本着既对保护有利，又对文化事业发展有利的原则，根据文物状况，将搬迁保护的文物集中在峡江沿岸的巫山县、奉节县、云阳县、万州区、开县、忠县、石柱县、丰都县等区县，兴建了文物复建区。这些复建区与白鹤梁、石宝寨、张桓侯庙以及瞿塘峡石刻、大昌古镇、白帝城等，形成了三峡新的旅游风景区和文物保护中心，使三峡文物既得到了有效保护，又得到了合理利用。

（9）在三峡重庆库区的文物保护中，文物工作者按照三峡工程的建设进度，在各个蓄水阶段前完成了各个淹没高程以下的文物保护。三峡重庆库区的文物保护工程在对受淹文物实行全方位保护的基础上，保障了三峡水利枢纽工程的建设，将文物的损失降到了最低程度。

第二节　保障措施与保护成果

在重庆库区的文物保护中，正确的领导、有效的组织与协调，确保了重庆库区文物保护工程的有序进行，奠定了取得保护成果的基础。

一　保障措施

1　广泛融入了我国文物保护理念

在三峡重庆库区的文物保护中，"保护为主，抢救第一，合理利用，加强管理"的文物保护方针和"不改变文物原状"的原则得到了贯彻和执行，重视环境建设和服务设施配套建设的策略，被广泛运用。

2　建立了适合文物保护的管理体制

三峡文物保护工程的管理体制是在国务院三峡建委统一领导的大体制下运营，国务院三峡建委办公室、原国务院三峡建委移民开发局、国家文物局、重庆市政府是大体制的运行职能单位，重庆市的文物主管部门是基础体制的管理单位，各区县的文物管理部门是基础体制的协调和协作单位。这是符合我国国情、适合三峡文物保护需要的管理体制，在重庆库区文物保护中发挥了重要作用。

3　集合了多种学科的共同参与和协作

在三峡重庆库区的文物保护中，多学科的共同参与和协作，提高了文物保护工作的效率与质量，保障了三峡文物保护工程的顺利进行。这些学科包括：考古学、建筑学、民族学以及水下考古、航空考古、地质勘探、地理测绘、生命科学、现代医学等。

4　采用了高科技的技术和手段

将物理勘探、电子测绘、质子激发X射线技术、DNA技术、地层提取技术、水下考古勘探、遥感考古、环境测绘、地形地貌测探、^{14}C测年法、原子吸收光谱、原子发射光谱、X射线荧光光谱、红外照相技术、孢粉分析法等现代科学技术和方法应用在了三峡重庆库区的文物保护中，广泛使用了各种地球化学代用指标，将电探ＣＴ、探地雷达和重力筛分仪和光透视粒度分析仪等先进仪器应用在了考古勘探和考古发掘中。采用了田野考古计算机管理软件，有效提高了重庆库区地下文物保护的效率和质量。采用了安全环保的新材料、新工艺、新技术，加大了对文物的保护力度。

5 调集了全国文物保护力量

三峡重庆库区文物保护工作是在国务院三峡建委、国家文物局、重庆市政府的领导下，在重庆市文物主管部门的组织下，在全国20多个省、市、自治区的182所文物保护研究机构和大专院校及文物保护施工单位的数千名文物工作者和文物保护专家的努力下完成的。其中，包括了最有实力的保护研究机构和大专院校，如：中国国家博物馆、中国文化遗产研究院、中国社会科学院考古研究所、中国科学院古脊椎动物与古人类研究所、各省、市、自治区文物保护研究机构和北京大学、清华大学、中央民族大学、武汉大学、四川大学、北京建筑工程学院等，也包括了享有盛名的专家学者，如：贾兰坡、任继愈、侯仁之、苏秉琦、吴良镛、宿白、谢辰生、罗哲文、俞伟超、张忠培、黄景略、徐光冀、黄克忠、苏东海等。

在国家文物局的工作部署和重庆市文物主

重庆市副市长余远牧检查文物保护工地

国家文物局组织专家检查三峡文物保护工作

重庆市文物局局长幸军检查文物保护工地

文物专家谢辰生、吕济民考察三峡文物保护

管部门的组织下，数千名文物工作者有序进入重庆库区，开展了我国规模最大的文物保护工程。在艰苦的工作环境中，文物工作者克服了重重困难，完成了三峡重庆库区的文物保护任务。他们将生命中最美好的时光，将渊博的知识和智慧，无私奉献给了重庆库区文物保护。

这是一项参加单位最多、专家阵容最强、保护队伍最庞大的文物保护工程，在中国乃至全世界的文物保护史上，极为罕见。

二 保护成果

重庆市文物局检查文物保护工地

（1）以国务院三峡建委为领导核心的三峡文物保护管理体制，是在我国文物保护中最高级别的管理体制。

（2）在三峡文物保护实行的"先规划，后实施"保护策略，开创了我国规划在先、实施在后的文物保护先河，建立了适合大型文物保护工程的新秩序。

（3）《三峡文物保护规划》是我国规模最大、参与人数最多的文物保护规划。

（4）规划阶段的文物调查，填补了三峡地区特别是重庆库区文物总量不确定的空白。

（5）《三峡工程库区地面文物保护规划经费概算细则》的制定，填补了我国地面文物保护缺少经费概算依据的空白。

（6）《民族民俗文物保护规划》是我国首次针对非物质文化遗产制定的保护规划。

（7）根据三峡文物保护工作的需要，将世界银行"监评"的监察方法进行了完善和改良，创新性地建立了"综合监理制"。

（8）"白鹤梁水下博物馆"是世界上第一座"遗址类"水下博物馆。

在水下博物馆的建设中，以"无压容器"的建设方案，使水的压力释放，解决了由于水压问题而易使水下建筑移位的难题，这是一项领先于世界的文物保护方案，体现了我国高超的水下博物馆建设水平。

在水下博物馆的建设中，第一次采用了水下LED光芯照明系统，第一次采用水下不燃电缆，第一次采用水下循环水系统等。

（9）"张桓侯庙搬迁保护工程"是继三门峡水利工程"永乐宫搬迁保护工程"之后，我国规模最大的地面文物保护搬迁工程。

（10）在三峡沿岸兴建的近10处文物古建复建区，是我国规模最大、数量最多的文物古建复建区。

（11）大昌古镇的整体搬迁在当时是我国规模最大的古镇搬迁。

（12）在三峡文物保护中，采用了DNA技术对古人类和现代人类的基因进行了提取和比较，为解开古代巴人之谜和DNA技术在文物保护中的广泛运用奠定了基础。

（13）大量旧石器时代中晚期遗存的发现，填补了三峡地区缺少旧石器遗存的空白。

（14）大量新石器时代遗存的发现，为研究三峡地区新石器时代文化谱系、长江中上游之间的文化关联以及巴文化的起源，提供了不可多得的实物资料。

（15）大量夏商周遗址的发现，建立了夏商周考古学文化的发展序列，填补了这一时期考古学文化认识上的空白，提高了对巴文化的认识。双堰塘遗址是西周时期分布在长江中游大宁河流域规模最大、出土文物最丰富、遗址级别较高的巴文化遗址。

（16）丰都冶锌遗址群是三峡地区的首次发现，是我国乃至世界科技史上的一项重要发现。

（17）忠县中坝遗址和云阳云安遗址等与盐业考古相关遗存的出土，填补了这一地区盐业考古的空白。

（18）云阳明月坝唐代城镇遗址数万平方米的揭露，在国内尚属首例，获取了街道、广场、建筑等城镇布局以及建筑特点、功能等多方面资料，弥补了我国早期市镇遗址发掘与研究的空白。

第三节　三峡重庆库区文物保护意义

一　三峡文物保护的社会影响

随着人们对文物不可再生性认识的进一步提高，三峡文物保护引起了世人的广泛关注，特别是在文化界，关注的程度甚至高过三峡工程本身。在国内，街谈巷议中不时有三峡文物保护的话题，一些文化界的学者和专家以献计献策的方式支持三峡文物保护。在美国、日本及欧洲的许多国家，由文化界组织的保护三峡文物的倡议活动，得到了多方响应，许多友人和旅居国外的华人以多种方式支持三峡文物保护。三峡文物保护一度成为了热点，得到了社会的广泛关注。

在关注三峡文物保护的同时，在一定的范围也存在对三峡文物安全的担忧。对此，文物工作者和工程建设者力争在实际的保护中，以丰硕的保护成果证实我国有能力保护好三峡文物。

党和国家非常重视三峡文物保护，国家领导人在多次讲话中强调了三峡文物保护的重要性。在全国人大的会议中，做好三峡文物保护工作的内容列入了政府工作报告，这是新中国成立以来首次将地区性的文物保护写在了全国人大的政府工作报告中。党中央、全国人大、国务院、全国政协的领导多次指示和召开会议，部署三峡文物保护工作。在国务院颁布的《长江三峡工程建设移民条例》和《长江三峡工程淹没处理及移民安置规划大纲》中，对三峡文物制定了有利于保护的政策和措施。三峡文物保护得到了党中央和国务院的高度重视，得到了方针和政策的正确指引。

在党中央、国务院方针政策的指引下，在国务院三峡建委办公室和国家文物局的领导和组织下，文物工作者以科学的精神、高素质的专业技能和对历史及未来负责的态度，采用了高科技的方法和手段，克服了重重困难，胜利完成了文物保护任务。这是自改革开放以来我国文物保护战线上取得的丰硕成果，令国人和关注三峡文物保护的海外友好人士振奋，证实了我国有能力保护好三峡文物。如今，对三峡文物安全的担忧已不复存在。

回溯三峡文物保护历程，盘看三峡文物保

护成果，三峡文物保护之所以取得成功，重要的是党和国家有利于文物保护政策的正确和中央领导人的英明决策以及工作在第一线的文物工作者的努力，其历程和成果凝聚了文物保护工作者的心血和智慧。

二 三峡重庆库区文物保护意义

三峡重庆库区文物保护是在党中央和国务院的工作部署下，在国务院三峡建委办公室、国家文物局、重庆市政府的领导和组织下，在重庆市文物主管部门的主持下，经过全国182所文物保护研究机构和大专院校及文物保护施工单位的数千名文物工作者的努力，顺利完成了三峡重庆库区和迁建区的文物保护。这是一项跨世纪的文物保护工程，其规模和保护力度世界罕见。

三峡重庆库区文物保护依照我国《文物保护法》确立的文物保护工作方针，对淹没区以及迁建区的文物实行了"保护为主，抢救第一"方针和重点保护、重点发掘的保护策略。经过20年的保护，775处文物得到了妥善保护，13万余件套文物安全出土，这是自改革开放以来我国文物保护领域取得的又一重大成果。

三峡重庆库区文物保护是一项配合三峡水利枢纽工程建设的文物保护工程，在保护过程中，既妥善保护了文物，又保障了三峡工程的建设，使三峡文物的损失降到了最低程度。

在三峡文物保护中，开创了"先规划，后实施"的先河，成功制定了《三峡文物保护规划》，这是我国第一部系统的文物保护规划，为三峡文物保护工作的顺利进行奠定了基础。

在三峡重庆库区文物保护工程的实施中，健全的管理制度，使繁琐的保护工作井然有序；高效率的组织与协调，在短时间内调集了全国文物保护力量参加；多学科相结合的共同参与，解决了单一学科难以解决的难题；高新技术的运用，增加了文物保护的科技含量。三峡重庆库区文物保护为我国文物保护事业的发展进行了全面的实践和探索，开创了一条符合我国特别是符合三峡地区的文物保护之路。

数百处文化遗址的发掘，大量文物的出土，为解决历史问题和学术研究提供了实物资料，许多学术空白得到了填补，一些历史疑团获得了诠释，长江流域也是中华民族发祥地的观点得到了进一步印证。

雄伟壮丽的三峡风光，通过文物保护，使许多带有古代元素的人文景观更加丰富多彩。石宝寨的傲然凸起，张桓侯庙的古朴凝重，白鹤梁的深邃水底，文物复建区的古建神韵，增添了三峡风光的人文色彩，使三峡地区的文化内涵和旅游资源更为丰富，三峡文化事业的可持续发展空间得到了进一步的拓展。

三峡工程是一项注重文物保护的文明工程，它为三峡文物提供了一次难得的保护机遇。在机遇的把握上，文物部门与工程建设部门通力合作，营造了有利于文物保护的环境，树立了共同保护好文物的榜样。

三峡重庆库区文物保护是我国规模最大、保护范围最广、参与人数最多的文物保护工程之一。它营造了和谐，促进了发展，突出了以人为本，体现了党中央和国务院对文物保护工作的高度重视，体现了我国文物保护的方针、政策、理念，体现了政策和决策的正确性，饱含了文物工作者的智慧与艰辛。

三峡重庆库区文物保护工程是一项配合基本建设的典范工程，一些适合我国文物保护的管理方法和经验，已被我国许多大型文物保护工程吸取和借鉴，三峡重庆库区文物保护以丰硕的保护成果落实和实践了科学发展观。

第二章 三峡重庆库区文物保护工程管理体制与管理机制

三峡重庆库区文物保护工程属于国家级的重点文物保护工程，在工程的运行中，建立和健全了有利于三峡文物保护的管理体制和机制，保障了文物保护工程的顺利进行。

1997年6月19日，在重庆直辖市政府正式挂牌成立的第二天，重庆市政府与国家文物局在重庆组织召开了全国文物系统对口支援重庆库区文物抢救保护工作协调会

第一节　三峡文物保护工程管理体制

当七届全国人民代表大会五次会议（1992年4月3日）通过了兴建三峡水利枢纽工程的决议后，国务院三峡建委办公室和国家文物局就开始部署三峡库区文物保护的具体工作。

一　大体制的确立

1992年8月，国家文物局成立了"三峡工程文物保护领导小组"，负责三峡文物保护规划的领导和组织工作，该小组下设办公室，并在重庆库区（原属四川省）设立工作站，负责文物保护规划中文物调查的组织和协调工作。

1994年3月，经国务院三峡建委办公室与国家文物局会商，成立了由中国历史博物馆和中国文物研究所组成的"三峡工程库区文物保护规划组"，专职负责三峡文物保护规划的编制工作。

1996年10月9日，国务院副总理邹家华、国务委员李铁映主持召开了"研究三峡工程建设中文物保护工作有关问题"的会议。会议决定，三峡文物保护工作受国务院三峡工程建设委员会统一领导，由该委员会全权负责。四川省、湖北省和重庆市政府在国务院三峡建委的领导下，分别负责本省市三峡工程建设中的文物保护工作。国家文物局增补为国务院三峡建设委员会成员单位，指导两省一市开展工作，负责协调在全国范围内调集有关专业人员参加三峡文物保护工作并进行督促检查。

根据会议精神和三峡文物保护工作的特点，建立了以国务院三峡建委办公室、国家文物局和重庆市政府为领导核心的管理体制，将三峡文物保护工作纳入到了高规格的管理体制中，这是具有三峡特色的内容，是三峡文物保护得以顺利进行的基础。

二　重庆库区文物保护管理体制

重庆市三峡文物保护是在国务院三峡建委领导的管理体制下运营，国务院三峡建委办公室和国家文物局为领导机构和组织机构，重庆市政府直接领导重庆市文化局，重庆市文化局具体负责重庆库区的文物保护工作，下设三峡文物保护工作领导小组，负责重庆库区文物保护工作的项目规划、计划安排、组织施工、资金管理和地下文物保护项目等。领导小组下设办公室，具体负责编制年度计划、洽谈项目协议、检查工作进度、组织项目验收和出土文物汇总、移交、对外宣传及出版工作等。市文化局之下成立峡江文物工程责任有限公司，负责重庆库区地面重点文物保护项目的组织和管理，属于县级以下地面文物保护单位的一般工

三峡重庆库区文物保护与博物馆管理干部培训班

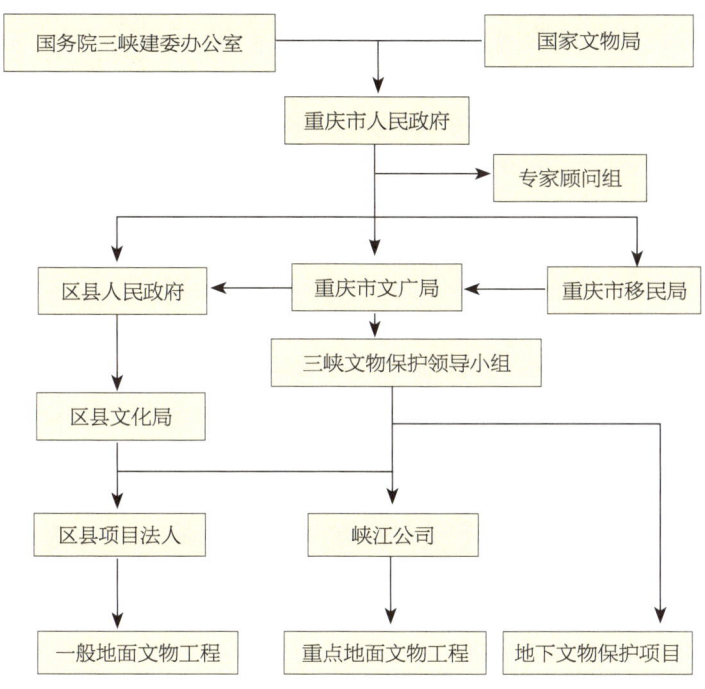

重庆市三峡文物保护管理体制

程,由区县政府组织实施。为加强业务指导,重庆市政府成立了"重庆市三峡文物保护专家顾问组",聘请俞伟超为组长,以谢辰生、罗哲文、黄景略、黄克忠、徐光冀、苏东海、夏正楷、庄孔韶等全国知名文物保护专家为成员的专家顾问组。

三 三峡文物保护工程管理体制的特点和效能

三峡文物保护管理体制是我国在改革开放和经济体制改革过程中,结合三峡工程的项目管理形成的管理体制,其特点和效能如下:

1 体制特点

(1)大体制下的管理体制

1992年,在国务院主持下成立国务院三峡工程建设委员会,国务院总理和主管水利方面的副总理担任主任和第一副主任,相关部委和部门为成员单位,下设办公室和移民开发局(2001年并入办公室)。

三峡文物保护的管理体制是在国务院三峡建委统一领导的大体制下的运行管理,国务院三峡建委办公室、国务院三峡建委移民开发局和国家文物局作为国务院三峡建委的成员单位,共同接受国务院三峡建委的统一领导。重庆市在对本地区的文物保护中,接受国务院三峡建委办公室、国务院三峡建委移民开发局和国家文物局的领导和督察。这种大体制下的管理体制在我国文物保护中属于最高级别的管理体制,也是首例,开创了历史的先河。

(2)基础管理体制

在大体制的运行下,重庆市负责本地区的文物保护,文物主管部门为具体的管理单位,包括:组织实施、经费管理、项目验收等。区县是三峡文物保护的基础单位,区县的文物管理部门负责本区县文物保护的协调和协作工作。

2 体制效能

（1）强化职能

在大体制的运行下，对中央各个部门的职能关系进行了协调，各个部门的职能得到了强化。国务院三峡建委办公室、国务院三峡建委移民开发局和国家文物局的领导、组织、督察的职能得到了确立，明确了重庆市的管理职能。这种职能的确立是在国务院三峡建委统一领导和协调下的体制建立，具有职能强化的作用。

（2）管理效能

在国务院三峡建委统一领导的体制运行中，明确了各部门的职能，项目审批、经费拨付、组织协调、监督检查的管理效能也因此提高。特别是在组织全国文物保护力量参加方面效果显著，全国20多个省、市、自治区的182所文物保护研究机构的数千名文物工作者，在较短的时间内就参加了重庆库区文物保护工作。这是三峡文物保护工程成功的关键，体现了三峡文物保护管理体制的运行效果。

重庆市在对本地区的文物保护中，依据规划对文物实行全面保护。在保护中，以妥善保护好文物，保障三峡工程的建设进度，将文物的损失降到最低程度为工作目标。将重要遗址的发掘和重要地面文物保护项目作为重点，实行直接管理。其特点是目标明确，重点突出。

在以县为基础的管理体制中，各区县的文物管理部门发挥了重要作用，它们担负了保护工作的协调和协作工作，是管理体制中的基础运行单位。在运行中，解决了许多实际问题，这些问题琐碎而实际，具体而重要。

经过20年的保护，三峡文物保护工作取得了丰硕成果，工作目标全部达到，重点保护项目圆满完成，大体制的运行机制发挥了重要作用。

三峡文物保护的管理体制是建立在以国务院三峡建委为领导核心的大体制下的职能管理，它组织周密，职能明确，既有政策的调控，又有具体的落实。在运行中，产生了强化，获得了效能。这是三峡文物保护工程取得成功的基础，是我国改革开放和管理体制改革的一项重要成果，具有启示和推广的意义。

重庆市文物局局长幸军出席重庆市文物工作会议

国务院三峡建委办公室检查库区文物保护

第二节　重庆库区文物保护工程管理机制

在三峡文物保护工程的实施中，重庆市文物部门借鉴本行业和其他行业的管理经验和方法，以保护好三峡文物为己任，建立了科学有序的管理机制，实行了项目法人制、项目合同制、领队资质制、工程招投标制、工程监理制和质量终身责任制以及竣工验收、财务审计等制度，使重庆库区文物保护工程步入了规范化、制度化的管理轨道，保证了三峡文物保护工程在可控范围内运行。

人管理。对于带有工程建设性的地面文物保护项目，行政管理机关不再担当法人，项目法人由峡江文物工程责任有限公司或（区）县文物管理所担任。峡江文物工程责任有限公司为地面重点文物保护项目的法人，（区）县文物管理所为地面一般性文物保护项目法人。

项目法人制的实行，明确了责任的归属，规范了项目的管理，使责、权、利进一步分开和透明，加大了文物保护的责任意识。

一　重庆库区文物保护工程的项目管理

为加强文物保护项目管理，1997年重庆市文化局根据重庆库区文物状况和文物保护工作特点制定了《重庆市三峡工程淹没及迁建区文物抢救保护管理暂行办法》。一年后印发并执行，该办法明确了有关文物保护项目报批、实施单位资质审查、资金拨付、项目检查验收以及文物标本移交等基本程序。通过几年的实践和完善，在文物、移民、法制等部门的共同参与下，完善了《管理暂行办法》，制定了《重庆市三峡工程淹没及迁建区文物保护管理办法》，于2001年7月由重庆市政府正式颁布并实行。

1　项目法人制

自2001年起，重庆市的文物保护工作全面实行了项目法人制。其中，地下考古发掘和地面文物留取资料等科研性项目，由重庆市文化局（重庆市文物局）为项目法人单位，实行法

2005年，重庆库区2004年度文物保护工作情况汇报会在涪陵召开，国务院三峡建委办公室汪啸东、邓一章、国家文物局副局长顾玉才以及徐光冀、乔梁等出席

云阳张桓侯庙迁建基础工程招标评标会

2　项目合同制

项目合同制是以合同或委托的形式确立甲乙双方的责任和义务，并在合同或委托书的条款中明确了项目的完成进度、工作质量、提交成果形式以及经费数额、拨付进度、拨付形式等。合同或委托书一经签署，所涉及的内容和条款，具有法律效应。

1997年6月，重庆市政府与国家文物局联合组织召开了"全国文物系统对口支援重庆库区文物抢救保护工作会议"。会上，市文化局与全国31所文物保护研究机构及大专院校签订了重庆库区年度文物保护项目的协议。自此，项目合同制的管理模式在重庆库区全面实行。在项目合同制的实施中，重庆市文化局聘请有关专家为法律顾问，修订和完善了适合三峡文物保护的有关条款和内容。如：将基层文物部门明确为协作方，将配合文物保护单位做好青苗补偿、后勤服务、安全保障等协调性工作纳入协作方的责任和义务；严格按工作进度拨付项目经费；完善了文物、资料、研究成果的移交和验收标准的条款内容等。

3　工程招投标制

在三峡文物保护中，工程招投标制得到了普遍实行，特别是在地面文物保护项目中，更为普遍。

在重庆库区的文物保护实施中，考虑到三峡工程特定的时限性和文物保护任务的艰巨性，重庆市文物主管部门立足于争取更多有资质、业务能力强的文物保护单位参与三峡文物保护，对地下文物考古发掘及地面留取资料等具有科研性质的项目，采取直接委托的方式；对地面文物保护中单项资金50万元以上的项目，实行招投标制。为体现公平、公正、公开，邀请市建委、移民局、监察局等职能部门参与监督。从1999年开始，陆续开展了张桓侯庙地形测绘及地质勘察招标、石宝寨保护工程设计招标等试点工作。此后，又相继开展了奉节瞿塘峡壁切割复制保护工程、白鹤梁题刻岩体加固工程、张桓侯庙新址外接道路工程以及落架拆除复建工程、云阳龙脊石刻复制工程等招标工作。对一些特殊项目，采取了无标底的评标办法。这种评标办法，在保证工程质量的前提下，节约了保护经费。如：在对奉节瞿塘峡壁切割复制保护工程的招标中，中标经费比计划投资经费节约了100余万元，其节约经费是建立在保证工程质量基础之上的。经过竣工后的专家评审，该项工程的各项指标均达到验收标准，被评审专家评定为文物保护优质工程。

实践证明，工程招投标制适用于三峡文物保护，特别适用于地面文物保护项目。

4　工程监理制

在我国基本建设的工程管理中，普遍实行了工程监理制，其监理的范围包括了材料的使用和工程进度及工程质量等，监理部门有要求整改和停工待查的权力，也有向业主反映问题的义务。这是提高工程进度、保证工程质量的有效机制。

在我国的文物保护中，监理制度只运用在了地面文物保护工程中，而在地下发掘的文物保护中尚未使用。重庆市文物主管部门在总结基本建设工程的经验时，将工程监理的机制引进到地下文物保护中。2000年，重庆市文物主管部门率先在重庆库区的地下文物保护中试行了项目监理，凡地下发掘项目均纳入监理范围。

在三峡地下文物保护监理中，监理单位除具有考古发掘的资质外，必须熟悉三峡文物状况,其职责是检查工程进度、质量及成果提交状况等。有问题时,可以要求停工和整改,并有监督整改的权力。监理单位定期向文物主管部门提交监理报告,文物主管部门可依据监理报告履行合同条款。自2000年以后,项目监理制在重庆库区的地下文物保护中全面推行,其监理形式包括省市间的交叉监理、相关业务单位的巡回监理等。这是国内首次将基本建设工程的监理制度应用在了地下文物保护中的考古发掘项目。

在三峡文物保护实施中,不但运用了单项监理,还开创性地运用了综合监理。2005年,国务院三峡建委办公室以《关于开展三峡库区文物保护综合监理工作的通知》(国三峡办发规字〔2005〕48号),委托中国文化遗产研究院和长江工程监理咨询有限公司对三峡库区地下、地面文物保护工程进行综合监理。其形式是定期或不定期巡查监督,定期提交监理报告。综合监理制的实行,不但使决策机构能够及时了解情况,还为决策机构提供了调整和制定政策的参考依据。目前,综合监理单位已向有关部门提交了2005—2009年各年度地下、地面文物保护监理报告,提交了2005年以前的综合监理追踪报告。报告详述了各文物保护项目

2006年3月,国务院三峡建委办公室罗元华司长等在巫山县听取移民及文物保护工作汇报

的进展情况、质量状况、存在的问题,并提出了相应的解决建议和意见,这为决策机构正确决策提供了可供参考的依据。

5 质量终身责任制

在实行项目法人制、项目合同制、工程招投标制、工程监理制的基础上,对工程质量实行了"质量终身责任制"。负责项目施工的法人单位,不但要保证工程进度,在质量保证上,还具有终身的保证责任。这是一套有着长效机制的管理模式,蕴涵有长远发展的责任观念。

6 评审验收制

在三峡文物保护项目的实施中,评审验收是一项确保工程质量的长效机制,可发现和杜绝工程质量隐患。

在地面文物保护特别是地面复建工程建设项目中,评审验收是检验工程质量的重要措施之一。其程序是由主管部门组成评审专家组,进行设计方案或工程质量的评审。其方式是现场检查、听取汇报和审核图纸、施工记录、监理资料等,形成专家评审意见。在工程开工之前,工程设计方案必须经过专家评审,未通过评审的项目不得开工。在工程竣工时,举办评审论证会,在通过了评审后,工程才可验收,

巫山神女庙文物复建工程验收会

专家评审意见是工程验收的重要依据。

在地下文物保护中，主管部门邀请考古专家对考古工地进行现场检查，包括听取汇报、核查资料、勘查发掘现场等，发现问题及时整改。国家文物局非常重视地下的考古发掘工作，定期邀请专家进行联合检查。

文物保护专家乔梁（左二）检查三峡文物保护工作

7 资质制和领队负责制

根据《考古发掘管理办法》第4条关于"考古发掘实行团体领队和个人领队负责制。具有考古发掘团体领队资格的单位可申请考古发掘项目，具有考古发掘领队资格的个人经具有考古发掘团体领队资格的单位指派，担任考古发掘项目的领队"的规定，凡是参加重庆库区考古发掘的单位必须具备国家文物局颁发的团体领队资质和个人领队资格。没有资质的，不能承担考古发掘项目。参加地面文物保护的设计和施工单位也必须有相应资质。

根据《田野考古工作规程》和三峡地下文物保护工作的特点，在重庆库区的地下文物保护中，全面实行了领队负责制。即：在各个地下文物保护项目中设立领队，领队要具有国家文物局颁发的领队资质，大型遗址或墓地的领队除具有资质外，一般由有长年工作经历和较强工作能力的专家担任。领队是项目的核心领导，负责项目实施中的全部事物，包括：经费、后勤保障、工作进度、工作成果、文物安全和责任等，责任是领队负责制的重要内容。这是一套经过长期工作实践总结出的适合我国地下文物保护的管理机制，有着成熟的实践基础。

8 文物保护研究成果提交制

在三峡文物保护中，重庆市的文物主管部门在对库区文物实行全面保护的同时，注重文物保护成果研究，并将研究成果的刊发和出版纳入了三峡文物保护的管理机制中。地下考古和地面文物保护方面的研究，一般由实施单位承担，并以合同的条款形式，规定其成果内容和提交时间，由文物主管部门统一出版，定期刊发。目前，重庆市文物主管部门出版了大量研究成果，有些成果具有相当高的学术研究水平。如：《重庆库区考古报告集·1997卷》《重庆库区考古报告集·1998卷》《重庆库区考古报告集·1999卷》《重庆库区考古报告集·2000卷》《重庆库区考古报告集·2001卷》《重庆库区考古报告集·2002卷》《重庆·2001三峡文物保护学术研讨会论文集》《三峡古栈道》《三峡文物珍存》等。

二 三峡文物保护工程的监督管理

1 经费管理和财务审计

在对三峡文物保护经费的管理方面，有关部门严格按照国家经费管理和三峡移民资金管理的有关规定，对文物保护项目经费和行管费分别设立专户和专账，实行专人管理，建立专项资金专款专用、专项资金专人管理的常设管理机制。

重庆库区文物保护审计整改汇报会

为保证三峡文物保护经费的安全和规范使用,除对年度专项经费进行一年一度的审计外,还会同移民部门定期对财务状况进行联合检查,对存在的问题及时纠正和整改。为加强库区文物统筹资金的管理,重庆市文物局、移民局联合印发了《重庆市三峡库区文物保护统筹经费使用管理办法》,该《管理办法》在经费管理方面做出了具体的规定。

十余年来,财政部、国家审计署、国务院三峡建委办公室多次对重庆库区文物保护经费的使用状况进行督察、检查、审计,总体评价较好,没有发现贪污、挪用、挤占文物保护经费等事件的发生。

2 保护文物,打击文物犯罪活动

保护文物最基本的宗旨是保护好文物。随着社会上文物收藏热的提升,盗掘和走私文物的犯罪活动在三峡地区越来越猖獗,为使国家文物不受损失,重庆市的文物部门会同相关部门加强了文物安全的管理,对文物犯罪活动采取了有效的遏制措施。

1998年8月,重庆市文物局、移民局、公安局、工商局和重庆海关联合发出打击库区文物犯罪活动的通告。市文物部门先后在奉节、巫山等地召开现场会,与当地政府共同制定和落实文物安全的防范措施。1999年4月,公安部、国家文物局联合组成检查组赴库区进行文物安全检查,对文物安全和进一步打击文物犯罪活动进行了工作部署。库区各级政府根据工作部署和三峡库区的文物状况,采取了发布通告、组建文物稽查队、落实文物保护责任制和群防群治等措施,有效地保障了文物安全,防范了文物犯罪。2000年7月,重庆市文物局、移民局联合地方政府对三峡库区地面文物实行了挂牌保护的措施。

通过各级政府和有关部门的通力合作,加强了文物的安全管理,有效防范和打击了文物犯罪活动,提高了库区文物的安全。

三 文物档案资料管理与业务培训

1 文物档案资料管理

在对重庆库区的文物保护中,有关文物和保护方面的资料非常丰富,它们是研究历史和文物保护的重要资料,具有极高的史料价值和学术研究价值。重庆市文物局非常重视文物资料的管理,注重文物资料的收集。在与参加文物保护单位签订的委托合同中,明确规定将

重庆库区文物档案管理培训班

文物保护工作中的文字记录、勘探资料、影像资料、成果报告和相关的软盘、光盘等提交给文物主管部门，并成为履行合同的一项重要内容。这是一项有创新概念的制度，避免了文物资料和成果资料的遗失和散落。在文物档案管理方面，实行了专业化管理。为文物档案建立专门库房，库房配有先进的档案设备，由专业人员专职管理。对档案的规格、形制、装订进行规范，定期对档案管理人员进行业务培训。

重庆市的文物部门立足于发展，拟将文物资料数据化，建立三峡重庆库区文物保护信息中心。

2　业务培训

文物保护是一项专业性很强的工作，文物工作者需要不断提高业务水平和工作能力。为此，重庆市的文物部门从发展的角度，在国务院三峡建委办公室和国家文物局的领导和支持下，建立和健全了培训制度，提高了文物工作者的业务水平和工作能力。

自1993年以来，重庆市的文物主管部门与北京大学、中国文化遗产研究院、武汉大学、北京建筑工程学院以及重庆市移民局等单位，联合举办了考古专业研究生班、田野考古培训班、三峡文物建筑测绘培训班以及石刻、古建文物保护培训班和地面文物工程管理培训班等，并对管理人员和项目法人等进行了移民政策、项目管理、财务管理、档案管理等方面的培训。利用地下和地面文物保护工地，进行互相观摩、相互交流的实地培训，使文物工作者和管理人员在业务水平和工作能力上有了很大提高，一大批专家学者脱颖而出，使文物保护力量大大加强，文物保护成果也因此得到了广泛拓展。

实际上，实施中的管理措施和机制，是建立在责任与制度、监理与验收、规范与透明下的管理体系，它将繁琐分散的文物保护工作，纳入到了规范的管理程序中，营造了可控、可视的健康环境。实践证明，在三峡文物保护实施中应用的管理体制和机制，有利于三峡文物保护，有利于文物保护资金的规范使用。这是改革开放以来，在三峡文物保护方面取得的重大成果，体现了管理者的责任意识和管理水平。

第三章 三峡文物保护规划

三峡文物是先民们在三峡地区留下的历史遗存,这些历史遗存保留在三峡地区,使三峡地区充满着丰富的历史信息和浓厚的古代文化元素。三峡文物与其他地区的文物一样具有不可再生的珍贵性,它的存在是历史决定的,后人无从改变,后人只是在掌握了其存在的规律后,有了发现的潜能。但是,对于文物而言,发现具有截然相反的两方面含义。在有利于文物保护的自然环境中,发现会增加人为的扰动而易使文物受损;在不利于文物保护的环境中,发现又会增强人为的保护而使文物的寿命延长。

对于三峡文物来讲,由于要提高峡江水位,兴建三峡水库,峡江沿岸将要淹没,蛰伏在那里的文物不但要失去自然的保护条件,还将面临淹没的危机。此时的文物,需要人为的保护,保护的前提是明晰文物状况,也就是对三峡文物进行全面调查,为保护规划的编制奠定坚实的基础。

2010年,《长江三峡工程淹没及迁建区文物古迹保护规划报告》由中国三峡出版社出版

第一节 前期工作

一 三峡文物的早期调查

对于三峡文物的调查,早在20世纪二三十年代就已开始,只不过规模较小,属于零散的探查。1925—1928年,中亚探险队考古主任、美国学者纳尔逊(N.C.Nelson)在三峡地区进行了调查,发现石器地点37处,其中12处地点采集到了陶片。1930年,美国传教士埃德加(J.H.Edgar)也在三峡地区采集到了一定数量的石器。

新中国成立后,为配合三峡工程的前期论证,中国科学院考古研究所、湖北、四川两省的文物考古机构和长江流域规划办公室(长江水利委员会前身)考古队,陆续进入三峡库区,进行了多次调查和发掘,发现并确定了大量遗址和墓葬,出土了数量可观的文物,为三峡文物保护工作的深入开展奠定了基础。其中比较重要的调查有:1954年,四川省博物馆在巴县冬笋坝发掘了20余座战国时期的船棺墓,初步发现了巴文化的遗存。1957年3月,四川省博物馆派出川东调查小组,对长寿县下游8个县市的文物进行了调查。1958年10月,由四川省博物馆、重庆市博物馆与四川大学历史系合作,组成四川省长江三峡水库文物调查队,对数百处古文化遗址和墓群进行了调查。1959年,四川省长江流域文物保护委员会文物考古队两次发掘大溪遗址,掀开了峡江地区考古发掘的序幕。此后,又对该遗址进行了第三次发掘。1972年,四川省博物馆、重庆市博物馆和涪陵县文化馆联合发掘涪陵小田溪战国墓地,后经1980、1983和1993年的发掘,出土了大量精美文物。1987年,中国社会科学院考古研究所四川队对川东地区新石器和商周时代的遗址

1993年,在湖北召开三峡库区文物保护工作会

进行了重点调查。1984—1986年，湖北、四川两省为配合三峡大坝的前期工作，对三峡库区海拔150米以下范围的区域进行了考古调查。同时，国家文物局组织有关单位对坝区的部分遗址进行了发掘。

1988年，长江流域规划办公室对175米水位线以下地区文物进行了调查，调查出文物数量44处，其中地面29处文物，地下文物15处（遗址与古墓葬较多，报告只列了其中著名的地点）。按保护级别分，全国重点文物保护单位1处（涪陵白鹤梁题刻），省级文物保护单位5处（忠县石宝寨、丁房阙、无铭阙、云阳张桓侯庙、秭归屈原祠），县市文物保护单位10余处，其余为一般性文物。

经过多年的调查，对三峡地区上至旧石器时期，下至近现代的文化脉络有了一定的认识，长江流域也是华夏民族发祥地的观点在调查中得到了实物资料的进一步印证。

二 "先规划，后实施"模式的形成

由于兴建三峡工程的动议一直未确定，虽然在20世纪50—80年代对三峡地区的文物调查一直未中断，但这种调查属于局部的、小规模性的，还没有形成全面保护下的大规模调查。三峡工程临近开工之际，三峡文物状况仍不十分明朗。

1992年4月3日，七届全国人大五次会议通过了兴建三峡水利枢纽工程的决议。决议的通过，对于三峡文物保护来讲，压力非常大。按照三峡工程进度，自1998年起至2009年，三峡水库将要进行四期蓄水，海拔175米以下的峡江沿岸将要在四期蓄水后全部淹没。按照国务院三峡建委办公室的工作部署，包括文物保护工作在内的淹没区所有的搬迁性工作，必须在2009年全部完成。这是一项浩大的文物保护工程，所涉及的文物保护项目达1000余处，对于如此多的文物在同一时间内进行保护，在我国还是首次。因此，制定一套适合三峡文物保护的策略或模式非常必要。为此，国务院三峡建委办公室与国家文物局进行了会商，依据三峡工程的模式，对三峡文物保护实行"先规划，后实施"的保护方略。也就是先对文物进行总体规划，待规划批准后，再按规划的内容实施。这是一套符合科学发展的管理模式，其优势是以发展的角度提前将保护工作的内容进行周密的设定。

在三峡文物保护之前，"先规划，后实施"的模式还没有在我国文物保护中普遍运用，这是因为我国的文物保护一直遵循"保护为主，抢救第一"的方针，对于文物，特别是地下文物，抢救是第一位的，包括裸露、损坏、人为破坏的文物，也包括基本建设中不能避开的文物。但在20世纪90年代之前，由于国力所限，基本建设规模都相对较小，所涉及的文物也不是很广泛，如有涉及文物，也多以立项的形式保护，系统地进行规划，再按规划内容进行保护的模式还没有先例。三峡文物保护就有所不同了，它是为配合三峡水利枢纽工程的建设而形成的文物保护工程。三峡水利枢纽工程是世界上规模最大的水利工程，除进行三峡大坝的建设外，还要建成浩大的三峡水库，22个区县，660公里的沿江区域均是水库的蓄水区，移民、环保、地质、道路、交通以及文物保护等都是水库建设的基本内容，要完成庞大的建设任务，建立一套科学有序的管理模式非常必要。"先规划，后实施"就是在这一背景下，由国务院三峡建委办公室、国务院三峡建委移民开发局会同国家文物局根据三峡工程建设需要制定的基本管理模式，被应用在了包括文物保护在内的三峡各附属工程。

三 "先规划，后实施"模式的意义

"先规划，后实施"模式在当今看来，或者是从当时大型基本建设工程的建设角度来看，是非常普通的基本模式，但对于当时的三峡文物保护而言，有着现实的需要。

第一，按照三峡工程的建设目标，坝区上游的区域将形成1084平方公里的三峡水库，延绵660公里的22个区县的沿江区域均是淹没区。对于如此大范围的文物进行保护，没有周密的先期规划，很容易出现无序的局面。

第二，有着绮丽风光的三峡地区，作为沟通南北、连接东西的文化通道，保留有大量自远古以来的文化遗存。这些遗存，不仅具有不可再生的珍贵性，还蕴涵有贯穿中国各个历史发展阶段的古代元素和浓郁的地方文化元素，它们是不可多得的文化瑰宝。保护这些文化瑰宝，必须采取慎之又慎的保护策略，规划先行的模式是最谨慎的保护模式。

第三，由于三峡地区的交通不畅和经济落后等原因，使三峡地区的文物长期处于封闭和不明朗状况。在三峡工程开工之际，淹没区有多少文物，文物的具体位置等都没确定。因此，先期探明文物"家底"的模式，适合三峡文物保护。

第四，在20世纪90年代初期，人们对文物的认识还停留在较低的水平上，不可再生的珍贵性还没被社会广泛认同。客观上三峡文物保护需要有一个提高认识的过程，规划先行模式的运行正好为实施阶段预留了提高认识的空间。实践证明，在规划阶段进行的文物保护观念讨论，解决了意识形态的认识问题，一些对文物保护不利的观念得到了一定程度的纠正，一些对文物保护有利的政策得到了初步的确定。

总之，"先规划，后实施"管理模式的运用，不仅顺应了三峡工程建设的管理体制，也为三峡文物保护建立了一个科学有序的保护平台。这个平台既有发展的预期性，又有解决问题的时效性，使繁缛复杂的保护工程变成了井然有序的程序工程。

"先规划，后实施"的模式不仅适用于三峡文物保护，也适用于其他大型文物保护工程，自在三峡工程运行后，被全国各大型文物保护工程借鉴和应用。如：南水北调工程和西气东输工程中的文物保护、大遗址文物保护、大运河文物保护、世界文化遗产申报工作中的文物保护和各大城市的文物保护等，都在以规划先行的模式运行。如今，"先规划，后实施"已经成为我国大型文物保护工程的基本管理模式。

第二节 文物调查

"先规划，后实施"模式的确立，突出了规划工作的重要性，"三峡文物保护的关键在于规划"是众多专家学者提出的观点，得到了包括国务院三峡建委办公室和国家文物局等职能部门的认可，而规划工作的重点则在文物调查上，它是规划的基础，是规划工作的重要组成部分。

一 文物调查的组织与管理

三峡工程的启动，使文物部门深感保护文

1994年4月，三峡库区文物保护规划组赴三峡库区检查工作，左起：关强、徐光冀、俞伟超、王鲁茂、黄克忠

1994年4月，三峡文物保护规划组在三峡库区检查工作期间与工作在第一线的文物工作者在云阳合影。二排左八俞伟超、左六黄克忠、左九徐光冀、左十王立平，一排左七关强、左六乔梁、左三郝国胜、左二陈超平

物责任的重大，深感保护时间的紧迫。1992年8月，国家文物局成立了"三峡工程文物保护领导小组"，负责三峡文物保护规划的领导和组织工作。该小组成立后，马上筹备组织全国的文物保护力量对三峡库区进行文物调查。为使调查工作顺利进行，1993年3月，国家文物局在重庆市设立了联络站，负责组织和联络。在重庆市万州区和湖北省秭归县分别设立了工作站，负责文物调查的业务组织、工作协调、项目计划等工作。

1993年6月，国家文物局根据历年对三峡地区文物的调查和考古发掘资料，制定了《三峡文物保护规划大纲》。《大纲》对规划编制依据、指导思想、文物概况、文物价值、三峡文物的社会意义、文物保护初步规划、经费匡算等进行了系统阐述和规划，将22个区县的632平方公里的淹没区作为基本保护区域，将828处当时已知文物划定为基本保护对象，并对这些文物的历史渊源、保存现状、价值成分和社会影响等进行了详尽的阐述。根据地下、地面文物的特点，制定了保护方案的框架和保护经费的估算等。

1993年11月和12月，国家文物局分别在北京和成都主持召开了由四川省、湖北省文化厅和重庆市文化局、长江水利委员会及全国24家文物保护研究机构和大专院校参加的制定"三峡库区文物保护规划动员和组织工作会议"，会议对规划的制定和文物调查工作做了部署。随后，这24家文物保护研究机构和大专院校进驻三峡库区，开始了规模浩大的文物调查。1994年3月，三峡工程库区文物保护规划组成立后，又相继组织了6家单位参加，使得参加文物调查的单位达到了30家，专业人员达到300余名，这是新中国成立以来为配合基本建设工程进行的规模最大的文物调查。

三峡文物调查在国家文物局领导和组织下，调集了全国的文物保护力量参加，其组织形式除采用了行政管理方式外，还以合同委托的形式进行规范。国家文物局作为甲方与承担调查的单位签订委托书，委托书规定了调查区域、范围、调查内容、提交成果的方式和时间等，还规定了调查经费的数额和拨付方式等。在规划经费还没有到位的情况下，国家文物局先期垫付了启动经费，三峡工程库区文物保护规划组承续了调查工作的委托关系后，向故宫博物院借款200万元支付了各承担单位的中期调查经费。1995年，三峡文物调查工作基本结束。

二　调查的内容和成果

根据三峡文物特点，文物调查以地下文物

和地面文物为主要调查对象，并对民族民俗文物和博物馆建设进行系统调研。

地下部分主要调查海拔177米以下的地下埋藏的遗址和墓葬的状况，调查方式以物探、勘探、观测地形地貌和试探性挖掘等为主，目标是调查和确定遗址和墓葬的状况、位置、年代、价值、埋藏面积、所处高程等，对各个遗址和墓葬制定了考古发掘、留取资料、考古勘探等方式的保护建议，其中，考古发掘分为了A、B、C、D四个等级，并对各个项目的保护经费进行了初步概算。

地面部分主要调查地层表面保存的文物古迹状况，包括海拔177米以下的古民居、庙宇、祠堂、古桥梁、古塔、石刻、石窟、栈道、阡道以及水下遗存物等。主要以测量、测绘、核定高程、核对年代、规划设计为主，并按文物价值、文物状况、文物年代等分别制定搬迁保护、原地保护、留取资料的保护建议，对各个项目的保护经费进行初步概算。

民族民俗文物系指非物质文化遗产的内容，包括：各民族的民间习俗、传统工艺、传统生产工具、传统戏剧、民歌等，采取了走访、座谈、核查资料等形式，并对分布状况和价值成分等进行调查和评估。为解决巴人与现代人的关联，采用了DNA技术对古人遗骨和现代人血液提取了遗传基因，进行对比研究。在对民族民俗文物的调查中，制定了保护方式和征集文物方式的框架，并对整体保护经费进行了初步预算。

博物馆建设主要从发展角度，对三峡文物

1976年2月，受规划组委托，中国国家博物馆（原中国历史博物馆）水下考古中心对白鹤梁题刻进行水下调查，图为张威副馆长、杨林研究员现场研究工作方案

水下考古人员现场查阅资料

潜水员下水调查

观察潜水员反馈的水下题刻图像

进行合理利用的调研，其方式是走访、座谈、了解城市状况等。

经过近2年多的调查，三峡文物的"家底"基本摸清，调查出了1282处文物，这一数据比长江水利委员会提出的44处文物多了1238处，比《三峡文物保护规划大纲》估列的828处多了454处。通过文物调查，使三峡库区文物数量进一步接近实际。

第三节 规 划 制 定

在对三峡文物进行调查的同时，国家文物局根据《关于三峡工程淹没区文物抢救规划制定方案的复函》（国三峡办〔1993〕066号）中关于制定规划应由业务研究机构承担的精神，指定中国历史博物馆和中国文物研究所为规划编制单位，成立"长江三峡工程库区文物保护规划组"。

一 编制单位

中国历史博物馆（现中国国家博物馆）系国家级博物馆，拥有众多考古和文物保护等多方面研究人员，是我国重要的文物保护研究机构。

中国文物研究所（现中国文化遗产研究院）是我国重要的文物保护研究机构，拥有考古和古建保护及文物保护等多方面研究人员。

1994年3月，经国务院三峡建委办公室和国家文物局批准同意，在以上两单位的基础上，成立了"三峡工程库区文物保护规划组"（以下简称规划组），组长和副组长由以上两单位的领导担任，中国社会科学院考古研究所和故宫博物院以及北京以外省、市、自治区的文物保护研究机构派出专家和专业人员参加，贾兰坡、侯仁之、吴良镛被聘为特邀科学家。

规划组成立后，承接了国家文物局与各文物保护研究机构和大专院校的委托关系，着手根据调查的基础资料编制三峡文物保护规划。

二 规划制定

规划组成立后，在以下方面开展了工作。

（一）确立了规划理念

规划理念是以我国《文物保护法》为依据，在文物保护理念的基础上，进一步细化，将科学求实的精神落实在了规划中。

（1）一切从实际出发，尊重科学，务求实际，以科学求实的精神摒弃非科学的干扰。

（2）从发展角度，对文物进行全方位的可持续性保护，正确理解"保护为主，抢救第

1994年4月，规划组赴重庆库区调研，左起：徐光冀、俞伟超、黄克忠

一"方针，尽量将所有受淹文物纳入规划中，在保护方式上体现重点保护、重点发掘。

（二）确立规划策略

在规划理念的基础上，规划策略更趋具体，更具实际的可操作性。

（1）以文物调查的基础研究成果为规划制定的依据。

（2）"调查—研究—核实—论证—再研究—编制"是规划的编制路线。

（3）以县为基础，分省、分县规划。

（4）对地下、地面文物分别规划。地下文物以发掘、勘探、登记建档的保护方式规划，地面文物以搬迁、原地保护、留取资料的保护方式规划。

（5）对白鹤梁、石宝寨、张桓侯庙三个地面重点文物及民族民俗文物和博物馆建设项目实行单独规划。

（6）针对我国地面文物保护没有经费核算依据的现实，通过实例试点，研拟出具体的测算方法和指标，制定了《三峡工程库区地面文物保护规划经费概算细则》。

（7）根据三峡文物特点，增加对三峡历史环境、民族民俗文物、博物馆建设的调查和增加对地下遗迹的物理勘探工作。此后，调查单位由原来的24个，增加至30个。

1995年2月，"三峡库区文物保护规划编写大纲研讨会"在北京召开，规划组副组长黄克忠代表规划组发言

（三）广泛征询意见

规划组成立后，马上进入库区，逐县开展实地调研，走访任继愈、贾兰坡、侯仁之、苏秉琦、吴良镛等知名专家，征询对规划的意见和建议。召开了8次由国家文物局考古专家组、古建专家组以及进行文物调查单位参加的论证会、研讨会，研究规划编制方案。

（四）完成规划的编制

规划组根据文物调查资料和调研成果，依据专家意见和论证会、研讨会制定的编制方案，于1996年3月编制完成了280万字的《长江三峡工程淹没及迁建区文物古迹保护规划报告》（以下简称《三峡文物保护规划》）。

第四节 规划成果及内容

《三峡文物保护规划》是在国务院三峡建委办公室和国家文物局的领导和组织下，在30家文物保护研究机构和大专院校的参与下，在众多知名专家的指导下，在300余名文物工作者的努力下完成的。长江水利委员会提供了三峡库区1：10000地形图、三峡库区城镇迁建规划和地质资料，提供了白鹤梁水文题刻1：500水下地形图以及石宝寨、白帝城、张

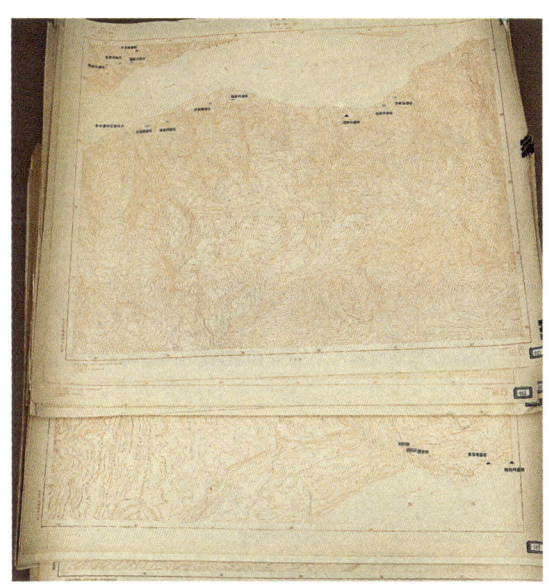

三峡库区万分之一文物点标注地图

规划报告

总报告

三峡工程库区文物保护规划基础资料

桓侯庙、名山四处文物地点的1∶500地形测绘图等。

一 规划成果

《三峡文物保护规划》由总报告、分省报告和分县报告三部分组成，分别为：

总报告6册（包括5册附录），即：《长江三峡工程淹没及迁建区文物古迹保护规划报告》及附录1《四川省涪陵市白鹤梁题刻保护规划报告》（重庆市直辖后，原属四川省的三峡库区隶属重庆市，下同）、附录2《四川省云阳县张桓侯庙保护规划报告》、附录3《四川省忠县石宝寨保护规划报告》、附录4《民族民俗文物保护规划报告》、附录5《博物馆建设规划报告》。

分省报告2册，即：《湖北省文物古迹保护规划报告》《四川省文物古迹保护规划报告》。

分县（区、市）报告22册，每县1册。包括：重庆市的巫山、巫溪、奉节、云阳、万县龙宝区、万县五桥区、万县天城区、开县、忠县、石柱、丰都、涪陵、武隆、长寿、巴县、江北、重庆市市区、江津的文物保护规划报告（各区县名称按1995年的行政区划名称）及湖北省的4个县。

同时，编制了《三峡工程库区地面文物保护规划经费概算细则》，根据专家论证会意见编制完成了《〈长江三峡工程淹没及迁建区文物古迹保护规划〉有关内容的修订与补充》。

此外，根据实施阶段的工作需要，分别对22个（区）县编制完成了《三峡工程库区文物保护规划基础资料》（每县1册，共22册），并对200张"万分之一地形图"进行了文物点的详细标注。

三峡文物保护规划成果总计54册，280余万字，200张"万分之一文物点标注地形图"。

1998年8月，《三峡文物保护规划》获国务院三峡建委办公室组织的专家论证会通过，2000年，获国务院三峡建委办公室批准并在三峡地区实施。

二 规划内容

《三峡文物保护规划》是规划成果的重要体现，它是在大规模文物调查和众多知名专家学者参与下集体完成的。尊重科学，力求实际是规划的基本追求，将文物损失降到最低程度是规划的基本目标。

（一）探明了淹没和迁建区的文物"家底"

由于诸多原因，三峡淹没和迁建区的文物状况一直不十分明朗。在为制定保护规划的工作中，经过300余名文物工作者2年多的努力，基本摸清了三峡淹没和迁建区的文物状况，确定的1282处文物点是普查的基本成果。其中，地下文物829处，地面文物453处。包括：60余处旧石器时代遗址和古生物化石点（含14个难得的未被扰动的旧石器遗址）；80余处新石器时代遗址；100余处具有解开古代巴人历史之谜的巴人遗址和包括巴王墓在内的巴人墓地；数十处可说明楚、秦文化进入三峡地区历史过

1997年5月，"长江三峡工程库区文物展"在原中国历史博物馆展出

"长江三峡工程库区文物展"展出了大量出土文物

程的遗址和墓地；470余处汉至六朝的遗址和墓地；6处包括白鹤梁在内的枯水水文题刻和90余处宋代以来的洪水题刻；2处汉代石阙和数十处唐代以后的摩崖造像、碑碣、摩崖诗文题刻；300余处表现三峡自然地理和民俗民风特点的庙祠、民居、桥梁等明清建筑物；诸多的古栈道、古纤道构成的世界上规模最大的古代航运遗迹；大量土家族等民族民俗文物，称得上是古代巴文化遗迹延续至今的活化石。

这些珍贵的历史遗存和遗迹，是数万年以来当地人民适应自然环境而生存和发展的历史载体，不同民族间相互影响和融合的过程，一些难解的历史之谜，有望从中揭开。

但是，由于对《三峡文物保护规划》的审批时间过于漫长，一些文物和文物点在没有适时的保护措施下，遭到了非法盗掘和人为的

破坏,致使一些文物在最后审批时,因失去了保护的可能而被剔除。此外,由于在文物调查期间,沿江两岸没有明显的淹没线标志,致使少量越线的文物点被列入规划中。到2000年,被列入保护的文物为1087处,其中,地下文物723处,地面文物364处。重庆库区752处,占规划总量的69%,其中,地下文物506处,地面文物246处。

文物"家底"的探明,填补了三峡淹没和迁建区文物总量长期难以确定的空白,为三峡文物保护工作的全面开展奠定了基础。

(二)对受影响文物进行了科学的价值评估和保护措施分类

《三峡文物保护规划》对已探明文物价值进行了科学的剖析和评估,特别对一些具有填补学科空白和重大历史佐证的文物予以重点剖析。对每一处文物的渊源、年代、类别、状况、规模和地理位置以及价值等都做了详尽的阐述和科学的分类,形成了明晰的文物"清单"。依据"清单",各时期、各区县的地下、地面文物状况一目了然。

在对文物保护措施的制定上,《三峡文物保护规划》根据各文物点的价值、保护单位级别、社会影响和保存状况等,依据地下、地面文物的特点,制定了不同等级的保护方式和保护措施。

地下文物的保护分为考古发掘、考古勘探、登记建档三类保护措施。

考古发掘是三峡地下文物保护中最大的保护项目,按照相对和绝对发掘的工作量将考古发掘分为了A、B、C、D四个等级。A级为价值最高、保存状况最好、保护力度最强、发掘面积最多的级别,一般在5000平方米以上,三峡库区共计62个地点,面积82.038万平方米。B级是针对文化内涵丰富、具有比较重要的科学价值和规模较大、形制结构清楚、随葬品较丰富的遗址和墓葬的保护,一般在2000平方米以上,三峡库区共计175个地点,面积74.675万平方米。C级是针对保存状况尚可、文化堆积和内涵相对丰富、具有一定科学价值的遗址和墓葬的发掘,一般在1000平方米以上的,三峡库区共计281处,面积29.494万平方米。D级为采样式发掘,针对保存状况较差、文化堆积及出土文物相对贫乏、规模结构和布局的原状均受到较大破坏的遗址和墓葬,一般在100平方米左右,三峡库区共计205个地点,面积3.6802万平方米。由于地下文物存有很高的未知概念,对遗址和墓葬的埋藏状况需要进行科学的勘探,特别是较为重要的遗址和墓地,更要进行细致的勘探。因此,在规划中进行了普通勘探、重点钻探、物探、遥感的勘探规划。对那些保存状况极差、文化堆积和文化内涵已基本无存的遗址和墓葬,则采取登记建档的保护方式,在库区共有105处,埋藏面积39.183万平方米[1]。

地面文物则根据文物价值、类别、质地、形式、位置和保存状况等,以原地保护、搬迁保护和留取资料的不同保护方式,对每一处文物制定保护规划。其中,原地保护包括升高复制和异地复建,主要针对石刻、古栈道、古纤道等不宜移动的文物。搬迁保护主要针对古建筑、古桥梁等相对能够移动的文物。对现存状况不太理想的则以留取资料的方式保护。

---

1. 本段落采录的数据来源于长江三峡工程库区文物保护规划组编制的《长江三峡工程淹没及迁建区文物古迹保护规划报告》的提交文本,与批准或实施的《三峡文物保护规划》中的数据有所不同。

这是一套符合科学精神的保护规划，是目前规模最大、保护类别最多、涉及区域最广的保护规划，体现了"保护为主，抢救第一"的方针。

（三）制定了与工程进度相符的文物保护进度指标

按照三峡工程建设进度的要求，涉及22个区县的淹没区将按四个时间段分期蓄水。即：1998年坝前水位涨至海拔82.28米（蓄水前坝前水位为海拔78.2米），2003年坝前水位涨至海拔135米，2006年涨至海拔156米，2009年三峡工程竣工，坝前水位将达海拔175米。

排定了时间表，就意味着各淹没高程内的文物，必须在各个蓄水时间段之前，完成保护任务。

为此，《三峡文物保护规划》根据蓄水进度，将文物的保护时间和范围按以下阶段进行。第一阶段，1996—1997年完成海拔83米水位线以下的文物保护。第二阶段，1998—2002年完成海拔135米水位线以下的文物保护。第三阶段，2003—2005年完成海拔156米水位线以下的文物保护。第四阶段，2006—2009年完成海拔177米水位线以下的全部文物保护。

对以上各淹没线内文物所在高程、发掘面积、具体实物数据指标等，均以列表的形式一一注明。按照这些实物指标的具体情况与保护工程的工程量，即可核算出每个文物点、每个阶段所需人力、财力的具体量化指标。相关部门据此可在具体时间、范围，有的放矢地投入相应的人力、物力、财力。

这是一项具体和复杂的工程，制定者不仅要具备科学的计算依据，切实的实践经验和工作责任心更是必须具备的要素，这些在《三峡文物保护规划》中均有体现。

（四）对文物保护经费实行了概算和分期投资的计划分割

三峡库区文物保护经费的确定，遵循了调研—规划—测算—论证—核定—审批的程序，这是一套较为科学的管理程序。最初，文物保护经费被估列在3亿元，经过调研和核算，文物保护经费超过了3亿元，其增加的部分主要来自新发现文物的部分，这是符合实际的预算，得到了中央领导和国务院三峡建委办公室的支持。2003年3月，国务院三峡建委办公室批复了《三峡工程淹没区及移民迁建区文物保护总经费及切块包干测算》。

在对具体项目的投资规划中，《三峡文物保护规划》紧紧围绕各个不同淹没时间段的蓄水进度，制定了以项目定经费、以蓄水进度为投资进度的概算细目，将工作量、工作进度与投资量、投资进度的比例关系均衡调配，做到合理、切合实际，避免了工作进度与经费拨付进度的脱钩。

（五）对"白鹤梁水文题刻""张桓侯庙""石宝寨"等制定了专题保护规划方案

"白鹤梁水文题刻""张桓侯庙""石宝寨"地处淹没区，在受淹文物中，属于保护级别最高的地面文物。它们历史悠久，规模宏大，保存完好，具有特殊的历史、文化、艺术价值，是促进当地文化和经济可持续发展的重要支柱，被列为国家级文物保护单位。对这三处文物的保护，规划组极为重视，委托专业性较强的高等院校，做了专题性的重点规划，形成了独立的规划文本，并编入总报告中。

1　白鹤梁水文题刻

白鹤梁是一处长年沉没于江水之中的天然石梁，在石梁的中段，保留了自唐至民国的160余幅3万余字的水文题刻，记录了1200余年72个枯水年份的长江水位资料，素有"世界第一水文站"和"水下碑林"之称。

在规划期间，围绕对"白鹤梁水文题刻"的保护，存有较大的争议，部分专家和领导主张采用切割迁移的方式，将带有题刻的石体切割成块，移至博物馆。规划组认为：根据我国《文物保护法》和国际上普遍遵循的《威尼斯宪章》精神，"白鹤梁水文题刻"不应该移位，不应脱离赖以生存的水环境，原地建造"水下博物馆"是保护和利用的最佳方案，这一主张得到了大部分专家学者的赞同。为此，委托天津大学制定了两套"水下博物馆"方案上报。在专家论证会上，虽然天津大学的方案因技术问题未被通过，但与规划组的"水下博物馆"思路相一致的"无压型水下博物馆设计方案"获得了通过和批准。2009年5月，世界上第一座水下博物馆落成。

白鹤梁水文题刻

白鹤梁水文题刻西段

2002年10月，"白鹤梁题刻保护工程初步设计评审会"在北京召开

张桓侯庙

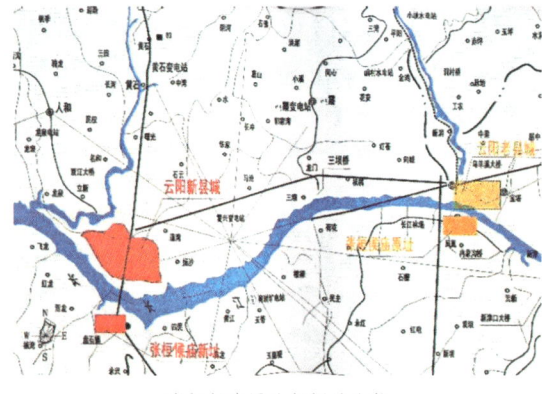

张桓侯庙原址与新址比较

2 张桓侯庙

张桓侯庙位于重庆市云阳县,又称张飞庙,是为纪念三国时期蜀将张飞建造的寺庙建筑。楼、亭、阁、殿、廊是张飞庙的主要建筑,它与茂密的古植被、自然的山体地势、潺潺的飞流瀑布浑然一体,构成了"巴蜀一胜境"的人文景观。又因保存有大量汉唐以来的名人字画、石刻、木雕等,成为三峡地区的"文藻胜地"。

对该建筑群的保护,采取异地搬迁的方案并无争议。但在选址问题上,却存在多种意见。规划组委托清华大学就整体搬迁和3种不同思路的选址方案,进行了规划,形成了《四川省云阳县张桓侯庙保护规划报告》。报告对主体建筑的搬迁和需要建设的古桥梁、码头、道路、环境、供电系统等项目进行了经费概算

和方案细部的规划,对不同的选址方案采用了分析和归纳的方法,逐一剖析和阐述。这些为专家论证会的审议和选择提供了基础素材。经审议,位于江南的盘石镇新址方案和报告中制定的整体搬迁方案获得了通过。

3 石宝寨

石宝寨位于重庆市忠县,以阁楼式建筑为主体,前面环水,后倚山峰,奇异优美,是三峡亮丽的风景之一,冠有"璀璨的明珠"之称。

北京建筑工程学院承接了规划组的委托,完成了《石宝寨保护规划报告》。报告中对"原地保护"与"易地搬迁"两大类多个方案进行了比较分析,制定了"原地保护"的4种"围堤保护方案"。即:条石围堤抬高寨楼楼门方案、条石围堤寨楼减层方案、混凝土围堤抬高寨楼楼门方案、混凝土围堤寨楼减层方案。并对以上方案的工程细目、经费概算和投资计划等进行了详细规划。在论证会上,专家们对"原地保护"的原则予以了确认,对"围堤保护方案"予以了优化吸取,形成了"护坡仰墙"方案。

石宝寨

（六）制定了民族民俗文物的保护规划

经过数千年的繁衍生息和战火纷飞的乱世融合，三峡地区多民族的居民体，逐渐被以汉族和土家族为主的民族取代，多民族的特殊习俗和血脉，融会在主体居民中，形成了以近水环境相依、群体环境相靠的具有特殊民俗的居民体。他们世代延续，虽有进化，但传统和古朴的成分、民族关联的血脉多有保留。这是典型的"非物质文化遗产"，也是传统文化遗产的活化石。但是，故土的群体凝聚氛围和三峡特殊的近水环境是其赖以生存的条件，一旦脱离，将会加速它们的消亡。

三峡水库蓄水后，承载着"非物质文化遗产"和"活化石"的居民体将要迁移，将要脱离近水环境和整体的凝聚氛围，依附在他们身上的传统文化习俗和由此衍生的相关文化及血脉关系也将被打乱或加速消亡。对此，文物专家们认为：保护和抢救这些民族民俗的有形和无形文化遗产，应该与保护其他类型的文物具有同等重要的意义。在听取多方意见后，规划组委托中央民族大学对淹没区民族民俗文物的保护进行了专题规划，形成了《民族民俗文物保护规划报告》。

报告以征集民族民俗文物，记录迁移前的民间习俗和传统生活习惯及生产状况为主。对古今关联的族群关系，采用DNA测试方法（提取古人遗骨基因和现代人血样基因，进行鉴别对比），以寻找与古人关联的后裔群体。这是我国第一部非物质文化遗产概念的保护规划。

（七）对三峡地区博物馆建设制定了总体规划

在对三峡淹没和迁建区文物进行具体保护规划的同时，考虑到在实施阶段中，定会出土和征集大量文物，以现有三峡地区的博物馆和文物管理所的条件而言，很难承受保管、研究、利用的职能。为此，规划组委托国家文物局博物馆专家组就三峡地区的博物馆建设进行了总体规划，形成了三峡地区《博物馆建设规划报告》。规划拟在重庆市建设"三峡博物馆"，在湖北省宜昌市和重庆市万州区建设"三峡博物馆"分馆。虽然在论证会上未被通过，但在重庆市政府的支持下，投资数亿元的"重庆中国三峡博物馆"在重庆市中心落成并对外开放。

（八）制定了《三峡工程库区地面文物保护规划经费概算细则》

在对三峡文物保护规划的编制过程中，对地下文物保护的经费核算，可依据已有的定额标准，对地面文物保护经费的测算则缺乏适用的核算依据。为此，规划组约请了多位资深古建和文物专家，根据三峡文物保护的需要，编制了《三峡工程库区地面文物保护规划经费概算细则》（简称《概算细则》）。《概算细则》是主要面向三峡地区的地面文物，以文物

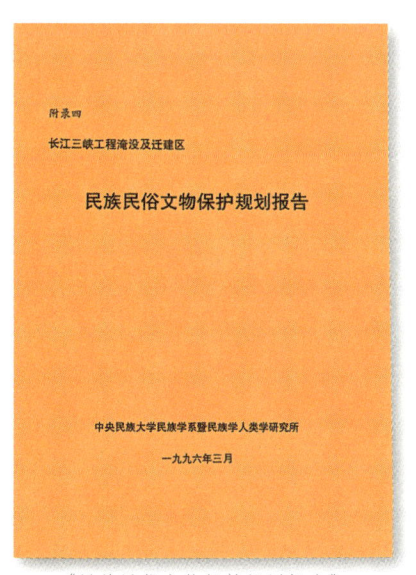

《民族民俗文物保护规划报告》

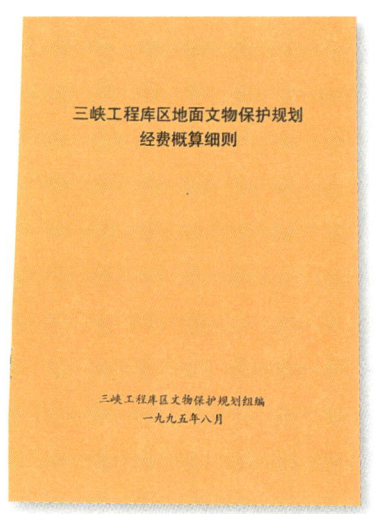

《三峡工程库区地面文物保护规划经费概算细则》

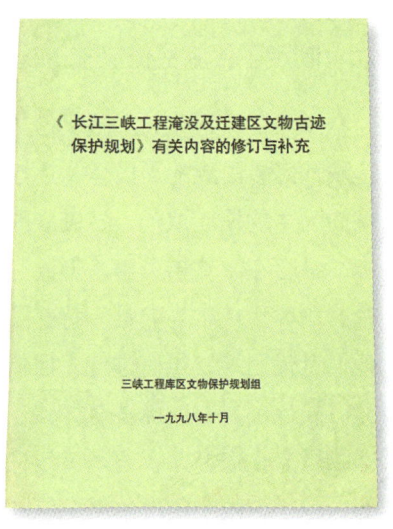

《〈长江三峡工程淹没及迁建区文物古迹保护规划〉有关内容的修订与补充》

建筑、古石刻、古桥梁等为分类,以搬迁保护、原地保护(含异地复制)、留取资料为主要措施的概算文本。意在科学合理地安排保护经费,规范地面文物保护经费的计算标准。

(九)制定了《〈长江三峡工程淹没及迁建区文物古迹保护规划〉有关内容的修订与补充》

根据专家论证会意见,1998年,规划组对《三峡文物保护规划》做了相应的修订与补充,形成了《〈长江三峡工程淹没及迁建区文物古迹保护规划〉有关内容的修订与补充》(简称《修订与补充》)。其中,剔除了由于迁建区的变化、防护区设置及淹没区高程具体化等因素形成的不属保护范围的42处文物和文物点;将保护经费统一调整到1993年5月的价格指数上;调整了部分文物的保护方案和保护等级;对在审批《三峡文物保护规划》期间遭到毁坏的44处文物予以了说明、计列和保护方案的调整;对于民族民俗文物的保护和博物馆建设项目,剔除了经费数据,提出了另行筹措资金、另行立项的建议说明等。《修订与补充》的形成,进一步完善了《三峡文物保护规划》,使《三峡文物保护规划》更具可行的实施意义。

第五节　规划的论证与审批

为了给文物留有更多的保护时间,文物工作者以最快的速度,仅用了两年半(包括文物调查时间)的时间编制完成了《三峡文物保护规划》。由于需要复合、审议等,论证和审批时间较长(1996—2000年)。

一　三峡文物保护规划论证

1996年3月,规划组完成了三峡淹没及迁建区文物保护规划的编制工作,形成了《三峡文物保护规划》。

1996年5月，规划组根据委托书约定，向国务院三峡建委移民开发局、湖北省移民局、四川省移民办、长江水利委员会库区处等提交了《三峡文物保护规划》。

1997年6月，国务院三峡建委移民开发局在重庆主持召开了"三峡工程库区文物保护规划验收工作协调会"，议定1997年8月向国务院三峡建委办公室上报《三峡文物保护规划》。

1997年11月，规划组致函国务院三峡建委移民开发局，希望尽快论证和审批《三峡文物保护规划》。

1997年12月3日，湖北省政府向国务院三峡建委办公室致函，"原则同意《三峡文物保护规划》"。

1998年2月12日，重庆市政府向国务院三峡建委办公室致函，"原则同意《三峡文物保护规划》"。

1998年6月，国务院三峡建委移民开发局组织有关专家，结合《三峡文物保护规划》内容对三峡库区的文物状况进行考察，形成《三峡库区文物保护工作考察考古专家组意见》和《三峡工程库区地面文物古迹保护工作的意见》。

1998年7月，国务院三峡建委移民开发局在京召开"三峡库区文物保护规划工作座谈会"。

1998年9月，国务院三峡建委办公室在京召开"《长江三峡工程淹没及迁建区文物古迹保护规划报告》专家论证会"。与会者88人，包括国务院三峡建委办公室、国务院三峡建委移民开发局、国家文物局、重庆市人民政府、湖北省人民政府、重庆市移民局、湖北省移民局、重庆市文化局、湖北省文化厅、水利部长江水利委员会、规划组等单位的代表和特邀专家。规划组组长俞伟超先生做了"关于《长江三峡工程淹没及迁建区文物古迹保护规划报告》的几点说明"的报告。

论证会由文物、考古、建筑、古脊椎动物与古人类、地学、水利工程及移民等学科的27位专家组成了专家论证组，徐苹芳先生任组长，傅熹年先生任副组长。

论证组由地下、地面、经费概算三个小组组成，分别对《三峡文物保护规划》进行了论证，形成了"《长江三峡工程淹没及迁建区文物古迹保护规划报告》专家论证会意见"和"《长江三峡工程淹没及迁建区文物古迹保护规划报告》经费概算专家论证意见"。

论证会对《三峡文物保护规划》给予了充分肯定，对《三峡文物保护规划》的有关内容提出了修改和补充的建议，对一些项目提出了另行立项和另行论证的建议，并建议将修订和补充的内容与《三峡文物保护规划》一起上报，尽快给予审批。

根据专家论证会的意见，规划组于1998年10月完成了对规划报告的修改与补充，形成了《〈长江三峡工程淹没及迁建区文物古迹保护规划〉有关内容的修订与补充》，并上报国务院三峡建委办公室。

1998年12月，根据专家论证会的意见，重庆市移民局和重庆市文化局在重庆召开了"白鹤梁题刻、石宝寨、张桓侯庙保护方案论证会"，形成《白鹤梁题刻、石宝寨、张桓侯庙保护方案论证会专家组意见》，并上报国务院三峡建委办公室。

至此，对《三峡文物保护规划》的论证工作完成。

二　三峡文物保护规划审批

1999年3月，国务院三峡建委办公室致函湖北省、重庆市政府，请审核《修订与补充》。

1999年10月，国务院三峡建委办公室在京召开了"文物保护规划审批会议"，会上听取了有关部门对《三峡文物保护规划》的审核报告，对有关问题进行了研究和讨论，并形成会议《纪要》。其要点如下："会议认为：鉴于《三峡文物保护规划》中大多数文物保护项目和保护方案可以确定，对保护经费的确定提出了具体途径，其他遗留问题也有了解决的办法，因此，规划的审批工作可告一段落，下一步工作，应在确定保护经费、解决遗留问题的同时，重点抓文物保护的实施。会议同意将1087处文物列入保护规划。"

2000年6月，国务院三峡建设委员会办公室向有关部门下发"关于批复三峡工程淹没区及迁建区文物保护项目和保护方案复核意见并印发《三峡工程淹没区及迁建区文物保护规划（保护项目及保护方案）》的通知"，正式将1087处文物列入保护，并印发文物名单和保护方案。

至此，《三峡文物保护规划》的审批工作结束。

三 三峡文物保护规划的现实与深远意义

对三峡淹没和迁建区制订的《三峡文物保护规划》，是我国规模最大、涉及范围最广、参与人数最多的文物保护规划。它充分反映了我国文物保护的方针、政策和理念，体现了现阶段我国文物保护的总体水平。

翔实的文物调查，填补了三峡淹没和迁建区文物总量和文物状况不确定的空白；可行的保护意向，基本达到了"最大限度地抢救，力争把损失减少到最小"的效应；合理的经费测算和投资计划，确保了将有限的资金发挥最大的效益；众多科研机构的联合参与，开创了我国考古学、建筑学、民族学以及水下考古、地质勘探、地理测绘、生命科学等多学科相结合的文物保护规划先河；文物工作者的齐心努力，锻炼了文物队伍，造就了一批专家学者，为三峡文物保护工作的全面开展奠定了人才基础；成功的规划之举，为我国文物保护工作积累了可借鉴的经验。先规划，后实施，已成为我国重点文物保护单位及大型文物保护工程项目的基本程序。

由国务院三峡建委办公室组织召开的专家论证会对《三峡文物保护规划》给予了客观的评价，认为：《三峡文物保护规划》"有坚实的科学基础，所列的文物项目比较全面、准确，所提出的保护措施在总体上是可行的。贯彻了'保护为主，抢救第一'和'两重、两利'（注：重点保护，重点发掘。既对基本建设有利，又对文物保护有利。）的方针。"《三峡文物保护规划》"为研究三峡地区文化历史的特点和发展，做了有益的探索。这是一部配合大型基本建设文物保护规划的好报告。"

《三峡文物保护规划》不仅具有保护三峡文物和增加三峡工程文明色彩的现实意义，更重要的是，唤起了全民文物保护的意识，唤起了社会各界对文物保护工作的重视。如今，文物保护工作已越来越引起社会各界的重视，文物不可再生的属性也得到了社会的广泛认同，所具有的历史价值、科学价值、艺术价值等内在含义的社会文化价值被广泛发现，这些都与规划阶段文物保护观念的讨论有着直接或间接的关系。

1997年2月，"三峡工程库区文物保护工作汇报会"在北京文轩宾馆召开

徐光冀（左一）、傅熹年（左二）出席会议

徐苹芳（左一）、黄景略（左二）出席会议

任继愈（左一）、张开济（左二）、谢辰生（左三）出席会议

张忠培（左一）、黄克忠（左二）、俞伟超（左三）出席会议

罗哲文（左一）、梁从诫（左二）出席会议

黄展岳（左一）、李家浩（左二）、傅连兴（左三）出席会议

黄克忠向会议介绍规划编制情况

柴泽民出席会议并发言，左一汤羽扬、左二柴泽民、左三张忠培

黄景略（左一）、李学勤（左二）、任继愈（左三）出席会议

徐苹芳发言

张忠培发言，左一柴泽民、左二张忠培、左三黄克忠

邹衡（左一）、王定国（左二）、罗哲文（左三）出席会议

第四章 三峡重庆库区地下文物保护

　　根据国务院三峡建委办公室2000年6月批准的《三峡文物保护规划》，三峡淹没及迁建区文物保护项目共计1087项，其中地下文物723处，包括：湖北库区217处，重庆库区506处。由于重庆库区占有三峡库区绝大部分的淹没面积，地下文物的埋藏量也占有了绝大部分比重，占库区地下文物埋藏量的70%左右。从时代上看，重庆库区地下文物包括了旧石器、新石器、夏商周、汉至六朝、唐宋到明清时期各个发展阶段；从地域分布上看，自巫山至江津，峡江沿岸重庆库区的每个区县均有地下文物分布。

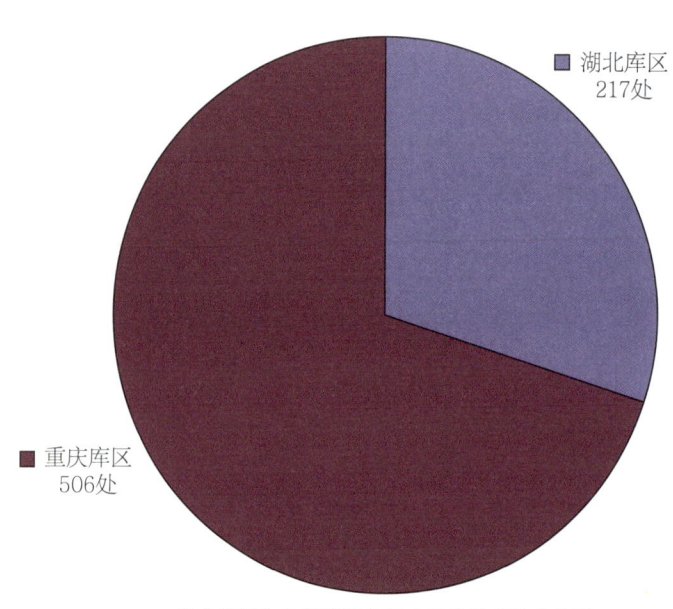

湖北库区和重庆库区地下文物保护项目比较图

第一节　概　述

一　旧石器时期

旧石器时代是人类历史发展的最漫长时期，故发现的旧石器遗存较多。重庆库区确属旧石器时代遗址的不超过40处，部分旧石器遗址的规模大，遗存丰富，出土了大量的属于旧石器时代中、晚期的石制品，其中以丰都冉家路口遗址[1]、高家镇遗址[2]、烟墩堡遗址[3]、井水湾遗址[4]、枣子坪遗址[5]出土资料最为丰富。石器的原料多就地选用河滩砾石，石器打片方式以锤击法为主，也使用碰砧法、摔击法及锐棱砸击法。石器器形单调，以砍砸器为主体，并有少量刮削器，二者的界限不易区分，表明它们有重叠功能。石器加工粗糙、简单，个体多粗大，多以砾石和石核为毛坯，显示南方砾石工业特点。此外，常见于北方体系中的砸击技术也有出现，在少数遗址（如烟墩堡遗址）中出现比例较大的石片和以石片加工的工具，有的遗址（如洋安渡遗址）还出现带有明显北方石器工业特点的小型石核、石片和石器。由于三峡地区特殊的地理环境，制约了当地古人类的生存与发展，形成了相对独立的文化发展体系。

二　新石器时期

在重庆库区共有30余处具有峡江西部地区新石器晚期文化特征的遗址[6]，加上近几年的考古发现，实际数量应超过40处。新石器时代的考古学文化面貌富有这一地区的自身特色，存在着渝东地区土著新石器文化和大溪文化两支不同的考古学文化系统，二者大致以瞿塘峡为界。渝东地区土著新石器文化系统位于瞿塘峡以西，是重

---

1. 中国科学院古脊椎动物与古人类研究所、重庆自然博物馆、重庆市丰都县文物管理所：《丰都冉家路口遗址第一次发掘报告》，《重庆库区考古报告集·1999卷》，科学出版社，2006年；高星、卫奇、李国洪：《冉家路口旧石器遗址2005发掘报告》，《人类学学报》2008年第1期；彭菲、裴树文、马宁、高星、李国洪：《三峡库区冉家路口旧石器遗址2007年发掘报告》，《人类学学报》2009年第2期；陈福友、高星、裴树文、冯兴无、卫奇、朱松林、李国洪、吴天清：《冉家路口旧石器遗址初步研究》，《人类学学报》2004年第4期。
2. 中国科学院古脊椎动物与古人类研究所、重庆自然博物馆、丰都县文物管理所：《丰都高家镇遗址发掘报告》，《重庆库区考古报告集·1997卷》，科学出版社，2001年；裴树文、卫奇、冯兴无、陈福友、高星、朱松林、吴天清、李国洪：《高家镇旧石器遗址1998年出土的石制品》，《人类学学报》2005年第2期。
3. 中国科学院古脊椎动物与古人类研究所、重庆自然博物馆、丰都县文物管理所：《丰都烟墩堡遗址发掘报告》，《重庆库区考古报告集·1997卷》，科学出版社，2001年；冯兴无、裴树文、陈福友：《烟墩堡遗址研究》，《人类学学报》2003年第3期。
4. 中国科学院古脊椎动物与古人类研究所、重庆自然博物馆、重庆市丰都县文物管理所：《丰都井水湾旧石器时代遗址发掘报告》，《重庆库区考古报告集·1999卷》，科学出版社，2006年；中国科学院古脊椎动物与古人类研究所、重庆市文物局、泥河湾猿人观察站、丰都县文物管理所：《丰都井水湾遗址发掘简报》，《重庆库区考古报告集·2000卷》，科学出版社，2007年；裴树文、高星、冯兴无、陈福友、卫奇、朱松林、李国洪、吴天清：《井水湾旧石器遗址初步研究》，《人类学学报》2003年第4期。
5. 中国科学院古脊椎动物与古人类研究所、泥河湾猿人观察站、重庆市文物局、丰都县文物管理所：《丰都枣子坪遗址发掘简报》，《重庆库区考古报告集·2000卷》，科学出版社，2007年；裴树文、陈福友、冯兴无、高星、卫奇、李国洪：《三峡地区枣子坪旧石器遗址》，《人类学学报》2004年第3期。
6. 邹后曦、袁东山：《重庆峡江地区的新石器文化》，《重庆·2001三峡文物保护学术研讨会论文集》，科学出版社，2003年。

庆库区文物保护工作中的重大发现，经过近些年的考古学发掘和研究，其文化面貌日渐清晰。除新石器时代早期遗存尚有待进一步研究外，从新石器时代中期开始，经历了玉溪下层文化[1]、玉溪上层遗存[2]、哨棚嘴文化[3]、玉溪坪文化[4]、中坝文化[5]等几个发展阶段。除玉溪下层文化与继起的后续文化缺少延续性外，其余的考古文化呈延续发展状态，序列相对完整，其间虽然受到周邻地区考古学文化的影响（主要是长江中游大溪文化系统和成都平原的宝墩文化），但始终保留自身特色，一脉相承。大溪文化系统主要位于瞿塘峡以东，其中心分布区应在今江汉平原，新石器文化在重庆库区的分布主要集中在大溪文化阶段，这一时期是大溪文化系统在重庆库区势力最强的阶段，主要分布在巫山及其邻近地区，典型遗址有大溪遗址、人民医院遗址、欧家老屋遗址等。在渝东土著文化分布区中也出土过少量大溪文化遗物。此后，重庆库区基本不见典型的屈家岭文化、石家河文化的遗址。在新石器时代晚期，这两种不同文化系统的考古学文化交流与互动进一步增强，到新石器时代末期，在巫山及其邻近地区还出现了兼具这两种考古学文化传统的文化类型，有学者称之为跳石类遗存[6]。

巫山人民医院遗址出土彩陶罐

巫山人民医院遗址出土石铲

三　夏商周时期

巴人是我国历史上出现较早的古代民族之一，早在商代的甲骨文中即已见诸记载。而随着历史车轮的行进，巴人虽已在历史长河的迁移变易中逐渐湮没，但至今仍活跃于三峡及其周围的湘、鄂、川、渝等省市的土家族身上，仍能反映出他们昔日的辉煌。三峡及其周邻区域是古代文献中记述的巴人起源、发展以及与汉族长期共存的主要地区。因此，三峡地区是探索古代巴人历史的最重要地区。目前所知的三峡地区考古工作中的一系列发现，已透露出解开这一千古之谜的曙光。

大约在相当于中原青铜时代的夏商周三代，三峡地区的考古学文化面貌进入了一个趋向一种新文化的一统化的发展时期。新石器时代表现明显的东西两大考古学文化系统的差

---

1. 邹后曦、袁东山：《重庆峡江地区的新石器文化》，《重庆·2001三峡文物保护学术研讨会论文集》，科学出版社，2003年。
2. 邹后曦、袁东山：《重庆峡江地区的新石器文化》，《重庆·2001三峡文物保护学术研讨会论文集》，科学出版社，2003年。
3. 白九江、邹后曦：《重庆峡江地区新石器时代晚期文化》，《中国考古学会第十次年会论文集（1999）》，文物出版社，2008年。
4. 白九江、邹后曦：《重庆峡江地区新石器时代晚期文化》，《中国考古学会第十次年会论文集（1999）》，文物出版社，2008年。
5. 白九江、邹后曦：《重庆峡江地区新石器时代晚期文化》，《中国考古学会第十次年会论文集（1999）》，文物出版社，2008年。
6. 于孟洲：《峡江地区夏商时期考古学文化研究》，吉林大学博士学位论文，2007年。

异,已基本被另一个考古学文化的趋向所取代,如忠县䧑井沟等遗址。这类遗存的陶器以夹砂灰黑陶和褐陶为主,泥质灰陶也占一定比例;纹饰则多为绳纹;制法一般为手制;器形主要有花边口圜底罐、尖底器和高柄豆形器(即所谓的"灯形器")等。从涪陵镇安、蔺市等遗址出土的陶豆、灯形器等与东端中堡岛遗址所出同类器相当接近的现象来看,大概在很短暂的时间里,它们就已广泛据有整个三峡及其周邻地区。在这样一个大范围内,这类遗存也表现出一定的地域差异,似乎可以将它们区分为同一考古学文化的不同地域类型。这类遗存与峡区东部新石器文化系列之间的关系,许多因素缺乏联系,差距较大,因此不大可能是三峡东部地区龙山时期文化的发展和继续,来源可能另有所在,仅据已有的考古学资料,尚难以确定。关于其文化属性,如从历史文献以及同其他考古学文化的关系等方面考察,应该同古代的巴人联系在一起。这类文化在峡区的发展,大约在商周时期进入到繁荣发达的阶段,其分布既密集又广泛,文化堆积和内涵也日趋丰富与复杂。在巫山双堰塘、云阳李家坝等地发现的面积可达数万平方米以上的大型遗址及有关出土物,均表明它们应当是当时中心聚落的所在。尤其是在双堰塘遗址出土的大型石磬和遗址附近发现的大型铜尊这类古代礼乐重器,无不昭示着该遗址的地位,表明这里很可能是当时巴人的邦国之都。忠县中坝、哨棚嘴等遗址的那种基本由同一类型陶器而构成的厚度可达十余米的特殊堆积,目前尚未见于其他地区。其性质目前未能定论,如据当地历史上制盐业开发较早的史实,或可将此类迹象与早期制盐相联系。如果这种看法不误,则这些遗存对于了解当时巴人社会分工的发达程度、手工业以及商贸业的情况等具有极为重要的价值。三峡地区在夏商阶段,在巴系统的文化中,还能够见到一些中原文化的影响。

西周后期以来,楚国势力日渐强盛,长江中游基本为其囊括,并进一步向周邻地区扩张。原本为巴人所盘踞的三峡地区便首当其冲,巴楚两国在三峡地区的争夺与进退,在考古学材料上也得到了比较清晰的反映。原本为巴人据有的三峡东部地区,大约在西周稍晚阶段开始陆续出现了一些楚文化的因素,这些遗存往往只是包含着部分楚文化的因素,而同中心区域的楚文化仍有一些区别。进入春秋时期,三峡东部地区的西陵峡沿岸发现了较多的楚文化遗存,其中包含了一些主要以典型的楚式铜器和陶器为随葬品的墓葬,表明楚人已比较稳定地进驻这一区域。但属于巴文化系统的因素同时仍然广泛存在,并存在着两种因素共存、交互影响的现象,具有巴文化因素的墓葬和楚文化因素的墓葬同时并存的。这些现象表明,这一时期尽管楚国的版图已扩张到这里,但土著的巴人是与楚人共同生存的。到了战国时期,楚人的势力更进一步向西推进,巴文化的中心也随之不断西移。这一时期的重要巴文化遗存基本都分布在三峡以西的区域,其中涪陵小田溪战国墓群是已知这一时期最重要的巴人遗存,从墓葬的规模、随葬品的等级及丰富

巫山人民医院遗址

涪陵小田溪墓地发掘现场

程度来看,大概与古文献记载中所说巴人"先王陵墓多在枳"的巴王陵墓区有关。小田溪附近的具有一定规模的陈家湾遗址,时代基本同小田溪墓群相近,因此,应作为探寻当时巴国都城的重要线索而进一步工作。

楚文化向西分布的终点,可大体推定在今万州、忠县一带,云阳小江流域李家坝战国楚文化墓群的存在,证明当时楚人已稳固地分布在这一区域。楚文化遗存在三峡地区地下文物中占有重要的位置,楚人是继巴人之后,对三峡地区的开发作出卓越贡献的民族之一。楚文化的介入加速了三峡地区的发展,三峡地区东周时期的楚文化遗存分布相当广泛,并且内涵也十分丰富。瓦及砖的应用和普及,青铜器数量的增加,铜及漆礼器的频繁出现等均表明文化发展已达到远比巴人为高的程度,而如《水经注》中记述的云阳楚故陵那样规模的大型陵墓的存在,也反映了楚文化的深厚影响。楚人在与巴人的争斗中,也不断汲取着巴文化的优秀因素。强悍勇斗的巴人所拥有的巴式青铜兵器,在西部的楚人墓葬中已经比较多见。而广为人知的楚郢都中"下里巴人"之歌最为遍及的成语则更表明了巴文化在楚地的影响。战国后期,为取得巴人盐业之富,楚秦围绕着巴地展开争夺,文献有"楚得枳而国亡"的记载,公元前317年,司马错灭蜀,进而并巴,标志着秦确立了对包括三峡西部地区在内的这一区域的统治权,并以此为基础,最终灭楚。

四 秦汉及以后

秦国的昌盛,把对西南地区的经略放在十分重要的地位。虽然秦对三峡地区的统治时间比较短暂,但秦文化对这一区域的影响却比较显著,说明了秦统一的深远影响。

汉承秦制,经过汉初的休整,全国经济、生产得到了很快的恢复,三峡地区由于秦文化和汉文化的进入,在汉代进入了一个文化大发展的阶段。整个三峡地区的汉代地下文物十分丰富,当时的城址、聚落址、墓葬以及其他工矿业遗迹等广有发现。从墓葬遗存看,西汉较早阶段,三峡地区巴文化的因素还比较浓厚。如巴县冬笋坝的船棺等,出土了较多的巴式铜、陶器,说明尽管经历了楚秦以及汉政权分别对这一区域的统辖,但这一地区的巴人此时尚未被汉化。在涪陵西汉早期的土坑墓中还能见到另一种现象,其青铜礼器、铜镜、玉璧以及铁工具等均反映了比较典型的汉文化因素;而日用陶器则以当地巴文化传统为主。进入东汉阶段后,用于墓葬中纯巴式的地方因素逐渐减少,而以中原文化因素及其和地方文化因素相融合而形成的新因素占据了主导地位。整个三峡地区的考古学文化已成为汉文化系统下的一种地域类型。可知在中原王朝文化的影响下,当地土著文化正逐渐改变着面貌。这一阶段的埋葬制度,按照死者的社会地位及经济条件,已基本趋于定型化。墓葬依当地地理条件基本可分为土穴中修建的券顶砖室墓和依山开凿的崖墓两大类,形制较少变化,规模因等级而异,用于随葬的除实用器具外,还有较多的陶俑、建筑物、田塘、仓厨的模型明器,最具特色的当属摇钱树。

秦汉以后的三峡地区在仍保留了一部分地方特点的前提下,当地文化已基本纳入了中原王朝文化的大格局当中。但具有当地特色的崖墓、悬棺等,仍然具有一定的地方代表性。

楚秦开始在峡区设郡置县,但可能由于时间都比较短暂,所以目前还很难确认它们的遗存。三峡地区已知比较明确的古代城治遗存,是汉代的几处县城故址。根据初步的勘察与考证,已可以大致确认今奉节县的白帝村遗址、云阳县的旧县坪遗址分别是汉代的鱼复县治和朐忍县治的所在。汉代县城城址的勘探发掘工作是秦汉考古工作的薄弱环节,这些古城址的考古工作的展开,除去考古学自身研究外,还将为沿革地理的研究提供出明确的坐标点。

汉末纷乱,地方割据。三峡地区却基本处于略为稳定的环境之下,社会经济仍能按照正常的进程发展。刘备建蜀后,吴蜀间的许多交往及斗争便发生在三峡及其周邻区域,故而在三峡地区留存下众多的史迹。其中忠县、云阳等地发现的有明确纪年的蜀汉墓葬,为渝东地区蜀汉墓葬的断代研究提供了标准参照。这里蜀汉墓葬仍继续着汉代埋葬的习俗,而和东吴墓葬迥然有别。三峡地区发现的西晋墓葬,则同长江下游的晋墓风格相似,一反汉制而沿袭着东吴的传统。这种现象的阐释,无疑应是三峡地区这一阶段考古学的重点。

六朝下迄唐宋,三峡地区又进入一个比较大的发展阶段。从考古学资料看,今天当地的人文地理格局,在这一时期已基本形成。当时的重要城治,大部分为现代所沿用,如奉节永安镇、巫山巫峡镇、开县汉丰镇、万州区万州镇、丰都名山镇等。同时发现的众多的瓷窑址、冶炼业遗迹、矿井以及交通设施的遗迹等,也都从不同的角度反映了三峡地区当时的发达状况。重庆涂山窑系列作为当时重要的天目瓷产地,渝东所发现的大多数黑瓷产品可能都出自其手。此外,值得一提的是万州区驸马坟所发现的唐代冉仁才墓中出土的大批青瓷器,其中制作精美的青瓷俑代表了当时青瓷制作的水平,而从当地数量较多青瓷器的发现来看,三峡地区青瓷制作的工艺已具有相当的水平。

宋代,三峡地区进入了比较稳定发展的时期。巫山县迁建区发现的税梦得墓,虽然只是一座平民墓葬,但墓葬的规模、装饰均能反映出墓主的富裕程度。特别是墓葬的石结构以及画像石等都表现了一种比较特殊的葬俗,为研究当地宋代的埋葬习俗提供了新资料。这一时期的遗存从聚落密度、瓷窑等工矿业遗迹的分布范围等,均能反映当时社会的发展状况,如万州区五桥区属于宋代的瓷窑就不下十余处,说明了当时手工业的发达程度。

南宋末,为抵抗蒙古军队的南下,渝东地区的军民进行了艰苦的抗争。其中,既有官府组织的抵抗活动,也有民众自发的结寨自保。这些事件在当地留存下不少的遗迹,最有代表性的是云阳的盘石城和忠县的皇华城。前者据山为堡,依势设防;后者兀立江中,以水为隘。这两处特殊的城防设施,对了解当时的历

2001年,刘豫川、邹后曦在考古队驻地

史脉络具有重要的意义。

元末，渝东有明玉珍建立的大夏政权，是地方历史的一个重头戏，有关事件的时间虽然短暂，但反映该历史的实物遗存却只能在这一区域找寻。重庆市发现的明玉珍睿陵，作为为数不多的农民运动领袖的史迹遗存，无疑应具有很高的价值。

文献史料为后人留下了众多有关历代建置、名胜沿革的记述，然而因年代久远，大量史迹往往已被湮没地下。因而，地下遗存的揭露与研究几乎成为探索这些历史的唯一手段。三峡地区的初步考古发现表明，许多文献记述中的遗存已经初露端倪。

与历代名人有关的遗迹，是三峡地区地下文物中重要的组成部分，在千百年的历史积淀中，已成为当地群众历史情结的重要一环，因此作为当地群众精神财富的一部分，其价值已远远超出了物质文化的范畴。从传说中的重庆巴蔓子墓、奉节刘备墓，到武隆的唐代辅宰长孙无忌衣冠冢、忠县的宣公陆贽墓等，无论其是否准确反映着历史真实，使其在淹没之前得真相于世，无疑是三峡工程文物保护的重要工作之一。

井盐开发是三峡地区历史的重头戏，战国时期渝东地区的井盐之富就成为楚秦争夺这一区域的动力，其后当地盐业的发展一直支撑着渝、鄂、湘、黔周边地区的食盐供应。三峡地区与盐业历史有关的遗存的丰富及古老在全国范围内也可以说是屈指可数的，其中诸如明确的汉代盐井遗迹有忠县的中坝盐井、云阳的白兔、浣泉井，唐宋以来的盐业作坊遗址有云安盐场旧址，与运盐有关的武隆羊角盐道遗址等，在年代上基本上代表了当地千余年的盐业发展史，而就遗存的类型看，则分别反映着开采、加工和贸易、运输的不同环节。

云阳云安盐场遗址

云阳云安盐井

第二节　保护措施及出土文物

一　保护方式的调整

三峡文物保护是以先规划后实施为框架的保护工程，早在1992年开始，就以文物调查为基础制定保护规划。但是，经过制定、论证、审批较漫长的过程，一些文物发生了变化，在实施中，根据出现的新情况，在规划的总框架下，进行了适当的调整，这种调整属于微观的调整。

1 地下文物数量的变化

在三峡文物保护实施阶段，文物数量发生了较小的变化，主要有以下几种情况：

（1）在实施工作中新发现了个别遗址，这类遗址在规划阶段被遗漏。如云阳乔家院子遗址。

（2）由于三峡工程建设项目的调整，导致原先未被纳入规划进行保护的文物点被调整进入保护范围。如各地新城镇建设规划调整，洛碛移民搬迁的调整就新增茅草坪遗址、老锅厂土坑墓群、枳邑县旧址三处文物点，开县防护堤建设的取消亦新增水东坝墓群、双河墓群等文物点。

（3）在三峡工程的基础设施建设中，由于移民迁建速度过快和地质塌方等原因使部分文物消失，文物数量减少。

鉴于以上原因，重庆库区地下文物实际有528处，比规划多出22处。

2 地下文物时代的变化

由于重庆库区文物保护所涉及的文物点很多，选择了文物分布密集且具有代表性的巫山、丰都、云阳三县的文物点从文物的时代和保护措施级别两个方面与规划报告的变化进行了统计，这一统计结果反映了三峡重庆库区文物变化和保护措施变化的基本情况。

在文物时代变化方面，多数与规划报告中确定的时代吻合，占统计总数的67.72%，时代有所延长的约占统计总数的13.23%，时代缩短的约占统计总数的5.29%，时代完全不吻合的约占统计总数的13.76%。

根据以上统计，重庆库区地下文物在时代上与规划报告相比，大多数地下文物的时代与规划报告相符，少数地下文物的时代发生了变化，依次为时代完全不吻合、时代延长、时代缩短三种情况。

部分区县文物变化状况对比

序号	区县	参加统计遗址数	保护后时代与规划相比较			
			不变	延伸	缩短	完全不吻合
1	巫山	96	57	17	7	15
2	丰都	44	33	6	1	4
3	云阳	49	38	2	2	7
合计		189	128	25	10	26
占统计总数百分比		100%	67.72%	13.23%	5.29%	13.76%

3 地下文物保护措施的调整

由于以上情况的变化，在实施中，对保护方案进行了微调，主要有以下几方面：

（1）将部分新增文物纳入保护范围，进行了勘探、发掘、登记建档等措施的保护。

（2）针对文物现况，调整保护方式。如对少数登记建档的文物点进行重新评估，根据评估结果，符合考古发掘的，调整为考古发掘。对保存状况较差、价值较低的考古发掘项目，进行重新评估，不符合考古发掘的，调整为登记建档。

（3）针对文物状况进行保护面积的调整。其一是对保存较好、价值较高的地下文物增加勘探和发掘面积。其二是对保存状况较差、价值较低的地下文物进行缩减勘探和发掘面积的调整。规划报告中各项保护措施的面积与实际保护措施面积也有一些变化。重庆库区地下文物规划勘探面积为1079.9908万平方米，

巫山麦沱墓地出土文物

考古发掘面积为143.6152万平方米。实际的勘探面积为1021.2408万平方米,考古发掘面积为130.3322万平方米,与规划相比较,勘探面积减少了5.44%,考古发掘面积减少了约9.28%。

在对巫山、丰都、云阳三县的统计中,经过实际的保护措施与规划中的保护措施相比较,完全按照规划进行保护的数量最多,约占统计总数的92.59%,但也有部分文物的保护级别依据实际情况进行了适当调整。经调整,保护级别提高的约占统计总数的6.88%,保护级别降低的约占统计总数的0.53%。

总之,在重庆库区地下文物保护的实施中,基本是按照规划的要求进行的,仅对少数新发现或有变化的遗址和墓葬在保护措施方面进行了调整。经过调整,更符合实际,更能体现"重点保护,重点发掘"的原则。

部分区县文物保护措施变化的对比

序号	区县	参加统计遗址数	实施保护级别与规划相比较		
			不变	升高	降低
1	巫山	96	85	11	0
2	丰都	44	44	0	0
3	云阳	49	46	2	1
合计		189	175	13	1
占统计总数百分比		100%	92.59%	6.88%	0.53%

4 地下文物变化的原因

在对三峡库区地下文物的保护中,在文物的数量、时代、保护措施等方面发生了少量的变化,其原因包括了以下几个方面:

(1)三峡库区地下文物众多,埋藏条件复杂,具有不可预见的未知性。在三峡工程之前,对这一地区的文物勘察工作做得较少,文化面貌了解得不全面。另外,规划是在时间紧、基础条件差的状况下制定的,难免会有误差。

(2)由于移民建设工程的调整,导致了部分地下文物发生变化。如前所述,洛碛移民搬迁和开县防护堤建设的取消等,导致了地下文物数量的变化和保护措施的调整。

（3）文物状况的变化导致了保护措施的变化。如：遗址的面积与规划面积不符，导致了文物保护方案的调整。

（4）在对地下文物的保护实施中，重大考古发现会导致对地下文物的价值进行重新评估，保护措施也会相应调整。

（5）地下文物的不可预知性，给规划工作增加了难度。

虽然地下文物状况与规划报告相比，发生了少许的变化，但规划报告对大多数地下文物的认识还是准确的，由此制定的保护措施也是比较正确的，具有科学的合理性。三峡库区文物保护基本是按照规划报告的内容开展工作，规划对于三峡库区的文物保护工作具有重要的指导意义。

二 保护措施

根据三峡重庆库区地下文物分布广泛、埋藏量大、年代跨度久远、保存状况差异大等特点，依据《三峡文物保护规划》的要求，在对三峡库区地下文物的保护中，针对不同文物分别实行了考古发掘、考古勘探、登记建档三类保护措施，以体现重点保护，重点发掘，其措施和完成工作状况如下：

1 考古发掘

对于三峡重庆库区的地下文物保护而言，考古发掘是抢救保护的最主要措施，因此，地下的考古发掘是工作量最大的项目。为体现重点保护，重点发掘，根据地下文物的价值及埋藏量等因素，对地下文物的考古发掘，以A、B、C、D四个等级进行分类，进行有重点的发掘，其完成状况如下：

A级为规模宏大、内涵丰富、价值最高、保存状况最好、保护力度最强、发掘面积最多的级别。重庆库区45处，完成发掘面积44.4665万平方米，比规划任务增加了3处文物点，减少了23.2355万平方米的发掘面积。

B级是针对内涵丰富、具有比较重要的科学价值、规模较大、形制结构清楚、随葬品较丰富的遗址和墓葬的保护。重庆库区112处，完成发掘面积54.1035万平方米，比规划任务增加了2处文物点和2.0115万平方米的发掘面积。

C级是针对保存状况尚可、文化堆积和内

巫山麦沱墓地出土文物

巫山麦沱墓地出土文物

涵相对丰富、具有一定科学价值的遗址和墓葬的发掘。重庆库区180处，完成发掘面积27.742万平方米，比规划任务增加了9处文物点和6.564万平方米的发掘面积。

D级为采样式发掘，针对保存状况较差、文化堆积及出土文物相对贫乏、规模结构和布局的原状受到较大破坏和影响的遗址和墓葬。重庆库区137处，完成发掘面积3.8732万平方米，增加文物点5处，增加发掘面积1.23万平方米。

重庆库区还有3处文物点没有按照等级分类和51处登记建档文物点，发掘面积为1470平方米。

2 考古勘探

由于地下文物存有很高的未知概念，对遗址和墓葬的埋藏状况需要进行科学的勘探，特别是较为重要的遗址和墓地，更要进行细致的勘探。因此，为科学地保护地下文物，在实施保护中，对地下文物点进行了全面勘探，重庆库区完成1021.2408万平方米。

3 登记建档

在对三峡库区文物实施的保护中，对保存状况较差、文化堆积和文化内涵已基本无存的遗址和墓葬，则采取登记建档的方式，这种方式也是一种保护，是记录性的保护。重庆库区共对51处文物点实行了登记建档的保护，全部完成了规划任务。

在对三峡库区地下文物保护中，重庆库区共对528处地下文物进行了有效保护。其中，以考古发掘进行保护的文物点477处，登记建档文物点51处，完成发掘面积130余万平方米，比规划任务多完成了22处，完成比例104.48%。

三 出土文物

三峡重庆库区地下文物保护有着自身的特点。其一，对三峡文物的保护是一种抢救性的保护，这种抢救带有绝对的时间底线。其二，对重庆库区文物进行的保护是我国规模最大、保护区域最广的保护。其三，对重庆库区地下文物的保护是对数百处文物在同一时间进行的保护，近百家文物保护单位和数千名文物工作者同时在一个区域开展工作，这在世界文物保护史上极为罕见。其四，按照地下文物保护的工作规程，整理的时间比发掘的时间长，有时相当于发掘时间的数倍以上。综上所述，现阶段是整理的初期阶段，细致的整理工作才刚刚

重庆库区出土文物数量一览表

类别	文物保护数量（处）	已完成文物保护数量（处）	未完成文物保护数量（处）	完成比例（%）	出土文物总数[1]（件/套）	较珍贵文物[2]（件/套）	一般文物[3]（件/套）
地下文物	528	528	0	104.4	133088	40021	93067

注：完成比例按批准规划的506处文物点计算。

---

1. 由于部分地下文物资料整理工作尚未结束，无法统计其出土文物数量，见《重庆库区未统计出土文物数量的158处文物点一览表》，本次出土文物数量仅根据已完成资料整理工作地下文物进行汇总，与重庆库区地下文物保护成果存在不小的差距。
2. 本次统计工作中对于出土较珍贵文物的界定与传统意义上的标准有着一定的区别，这里仅指保存完好、具有较大学术意义的出土文物。
3. 本次统计工作由于一般文物数量太多，在出土文物数量中仅包括了较珍贵文物和一般文物，而不包括口沿、器底等文物标本，这里的一般文物指保存较为完整或可复原器物。

开始。因此，要在现阶段整理出翔实的出土文物数据，为时过早，以下出示的数据仅是保守的基础数据，更翔实的数据仍需更长时间的整理和汇总。

由于重庆库区158处文物点的文物出土数量正在整理和汇总中，以下的出土文物数量不包含这部分数据。

据统计，重庆库区出土文物数量为13.3088万件（套），较珍贵文物4.0021万件（套）。按照考古发掘A、B、C、D和登记建档等的保护措施划分，各个保护措施的出土文物状况如下：

A级：重庆库区45处，出土文物数量39517件套，其中较珍贵文物19229件套，一般文物20288件套。

B级：重庆库区112处，出土文物数量53405件套，其中较珍贵文物15770件套，一般文物37635件套。

C级：重庆库区180处，出土文物数量32765件套，其中较珍贵文物4840件套，一般文物27925件套。

D级：重庆库区137处，出土文物数量3980件套，其中较珍贵文物132件套，一般文物3848件套。

重庆库区3处文物点未按考古发掘等级划分，出土文物1582件套，其中30件套属于较珍贵文物，一般文物1552件套。

在登记建档的保护措施中，重庆库区51处，出土文物1839件套，其中较珍贵文物20件套，其余均属一般性文物。

经统计，重庆库区出土文物为133088件套（不含158处未统计的文物点），其中，较珍贵文物40021件套，一般文物93067件套，如下表：

为了争取保护时间，在规划的论证期间，就对未审批的高家镇遗址、烟墩堡遗址和庙湾墓地3处文物点开展了发掘工作。同时，由于三峡水库建设项目的变更，文物部门垫资对开县防护区涉及的16处文物点、渝北区洛碛浸没区的3处文物点进行了发掘。重庆库区地下文物保护的实际数量为528处，比规划下达的506处增加了22处。这22处文物点所在位置及名称如下表所示：

规划外22处地下文物一览表

序号	名称	区县	序号	名称	区县
1	乔家院子遗址	云阳	12	庙坪遗址	开县
2	水东坝墓群	开县	13	刘家院子墓群	开县
3	双河墓群	开县	14	老君包墓群	开县
4	驷马十四组墓群	开县	15	古坟包遗址	开县
5	马肚坝遗址	开县	16	姚家坝遗址	开县
6	安邱塝遗址	开县	17	姚家墓群	开县
7	棺山墓群	开县	18	高家镇遗址	丰都
8	茂林十二组墓群	开县	19	烟墩堡遗址	丰都
9	陈家湾墓群	开县	20	茅草坪遗址	渝北
10	厚坝墓群	开县	21	老锅厂土坑墓群	渝北
11	庙坪崖墓群	开县	22	枳邑县旧址	渝北

在出土文物的统计中，重庆库区的158处文物点未在统计之列，这158处文物点所在位置和时代及发掘面积等基本状况如下表：

重庆库区未统计出土文物数量的158处文物点一览表

序号	名称	所在区县	时代	发掘面积（平方米）
1	锁龙遗址	巫山	新石器	2000
2	耳石窝遗址	巫山	汉唐	200
3	汪家沟遗址	巫山	明清	100
4	欧家老屋遗址	巫山	新石器	1300
5	魏家梁子遗址	巫山	新石器	700
6	下猫儿坪遗址	巫山	汉—明清	100
7	刘家沟	巫山	汉、明清	100
8	庙坪遗址	巫山	明清	100
9	独树子遗址	巫山	商周	100
10	上安坪遗址	巫山	商周、汉晋	0
11	下安坪遗址	巫山	六朝—明清	100
12	巴雾遗址	巫山	商周、汉代	0
13	唤香坪遗址	巫山	东周	0
14	中安坪遗址	巫山	战国、汉代	0
15	李家湾遗址	巫山	东周、汉晋	0
16	洋溪河遗址	巫山	东周、宋代	100
17	野猫溪遗址	巫山	汉代	0
18	林家湾遗址	巫山	汉代	0
19	拖肚子遗址	巫山	汉代	0
20	老鹰背遗址	巫山	汉代	0
21	青石洞遗址	巫山	汉代	0
22	青石遗址	巫山	汉代	0
23	庙子山遗址	巫山	汉代	0
24	南陵堤坝遗址	巫山	清代	0
25	乱葬坟墓地	巫山	汉、晋、宋	1000
26	椿树包墓地	巫山	汉代	1500
27	高唐观墓地	巫山	战国、汉代	4000
28	窑厂沱墓地	巫山	汉代	0
29	欧家老屋墓地	巫山	汉代	0
30	榨屋梁子墓地	巫山	汉代	0
31	下纸厂墓地	巫山	汉代	0
32	殷家坝墓地	巫山	汉、晋	0
33	刘家坝墓地	巫山	汉代	0

续表

序号	名称	所在区县	时代	发掘面积（平方米）
34	石自乾墓地	巫山	清代	
35	牛塘湾墓地	巫山	东汉	100
36	椿树坪遗址	巫山	东汉	1000
37	江东嘴石器点	巫山	旧石器	1000
38	林家湾石器点	巫山	东周	100
39	黎家坪遗址	奉节	商周	0
40	窑柴坡遗址	奉节	汉代	1000
41	关庙沱遗址	奉节	汉、宋	500
42	杜家坪遗址	奉节	汉代	100
43	窑包遗址	奉节	宋代	0
44	阴楼坪墓群	奉节	汉代	1000
45	茶店子墓群	奉节	汉代	100
46	陈家湾墓群	奉节	汉代	1000
47	白帝村墓群	奉节	汉、明清	1000
48	肖家包崖墓群	奉节	汉代	0
49	三台石器采集点	奉节	新石器	0
50	宝塔坪旧石器地点	奉节	旧石器	200
51	老君庙化石点	奉节	旧石器	100
52	白帝山遗址	奉节	汉代	16000
53	二溪沟墓群	奉节	东汉	1000
54	太公沱遗址	云阳	新石器—唐	2000
55	人头山坡遗址	云阳	明清	200
56	姜家沱采集点	云阳	新石器—唐	0
57	螃蟹石采集点	云阳	新石器	0
58	故陵沱遗址	云阳	汉代	2500
59	明堂坝遗址	云阳	汉—明清	1500
60	高阳坝遗址	云阳	汉—宋	500
61	余家包遗址	云阳	战国	200
62	故陵楚墓	云阳	春秋—战国	1500
63	张家村崖墓群	云阳	汉、晋	0
64	柏树包墓群	云阳	汉代	100
65	杨沙村墓群	云阳	汉代	8500
66	红庙墓群	云阳	汉代	0
67	稻场化石点	云阳	旧石器	0
68	双江旧石器点	云阳	旧石器	100
69	团堡山遗址	云阳	商周	1000

续表

序号	名称	所在区县	时代	发掘面积（平方米）
70	东阳子遗址	云阳	新石器、商周	400
71	庙矶化石点	云阳	旧石器	0
72	大地坪遗址	云阳	新石器	8500
73	桥沟湾旧石点	云阳	新石器	100
74	上中坝遗址	万州	周、宋、明	5000
75	小周溪遗址	万州	汉代	200
76	钟嘴墓群	万州	汉、六朝	500
77	谭绍溪遗址	万州	汉代	2000
78	白河沟墓群	万州	东汉—六朝	1000
79	燕义墓群	万州	东汉—六朝	1000
80	兔儿梁墓群	万州	东汉—六朝	100
81	河坝户墓群	万州	东汉—六朝	100
82	上沱口墓群	万州	东汉—六朝	1000
83	窑坝窑址	万州	东汉—六朝	500
84	瓦子堡窑址	万州	元—明	100
85	滩垴窑址	万州	元—明	0
86	小窑包窑址	万州	元—明	100
87	麻柳梁窑址	万州	元—明	100
88	杨家坝墓群	万州	清代	0
89	旅密村崖墓	万州	清末—民国	0
90	蒲家村化石点	万州	旧石器	100
91	麻柳湾遗址	万州	新石器	1470
92	观音岩墓群	万州	东汉、六朝	960
93	麻柳沱墓群	万州	唐、宋	1200
94	燕窝崖墓群	万州	东汉、六朝	120
95	七孔子崖墓群	万州	东汉、六朝	120
96	椅子山遗址	万州	汉代	0
97	少儿嘴旧石器点	万州	旧石器	0
98	开县故城	开县	唐—清	12000
99	坪井二组遗址	开县	六朝、元、明	1000
100	三中村墓群	开县	汉代	200
101	复洪九组墓群	开县	汉—晋	300
102	复洪十四组墓群	开县	汉—晋	1500
103	渠口六组墓群	开县	汉—六朝	100
104	平浪三组墓群	开县	六朝	800

续表

序号	名称	所在区县	时代	发掘面积（平方米）
105	农试墓群	开县	唐代	500
106	安康九组崖墓群	开县	汉代	0
107	乌杨崖墓群	开县	六朝	0
108	王爷庙墓群	开县	汉—晋	500
109	公龙背遗址	石柱	周、汉？	100
110	哨棚嘴遗址	忠县	新石器	5050
111	瓦渣地遗址	忠县	新石器	2300
112	中坝盐井遗址	忠县	汉代	40
113	崖脚遗址	忠县	新石器	10000
114	王家堡遗址	忠县	新石器	5000
115	李园遗址	忠县	战国、秦汉	100
116	上油坊遗址	忠县	周、六朝	3000
117	龙滩遗址	忠县	汉、六朝	200
118	邓家沱遗址	忠县	新石器	5000
119	石佛崖遗址	忠县	明清	100
120	鱼洞十一队墓群	忠县	汉代	5000
121	松江八队墓群	忠县	汉代	500
122	石宝墓群	忠县	汉、宋	200
123	火电厂崖墓群	忠县	汉、南朝	6000
124	滴水崖墓群	忠县	汉、南朝	0
125	象鼻石崖墓群	忠县	南朝	0
126	刘家崖墓群	忠县	南朝	0
127	鸡骨梁墓群	忠县	汉、六朝	1000
128	西流溪化石点	忠县	旧石器	0
129	石宝寨化石点	忠县	旧石器	0
130	白沙四队墓群	忠县	汉代	4500
131	土地岩崖墓群	忠县	南朝、隋	4800
132	袁家岩遗址	丰都	新石器	3000
133	古家田坝遗址	丰都	汉、唐、宋	0
134	汀溪遗址	丰都	汉、宋	1000
135	木屑溪窑址	丰都	宋代	0
136	秦家院子墓群	丰都	新石器	4000
137	杜家包墓群	丰都	汉、晋	1000
138	梁家包墓群	丰都	商周	200
139	范家河遗址	丰都	旧石器	200

续表

序号	名称	所在区县	时代	发掘面积（平方米）
140	池坝岭遗址	丰都	旧石器	500
141	水盈村崖墓群	涪陵	汉代	200
142	陈家嘴遗址	涪陵	商周—汉	4000
143	剪刀峡化石点	涪陵	旧石器	0
144	隆兴场化石点	涪陵	中侏罗世	0
145	倒向屋基墓群	涪陵	汉、宋	2000
146	薛家溪沟遗址	巴南	新石器？	100
147	团结河嘴遗址	巴南	新石器？	100
148	白沙沱遗址	巴南	新石器？	100
149	岩斗坪遗址	巴南	汉代	100
150	梓潼坝遗址	巴南	汉代	100
151	圈荡遗址	巴南	汉、唐	100
152	华光墓群	巴南	晋代	3500
153	南坪坝一村墓群	巴南	明清	200
154	剑山墓群	巴南	明清	100
155	牌楼坝遗址	巴南	汉代	100
156	朝阳河嘴遗址	重庆市	商—明	4800
157	新二村遗址	重庆市区	汉代	100
158	新房后湾遗址	重庆市区	汉代	100

第三节　三峡重庆库区各区县地下文物保护及主要遗址和墓葬的发掘

以区县为基础是三峡文物保护工程的基本框架，按照规划的分类，三峡重庆库区共有18个区县。在实施阶段，重庆库区的区县数量略有变化，将规划中万州区分解的三个区合为一个区；江津区因为文物点被取消，未在文物保护中列入；江北区仅有地面项目，没有地下项目；巫溪县则没有地面项目，仅有地下项目；

从总的文物保护状况看，涉及了16个区县，如将地下、地面项目单列，地下、地面文物保护项目分别涉及了15个区县。在这15个区县中，个别区县的名称与规划报告中的名称也有所变更。如：原四川省的隶属已改为了重庆市，其中，长寿县改为了长寿区，巴县改为了巴南区，江北县改为了渝北区等。

以下是重庆库区各区县地下文物保护状况以及重要遗址和墓葬的发掘状况。

一 重庆市巫山县

自旧石器时代开始,就有古人类在巫山地区繁衍生息,此后,人类的活动进一步频繁,所遗留下来的文物古迹也随之增多。巫山县地下文物被列入保护规划的共96处,考古发掘面积约18万平方米。

1 旧石器时期

三峡文物保护工作开展以来,发现了许多旧石器时代遗存,主要有江东嘴石器点、下安坪石器点、中安坪石器点、上安坪石器点等,从文化面貌上看属于旧石器时代晚期,石器的材质是河滩砾石,石器的个体较大,属南方砾石工业。

2 新石器时期

巫山地区新石器时代遗址经正式发掘的有大溪遗址[1]、锁龙遗址[2]、江东嘴遗址[3]、培石遗址[4]、欧家老屋遗址、琵琶洲遗址[5]、魏家梁子遗址[6]、下沱遗址、跳石遗址[7]、刘家坝遗址等。从文化面貌上看,这一地区的新石器考古学文化在大溪文化阶段属于大溪文化。以大溪遗址、欧家老屋遗址和人民医院遗址为代表,出土了一大批陶器、骨器和玉石器等,其文化面貌与典型的大溪文化区别不大,仅在生业模式上与典型大溪文化有所差别,这一地区的大溪文化主要以渔猎经济为主,仅有少量的农业经济,而在大溪文化的中心分布区是以农业经济为主,渔猎经济为辅。进入龙山时代,这里的新石器文化面貌兼有渝东地区土著新石器文化(盘口罐)和长江中游地区屈家岭文化、石家河文化(大圈足盘等)的特征。

3 商周时期

经正式发掘的遗址较多,东周以前的遗址主要有宝子滩遗址、独树子遗址、关上遗址、大㴩遗址、孝子溪遗址、巴雾遗址、上安坪遗址、冬瓜包遗址、双堰塘遗址[8]、窑坪遗址等。其中最为重要的当属双堰塘遗址,在规划阶段以其重要发现被誉为"巴墟"(出土了大

---

1. 重庆市文物考古所、重庆市文物局、巫山县文物管理所:《巫山大溪遗址勘探发掘简报》,《重庆库区考古报告集·2000卷》,科学出版社,2007年;邹后曦、白九江:《巫山大溪遗址历次发掘与分期》,《重庆·2001三峡文物保护学术研讨会论文集》,科学出版社,2003年。
2. 成都市文物考古工作队、巫山县文物管理所:《巫山锁龙遗址发掘简报》,《重庆库区考古报告集·1997卷》,科学出版社,2001年;成都市文物考古研究所、成都市文物工作队:《巫山锁龙遗址发掘报告》,《重庆库区考古报告集·1998卷》,科学出版社,2003年。
3. 南京大学历史系考古专业、重庆市文物局、巫山县文物管理所:《巫山江东嘴遗址发掘报告》,《重庆库区考古报告集·2000卷》,科学出版社,2007年。
4. 南京博物院考古研究所、巫山县文物管理所:《巫山培石遗址第一次发掘报告》,《重庆库区考古报告集·1999卷》,科学出版社,2006年。
5. 中国社会科学院考古研究所三峡工作队:《巫山琵琶洲遗址发掘报告》,《重庆库区考古报告集·1998卷》,科学出版社,2003年。
6. 中国社会科学院考古研究所长江三峡考古工作队:《四川巫山县魏家梁子遗址的发掘》,《考古》1996年第8期。
7. 南京博物院考古研究所、巫册县文物管理所:《巫山跳石遗址发掘报告》,《重庆库区考古报告集·1997卷》,科学出版社,2001年;南京博物院考古研究所、重庆市文化局、巫山县文物管理所:《巫山跳石遗址第二次发掘报告》,《重庆库区考古报告集·1998卷》,科学出版社,2003年。
8. 中国社会科学院考古研究所长江三峡考古队、巫山县文物管理所:《巫山双堰塘遗址发掘报告》,《重庆库区考古报告集·1997卷》,科学出版社,2001年;中国社会科学院考古研究所长江三峡考古队、巫山县文物管理所:《巫山双堰塘遗址发掘报告》,《重庆库区考古报告集·1998卷》,科学出版社,2003年;中国社会科学院考古研究所长江三峡考古队、巫山县文物管理所:《巫山双堰塘遗址发掘报告》,《重庆库区考古报告集·1999卷》,科学出版社,2006年。

量的珍贵文物,附近还曾出土了青铜尊)。属于春秋至战国初期的遗址有唤香坪遗址、涂家坝遗址[1]、蓝家寨遗址[2]、上阳村遗址等,其中最为重要的当属涂家坝遗址、蓝家寨遗址。属于战国时期的有中安坪遗址、高唐观墓地、江东嘴墓群[3]、下湾遗址、塔坪遗址、玉皇阁墓地等。这一地区商周时期的考古学遗存中有尖底杯、花边口罐等巴文化因素,但从其典型陶器如鬲、鼎等明显属于楚文化,再结合墓葬材料分析,其应该属于楚文化系统,同时受到了巴文化的影响。

4 秦汉及以后

巫山地区发现的秦代文化因素很少。

汉晋时期的遗存非常丰富,主要以墓葬为主,比较重要的有瓦岗槽墓地[4]、麦沱墓地[5]、江东嘴墓群[6]等。这一地区发现的重要墓地,均环绕分布在汉晋巫山古城附近。土城坡墓地[7]发掘了秦汉至南朝墓葬269座,以西汉土坑墓为主,出土各类文物4590余件套,是已发现墓葬数量、类型及出土遗物最多的重要墓地之一。麦沱墓地墓葬分布有规律,类型多样,出土鎏金铜棺饰等大量精美遗物。瓦岗槽墓地两汉墓葬序列清楚,西汉初期墓葬随葬楚文化仿铜礼器,王莽时期墓葬处于土坑向砖室墓过渡形态,东汉六朝流行土洞墓、多家族合葬墓,具有区域文化特点。江东嘴墓群可以划分为若干墓葬区,发现了典型的西晋三代五人家族合葬墓。类似的墓地还有高唐观、下西平、胡家

人民医院遗址发掘现场

---

1. 中山大学人类学系、重庆市文物局、巫山县文物管理所:《巫山涂家坝遗址发掘报告》,《重庆库区考古报告集·2000卷》,科学出版社,2007年。
2. 重庆市博物馆、湖南益阳市文物工作队、重庆巫山县文物管理所:《巫山蓝家寨遗址发掘报告》,《重庆库区考古报告集·1998卷》,科学出版社,2003年;重庆市文化局、重庆市博物馆、湖南省益阳市文物考古队、重庆巫山县文物管理所:《巫山蓝家寨遗址发掘报告》,《重庆库区考古报告集·1999卷》,科学出版社,2006年。
3. 中国文物研究所、重庆市文物局、宜昌博物馆、巫山县文物管理所:《巫山江东嘴墓群发掘报告》,《重庆库区考古报告集·2000卷》,科学出版社,2007年;重庆市文化局、中国文物研究所、吉林大学考古学系、巫山县文管所:《巫山江东嘴墓群发掘报告》,《重庆库区考古报告集·1998卷》,科学出版社,2003年。
4. 南京博物院考古研究所、巫山县文物管理所:《巫山瓦岗槽汉代墓地发掘报告》,《重庆库区考古报告集·1997卷》,科学出版社,2001年。
5. 湖南省文物考古研究所、巫山县文物管理所:《巫山麦沱汉墓群发掘报告》,《重庆库区考古报告集·1997卷》,科学出版社,2001年;重庆市文化局、湖南省文物考古研究所、巫山县文物管理所:《巫山麦沱古墓群第二次发掘报告》,《重庆库区考古报告集·1998卷》,科学出版社,2003年;湖南省文物考古研究所、重庆市文物局、重庆市文物考古所、巫山县文物管理所:《巫山麦沱古墓群第三次发掘简报》,《重庆库区考古报告集·2001卷》,科学出版社,2007年。
6. 中国文物研究所、重庆市文物局、宜昌博物馆、巫山县文物管理所:《巫山江东嘴墓群发掘报告》,《重庆库区考古报告集·2000卷》,科学出版社,2007年;重庆市文化局、中国文物研究所、吉林大学考古学系、巫山县文管所:《巫山江东嘴墓群发掘报告》,《重庆库区考古报告集·1998卷》,科学出版社,2003年。
7. 武汉市文物考古研究所:《巫山土城坡墓地2006年完工报告》,重庆市文物局三峡办资料室;武汉市文物考古研究所等:《重庆巫山土城坡墓地Ⅲ区东汉墓葬发掘报告》,《江汉考古》2008年第1期;武汉市文物考古研究所等:《重庆巫山土城坡墓地2006年度发掘简报》,《四川文物》2008年第3期。

包、水田湾墓地等十余处。大宁河流域双堰塘汉晋墓地墓葬规划有序，出土遗物丰富，是汉晋家族墓的典型代表。

唐宋明清时期，这一地区最重要的发现主要为城址，其中以巫山古城和大昌古城的发现和发掘最为重要。

5 重要发现

（1）大溪遗址

位于瞿塘峡东口长江南岸的第三级台地上，是大溪文化命名的典型遗址，在我国新石器时代考古中具有重要地位。2000年以前曾进行多次发掘，出土了大量遗物和墓葬。重庆市文物考古所于2000年开始再次对该遗址进行抢救性发掘，发掘面积为10000平方米，出土了丰富的遗存，发现墓葬近200座，灰坑700多座，出土了一大批陶、石、骨、蚌、玉器，发现了大溪文化早期遗存；揭示了大溪文化晚期遗存与重庆本土新石器文化共存关系；发现了多种形式葬俗的演变，结合DNA结果，可以开展大溪文化社会结构的深入研究；发现了大量器物坑、动物坑、鱼骨坑，反映了大溪人的某种意识或原始宗教观念；遗址功能分区的材料，为聚落研究提供了条件；峡江地区大溪文化渔猎采集经济类型，与江汉平原地区稻作农业经济不同，对于大溪文化经济类型与环境关系的探讨，是非常典型的材料[1]。

（2）人民医院遗址

位于重庆巫山县巫峡镇起云街人民医院旧址，地处长江左岸与大宁河交汇的二级阶地。发现了新石器时代的大量遗存，最为重要的收获是发掘了大溪文化墓葬120余座。发现的大溪文化遗物非常丰富，有碗、钵、簋形器、猪

双堰塘遗址发掘现场

嘴形支座等陶器以及大量打制、磨制石器。此外，还发现了人物、乌龟等石雕艺术品。这些发现，丰富了大溪文化的内涵，是大溪文化分布在三峡地区最为重要的代表性遗址之一。

（3）魏家梁子遗址

1992年，由省、市、县三级文物考古部门进行的三峡水库淹没区文物普查工作首次发现。中国社会科学院考古研究所长江三峡考古工作队于1994年起对其进行发掘，发掘面积为700平方米，发现了残居住址、灶坑、墓葬等遗迹和一批陶、石器。这批遗存有自身特色，部分学者将其命名为魏家梁子文化，为跳石类遗存的识别奠定了良好的基础。

（4）双堰塘遗址

1997年起，中国社会科学院考古研究所长江三峡工作队、巫山县文物管理所开始对该遗址进行发掘，发掘面积很大，共计28200平方米，取得了非常重要的考古成果。出土了西周时期的陶窑、墓葬（含非正式埋葬的儿童墓葬）、卜甲等重要遗存，是西周时期分布在长江中游大宁河流域中规模最大、出土文物最丰富、遗址级别较高的巴文化遗址，以其重要的考古发现被誉为"巴墟"。

---

1. 重庆文化遗产保护中心、重庆市文物考古所：《重庆考古60年》，《四川文物》2009年第6期。

（5）蓝家寨遗址

位于大昌镇大宁河左岸一级台地上，北临大昌古城，西距双堰塘遗址仅3公里，分为第一期文化遗存和第二期文化遗存。蓝家寨遗址是大昌盆地春秋战国时期十分重要的巴楚文化因素共存的楚文化遗址。发现了陶方形盆和石范，东周遗存中出土一大批铁锸、铁锄等铁农具。东周石范的发现对于研究这一时期的冶铸业有着重要意义，同时也进一步证明该遗址东周时期的大量铁器应该是本地造而非舶来品。

考古人员在测绘麦沱墓地出土文物

（6）土城坡墓地

发现了从东周到明清时代的300多座古墓，其中秦汉—南朝墓葬269座，以西汉土坑墓为主。出土各类文物4590余件套，包括陶、铜、铁、鎏金、漆木器以及有秦楚风格的鼎、壶等，其中宋代壁画墓墙、东汉朱雀状鎏金铜棺饰等文物，具有很高的价值。此地还发现大量形制完整、类型丰富的青铜兵器，包括剑、矛、戈、钺等，呈现出立体的古代"兵器谱"，是已发现墓葬数量、类型及出土遗物最多的重要墓地之一。此外，土城坡还发现汉代窑群十多个，并获得窑塘内遗留的大量汉代板瓦、罐、盆、壶等陶器。如此众多而集中的汉代窑塘，在三峡库区属首次发现，证明了此前在库区发掘出的众多陶制文物为"本地造"。

（7）麦沱墓地

发现了战国至宋代的多座墓葬。战国墓葬

麦沱墓地发掘现场

瓦岗槽墓地

瓦岗槽墓地出土陶鼎

属于楚文化。汉代墓葬是该墓地的主体,发现了丰富的物质文化遗存。M31、M32为西汉中期夫妻并穴合葬墓,M40西汉晚期夫妻同穴合葬,反映了西汉中后期夫妻合葬墓由前期的并穴合葬墓转变为夫妻同穴合葬,并逐渐成为一种流行葬式的规律。此外,还出土了鎏金铜棺饰等大量精美文物。该墓地的发现和研究,对于了解这一地区丧葬习俗的演变规律非常重要。

(8)瓦岗槽墓地

出土了战国和两汉时期的墓葬。战国时期墓葬属于楚文化,两汉墓葬是该墓地的重要发现。两汉墓葬序列清楚,西汉初期墓葬随葬楚文化仿铜礼器,王莽时期墓葬处于土坑向砖室墓过渡形态,东汉六朝流行土洞墓、多家族合葬墓,具有区域文化特点。

(9)大昌古城[1]

2000年以来巫山大昌古城遗址的勘探、发掘,比较全面地复原了明清大昌城的基本格局和生产生活场景,为大昌古镇的搬迁保护提供了重要依据,对于峡江地区明清时期城址研究具有重大参考价值。

(10)巫山古城[2]

位于重庆市巫山县巫峡镇,南临长江,东靠大宁河,地理形势十分险要。古城遗址展现了巫山古县城布局的变迁,揭示了三峡地区城市发展历史,并通过城市这一载体阐述了不同时期政治、经济、社会的演变轨迹。考古发现表明城墙始筑于汉代时期,突破了文献中巫山古城的始建年代应在魏晋时期的记载。巫山古城还发现了一批墓葬,时代涵盖了东汉、宋元明时期。宋墓中出土的一组串珠非常珍贵,其长方形排饰上有微雕文字,无论从事微雕技术方面的研究,还是从事佛学方面的研究,都是非常难得的实物资料。

6 存在问题及解决方法

(1)巫山县出土了大量的珍贵文物,文物的保护和再利用存在不小的困难。加快文物

---

1. 中山大学人类学系、重庆市文物局等:《巫山大昌古城遗址发掘报告》,《重庆库区考古报告集·2000卷》,科学出版社,2007年;中山大学人类学系、重庆市文物局等:《巫山大昌古城遗址第二次发掘报告》,《重庆库区考古报告集·2001卷》,科学出版社,2007年。
2. 中国社会科学院考古研究所长江三峡工作队、巫山县文物管理所:《巫山古城遗址的勘探与发掘》,《重庆库区考古报告集·1997卷》,科学出版社,2001年;中国社会科学院考古研究所三峡工作队、重庆市文物局:《巫山古城遗址发掘报告》,《重庆库区考古报告集·2000卷》,科学出版社,2007年。

大昌古城遗址远景

大昌古城遗址南城墙

大昌古城遗址出土瓷杯

大昌古城遗址出土青花瓷碗

库房、博物馆的改扩建工作，同时借鉴和积极探讨文物保护和再利用的先进经验，积极解决文物保护和再利用存在的问题。

（2）旧石器时代的遗存主要为旧石器时代晚期遗存，旧石器时代早、中期遗存除巫山猿人外，少有发现。加强旧石器早、中期遗存的综合调查和考古发掘，积极探讨旧石器时代晚期遗址面积较小、遗存较少的原因。

（3）新石器时代的大溪文化与典型的大溪文化在文化面貌上没有太大的差别，但在生业方式上却有着很大差别，对于产生这一问题的原因目前还没有专门的探讨。以这批材料为依据，探讨考古学文化与环境等要素的适应性研究非常必要。

（4）新石器时代末期，巫山境内考古学文化面貌复杂，对其认识不甚清晰，有学者还提出混合文化的说法。加强对这类遗存的研究，运用文化因素分析法将这类遗存诸要素定性、定量分析，确定这类遗存的性质。

（5）双堰塘遗址被誉为"巴墟"，目前的考古发现和研究尚未发现明确的证据。加强对该遗址的深入研究，同时也要注意从巴文化的发展阶段、巴文化自身特色等方面进行考察。

（6）这一地区秦文化遗存较少。这很可能是认识上的偏差，在日后的文物保护工作和研究中要加强秦文化因素的识别，同时积极探索产生这种状况的社会原因。

（7）巫山县文物众多，文物保护工作任务重、时间紧，使部分地下文物在规划中未被发现。此外，部分规划中地下文物的保护工作因各种原因还有待完善的地方。加强消落区文物的保护规划和实施，确保文物能够得到最好的保护。

（8）在巫山古城文物保护工作初期，缺乏大遗址保护意识。加强大遗址保护意识，在文物保护工作中要不断强化这种意识，并落实到实际工作中去。

（9）存在重发掘轻保护的现象。巫山古城遗址属于三峡文物保护的重要发现，发掘出的古城墙气势恢弘，但在新城建设中，受到了一定程度的破坏。

重庆市巫山县地下文物保护成果一览表

序号	名称	时代	发掘面积（平方米）
1	大溪遗址	新石器	10000
2	锁龙遗址	新石器	2000
3	耳石窝遗址	汉唐	200
4	汪家沟遗址	明清	100
5	江东嘴遗址	新石器	3000
6	培石遗址	新石器	2000
7	欧家老屋遗址	新石器	1300
8	魏家梁子遗址	新石器	700
9	琵琶洲遗址	新石器—汉	3115
10	龙头山遗址	战国	5250
11	枣园坪遗址	战国	100
12	窑坪遗址	西周、唐、明	100
13	下猫儿坪遗址	汉—明清	100
14	刘家沟遗址	汉、明清	100
15	庙坪遗址	明清	100
16	宝子滩遗址	商周	100
17	冬瓜包遗址	商周、战国	750
18	独树子遗址	商周	100
19	大水田遗址	战国	1100
20	柏树林遗址	六朝—明清	2500
21	关上遗址	商周	2100
22	上安坪遗址	商周、汉晋	0
23	下沱遗址	新石器	200
24	下湾遗址	战国—明清	2200
25	双堰塘遗址	西周	28200
26	跳石遗址	新石器	1400
27	下安坪遗址	六朝—明清	100
28	巴雾遗址	商周、汉代	0
29	唤香坪遗址	东周	0
30	中安坪遗址	战国、汉代	0
31	南陵村遗址	宋、明、清	100
32	李家湾遗址	东周、汉晋	0
33	塔坪遗址	战国—明清	1100
34	涂家坝遗址	东周	1800
35	东坝遗址	东周、汉代	3000

续表

序号	名称	时代	发掘面积（平方米）
36	洋溪河遗址	东周、宋代	100
37	蓝家寨遗址	东周	2000
38	林家码头遗址	东周、汉代	2200
39	张家湾遗址	东周、汉代	2200
40	大滂遗址	商周	1300
41	孝子溪遗址	商周	800
42	刘家坝遗址	新石器	2200
43	野猫溪遗址	汉代	0
44	林家湾遗址	汉代	0
45	拖肚子遗址	汉代	0
46	老鹰背遗址	汉代	0
47	青石洞遗址	汉代	0
48	青石遗址	汉代	0
49	庙子山遗址	汉代	0
50	白水河遗址	汉代	100
51	柚子树坪遗址	汉代	0
52	回水湾遗址	汉代	0
53	马石湾遗址	汉代	0
54	董家坪遗址	明清	200
55	汪家坪遗址	汉代	0
56	叫化洞遗址	汉、晋	0
57	巫山古城遗址	西晋—清	10000
58	南陵堤坝遗址	清代	0
59	大溪村墓地	汉代	3500
60	江东嘴墓群	战国、秦汉	5000
61	乱葬坟墓地	汉、晋、宋	1000
62	椿树包墓地	汉代	1500
63	龙门口墓地	汉代	2000
64	县水泥厂墓地	汉代	2500
65	秀峰一中墓地	汉代	1500
66	水田湾墓地	汉代	2000
67	土城坡墓地	汉代	13500
68	胡家包墓地	汉代	7000
69	古坟包墓地	汉代	2000
70	瓦岗槽墓地	东周、汉代	6000
71	高唐观墓地	战国、汉代	4000
72	西坪墓地	汉代	2000
73	玉皇阁墓地	战国—明清	1000
74	下西平墓地	汉代	1000
75	老山岭墓地	东周、明清	1000
76	窑厂沱墓地	汉代	0
77	欧家老屋墓地	汉代	0
78	琵琶洲山包墓地	汉、明清	5000
79	榨屋梁子墓地	汉、六朝	1000

续表

序号	名称	时代	发掘面积（平方米）
80	下纸厂墓地	汉代	0
81	殷家坝墓地	汉代	0
82	刘家坝墓地	汉、晋	0
83	石自乾墓地	清代	0
84	牛塘湾墓地	东汉	100
85	椿树坪遗址	东汉	1000
86	上阳村遗址	东周	2000
87	江东嘴石器点	旧石器	1000
88	下安坪石器点	旧石器	100
89	中安坪石器点	旧石器	100
90	上安坪石器点	旧石器	100
91	林家湾石器点	东周	100
92	大昌古城遗址	汉、明清	8000
93	高唐村墓地	战国、汉代	300
94	麦沱墓地	汉代	5500
95	平安墓地	东汉、晋	500
96	神女庙遗址	明清	4500

二 重庆市巫溪县

巫溪县涉及的地下文物较少，据《四川省巫溪县文物古迹保护规划报告》，处于淹没区的地下文物有7处，均位于大宁河流域，其中古遗址4处、古墓葬2处、遗物点1处。经调查，庙溪遗址为东周时代遗存、三家滩遗址为汉代遗存、石板滩遗址为东周至汉代遗存；2处古墓葬（生基坪墓地、庙溪墓葬）均属汉晋时期。截至目前，经正式考古发掘、文化面貌较明确的仅有河坪遗址。

河坪遗址是巫溪县较重要的遗址，位于通城区花台乡龙坡村河坪组，遗址南临大宁河，隔河为巫山县巫渡溪注入大宁河的交汇处。经发掘，发现商周及汉代的文化遗存，尤其是商周时期的遗存较为重要，有房屋基址、灰坑及烧烤坑、储藏坑等，商周遗物中可辨认的器形有陶罐、釜、豆、鬲、鼎、杯、纺轮等。该遗址的发掘对认识大宁河流域商周时期考古学文化序列，探索巴文化的渊源流变和巴楚文化的交融等学术问题，均具有典型性意义。

存在问题及解决方法：

（1）经正式发掘的遗址较少，不利于了解这一地区历史文化面貌，日后要加强这一地区的文物保护工作。

（2）部分古遗址与古墓葬虽然不会被淹没，但由于水库水位上涨后，会出现崩岸、滑坡等地质灾害，会对文物造成损害，应将这部分地下文物进行抢救保护。

重庆市巫溪县地下文物保护成果一览表

序号	名称	时代	发掘面积（平方米）
1	河坪遗址	商周	6000

三 重庆市奉节县

奉节县地下文物非常丰富,从旧石器时代晚期开始,这里就有古人类在此繁衍生息,新石器时代、商周时期一直到明清时期都分布有丰富的文化遗存。奉节县涉及地下文物69处,考古发掘面积156950平方米。

1 旧石器时期

奉节县的旧石器地点和化石点较多,主要有横路旧石器地点[1]、庙湾子旧石器地点、宝塔坪旧石器地点、桑树坪旧石器地点、草堂古人类化石点、老君庙化石点、五马石旧石器地点、三坨旧石器地点、三塘旧石器地点、堰塘旧石器地点等,出土了较为丰富的石器、古人类化石和动物骨骼。时代基本属于旧石器时代晚期,部分遗址可能处于旧石器时代向新石器时代过渡的阶段,对探讨新旧石器时代过渡有重要意义。从石器工业上看,应属于南方砾石工业,石器材料就地取材,多选自河滩砾石,石器的个体较大。

2 新石器时期

这一时期的遗址较多,主要分布在长江及其支流沿岸,主要有老关庙遗址[2]、鱼复浦遗址、毛狗堆遗址[3]、李家坝遗址、羊安渡遗址、三台石器采集点等,出土了较为丰富的遗存。从文化面貌上看,鱼腹浦遗址属于旧石器时代向新石器时代过渡阶段的遗存,并出土了重庆地区年代最早的陶片。羊安渡遗址出土了大溪文化和屈家岭文化的陶片。老关庙遗址出土了大量夹粗砂花边口绳纹缸和尖底缸,非常具有特色,并由此命名为"老关庙文化"(或称老关庙下层文化)[4],其时代应属于龙山时代晚期,年代下限可能进入了夏代。

3 商周时期

这一时期经过发掘的基本是遗址,主要有新浦遗址[5]、老油坊遗址[6]、永安镇遗址、擂鼓台遗址、金家坪遗址、王家包遗址、黎家坪遗址等。遗址的分布范围广,面积较大。新浦下层遗存属于夏至商代中期,属渝东土著文化系统;新浦上层遗存属于西周中期至春秋时期,

---

1. 三峡旧石器时代考古工作队:《奉节横路遗址发掘报告》,《重庆库区考古报告集·1998卷》,科学出版社,2003年;中国科学院古脊椎动物与古人类研究所、重庆市文物局、奉节县白帝城博物馆:《奉节横路遗址考古发掘报告》,《重庆库区考古报告集·2000卷》,科学出版社,2007年。
2. 吉林大学考古学系:《四川奉节老关庙遗址第一、二次发掘》,《江汉考古》1999年第3期;吉林大学考古学系、四川省文物考古研究所:《奉节老关庙遗址第三次发掘》,《四川考古报告集》,文物出版社,1998年;赵宾福、邹后曦等:《重庆奉节县老关庙新石器时代遗址土坑墓的发掘》,《考古》2006年第8期。
3. 中国文物研究所、重庆市文化局、奉节县文物管理所:《奉节毛狗堆遗址第一次发掘简报》,《重庆库区考古报告集·1999卷》,科学出版社,2006年;中国文物研究所、重庆市文化局、奉节县文物管理所:《奉节毛狗堆遗址第二次发掘简报》,《重庆库区考古报告集·2000卷》,科学出版社,2007年。
4. 赵宾福、王鲁茂:《老关庙下层文化初论》,《四川考古论文集》,文物出版社,1996年。
5. 吉林大学考古学系、奉节县白帝城文物管理所:《奉节新浦遗址发掘简报》,《重庆库区考古报告集·1998卷》,科学出版社,2003年;吉林大学边疆考古研究中心、重庆市文物局:《奉节新浦遗址发掘简报》,《重庆库区考古报告集·2000卷》,科学出版社,2007年;吉林大学边疆考古研究中心、重庆市文物局、奉节县白帝城文物管理所:《奉节新浦遗址2001年发掘报告》,《重庆库区考古报告集·2001卷》,科学出版社,2007年。
6. 吉林大学边疆考古研究中心、重庆市文物局、奉节县白帝城文物管理所:《奉节老油坊遗址2001年发掘报告》,《重庆库区考古报告集·2001卷》,科学出版社,2007年。

从文化面貌上看，应该属于楚文化系统。

4 秦汉及以后

奉节县的多数遗址均分布有这一时期的遗存，其中对汉晋时期的墓葬和唐宋时期的城址的发掘取得了重要成果。汉晋墓葬以永安镇墓地[1]最为重要，2005年发现以西汉土坑墓为主的土坑、石室、砖室墓76座，出土遗物丰富。此外，营盘包、赵家湾、宝塔坪、三台崖墓群的发掘，也取得了重要收获。唐宋时期城址以永安镇宋夔州城、南宋抗蒙山城白帝城遗址群[2]最为重要，均有重要的突破性考古成果。

奉节县地下文物取得了丰硕成果，发掘了大量地下文物，出土了数以万计的文物，其中不乏珍贵文物（详见重庆市奉节县地下文物保护成果一览表）。

5 重要发现

（1）鱼腹浦遗址[3]

位于奉节县永安镇东侧鱼腹浦村长江左岸的第二级阶地上，是旧石器时代考古调查队在三峡工程淹没区最先发现的一处古文化遗址，分六个发掘区。A区的遗存最为丰富，出土了大量标本，其中发现1件陶片，被誉为这一地区最早的陶片，此外还发现了12个"火塘"遗迹。从石制品组合和大量动物骨骼判断，这里应为古人类的居住遗址，其时代可能处于旧石器时代向新石器时代过渡的阶段，也

鱼腹浦遗址地貌与地层

---

1. 重庆市文物考古所：《奉节永安镇遗址2005年完工报告》，重庆市文物局三峡办资料室。
2. 袁东山：《白帝城在战争与和平间迁徙》，《文物天地》2003年第6期；重庆市文物考古所：《奉节白帝城遗址2007年完工报告》，重庆市文物局三峡办资料室。
3. 中国科学院古脊椎动物与古人类研究所、重庆自然博物馆等：《奉节鱼腹浦遗址旧石器时代考古发掘报告》，《重庆库区考古报告集·1997卷》，科学出版社，2001年。

鱼腹浦遗址发掘现场

鱼腹浦遗址发现的石制品

可能进入了新石器时代早期。该遗址的发掘对于认识重庆库区旧石器时代向新石器时代的过渡以及新石器时代早期文化面貌有着重要价值。

（2）老关庙遗址

位于奉节境内草堂河与长江交汇处的一个三角形台地上，地处长江北岸。1993年吉林大学考古队首次发现了老关庙遗址，其后进行了多次发掘，出土了大量夹粗砂花边口绳纹缸和尖底缸，非常具有特色，先后提出了"老关庙组""老关庙文化"或"老关庙下层文化"的认识。该遗址的发掘和研究揭开了渝东地区土著新石器文化的神秘面纱，对于渝东地区新石器时代晚期土著文化的研究具有重要作用。

（3）新浦遗址

该遗址发掘面积近7000平方米，时代包括了商周和汉代遗存，依据地层关系和遗物面貌将其分为下层和上层。新浦下层的陶器主要以夹砂罐、高领壶、尖底杯、高柄豆以及盆、钵、器盖等为基本组合，器物造型多尖圜底，不见三足器，基本上属于夏至商代中期这一时段，从文化面貌上看，属于渝东地区土著文化系统。新浦上层遗存的陶器主要以夹粗砂红褐陶和泥质灰陶为主，器物造型为三足器和平底器，常见器形为粗砂红褐陶鬲（鼎）、泥质灰陶折沿盆和细柄豆，时代基本属于西周中期到

新浦遗址发掘现场

春秋时期，属楚文化系统。该遗址的发现对于认识这一地区商周时期遗存非常重要，对于巴、楚文化格局和相互攻伐的历史研究也有着重要意义。

（4）永安镇遗址

该遗址发现了大量战国至唐代的墓葬，特别是2005年发现了以西汉土坑墓为主的土坑、石室、砖室墓76座，出土遗物丰富，是奉节地区最重要的墓地。战国至唐代大量墓葬的发现对于研究这一地区墓葬制度的演变有着重要意义，同时，西汉时期墓葬的出土为这一地区的墓葬研究建立了标尺。北宋时期，这里始建城，为北宋夔州故城，是历代县、州、府、郡的治所所在地（其间虽与白帝城互有更替）。这一发现对研究当时的城市布局和不同时期的演化有着重要意义，同时通过发掘再结合文献，还可以探讨奉节治所在永安镇和白帝城之间互有兴废的历史背景。

（5）白帝城遗址群

该遗址经过多次发掘，发现的南宋时期白帝城是依山而建，平面略呈马蹄形，现存城墙约7000余米，主要修筑和使用年代在南宋淳祐年间至元代，约40年左右。在城内发现了内城、城门、马面、马道、高台基建筑群等重要遗迹，在城外发现了擂鼓台城、锁江铁柱、烽燧等附属军事设施遗迹。这些设施和遗址的发现，对于峡江山地城市以及南宋西线抗蒙防御体系的认识和研究有着重要价值。

6 存在问题及解决方法

（1）奉节地下文物众多，文物保护工作任务很重，时间紧，个别地下文物的发掘质量有待进一步提高。出土文物众多，文物的保护和再利用技术条件不足，文物库房和博物馆建设明显滞后，应加快文物库房和博物馆等相关硬件设施的建设。

（2）从白帝城到奉节老县城所在的永安镇，是古夔州城历代治所所在地，其间包含了大量的古遗址和古墓葬，地下文物分布十分密集。考古发掘也有重要突破，发现了六朝至南

2005年4月，徐光冀、信立祥、赵化成指导发掘工作

永安镇遗址发掘现场

宋的各时期城墙。但文物保护工作安排较分散，由不同的单位在实行，缺少统一规划，影响了保护的效果。建议应将这一片区作为一个大遗址总体看待，对剩余部分遗存开展统一保护，并在有条件的情况下申报国家大遗址保护项目，建设考古遗址公园。

（3）由于在调查过程中，没有发现陶片，依采集到的打制石器将部分新石器时代早期遗存甚至更晚遗存确定为旧石器时代遗址，在发掘过程中按照旧石器时代考古的按深度划分地层的方法，使部分遗存混乱。如将深度划分地层和按土质土色划分地层的方法结合，可避免混乱。

（4）奉节县境先秦时期遗存中有较多次生堆积，在早期的发掘中没有引起足够重视，易使文化面貌含混不清。

（5）围绕"老关庙文化"或"老关庙下层文化""哨棚嘴文化""中坝文化""魏家梁子文化"之间的考古学文化命名之争，以现在学界的观点，前三者是同一考古学文化内部的考古学文化之争，魏家梁子文化应为与前三者有着文化交流的另一类遗存。出现这种情况，首先是对遗存的文化性质的认识不足，其次是学者间对考古学文化的命名原则的把握不同。在遗存的性质得到充分的认识之后，再提出考古学文化的命名，在命名的过程中要严格遵照考古学文化命名的原则进行，切忌断章取义。

（6）奉节县地下文物特别是汉晋时期墓葬盗掘严重，部分墓葬被盗空。应加强对《文物保护法》的宣传，严厉打击盗墓等违法行为。

重庆市奉节县地下文物保护成果一览表

序号	名称	时代	发掘面积（平方米）
1	新浦遗址	商周、汉	7000
2	老油坊遗址	东周	1000
3	永安镇遗址	商周、汉、三国、隋唐	25000
4	毛狗堆遗址	新石器	2500
5	鱼腹浦遗址	汉、宋	5700
6	擂鼓台遗址	商周、汉	1000
7	金家坪遗址	商周、汉	500
8	王家包遗址	商周、汉、明清	1000
9	白帝村遗址	汉、宋	8000
10	窑坪遗址	汉代	1000
11	刘家院坝遗址	汉代	1000
12	陈家坪遗址	东周	2000
13	万家嘴遗址	明清	1000
14	李家坝遗址	新石器	1500
15	羊安渡遗址	新石器	5100
16	小营盘遗址	汉代	1000
17	千秋坊遗址	汉代	100
18	黎家坪遗址	商周	0
19	观武镇遗址	明清	200
20	麻柳树包遗址	汉代	100
21	安坪遗址	汉代	500
22	窑柴坡遗址	汉代	1000
23	和尚坪遗址	汉代	100
24	关庙沱遗址	汉、宋	500

续表

序号	名称	时代	发掘面积（平方米）
25	杜家坪遗址	汉代	100
26	瞿塘关遗址	南宋	1000
27	窑包遗址	宋代	0
28	营盘包墓群	西汉、东汉	6000
29	白杨沟墓群	汉代	2000
30	合同溪墓群	汉、汉以后	1000
31	白衣庵墓群	汉、明清	1000
32	宝塔坪墓群	汉、隋唐、宋	18000
33	头堂包墓群	汉代	1000
34	阴楼坪墓群	汉代	1000
35	周家坪墓群	汉、汉以后	1000
36	新油坊墓群	汉代	1000
37	茶店子墓群	汉代	100
38	赵家湾墓群	汉代	3000
39	丰获墓群	汉代	1000
40	陈家湾墓群	汉代	1000
41	白帝村墓群	汉、明清	1000
42	上平皋墓群	汉代	500
43	溪沟墓群	汉代	500
44	三塘崖墓群	汉、三国、东晋	1000
45	口前崖墓群	汉、汉以后	500
46	拖板崖墓群	汉代	100
47	肖家包崖墓群	汉代	0
48	白马墓群	汉—明清	5000
49	上关遗址	东汉	1200
50	三台石器采集点	新石器	0
51	三台崖墓群	汉代	2000
52	莲花池墓群	汉—明清	5000
53	藕塘旧石器地点	旧石器	2000
54	横路旧石器地点	旧石器	1000
55	庙湾子旧石器地点	旧石器	250
56	宝塔坪旧石器地点	旧石器	200
57	桑树坪旧石器地点	旧石器	500
58	草堂古人类化石点	旧石器	1000
59	五马石旧石器地点	旧石器	500
60	三坨旧石器地点	旧石器	1600
61	三塘旧石器地点	旧石器	1000
62	堰塘旧石器地点	旧石器	500
63	黄果树旧石器地点	旧石器	500
64	老君庙化石点	旧石器	100
65	白帝山遗址	汉代	16000
66	砚瓦墓群	汉代	2000
67	紫阳城遗址	汉代	5000
68	二溪沟墓群	东汉	1000
69	拖板村墓群	汉代	1000
70	桂井墓群	汉代	1000

四　重庆市云阳县

云阳县的地下文化遗存涵盖了从旧石器时代至明清各个阶段,从地域上看,其文物分布遍及整个淹没区。在实施地下文物的保护工作中,涉及地下文物49处,考古发掘面积186975平方米。

1　旧石器时期

这一时期的石制品和化石地点发现较少,经考古发掘的有双江旧石器点、稻场化石点、庙矶化石点等。出土了较多的石制品和化石,旧石器地点时代上属于旧石器时代晚期,从石器特征上看,石器材料为河滩砾石,石制品形体较大,打片方式主要为锤击法,石器种类以大型砍砸器为主,属于南方砾石工业系统。

2　新石器时期

云阳县新石器时期的遗存众多,以伍家湾遗址、大地坪遗址[1]最为重要。大地坪遗址出土了大量这一时期的墓葬,对于探讨这一时期的丧葬文化习俗有着重要意义。从文化面貌上看,属于新石器时代晚期的中坝文化。

3　商周时期

以李家坝遗址[2]、故陵楚墓[3]、马粪沱墓群[4]、平扎营墓群[5]等最为重要。李家坝遗址出土了大量春秋末期到汉初的墓葬,出土了大量的随葬品,此外还有人牲、人殉现象;故陵楚墓发掘表明,其属于楚文化的普通墓葬,而非楚王陵;马粪沱墓群和平扎营墓群出土了大量的楚文化贵族墓,出土了大量青铜器等珍贵文物,特别是平扎营墓群出土的大型贵族墓,可能与楚王级别墓葬相当。从文化面貌上看,在三星堆文化阶段属于三星堆文化,商代中期到西周早期属于石地坝文化,西周中期到春秋时期属于瓦渣地文化,东周时期这一地区的文化面貌较为复杂,主要表现为巴文化与楚文化的碰撞与征服。

4　秦汉及以后

这一时期的遗存非常丰富,除发现一大批汉晋时期的墓葬,出土了大量精美文物外,城镇(集镇)考古也取得了重要收获。其中以旧县坪遗址[6]、明月坝遗址[7]、云安盐场遗址[8]等最为重要。旧县坪遗址是汉代朐忍县故址,其中

---

1. 席道合:《云阳大地坪新石器时代至夏商时期遗存》,《中国考古学年鉴·2004》,文物出版社,2005年。
2. 四川联合大学历史系考古专业:《1994～1995年四川云阳李家坝遗址的发掘》,《四川大学考古专业创建三十五周年纪念文集》,四川大学出版社,1998年;四川大学历史文化学院考古系等:《云阳李家坝东周墓地发掘报告》,《重庆库区考古报告集·1997卷》,科学出版社,2001年;四川大学历史文化学院考古系、云阳县文物管理所:《云阳李家坝巴人墓地发掘报告》,《重庆库区考古报告集·1998卷》,科学出版社,2003年。
3. 中国历史博物馆故陵考古队、云阳县文物管理所:《云阳故陵楚墓发掘报告》,《重庆库区考古报告集·1998卷》,科学出版社,2003年。
4. 郑州市文物考古研究所:《重庆市云阳县马粪沱墓地2002年发掘简报》,《文物》2004年第11期。
5. 重庆市文物考古所:《云阳平扎营墓群2003年发掘完工报告》,重庆市文物局三峡办资料室。
6. 吉林省文物考古研究所、重庆市文物局等:《云阳旧县坪遗址发掘报告》,《重庆库区考古报告集·2000卷》,科学出版社,2007年;吉林省文物考古研究所:《云阳旧县坪遗址2005年完工报告发掘报告》,重庆市文物局三峡办资料室。
7. 李映福:《明月坝唐代集镇遗址初步研究》,《重庆·2001三峡文物保护学术研讨会论文集》,科学出版社,2003年;李映福:《三峡地区早期市镇的考古学研究》,巴蜀书社,2010年。
8. 重庆市文物局:《云阳云安盐场遗址》,《三峡文物珍存——三峡工程重庆库区地下文物卷》,北京燕山出版社,2003年。

以战国—汉代的冶铸区、出土木简牍的汉代竖井和"汉巴郡朐忍令景云碑"最为有名；明月坝遗址中大型唐代建筑遗存表明其在当时的重要地位，同时还展现了其从草市到集市的发展轨迹；云安盐场遗址出土了大量与盐业生产相关的遗存，为这一地区盐业遗存的识别提供了参照，同时也为盐业考古的开展奠定了良好的基础。

5 重要发现

云阳县地下文物非常丰富，出土了大量珍贵文物，其中部分文物已在博物馆展示，大量文物也广泛用于科研活动之中。

（1）大地坪遗址

该遗址位于云阳县磐石镇龙安村长江右岸三级阶地，发掘表明这是一处新石器时代晚期至夏商时期的遗址，发现了新石器时代晚期的房址、墓葬、窑址、灰坑等遗迹，出土了大量陶器、石器、骨器、动物骨骼等遗物。大地坪出土遗物属于中坝文化，大致距今4500—4000年之间。另外，遗址中还发现有水稻、果核等植物遗存。大地坪遗址既有人类栖息的居住区，又有制陶生产区，还有人死归葬的墓葬区，是一个功能分区明确的聚落。此外，遗址在分布上弥补了云阳境内新石器时代遗址的空缺，为研究三峡地区新石器时代文化谱系、长江上、中游之间的文化关联以及巴文化的起源等方面都具有重要价值。

（2）李家坝遗址

位于云阳县境内的长江北侧支流澎溪河

大地坪遗址发掘现场

李家坝遗址全景

大地坪遗址发掘现场

李家坝遗址发掘现场

李家坝遗址出土铜魁

2001年，刘豫川在马粪沱考古队驻地鉴定出土文物

东岸。1997年以来，在此前试掘的基础上，对该遗址进行了大规模的考古发掘工作，发现春秋末期至西汉早期墓葬300余座，墓葬分布密集，排列大致有序，有"人牲""人殉"的现象，出土的青铜兵器多为典型巴文化兵器，对晚期巴文化的内涵、社会性质、生活习俗、埋葬制度等方面的研究具有重要意义。Ⅰ区发现汉代六朝时期房址、制陶作坊30余座。汉代房址均为地面建筑，有规模较大的夯土台基式三合院建筑，推测为汉代澎溪河流域的重要聚落或某级地方行政机构所在地。东汉时期手工作坊遗址逐渐兴起，六朝晚期废弃，出现了墓葬打破手工作坊遗址的现象。该遗址历时长，遗址的性质变化也较为频繁，对于研究遗址功能的变迁以及该遗址在这一地区地位的变化都有着积极意义。

（3）故陵楚墓

1994年以来，国内外遥感部门在云阳故陵镇帽盒岭一带开展了多次物探、化探。1998年发现6座普通战国墓葬，否定了文献有关此地为楚陵的记载，但为研究楚文化的分布提供了重要的参考资料。此外，各种高科技手段在考古工作中的利用，为考古工作中引入高科技手段提供了重要参考。

（4）马粪沱墓群

该墓群发现了大量战国、汉晋时期墓葬，墓地延用时间长，出土文物丰富，对于研究这一地区墓葬制度的演变具有重要的参考意义。该墓地发展序列的研究，对于这一地区墓葬的分期具有重要的标尺意义，为该墓地的规划、利用提供了重要的参考资料。

（5）平扎营墓群

发现四座大型楚墓，其中M3通长约24米，墓室宽8米，深10米，有陪葬坑、台阶式墓道、二层台、殉人现象。未被盗掘的M9、M3陪葬坑出土成对的鼎、敦、壶等铜器、玉器近100件套。从墓葬形制、规模及出土器物判断，该墓地应为战国中期楚国贵族墓地，可能与"楚故陵"有着重要关系。

（6）旧县坪遗址

位于云阳长江左岸的一个台地上。1997年以来，发现夯土城墙、城门、道路、建筑、衙署、排水沟渠等城市基础设施以及冶铸作坊、制陶区等生产遗迹，出土墨书木牍、印章、封泥等大量遗物，其中以战国—汉代的冶铸区、出土木简牍的汉代竖井和"汉巴郡朐忍令景云碑"最为有名。熹平二年（公元173年）巴郡朐忍令雍陟所立德政碑"汉巴郡朐忍令景云碑"的发现，最终确认了旧县坪遗址即朐忍县故址，对于研究这一地区的历史也有着重要作用。考古发掘和研究表明，该遗址西周晚期开始有人群活动，战国时期聚落扩大，汉代筑城，六朝遗存叠压在汉代遗存之上，遍布全城，这些考古发现都与历史记载相吻合。此外，发掘表明，六朝以后旧县坪遗址至少经历了两次大规模地质滑坡，导致遗址大部分被淹埋，这对于古代灾害考古以及灾害考古遗存的识别都有着重要意义。

（7）明月坝遗址

2000—2003年，云阳明月坝遗址进行了数万平方米的大规模揭露，清理唐宋时期各类建筑80余座、市镇道路20条、码头2个、墓葬80余座，出土佛教造像、建筑构件、瓷器为主的各类生活遗物万余件。发掘结果表明，明月坝遗址为初唐至北宋中期的市镇遗址，经历了草市到市镇的不同发展阶段，在中晚唐时期形成了丁字形布局为基础的开放型市镇。建筑规整的民居、多进院落式衙署、四合院式寺庙等高规格建筑以及商用店肆、制铁作坊的出现，各种砚台、青铜铸饰、博具的出土，尤其是涂山窑、湖田窑、龙泉窑、耀州窑、长沙窑等南北著名窑口瓷器的大量出土，见证了明月坝遗址作为一个早期重要市镇的繁荣。北宋中期以后，受洪水、河道变迁的影响，明月坝市镇中心逐渐转移。至明代，原唐宋市镇中心废弃，被平整成为了一块近4000平方米的集市广场。该遗址的发现和研究，对于探讨我国南方集镇的发展演变有着重要意义，同时为

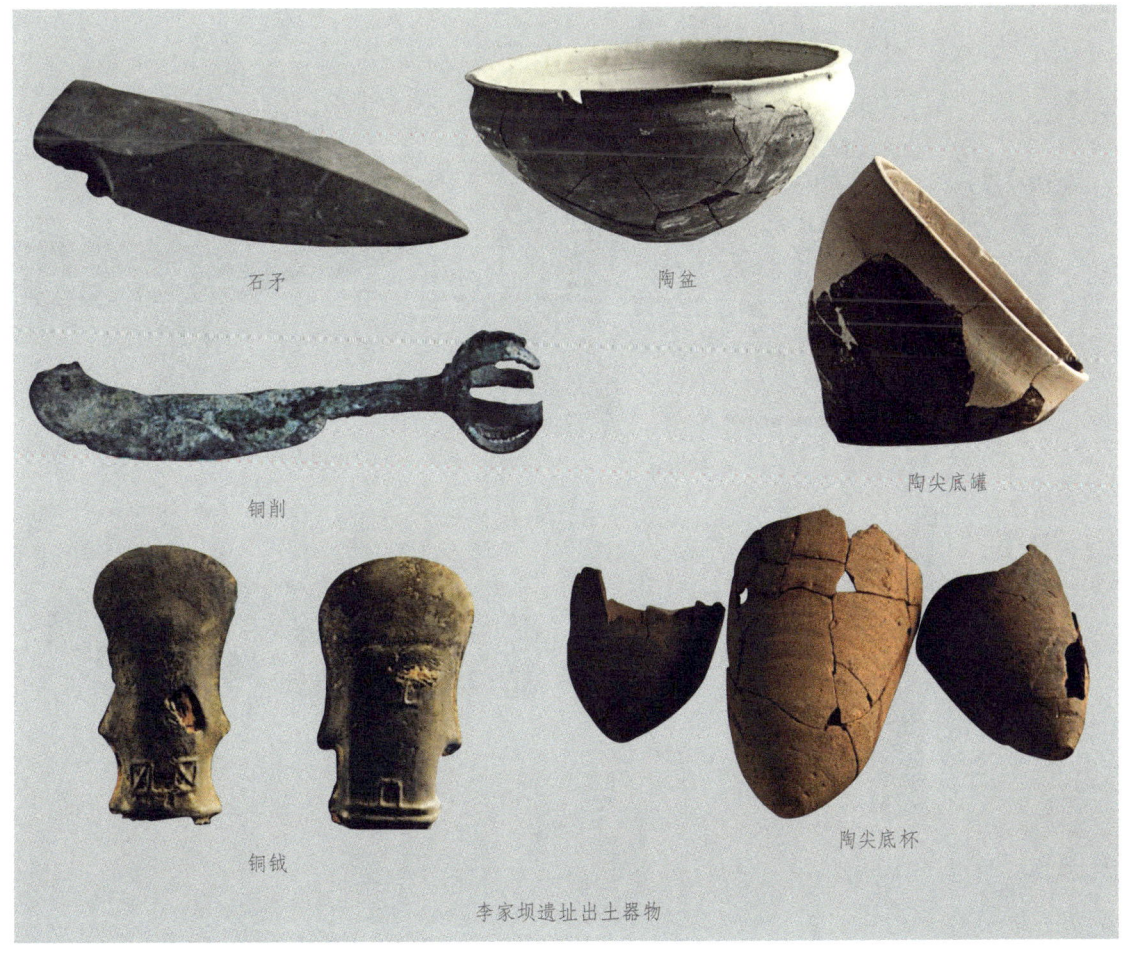

石矛　　　陶盆

铜削　　　陶尖底罐

铜钺　　　陶尖底杯

李家坝遗址出土器物

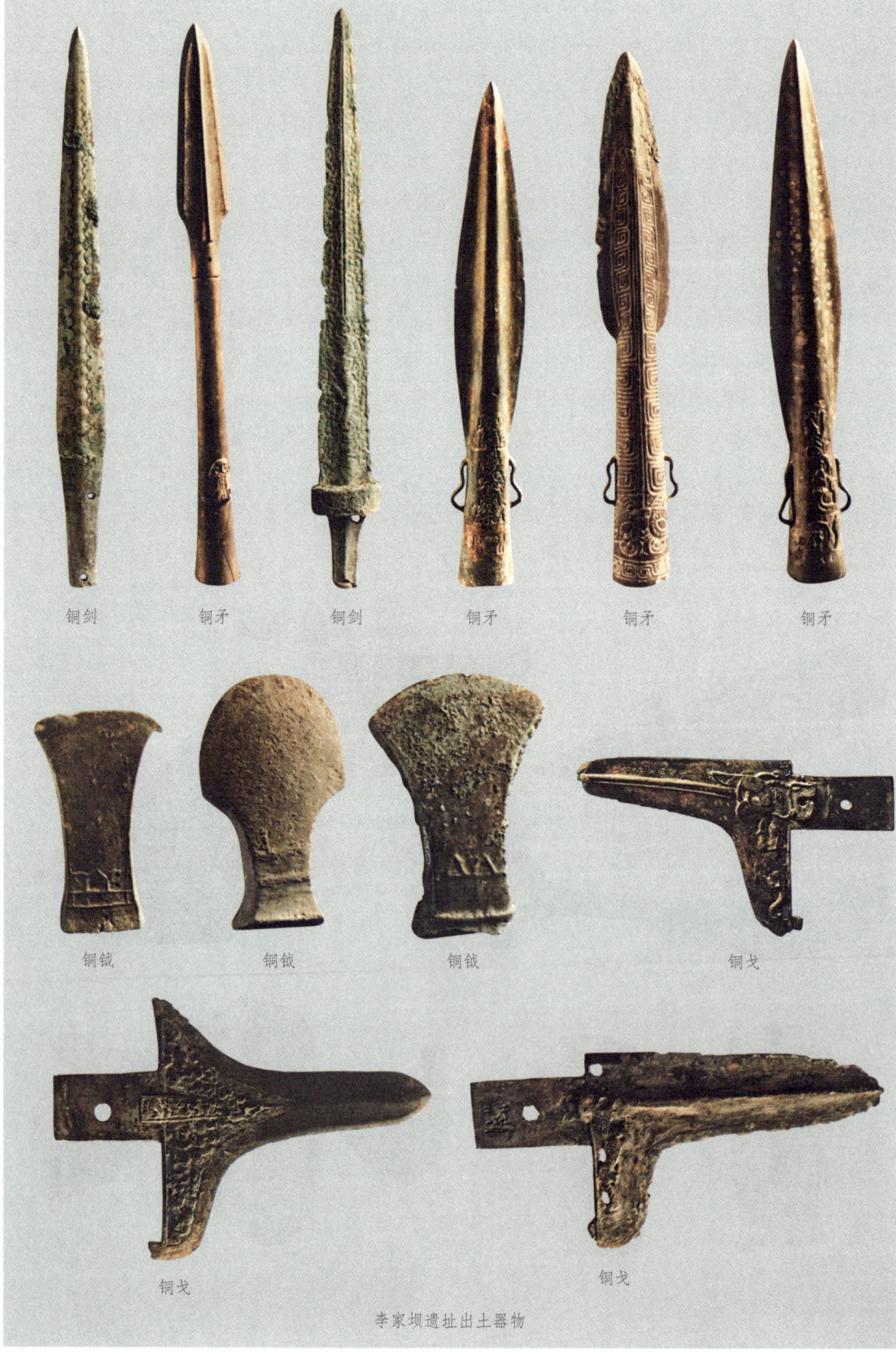

李家坝遗址出土器物

研究北宋中期以后洪水、河道变迁等问题提供了重要的参考资料。

（8）云安盐场遗址

2001年以来，发现了宋至清代盐业作坊遗迹，包括挖井、取卤、输送、沉淀卤水、制盐、装运等古代制盐的各个环节。此外，还发现了一些生活类遗迹。云安盐场，《水经注》《晋书》有载，宋代以来生产工艺基本保持传统，与四川自贡地区为代表不断发展的掘井技术和取卤技术不同，具有较高的古代盐业技术史方面的研究价值。该遗址的发现和研究，推动了这一地区盐业考古的发展。

6 存在问题及解决方法

（1）云阳县出土了一大批战国时期铜器，对于研究巴文化和巴楚关系具有十分重要的意义。但由于出土铜器仅做了简单修复，未开展化学保护，这批铜器面临局部腐蚀和受损的情况，需要开展高质量的再修复和再保护工作。

（2）云阳县出土了大量的珍贵文物，保管单位目前缺少展示条件，文物库房的保管条

明月坝遗址出土瓦当

工作人员在整理发掘品

旧县坪遗址全景

2002年5月，徐光冀先生考察考古工地

件较差，文物的上架率不高，影响了出土文物的展示、研究、利用。

（3）云阳县新石器时代遗存较多，但资料的刊发稍显不足，特别是遗存最为丰富的大地坪遗址除了简讯外尚未公布相关资料，对于认识这一地区新石器时代文化面貌造成了人为障碍。对于需多年度发掘、整理周期较长、同时又很重要的遗址，可以先发表简报向学界公布初步成果。

（4）云阳楚故陵墓地使用了物探进行科学技术在考古勘探中的运用尝试，经发掘表明与物探结果不一致，这可能与三峡地区环境（地下地质条件复杂）和遗存的特殊性（探查目标中的伪异常和干扰信息大量夹杂在零散杂乱的物探数据中）有关。进行物探时，要了解这一地区环境和遗存的特殊性，在选择探测手段和分析数据时尽量排除干扰因素，提高物探的准确性。

（5）云阳地区出土了大量的珍贵文物，文物保护技术和设备还存在着一定的差距。加强文物保护从业人员的培养和设备的引进，不断提高文物保护水平非常必要。

重庆市云阳县地下文物保护成果一览表

序号	名称	时代	发掘面积（平方米）
1	太公沱遗址	新石器—唐	2000
2	人头山坡遗址	明清	200
3	姜家沱采集点	新石器—唐	0
4	螃蟹石采集点	新石器	0
5	李家坝遗址	商周—汉	40025
6	明月坝遗址	商周—唐	15000
7	伍家湾遗址	新石器	1700
8	赵家嘴遗址	战国	500
9	佘家嘴遗址	汉代	10000
10	旧县坪遗址	汉—唐	21000
11	云安盐场遗址	汉—明清	10000
12	故陵沱遗址	汉代	2500
13	明堂坝遗址	汉—明清	1500
14	高阳坝遗址	汉—宋	500
15	佘家包遗址	战国	200
16	故陵楚墓	春秋、战国	1500

续表

序号	名称	时代	发掘面积（平方米）
17	平扎营墓群	战国	8000
18	麻柳林崖墓群	汉、晋	1000
19	石家包墓群	汉代	2000
20	张家嘴墓群	汉代	7040
21	走马岭墓群	汉代	5000
22	丰包岭墓群	汉代	100
23	马岭崖墓群	汉代	100
24	张家村崖墓群	汉、晋	0
25	富衣井坡崖墓群	汉代	500
26	小函子墓群	汉代	100
27	三坝溪墓群	新石器	3100
28	马粪沱墓群	战国	8000
29	打望包墓群	汉代	2000
30	柏树包墓群	汉代	100
31	大函子墓群	汉代	500
32	洪家包墓群	汉代	500
33	余家包墓群	汉—晋	2500
34	营盘包墓群	战国	3000
35	杨沙村墓群	汉代	8500
36	尸山包墓群	新石器	7000
37	红庙墓群	汉代	0
38	晒经遗址	汉代	10000
39	龙安墓群	唐代	200
40	稻场化石点	旧石器	0
41	双江旧石器点	旧石器	100
42	团堡山遗址	商周	1000
43	新河村崖墓群	汉代	500
44	东阳子遗址	新石器、商周	400
45	庙矶化石点	旧石器	0
46	大地坪遗址	新石器	8500
47	桥沟湾旧石器点	新石器	100
48	望乡台崖墓群	汉代	1000
49	塘坊墓群	汉代	500
50	乔家院子遗址	元朝、明	3000

五 重庆市万州区

万州区地下文化遗存涵盖了从旧石器时代至明清各个阶段,地下文物密度较大,涉及地下文物共111处,考古发掘面积为278462平方米。

1 旧石器时期

这一时期发现了较多的旧石器地点和化石点,主要有渣子门旧石器点、秦家湾旧石器点、蒲家村化石点、少儿嘴旧石器点,出土了较多的石器和化石。从石器看,应该属于南方砾石工业,石器材质多就地取材,选用河滩砾石,石器的器类以砍砸器为主。

2 新石器时期

万州区新石器地点较多,其中主要的遗址有涪溪口遗址[1]、苏和坪遗址[2]、黄柏溪遗址[3]、大地嘴遗址、麻柳沱遗址[4]、中坝子遗址[5]等。从文化面貌上看,在时代上均属于新石器时代晚期遗存,在文化属性方面属于现已确认的玉溪坪文化和中坝文化。

3 商周时期

万州地区这一时期遗存较为丰富,有中坝子遗址、黄陵嘴遗址、糖坊坪遗址、麻柳沱遗址等。其中,以中坝子遗址和糖坊坪遗址尤为重要。从文化面貌上看,在三星堆文化阶段属于三星堆文化,商代中期到西周早期属于石地坝文化,西周中期到春秋时期属于瓦渣地文化,战国时期为巴文化。

4 秦汉及以后

万州地区这一时期文化遗存分布密集,绝大多数古遗址均有这一时期遗存的堆积,类型主要是墓葬,居址较少。其中,武陵遗址群[6]最为重要,包括了汉至宋元明时期的居址和墓葬,特别是汉至六朝时期,遗址规模大,遗址和墓葬时代大体相当,为研究当时的聚落形态发展提供了非常难得的资料。该遗址群的发掘,清晰地展现了该地区早期汉民大规模入迁、同化与扩张的历史。

---

1. 福建省博物馆考古队、万州区文物管理所:《万州涪溪口遗址发掘报告》,《重庆库区考古报告集·1997卷》,科学出版社,2001年;福建省考古队、重庆万州区文物保管所:《万州涪溪口遗址发掘报告》,《重庆库区考古报告集·1998卷》,科学出版社,2003年;福建省考古队、重庆万州区文保所:《万州涪溪口遗址第三期发掘报告》,《重庆库区考古报告集·1999卷》,科学出版社,2006年。
2. 重庆市博物馆、万州区文管所:《万州苏和坪遗址发掘报告》,《重庆库区考古报告集·1999卷》,科学出版社,2006年;重庆市文物考古所、重庆市文物局、重庆市万州区博物馆:《万州苏和坪遗址第二次发掘报告》,《重庆库区考古报告集·2000卷》,科学出版社,2007年。
3. 重庆市博物馆、益阳市文物管理处、重庆万州区文物管理所:《万州黄柏溪遗址发掘报告》,《重庆库区考古报告集·1998卷》,科学出版社,2003年;重庆市文化局、重庆市博物馆、益阳市文物考古队、万州区文物管理所:《万州黄柏溪遗址发掘报告》,《重庆库区考古报告集·1999卷》,科学出版社,2006年。
4. 上海大学文物考古研究中心、万州区文物管理所:《万州麻柳沱遗址发掘报告》,《重庆库区考古报告集·1997卷》,科学出版社,2001年;重庆市博物馆、万州区文管所、复旦大学文博系:《万州麻柳沱遗址发掘报告》,《重庆库区考古报告集·1998卷》,科学出版社,2003年;重庆市博物馆、复旦大学文博系:《万州麻柳沱遗址考古发掘报告》,《重庆库区考古报告集·1999卷》,科学出版社,2006年。
5. 西北大学考古队、万州区文物管理所:《万州中坝子遗址发掘报告》,《重庆库区考古报告集·1997卷》,科学出版社,2001年;西北大学考古队、万州区文物管理所:《万州中坝子遗址东周时期墓葬发掘报告》,《重庆库区考古报告集·1998卷》,科学出版社,2003年;西北大学考古队:《万州中坝子遗址第三次发掘简报》,《重庆库区考古报告集·1999卷》,科学出版社,2006年。
6. 重庆市第二批文物保护单位申报材料。

5 重要发现

(1) 涪溪口遗址

该遗址经多次发掘，在新石器时代考古方面取得了非常重要的收获。遗址遗存可分为下层文化遗存和上层文化遗存，下层文化遗存除少部分年代稍晚外，均属于玉溪坪文化。曾有学者以该遗址为典型遗址，命名为涪溪口文化。该遗址的发现，对于研究万州地区新石器时代晚期的考古学文化面貌有着非常重要的意义。

(2) 中坝子遗址

位于万州区小周镇涂家村二组，长江北岸一级台地上。该遗址文化遗存非常丰富，从新石器时代开始延续到明清时期。该遗址新石器遗存数量较少，其主要遗存为丰富的商周时期遗存，有商周时期的墓葬和水田遗迹，发现了较多的叠压打破关系和丰富的遗物，对于研究这一地区商周时期文化发展序列有着重要意义，有学者据此提出中坝子遗存的命名。东周时期墓葬均为竖穴土坑墓，形制大体一致，随葬品以陶罐、豆最为常见，少数墓葬还有戈、剑、矛、环、铃等青铜器出土，具有晚期巴文化特征。陶豆上的刻划符号对研究晚期巴文化的文字有重要价值。

(3) 糖坊坪遗址

位于万州区东约30公里的小周镇安全村二组的糖坊坪，属长江北岸狭长的一级阶地。该遗址文化遗存非常丰富，除少量晚期遗存外，主要属于夏商时期遗存，文化面貌较有特色，据此提出糖坊坪类型遗存的命名。其基本特征是以盘口的高领和矮领鼓肩罐、花边和素沿的釜、瓮、圜顶器盖、钵、盆、缸等陶器为代表，流行平底和圜底器，石器以打制的片状刮削器为主，磨制较少，不见骨器，并发现小件铜器。该遗址的发现，对于研究这一地区夏商时期遗存具有标尺作用。

(4) 麻柳沱遗址

位于万州区武陵镇下中村一组，长江北岸武陵镇面一级台地上。该遗址除了少量新石器遗存和晚期遗存外，主要为商周时期遗存。发现的地坪式房屋一般有红烧土地面和圆形灶坑；房屋使用时间长，经反复修缮；在房屋附近发现有用于占卜的龟甲；遗址存

中坝子遗址出土陶鬶

麻柳沱遗址采集的石器

在聚落活动区转移的现象，显示出聚落规模扩大和人口增加的信息。这类信息为聚落考古的研究提供了重要的参考资料，占卜龟甲对于研究当时的占卜术和人们的信仰有着重要意义。此外，还发现了为数不少的东周石范，这在三峡库区甚至长江中上游还是第一次出土，对于研究这一地区金属冶铸业具有重要作用。

（5）武陵遗址群

指现万州区以武陵镇为中心的汉到宋元明时期的聚落遗址群和墓葬群的有机体，部分遗址中还包含了新石器时代晚期遗存。具体包括了下中村遗址、柑子梁墓群、罗仁发嘴墓群、大丘坪墓群、天丘墓群等。汉唐时期的6处居住遗址（含城址）和20处墓地沿江集中、交叉分布，形成一个自成体系的聚落形态单位，遗址的规模很大，很可能为当时县治所在。为研究当时的聚落形态发展提供了非常难得的资料，通过对该遗址的发掘和研究，清晰展现了该地区早期汉文化大规模入迁、同化与扩张的历史。

麻柳沱遗址发掘现场

麻柳沱遗址工作人员合影

6 存在问题及解决方法

（1）由于这一地区地下文物层位关系复杂，部分遗址还存在倒转地层的现象，少数遗址的发掘中将较晚遗物混入较早遗存中，导致文化面貌较为混乱。在发掘过程中注意次生堆积的识别，同时注意分析地层关系，确保获取资料的科学性。

（2）万州区是文物大区，区位优势明显，旅游条件优越，应充分发挥文物的社会效益，加快文物的利用。万州区现有的博物馆条件简陋，面积狭小，应进行改扩建，以利三峡文物得到更好的展示。

（3）在文物保护工作中，缺少将武陵遗址群作为一有机统一体进行保护、研究的规划，对其重要地位的认识也明显不足。在文物保护工作中，应将以武陵镇为中心的汉到宋元明时期的聚落遗址群和墓葬群当做一遗址群，其规模很大，很可能是当时县治所在。

（4）万州地区的巴文化遗物很重要，一些铜器和陶器上均有刻划纹符号，应加强相关问题的研究。

重庆市万州区地下文物保护成果一览表

序号	名称	时代	发掘面积（平方米）
1	聚鱼沱遗址	新石器—周	1200
2	中坝子遗址	新石器	10000
3	上中坝遗址	周、宋、明	5000
4	小周溪遗址	汉代	200
5	大周溪遗址	汉代	4500
6	里牌溪遗址	汉代	1000
7	安全墓群	汉、六朝	6100
8	钟嘴墓群	汉、六朝	500
9	沙田墓群	汉、六朝	2000
10	铺垭墓群	汉、六朝	2000
11	荷包丘墓群	东汉	1000
12	糖坊坪墓群	汉、六朝	500
13	青草背墓群	汉、六朝	500
14	老官嘴崖墓	汉、六朝	100
15	寨上墓群	六朝	4500
16	渣子门旧石器点	旧石器	2000
17	黄柏溪遗址	新石器	1000
18	大地嘴遗址	新石器	10000
19	冯家河遗址	汉—六朝	1000
20	胡家坝遗址	汉—宋	5800
21	瓦子坪遗址	汉—六朝	8000
22	干家沱遗址	汉代	3100
23	涪滩遗址	汉代	1000
24	谭绍溪遗址	汉代	2000
25	杨家碑遗址	汉代	1000
26	苏和平遗址	新石器	3000
27	太阳溪口遗址	汉代	100
28	关木溪遗址	汉代	200
29	黄柏镇遗址	新石器	100
30	陈家嘴墓群	东汉	1000
31	石槽溪崖墓群	东汉—六朝	3000
32	白河沟墓群	东汉—六朝	1000
33	银加嘴墓群	东汉—六朝	1000
34	礁芭石墓群	东汉—六朝	3000
35	嘴嘴墓群	东汉—六朝	1100
36	包上墓群	东汉—六朝	3000
37	黄桷梁墓群	东汉	100
38	燕义墓群	东汉—六朝	1000
39	中坝河墓群	东汉—六朝	4800
40	兔儿梁墓群	东汉—六朝	100
41	炳泉院子墓群	东汉—六朝	1000

续表

序号	名称	时代	发掘面积（平方米）
42	老棺丘墓群	东汉—六朝	5000
43	大湾墓群	东汉—六朝	3800
44	大田墓群	东汉—六朝	500
45	团堡地墓群	东汉—六朝	1000
46	方庄嘴墓群	东汉—六朝	50
47	曾家溪墓群	东汉—六朝	2000
48	河坝户墓群	东汉	0
49	砖丘包墓群	东汉—六朝	1000
50	上沱口墓群	东汉—六朝	1000
51	老屋院子墓群	东汉—六朝	2000
52	龙门壕墓群	东汉—六朝	2000
53	青龙嘴墓群	东汉—六朝	1000
54	苏和平墓群	新石器	600
55	石地磅墓群	东汉	2000
56	黄岭嘴墓群	东汉—六朝	500
57	糖坊墓群	六朝	8000
58	漆树坪窑址	宋—明	600
59	方家岭窑址	宋—明	500
60	窑坝窑址	元—明	100
61	瓦子堡窑址	元—明	0
62	滩坳窑址	元—明	100
63	插柳子窑址	元—明	200
64	小窑包窑址	元—明	100
65	冷水溪窑址	元—明	500
66	屋基坪窑址	元—明	200
67	麻柳梁窑址	元—明	100
68	大窑包窑址	元—明	200
69	瓦子包窑址	元—明	500
70	瓦子岗窑址	明代	200
71	杨家坝墓群	清代	0
72	旅密村崖墓	清末—民国	0
73	沙磅墓群	明、清	100
74	秦家湾旧石器点	旧石器	500
75	蒲家村化石点	旧石器	100
76	陈家坝遗址	汉代	2880
77	涪溪口遗址	新石器	3180
78	黄陵嘴遗址	商周、汉唐	4800
79	麻柳沱遗址	新石器	2640
80	下中村遗址	新石器	23820
81	中嘴遗址	汉唐	2800
82	马家溪遗址	汉唐	3200

续表

序号	名称	时代	发掘面积（平方米）
83	余家河遗址	汉唐	1680
84	麻柳湾遗址	新石器	1470
85	梁上墓群	汉	1800
86	大丘坪墓群	东汉	23300
87	松岭包墓群	东汉	4480
88	上河坝墓群	东汉	2000
89	容家坝墓群	东汉	3000
90	陈家坝墓群	东汉	2180
91	庙梁墓群	东汉	1260
92	古坟包墓群	东汉	750
93	包汉墓群	东汉	1800
94	大地墓群	东汉	300
95	柑子梁墓群	东汉、六朝	8500
96	罗仁发墓群	东汉、六朝	5760
97	天丘墓群	东汉、六朝	3360
98	瓦屋墓群	东汉、六朝	4880
99	观音岩墓群	东汉、六朝	960
100	吊嘴墓群	东汉、六朝	1080
101	余家河墓群	东汉、六朝	15400
102	屠户湾墓群	东汉、六朝	432
103	大坪墓群	六朝	11610
104	金狮湾墓群	唐、宋	5040
105	古坟嘴墓群	唐、宋	440
106	麻柳沱墓群	唐、宋	1200
107	仙崖包墓群	东汉、六朝	270
108	燕窝崖墓群	东汉、六朝	120
109	七孔子崖墓群	东汉、六朝	120
110	椅子山遗址	汉	0
111	少儿嘴旧石器点	旧石器	0

六 重庆市开县

1 概述

开县地下文物经正式发掘的较多，重庆库区文物保护工作涉及地下文物39处，其中考古发掘面积共计74700平方米。从时代上看，多处于战国及其以后阶段。从遗址类型上看，有居址和墓葬两类，其中以墓葬居多。战国时期，以余家坝遗址[1]最为重要，该遗址早期遗存是一处级别较高的重要巴人墓地，出土了刻有精美全身虎形纹饰的青铜戈等珍贵文物。汉晋

---

1. 山东大学考古学系、重庆市文物局等：《开县余家坝墓地发掘简报》，《重庆库区考古报告集·2000卷》，科学出版社，2007年；山东大学考古学系、重庆市文物局、开县文物管理所：《开县余家坝墓地2001年发掘简报》，《重庆库区考古报告集·2001卷》，科学出版社，2007年。

余家坝遗址发掘现场

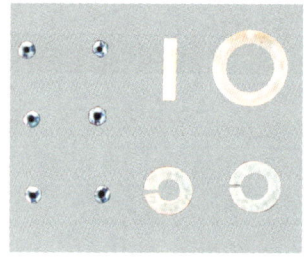
余家坝遗址出土玉器

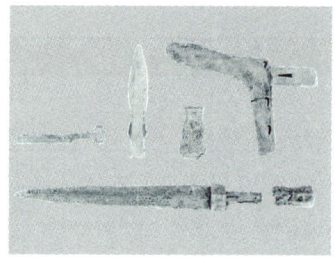
余家坝遗址出土铜兵器

时期遗存主要为墓葬,出土了大量随葬品。此外,还发现了唐至清代的开县故城。

2 重要发现

（1）余家坝遗址

位于开县渠口镇云安村,该遗址文化内涵分早晚两期,早期是战国中、晚期的具有古巴人特征的墓群,晚期则为元、明时期的居址。该遗址早期遗存是一处级别较高的重要巴人墓地,同时也是重庆库区最为重要的战国墓地,出土了大量青铜兵器组合,其中包括了刻有精美全身虎形纹饰的青铜戈等珍贵文物,对于研究巴文化的分布以及发生、发展有着重要意义。同时,早期为战国时期墓地,晚期为元、明时期居址,对于探讨该遗址功能的变迁有着重要价值。

（2）开县故城

开县故城遗址位于三峡库区长江左岸支流小江的上游,隶属重庆市开县汉丰镇（即开县旧县城）,现存面积约10万平方米,发现了大量

余家坝遗址出土铜鼎

瓷器、筒瓦、板瓦、瓦当、滴水、脊饰等建筑材料。此外,还发现了碑文题为"开州守廨题名记"碑一通。综合开州守廨题名记石碑及《开州县志》的有关记述,可以推定该地自唐宋以来,是一处人口较多、经济发达的聚落中心。开县故城的发掘,为研究这一地区唐宋以来县城遗址的规模、布局等方面提供了重要资料。

重庆市开县地下文物保护成果一览表

序号	名称	时代	发掘面积（平方米）
1	开县故城	唐—清	12000
2	太阳沟遗址	东汉—南朝	1500
3	大桥遗址	汉—宋	1000
4	坪井二组遗址	六朝、元、明	1000

续表

序号	名称	时代	发掘面积（平方米）
5	周家湾遗址	宋、元	200
6	三中村墓群	汉代	200
7	迎仙村墓群	汉代	3000
8	余家坝遗址	战国—元明	28000
9	平浪十四组墓群	汉代	100
10	渠口二组墓群	汉代	300
11	复洪九组墓群	汉—晋	300
12	复洪十四组墓群	汉—晋	1500
13	渠口六组墓群	汉—六朝	100
14	红岩子墓群	汉—六朝	100
15	长磅墓群	六朝	8000
16	铺溪四组墓群	六朝	100
17	平浪三组墓群	六朝	800
18	农试墓群	唐代	500
19	安康九组崖墓群	汉代	0
20	乌杨崖墓群	六朝	0
21	先农遗址	六朝	300
22	古墓岭墓群	汉—晋	1000
23	王爷庙墓群	汉—晋	500
24	水东坝墓群	汉代	300
25	双河墓群	东汉、清	1000
26	驷马十四组墓群	汉、六朝	1000
27	马肚坝遗址	汉—元	200
28	安邱塝墓群	汉代	300
29	棺山墓群	西汉—明清	3000
30	茂林十二组墓群	汉代	100
31	陈家湾墓群	东汉—晋	500
32	厚坝墓群	明清	1000
33	庙坪崖墓群	汉—南朝	500
34	庙坪遗址	明清	500
35	刘家院子墓群	明清	100
36	老君包墓群	明清	100
37	古坟包遗址	汉、六朝、明清	5000
38	姚家坝遗址	商周、明清	500
39	姚家墓群	汉代	100

七 重庆市石柱县

石柱县地下文物位于三峡工程淹没区的较少，经过发掘的有观音寺遗址、沙湾遗址、中间包墓群、砖瓦溪遗址、公龙背遗址，发掘面积共计10700平方米。观音寺遗址、沙湾遗址可能含有少量商周时期遗存（是否为原生堆积存疑）。汉晋、唐宋时期遗存较多，以观音寺遗址和砖瓦溪遗址最为重要。观音寺遗址[1]面积大，遗存丰富，包含了商周时期、唐宋、明清时期遗存。该遗址的发现展示了观音寺创建于唐代、兴盛于宋代、元代以后逐渐衰落的历史，为研究观音寺兴衰的过程提供了重要的参考资料。

重庆市石柱县地下文物保护成果一览表

序号	名称	时代	发掘面积（平方米）
1	观音寺遗址	商周—汉	3600
2	沙湾遗址	商周、汉	1000
3	中间包墓群	汉代	1000
4	砖瓦溪遗址	商周？、汉	5000
5	公龙背遗址	周、汉？	100

八 重庆市忠县

忠县地下文物非常丰富，从文化内涵上看包括了从旧石器时代至明清时期各个发展阶段，从地域分布上看遍及整个淹没区。重庆库区文物保护工作涉及地下文物52处，考古发掘面积128800平方米。

1 旧石器时期

这一时期的地下文物发现较少，主要有唐家河遗址[2]、挑水沟遗址、永兴场遗址、石宝寨化石点、西流溪化石点等，出土了较多石制品和化石，其中，唐家河遗址较为重要。唐家河遗址发现了少量石制品、石化程度较高的哺乳动物化石。该石器地点出土的文化遗物较少，可能是当时远古人类的临时活动场所。

2 新石器时期

这一时期遗存较多，主要有哨棚嘴遗址[3]、瓦渣地遗址[4]、中坝遗址[5]、杜家院子遗址[6]等。这一地区的新石器遗存非常丰富，考古学文化发展脉络较为清晰，可以分为时代早晚的几支考古学文化。新石器时代中期遗存以哨棚嘴遗址1999年度第一期早段为代表，与玉溪上层遗存较为接近，二者应属于同一类遗

---

1. 河南省文物考古研究所、重庆市文物局、石柱土家族自治县文物管理所：《石柱观音寺遗址发掘报告》，《重庆库区考古报告集·2001卷》，科学出版社，2007年。
2. 中国科学院古脊椎动物与古人类研究所、重庆自然博物馆、河北省阳原县文物保护管理所、重庆市忠县文物管理所：《忠县唐家河石器地点发掘报告》，《重庆库区考古报告集·1999卷》，科学出版社，2006年。
3. 北京大学考古文博学院三峡考古队、重庆市三峡库区田野考古培训班、忠县文物管理所：《忠县㽏井沟遗址群哨棚嘴遗址发掘报告》，《重庆库区考古报告集·1997卷》，科学出版社，2001年；北京大学考古学研究中心、北京大学考古文博学院三峡考古队、重庆市忠县文物管理所：《忠县哨棚嘴遗址发掘报告》，《重庆库区考古报告集·1999卷》，科学出版社，2006年。
4. 北京大学考古系三峡考古队、忠县文物保护管理所：《忠县瓦渣地遗址发掘简报》，《重庆库区考古报告集·1998卷》，科学出版社，2003年。
5. 四川省文物考古研究所、重庆市文物局三峡办、忠县文物保护管理所：《忠县中坝遗址Ⅱ区发掘简报》，《重庆库区考古报告集·1998卷》，科学出版社，2003年；四川省文物考古研究所、北京大学考古文博学院、美国UCLA大学、重庆市文物局、忠县文物保护管理所：《忠县中坝遗址1999年度发掘简报》，《重庆库区考古报告集·2000卷》，科学出版社，2007年；孙智彬：《中坝遗址新石器时代遗存初论》，《四川文物》2003年第3期。
6. 成都文物考古研究所、重庆市文物局、忠县文物管理所：《忠县杜家院子遗址发掘简报》，《重庆库区考古报告集·2001卷》，科学出版社，2007年。

存。新石器时代晚期遗存最为丰富，可以分为三支考古学文化，从早到晚分别属于哨棚嘴文化、玉溪坪文化、中坝文化。

3 商周时期

这一时期遗存非常丰富，主要有哨棚嘴遗址、中坝遗址、王家堡遗址、老鸹冲遗址、崖脚遗址等。中坝遗址的发展序列最为完整，代表了这一地区商周时期遗存的基本面貌，包括了夏代、商代和两周遗存。夏商时期遗存属于三星堆文化，也有学者称其为三星堆文化渝东类型，两周遗存为瓦井沟文化。

4 秦汉及以后

这一时期遗存以墓葬为主，其中将军村墓群、火电厂崖墓群最为重要，出土了大量墓葬和随葬品，这一时期的墓葬以家族墓为主。将军村墓群是西南地区目前已发掘的规模最大、延续时间最长、涉及家族数量最多，且墓地材料、地面石刻构件与文献记载结合最紧密的汉晋时期家族墓群，出土了乌杨阙、泰始五年石柱等珍贵文物。火电厂崖墓群是重庆地区唯一保存基本完好的崖墓群，该墓群延续时间长，从东汉中晚期到南朝刘宋时期，发现成组的、排列有序的崖墓，出土较多的金银、珠宝、料器，此外，还有双重莲瓣纹的鸡首壶、圆腹虎子等。大量墓葬的发现为研究这一时期的墓葬制度提供了重要资料。

5 重要发现

（1）唐家河遗址

位于长江右岸支流易家河口附近的第二级阶地上，在阶地地面下约2米深处的原生黄褐色黏质粉砂层中，发现了少量石制品、石化程度较高的哺乳动物化石。该石器地点出土的文化遗物较少，可能是当时远古人类的临时活动场所。虽然石制品的类型和制作信息有限，但仍可以看出其性质与长江三峡第二级阶地其他古文化遗存的一致性，其时代可能属于新、旧石器时代的过渡阶段，对于探索三峡地区旧石器时代向新石器时代的过渡具有重要作用。

（2）哨棚嘴遗址

位于瓦井沟遗址群，该遗址经过多年的发掘，出土了丰富的遗存，其中包括了大量灰坑、墓葬等遗迹和精美文物，包括了新石器时代、青铜时代以及汉至明清时期的文化遗存，

哨棚嘴遗址出土陶器盖

哨棚嘴遗址出土陶壶

中坝遗址全景

以新石器时代和青铜时代遗存为主。按1999年度发掘报告,可分为早晚七期。前三期属于新石器时代遗存,分别命名为哨棚嘴一期文化、哨棚嘴二期文化、哨棚嘴三期文化。商周时期遗存分别属于三星堆文化、石地坝文化和瓦渣地文化。哨棚嘴遗址的发掘揭示了这一地区先秦文化的完美图景,对于研究这一地区先秦时期考古学文化序列和发展脉络有着非常重要的意义。

(3)中坝遗址

位于忠县县城正北6公里㽛井河两岸的台地上。该遗址地层丰富,叠压打破关系清楚,遗存种类多,遗物丰富,为该遗址的分期提供了有利条件,该遗址的分期对于建立这一地区考古学文化的编年序列有着非常重要的意义。从新石器时代历经商周时期,至秦汉及以后各时段都有非常重要的考古发现,解决了众多学术问题。新石器时代遗存非常丰富,证明了"哨棚嘴文化"与老关庙文化的是同一考古学文化的不同发展阶段。夏代遗存中土著因素的识别为研究渝东地区土著新石器文化的流向指明了方向。2000年度发掘的唐代地层中,还发

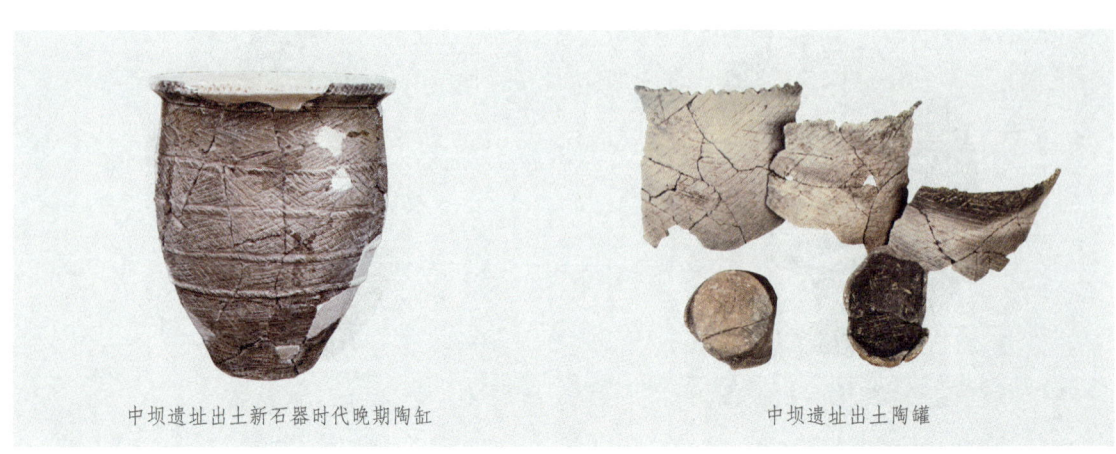

中坝遗址出土新石器时代晚期陶缸　　　　　　　中坝遗址出土陶罐

瓦渣地遗址发掘现场

现了排列有序的盐灶多座[1],为这一时期的制盐工业提供了重要的参考资料。

（4）瓦渣地遗址

位于忠县城关镇红星村长江左岸的二级阶地上,东临长江,西部为陡崖,南面不远处为杜家院子遗址,北隔涎溪河与哨棚嘴遗址相望,包括了新石器时代晚期和商周时期遗存。新石器时代晚期遗存应属于中坝文化。西周中期到春秋时期遗存较有特点,该遗址主要是用做窑场和相关产业（盐业）的制作工场,陶器以夹砂陶为主,以圜底器为大宗,出土了数量大、种类多的花边口圜底罐。有学者以该遗址为典型遗址,将这类遗存命名为瓦渣地文化。该遗址的发现和研究,对于研究商周时期的制陶业和制盐业意义重大,同时对于研究先秦时期这一地区的考古学文化序列也有着重要作用。

（5）崖脚墓地[2]

1997年以来,忠县崖脚墓地发现数十座战国中期楚墓和少量小型战国晚期巴式墓。崖脚墓地这批楚墓是分布于最西端的典型楚墓群,年代下限不晚于公元前278年白起拔郢时期。战国中期楚墓应该为楚国战士墓,这批墓葬的发现和研究,对于探讨巴楚之间的关系有着重要价值。

（6）老鸹冲遗址

可分为居址和墓葬部分。居址部分遗存可分为两期,第一期应属于三星堆文化,第二期则为瓦渣地文化。墓葬部分的发掘取得了重大收获,发现了大量遗存,初步建立了峡江地区战国末至东汉末的考古学文化序列,清晰反映了峡江地区古代文化融入汉文化的过程,有助于了解汉代墓地的规划管理。

---

1. 四川省文物考古研究院、北京大学考古文博学院:《中坝遗址的盐业考古研究》,《四川文物》2007年第1期。
2. 北京大学考古文博学院三峡考古队、重庆市忠县文物管理所:《忠县崖脚墓地发掘报告》,《重庆库区考古报告集·1998卷》,科学出版社,2003年；北京大学考古文博学院三峡考古队、重庆市文物局、忠县文物保护管理所:《忠县瀼井沟遗址群崖脚(半边街)墓地发掘报告》,《重庆库区考古报告集·2000卷》,科学出版社,2007年。

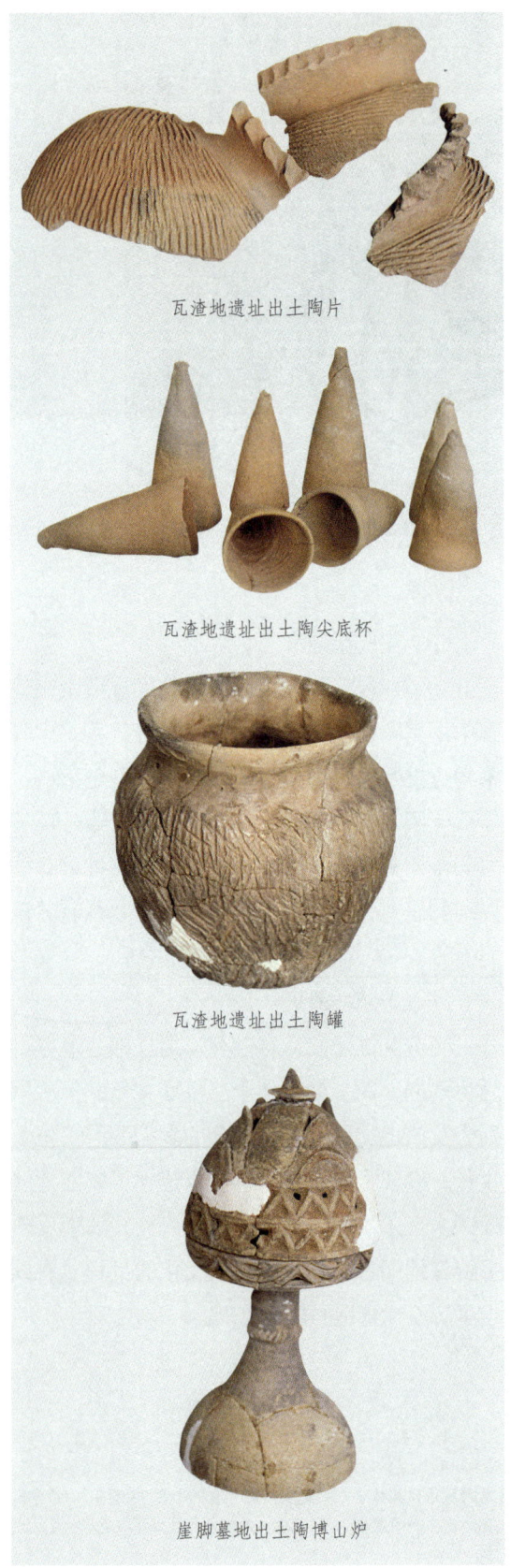

瓦渣地遗址出土陶片

瓦渣地遗址出土陶尖底杯

瓦渣地遗址出土陶罐

崖脚墓地出土陶博山炉

(7) 将军村墓群[1]

位于重庆市忠县乌杨镇将军村长江右岸的山包（梁）上，由枞树包、瓦厂包、王家包、花二包、黄桷树包、柴林包、花坝梁、吊嘴、将军包、庙二包10个墓地组成。将军村墓群是西南地区目前已发掘的规模最大、延续时间最长、涉及家族数量最多，且墓地材料、地面石刻构件与文献记载结合最紧密的汉晋时期家族墓群，出土了乌杨阙、泰始五年石柱等珍贵文物，对研究峡江乃至西南地区两汉至六朝时期家族墓地的选址、规划，各个时期家族墓的变迁，进一步研究家族制度的兴衰具有十分重要的意义。

(8) 火电厂崖墓群

重庆市忠县火电厂崖墓群位于忠县县城对面的长江南岸，是重庆地区唯一保存基本完好的崖墓群。该墓群延续时间长，从东汉中晚期到南朝刘宋时期，发现成组的、排列有序的崖墓，出土较多的金银、珠宝、料器，此外，还有双重莲瓣纹的鸡首壶、圆腹虎子等，对于研究崖墓的兴衰发展、崖墓的家族式分布排列、崖墓随葬品的综合研究是难得的资料。

6 存在问题及解决方法

(1) 哨棚嘴遗址1999年度发掘在原"生土"下，再下掘2米左右的河流淤沙层后发现了更早阶段的遗存，这表明以前对该遗址生土的认识是有误的。在考古学发掘中，不同地区、不同遗址的生土都会有自己的特点。在不断总结经验的同时，可以做一些钻探，以确定是遗址的文化间歇层或自然间隔层，还是生土层。

---

1. 重庆文化遗产保护中心、重庆市文物考古所：《重庆忠县将军村墓群重要考古发现与收获》，《中国文物报》2009年3月27日第5版。

崖脚墓地地貌

崖脚墓地战国楚墓

（2）这一地区新石器时代末期的同一类遗存不同学者提出了"哨棚嘴文化"和中坝文化的命名，不利于学术的交流。依照考古学文化命名的原则，采用统一的考古学文化命名。

（3）忠县地下文物考古收获巨大，但资料整理进度偏慢，需加快重点遗址考古报告的编辑、出版。

重庆市忠县地下文物保护成果一览表

序号	名称	时代	发掘面积（平方米）
1	哨棚嘴遗址	新石器	5050
2	瓦渣地遗址	新石器	2300
3	罗家桥遗址	新石器、夏	1500
4	中坝遗址	新石器	8000
5	中坝盐井遗址	汉代	40
6	崖脚遗址	新石器	10000
7	杜家院子遗址	商周、战国	1000
8	老鸹冲遗址	夏商	12600
9	王家堡遗址	新石器	5000
10	李园遗址	战国、秦汉	100
11	乌杨镇遗址	周、汉	4000
12	周家院子遗址	汉代	700
13	上油坊遗址	周、六朝	3000
14	龙滩遗址	汉、六朝	200
15	邓家沱遗址	新石器	5000
16	石佛崖遗址	明清	100
17	石匣子墓群	东汉	6000
18	沙砖厂墓群	东汉	200
19	将军村墓群	汉代	200
20	瓦窑六队墓群	汉代	2000
21	瓦厂堡墓群	汉代	1000
22	洋渡新街墓群	汉代	600
23	沿江四队墓群	汉代	1000
24	临江一队墓群	汉代	1000

续表

序号	名称	时代	发掘面积（平方米）
25	鱼洞十一队墓群	汉代	5000
26	新生三队墓群	汉代	1000
27	新生四队墓群	汉代	200
28	白沙一队墓群	汉代	200
29	三岭八队墓群	汉代	100
30	金黄六队墓群	汉代	100
31	松江八队墓群	汉代	500
32	石宝墓群	汉、宋	200
33	火电厂崖墓群	汉、南朝	6000
34	赵家湾崖墓群	南朝	500
35	仙人洞崖墓群	汉、南朝	1500
36	苏家崖墓群	南朝	200
37	汪家院子崖墓群	汉、南朝	100
38	滴水崖墓群	汉、南朝	0
39	象鼻石崖墓群	南朝	0
40	刘家崖墓群	南朝	0
41	鸡骨梁墓群	汉、六朝	1000
42	忠州中学崖墓群	东汉	3000
43	下白桥溪墓群	汉、晋	3000
44	宣公墓	唐代	500
45	唐家河遗址	旧石器	500
46	西流溪化石点	旧石器	0
47	挑水沟遗址	旧石器	500
48	永兴场遗址	旧石器	500
49	石宝寨化石点	旧石器	0
50	花灯坟墓群	汉、晋	24310
51	白沙四队墓群	汉代	4500
52	土地岩崖墓群	南朝、隋	4800

九　重庆市丰都县

丰都县遗址集中分布于长江两岸，经近些年的考古发掘，从旧石器时代开始，历经新石器时代、商周时期、汉代，直到明清时期，各个时期都有重要的考古发现，影响深远。重庆库区文物保护涉及地下文物54处，考古发掘面积共计160700平方米。

1　旧石器时期

经正式发掘，发现有冉家路口遗址、井水湾遗址、枣子坪遗址、高家镇遗址等，这些遗址基本上都属于旧石器时代中期，属于旷野型遗址。高家镇遗址发现了大量的石制品，以大型砍砸器为主，运用锤击法剥片和简单加工，具有中国南方旧石器时代主工业的鲜明特点[1]。

---

1. 裴树文、卫奇等：《高家镇旧石器遗址1998年出土的石制品》，《人类学学报》2005年第2期。

冉家路口出土石制品数量较大，呈现较强的石片工业特点[1]。枣子坪遗址石制品具有长宽等比小型化的特点，预示三峡地区南方主工业由早到晚石片石器增加，且沿长宽等比小型化发展的趋势[2]。井水湾遗址除了出土大量石制品外，还发现零散分布的东方剑齿象、貘、牛、鹿类哺乳动物化石58件，推测为古人类狩猎和食用的遗物，光释光测年距今约8万年。环境分析结果显示，该时期植被繁茂，气候暖湿，适合人类生存[3]。

2 新石器时期

这一时期遗存丰富。新石器时代中期的发现主要为玉溪遗址，经研究可分为玉溪下层遗存和玉溪上层遗存两类遗存。玉溪下层遗存陶器数量较少，制法原始，器类简单，有釜、罐、钵、碗、盆等，釜的变化特征非常明显。根据19个骨胶原^{14}C测年结果，玉溪下层遗存距今约7600—6300年。玉溪下层遗存发现的动物骨骼数量巨大，经鉴定，有哺乳动物、鱼类、蚌类、龟鳖以及鸟类等27种。这些动物骨骼多为碎骨，可能是原始居民肢解和食用后的遗留，在一定程度上反映了玉溪当时的生态环境，折射出玉溪下层居民渔猎、捕捞占重要地位的经济类型。玉溪上层遗存主要的陶器有折沿釜（罐）、卷沿盆、深腹缸、敛口钵、附耳钵、敞口钵、纺轮等，陶系以泥质灰陶为

作者郝国胜在丰都文管所文物库房调研

大宗。玉溪上层遗存动物骨胶原^{14}C测年大约为6200年左右。新石器时代晚期文化面貌非常清晰，以玉溪坪遗址的发现最为重要，此外还有袁家岩遗址、秦家院子遗址，按时代早晚分别属于哨棚嘴文化、玉溪坪文化、中坝文化三支考古学文化，出土了大量的遗迹和遗物，丰富了这一地区新石器时代晚期考古学文化的内涵，为研究的进一步深入提供了重要的参考资料。

3 商周时期

商周时期遗存丰富，特征明显。遗址主要分布在长江沿岸，以石地坝遗址为中心分布，形成一定规模的遗址群。从文化面貌上看，夏至商代中期应属于三星堆文化。商代中期至西周早期这一地区的文化较有特色，其中以石地坝遗址最为重要，其较早阶段的尖底盏、较晚

---

1. 陈福友、高星等：《冉家路口旧石器遗址的初步研究》，《人类学学报》2004年第4期；高星、卫奇等：《冉家路口旧石器遗址2005年发掘报告》，《人类学学报》2008年第1期。
2. 中国科学院古脊椎动物与古人类研究所、泥河湾猿人观察站、重庆市文物局、丰都县文物管理所：《丰都枣子坪遗址发掘简报》，《重庆库区考古报告集·2000卷》，科学出版社，2007年；裴树文、陈福友、冯兴无、高星、卫奇、李国洪：《三峡地区枣子坪旧石器遗址》，《人类学学报》2004年第3期。
3. 三峡旧石器时代考古工作队：《丰都井水湾遗址考古发掘报告》，《重庆库区考古报告集·1998卷》，科学出版社，2003年。中国科学院古脊椎动物与古人类研究所、重庆自然博物馆、重庆市丰都县文物管理所：《丰都井水湾旧石器时代遗址发掘报告》，《重庆库区考古报告集·1999卷》，科学出版社，2006年；中国科学院古脊椎动物与古人类研究所、重庆市文物局、泥河湾猿人观察站、丰都县文物管理所：《丰都井水湾遗址发掘简报》，《重庆库区考古报告集·2000卷》，科学出版社，2007年；裴树文、高星、冯兴无、陈福友、卫奇、朱松林、李国洪、吴天清：《井水湾旧石器遗址初步研究》，《人类学学报》2003年第4期。

阶段出现的船形杯、尖底杯、圜底罐等因素属于本地文化传统，与成都平原文化系统的十二桥文化区别日趋明显，有学者以该遗址为典型遗址，将这类遗存命名为石地坝文化。西周中期至春秋时期，这一地区基本属于瓦渣地文化的范畴。

4 秦汉及以后

发现了大量汉晋时期的墓葬，出土了大量随葬品，随葬品有实用器和明器之分，部分随葬品具有非常重要的学术价值。其中，槽房沟墓地[1]出土的"延光四年五月十日作（125年）"刻款摇钱树座、"巴郡平都蔡真骑马"刻款陶马，见证了丰都古属巴国、原称平都的历史，记载了墓主人和准确的入葬时间；摇钱树干上的铸造铜佛，是长江流域最早的佛教遗物。玉溪坪遗址发现的大量唐代鎏金佛像，对于研究这一地区的佛教仪式以及佛教在人们生活中的地位都有着重要意义。明清冶锌遗址群发现了大量不同类型的冶炼遗迹，通过调查还了解了围绕冶锌工业而展开的资源的开发与利用，这项发现对于中国乃至世界冶金技术史研究都有着深远影响。

5 重要发现

（1）冉家路口遗址

位于丰都县镇江镇长江左岸的第四级阶地上，是目前重庆库区发现的年代最早的旧石器遗址，其地质时代可能是中更新世末期或中更新世向晚更新世过渡时期，大致相当于旧石器时代之初或早期向中期的过渡阶段。发现了大量的石制品和动物化石，石制品中石片和石核占多数，其组合既有南方砾石工业特色，又有北方旧石器文化特色，对于探讨这一时期南北文化交流有着重要意义。

冉家路口遗址发掘现场

冉家路口遗址出土石器标本

---

1. 重庆市文物考古所、宝鸡市考古工作队等：《丰都槽房沟墓地发掘报告》，《重庆库区考古报告集·2001卷》（下），科学出版社，2007年。

(2)烟墩堡遗址[1]

位于丰都县长江右岸的第四级阶地的前缘,第三级阶地的后缘,从已获取的资料分析,遗址的地质时代属晚更新世中期,距今约5万—4万年,属于旧石器时代中期遗址,其功能为石器加工场所。经多年发掘,出土了大量石制品。石制品以砾石为原料,主要采用锤击法打制而成,石器以石片石器为主,这在中国南方旧石器遗址中尚属首次发现。有专家认为,烟墩堡出土石制品有鲜明的地方特色,有别于中国南方以砾石石器为主的文化,可能代表一种新的旧石器文化。该遗址的发掘和研究,在认识南北旧石器时代石器工业传统间的关系方面具有桥梁作用,同时,为中国南方乃至东南亚地区的旧石器文化的研究提供了重要的参考资料,具有很高的科学价值和学术意义。

烟墩堡遗址

(3)井水湾遗址

位于丰都长江右岸第三级阶地,与冉家路口遗址隔江相望。该遗址所在地貌部位清楚,地层明确,是华南地区乃至东南亚一带发现的露天旧石器遗址中保存很好的一处。该遗址出土了大量石制品,此外还发现较多零散分布的东方剑齿象、貘、牛、鹿类哺乳动物化石,推测为古人类狩猎和食用的遗物。该遗址光释光测年距今约8万年。环境分析结果显示,该时期植被繁茂,气候暖湿,适合人类生存。遗址出土物丰富且有不少动物化石,有助于华南乃至东南亚地区古文化的了解,特别是对于认识华南地区缺乏地层和古生物化石依据的露天旧石器遗址具有积极的意义。

(4)枣子坪遗址

位于长江右岸的第三级阶地内,由中国科

井水湾遗址发掘现场

井水湾遗址出土石制品

---

1. 中国科学院古脊椎动物与古人类研究所、重庆自然博物馆、丰都县文物管理所:《丰都烟墩堡遗址发掘报告》,《重庆库区考古报告集·1997卷》,科学出版社,2001年;冯兴无、裴树文、陈福友:《烟墩堡遗址研究》,《人类学学报》2003年第3期。

学院古脊椎动物与古人类研究所等单位发掘。枣子坪遗址石制品具有长宽等比小型化的特点,预示三峡地区南方主工业由早到晚石片石器增加,且沿长宽等比小型化发展的趋势。该遗址所在地貌部位清楚,地层明确,是华南地区乃至东南亚一带发现的一处保存良好的露天旧石器遗址,距离井水湾遗址较近,在某种程度上扩大了井水湾遗址群的空间展布。

（5）玉溪遗址[1]

位于丰都长江右岸一级阶地上,西临长江,北隔玉溪河与玉溪坪遗址相望,南与信号台商周遗址相邻。发掘表明,该遗址包含多时期遗存,以新石器时代遗存最为重要,新石器时代遗存可分为上下两层遗存。遗址下层遗存骨渣等生活垃圾与长江洪水交互叠压形成的坡状堆积厚5米,多达59个文化层,其中,洪水淤积层多达27层,为本地区古代环境研究提供了重要的依据[2]。玉溪遗址下层出土遗物主要有陶器、石器以及动物骨骼。石制品发现上万件,成型器形体比较大,多为一次成型、简单修理的石锄、砍砸器等石片石器,有少量磨制的条形石斧。陶器数量较少,制法原始,器类简单,有釜、罐、钵、碗、盆等,釜的变化特征非常明显。这类遗存特征鲜明,是目前渝东地区最早的新石器文化,暂命名为"玉溪下层遗存"。根据19个骨胶原^{14}C测年结果,玉溪下层遗存距今约7600—6300年。玉溪上层遗存主要的陶器标本有折沿釜（罐）、卷沿盆、深腹缸、敛口钵、附耳钵、敞口钵、纺轮等,陶系以泥质灰陶为大宗。玉溪上层遗存动物骨胶原^{14}C测年大约为距今6200年。玉溪遗址的发掘具有重要的学术意义,开启了渝东地区土著新石器文化研究的新篇章。

玉溪遗址发掘现场

玉溪遗址出土鹿骨

玉溪遗址发掘现场

---

1. 邹后曦、袁东山:《重庆峡江地区的新石器文化》,《重庆·2001三峡文物保护学术研讨会论文集》,科学出版社,2003年。
2. 白九江、邹后曦等:《玉溪遗址古洪水遗存的考古发现和研究》,《科学通报》2008年S1期。

(6) 玉溪坪遗址[1]

位于丰都县龙孔乡玉溪坪村长江右岸一级台地上，北临长江，西南隔玉溪沟与玉溪遗址相望。该遗址文化内涵非常丰富，从新石器时代一直延续到明清时期，其中以新石器时代遗存和唐代佛像最为重要。新石器时代遗存属于新石器时代晚期，出土了丰富的遗迹和遗物，层位关系复杂而清楚，文化面貌清晰，为该遗址的分期提供了重要参考，其分期对于这一地区新石器时代晚期遗存的分期具有标尺作用，按时代早晚分别属于哨棚嘴文化、玉溪坪文化、中坝文化，其中玉溪坪文化阶段的遗存非常丰富，基本贯穿了玉溪坪文化的各个发展阶段，是玉溪坪文化命名的典型遗址。商周时期，从文化面貌上看，应属于三星堆文化、石地坝文化的范畴。大量唐代晚期鎏金铜佛的出土，对于研究这一地区的佛教信仰、佛教仪式等方面有着重要意义。

玉溪坪遗址发掘现场

玉溪坪遗址出土鎏金观音像（唐）

---

1. 白九江、邹后曦：《重庆峡江地区新石器时代晚期文化》，《中国考古学会第十次年会论文集（1999）》，文物出版社，2008年；资料现存于重庆市文物考古所。

（7）石地坝遗址[1]

位于长江右岸一级阶地。该遗址包含商代、两周、汉代、唐宋、明清各时期的文化堆积，其中以商周时期的遗存最为重要，出土遗物釜、罐、豆、尖底钵、尖底杯、船形圜底杯，兼具本地文化、湖北香炉石文化因素，这一时期遗存特征明显，有学者以该遗址作为考古学文化命名的典型遗址，提出了石地坝文化的命名。石地坝遗址的发现和研究，对三峡地区青铜文化的源流及其与周邻考古学文化关系的认识有重要的价值。

2002年，刘豫川在汇南墓群发掘现场

（8）汇南墓群[2]

位于长江右岸，绵延六公里，分布在25个临江的山包上。1987年以来，清理墓葬上千座，出土了陶俑、陶瓷器、银器、铜器、铁器、钱币以及琉璃、玛瑙、玉器等精美文物，其中彩绘陶俑、哺乳俑、夫妻披衣俑更是不可多见的精品，是重庆地区墓葬规模最大、发现墓葬最多的汉晋墓地，对于重庆地区汉晋墓葬序列的建立有重要的标尺意义，建有汉墓遗址博物馆。

汇南墓群发掘现场

（9）丰都冶锌遗址群[3]

明代中晚期一处分布密集、规模巨大的冶锌遗址群。1994年，库区文物普查发现部分台地散落坩埚、红烧土块、煤渣等冶锌遗物。此后，开展了大量的考古调查和发掘工作，发现了大量不同类型的冶炼遗迹；在七跃山东南面方圆300平方公里范围内开展的锌矿、煤炭、运输线路专题调查，对于了解冶锌遗址群资源的配置等方面有着重要意义。对于冶锌遗址群位置和布局的考察，发现其充分考虑到了原材

汇南墓群出土陶俑

料、产品的运输依托长江航运。该冶锌遗址群的发现和研究，对中国乃至世界冶金技术史研究有着重要影响。

---

1. 重庆市文物考古所、重庆市文物局、丰都县文物管理所：《丰都石地坝遗址发掘简报》，《重庆库区考古报告集·2001卷》，科学出版社，2007年。
2. 四川省文物考古研究所、丰都县文管所：《丰都汇南墓群发掘报告》，《重庆库区考古报告集·1998卷》，科学出版社，2003年。
3. 重庆文化遗产保护中心、重庆市文物考古所：《重庆考古60年》，《四川文物》2009年第6期。

（10）丰都旧县城遗址

位于丰都县名山镇，系丰都县旧城区。基本了解了丰都古县城区古代文化的发展序列，和文献中记载的丰都旧县城的历史沿革完全吻合。出土了大量珍贵文物，其中用龟甲和鱼鳃骨做原料，制作方法与商代卜骨相类的东汉卜骨尤为重要，发现和补充了我国卜祀文化的空白。

丰都文管所文物库房

6 存在问题及解决方法

（1）旧石器时代遗址年代的确定多是依据所出阶地的年代，少有其他测年材料可供比较。加强可测年材料的收集，不断完善其年代体系。

（2）这一地区汉代遗存非常丰富，发现了大量的汉代墓葬，但汉墓研究中包括分期、断代、丧葬习俗、社会背景以及与其他地区的横向比较都亟待加强，同时研究成果较少。加强这一地区汉代墓葬的研究，在基础研究的基础上，开展综合研究，积极发表研究成果，积极推动重庆库区的汉墓研究。

（3）这一地区作为重庆库区道教最早传入地，与道教相关遗存发现较少。加强这一地区道教考古研究，考察道教在这一地区的影响和流布。

（4）丰都县地下文物丰富，发掘成果丰富，应建立研究课题规划，统筹安排，以便将考古成果尽快推向社会。

重庆市丰都县地下文物保护成果一览表

序号	名称	时代	发掘面积（平方米）
1	玉溪遗址	新石器	11000
2	石地坝遗址	商周	8750
3	黄柳嘴遗址	商周、汉	3000
4	麻柳嘴遗址	商周、汉	7500
5	丁庄遗址	汉代	4800
6	曾家坝遗址	汉代	1000
7	黄燕嘴遗址	汉代	200
8	大地坝遗址	汉代	100
9	玉溪坪遗址	新石器	10000
10	袁家岩遗址	新石器	3000
11	沙溪嘴遗址	汉、宋	1000
12	大沙坝遗址	汉、宋	200
13	赤溪遗址	汉、宋	1000
14	古家田坝遗址	汉、唐、宋	0
15	糖房遗址	汉、宋	5000

续表

序号	名称	时代	发掘面积（平方米）
16	观石滩遗址	汉代	1000
17	长沙坝遗址	汉代	200
18	汀溪遗址	汉、宋	1000
19	张家河遗址	汉、宋	1000
20	凤凰踊遗址	汉、宋	1000
21	庙背后冶炼遗址	宋代	6000
22	铺子河冶炼遗址	宋代	4000
23	石板溪窑址	宋代	200
24	金钢背遗址	宋代	1000
25	农花庙遗址	宋代	200
26	老院子窑址	宋代	200
27	木屑溪窑址	宋代	0
28	赤溪墓群	西汉、东汉、蜀汉	6000
29	冉家路口墓群	汉代	20000
30	天丘坪墓群	汉代	4800
31	槽房沟墓群	汉、六朝	3000
32	二仙堡墓群	汉代	5000
33	大湾墓群	汉代	10000
34	秦家院子墓群	新石器	4000
35	兴义墓群	汉代	200
36	张家坪墓群	汉代	200
37	上河嘴墓群	汉代	2000
38	文溪墓群	汉代	200
39	窑址磅墓群	汉代	1000
40	棺山坡墓群	汉代	1000
41	汇南墓群	汉、晋	15000
42	杜家包墓群	汉、晋	1000
43	梁家包墓群	商周	200
44	毛家包墓群	汉、六朝	1000
45	丰稳坝遗址	新石器	5800
46	井水湾遗址	旧石器	2050
47	枣子坪遗址	旧石器	1000
48	范家河遗址	旧石器	200
49	冉家路旧石器点	旧石器	3800
50	老鹰嘴旧石器点	旧石器	200
51	池坝岭遗址	旧石器	500
52	和平村旧石器点	旧石器	200
53	高家镇遗址	旧石器	980
54	烟墩堡遗址	旧石器	564

十 重庆市涪陵区

1 概况

涪陵区地下文物丰富,重庆库区文物保护涉及地下文物共计20处,考古发掘约7万平方米,出土了大量珍贵文物。旧石器时代遗存较为模糊,仅有经过调查的两个化石点,没有经过正式发掘,其旧石器时代的文化面貌还有待考古工作的进一步开展。

新石器时代遗存较多,以蔺市遗址、陈家嘴遗址为主。从文化面貌上看,均属于新石器时代晚期。陈家嘴遗址新石器遗存应属于玉溪坪文化,而蔺市遗址的新石器遗存主要属于中坝文化。

商周时期的遗存非常丰富,以镇安遗址、石沱遗址、小田溪墓地、陈家嘴遗址最为重要。从文化面貌上看,应分别属于三星堆文化、石地坝文化、瓦渣地文化。镇安遗址、石沱遗址发现了大量这一时期遗存,完善了这一地区的考古学文化编年和发展序列;小田溪墓地发现了大量高规格的墓葬,出土了丰富的随葬品,其中有目前巴人墓中最完整的乐器组合,是巴人王陵所在;陈家嘴遗址与小田溪墓地基本同时,结合其出土物和大规模建筑分析,其可能是小田溪墓地的守陵人的生活区,是巴人王陵的有机组成部分。

秦汉及以后以石沱遗址、北岩墓群最为重要。石沱遗址属于这一时期的遗存主要为汉晋时期的墓葬,出土了大量珍贵文物;宋元时期的发现表明,当时这里作为这一地区的商业中心而存在。北岩墓群墓葬时代特征明显,为峡江地区这一时段研究提供了不可多得的材料,尤其是两座王莽时期的墓葬,时代特征明显,可作为这一时期的参照标准,出土了玻璃耳珰、铜鸟等珍贵文物。

2 重要发现

(1)蔺市遗址[1]

位于涪陵区蔺市镇凤阳村四社,地处长江南岸一级台地。蔺市遗址延续时间长,从新石器时代末期至明代。新石器时代末期哨棚嘴文化遗存的发现对研究中坝文化的分布有着重要意义;商周时期遗存的发现极大地丰富了三星堆文化重庆类型的研究资料,对

蔺市遗址发掘现场

---

1. 重庆市文物考古所,涪陵区文物管理所:《涪陵蔺市遗址发掘简报》,《重庆库区考古报告集·1998卷》,科学出版社,2003年。

黄景略先生鉴定出土文物

小田溪墓地出土錞于

建立这一地区商周时期文化序列也有着积极意义。西汉早期四座较大规模的墓葬，出土了玉具剑、柳叶剑、青铜礼器等一批珍贵文物，这批墓葬的主人很可能就是巴人亡国后的贵族，这对研究巴人亡国后贵族的身份和地位有着非常重要的作用。宋代，还出现对汉墓的二次利用。

（2）小田溪墓地[1]

位于乌江左岸白涛镇一座小山的山坡地上。该墓地经多次发掘，战国晚期以来的大墓中出土了大量珍贵文物，有"王"字的铜钲、编钟14件（为迄今巴文化最为完整的编钟组合），其中8件错金，说明其"王"墓已有模仿中原王朝的宗庙之乐，系巴人王陵所在。该遗址的发掘对于研究巴人贵族的丧葬制度有着重要意义，同时还可以以此作为基点寻找巴人王城所在。

（3）陈家嘴遗址

位于乌江南岸的台地上，与小田溪墓地相邻。除了少量新石器、汉、宋元时期遗存外，主要为东周时期遗存，初步推测可能为小田溪墓地守陵人的生活区，在这一区域还发现了大型建筑基址，对研究巴人的陵寝制度和当时的建筑技术与规划都有着重要意义。新石器时代遗存的发现，对于探讨玉溪坪文化的分布与发展意义重大；汉代、宋元时期遗存为研究这一地区的经济、文化生活提供了重要的参考资料。

（4）镇安遗址[2]

包括了商周时期、秦汉时期、六朝、宋代遗存，其中，商周时期遗存最为重要。商周遗存的发现进一步丰富了这一时期的考古材料，完善了这一地区考古学文化发展序列，建立了这一地区先秦考古的标尺。

---

1. 四川省博物馆等：《四川涪陵地区小田溪战国墓清理简报》，《文物》1974年第5期；四川省文物管理委员会等：《四川涪陵小田溪四座战国墓》，《考古》1985年第1期；四川省文物考古研究所等：《涪陵市小田溪9号墓发掘简报》，《四川考古报告集》，文物出版社，1998年。
2. 北京市文物研究所三峡考古队、重庆市涪陵区博物馆：《涪陵镇安遗址发掘报告》，《重庆库区考古报告集·1998卷》，科学出版社，2003年；北京市文物研究所三峡考古队、重庆市涪陵区博物馆：《涪陵镇安遗址发掘报告》，《重庆库区考古报告集·1999卷》，科学出版社，2006年；北京市文物研究所、重庆市文物局、重庆市涪陵区博物馆：《2001、2003年度涪陵镇安遗址发掘报告》，《重庆库区考古报告集·2001卷》，科学出版社，2007年。

整理出土文物

镇安遗址出土陶器

（5）石沱遗址[1]

位于涪陵区石沱镇团结村二社，包括了商周、宋元、明清时期遗存。商周遗存的出土进一步完善了这一地区的考古学文化序列，同时对于研究这一时期界于都城和王陵之间城镇的功能与形制都有着重要意义。周代瓦的出现将这一地区用瓦的历史提前到周代中期以前。宋元时期遗存非常丰富，宋代是该遗址的最繁荣期，出土了釉色润泽鲜亮的兔毫盏、胎薄如纸的瓷碗等珍贵文物，印有阳文"大吉"的残瓦表明唐宋文献中这一地区用瓦进行占卜的巫术的记载是可信的。

（6）北岩墓群[2]

位于涪陵区江北镇点易村二、三、四、五社。该墓群延续时间长，墓葬众多，随葬品丰富。这批墓葬时代特征明显，为峡江地区这一时段研究提供了不可多得的材料，尤其是两座王莽时期的墓葬，时代特征明显，可作为这一时期的参照标准，出土了玻璃耳珰、铜鸟等珍贵文物。M26既有楚式风格的铜鼎、秦国风格的蒜头壶，生活用具中又有巴蜀风格的铜釜甑，几种文化现象集中于一墓，充分体现了秦汉时期的文化交流，为研究楚、秦、巴蜀之间的文化关系，提供了重要的实物资料。

3　存在问题及解决方法

（1）涪陵区地下文物众多，文物保护工作任务繁重，时间紧张，导致部分遗址工作未能如期完成，同时也不能满足课题研究的需要，要进一步进行补充发掘。对需要进行补充发掘的遗址将其纳入消落带文物保护规划之中，依据实际情况，落实补充发掘工作。

（2）后期室内整理、报告编写工作相对滞后。应进一步强化项目管理，采取有力措施，加强这方面的工作。

---

1. 北京市文物研究所三峡考古队、涪陵区博物馆：《涪陵石沱遗址发掘报告》，《重庆库区考古报告集·1997卷》，科学出版社，2001年；北京市文物研究所三峡考古队、重庆市涪陵区博物馆：《涪陵石沱遗址发掘报告》，《重庆库区考古报告集·1998卷》，科学出版社，2003年；北京市文物研究所三峡考古队、重庆市文物局、重庆市涪陵区博物馆：《涪陵石沱遗址发掘报告》，《重庆库区考古报告集·2000卷》，科学出版社，2007年；北京市文物研究所、重庆市文物局、重庆市涪陵区博物馆：《涪陵石沱遗址2001年度发掘报告》，《重庆库区考古报告集·2001卷》，科学出版社，2007年。
2. 重庆市文物考古所、重庆市文物局、重庆市涪陵区博物馆：《涪陵北岩墓群发掘报告》，《重庆库区考古报告集·2001卷》，科学出版社，2007年。

（3）在文物保护规划和实施过程中，课题意识不强。应强化课题意识，并落实到实际工作中。如以小田溪墓地为基点开展寻找巴人都邑的专题研究。

重庆市涪陵区地下文物保护成果一览表

序号	名称	时代	发掘面积（平方米）
1	王灵村墓群	战国、汉	1000
2	平安村墓群	汉代	4800
3	连丰村墓群	汉代	6000
4	针织厂墓群	汉代	1000
5	水盈村崖墓群	汉代	200
6	石沱墓群	汉—明	5500
7	镇安遗址	商周	4000
8	蔺市遗址	新石器	4900
9	陈家嘴遗址	商周—汉	4000
10	八卦村遗址	战国、汉唐	1000
11	石沱遗址	汉、宋、元、明	4800
12	剪刀峡化石点	旧石器	0
13	隆兴场化石点	中侏罗世	0
14	太平村墓群	汉代	4800
15	北岩墓群	汉代	5000
16	横梁子墓群	汉代	2000
17	大院子墓群	汉代	2500
18	小田溪墓地	战国	11560
19	倒向屋基墓群	汉、宋	2000
20	薛家坪墓群	汉代	4000

十一　重庆市武隆县

1　概况

该县受三峡工程影响的地下文物并不多，但具有很高的价值。战国时期的土坎遗址发现了巴人墓葬，出土了大量巴文化遗物，对研究这一时期巴文化的分布有着重要意义，同时该遗址系宋代武隆县城，这对研究武隆县城的布局情况意义重大。此外，还有汉代肖家坝遗址、乌江村东汉石室墓、汉唐时期的罗洲坝墓群、唐代长孙无忌衣冠冢、宋至明清的羊角盐场遗址。

2　重要发现

土坎遗址是正式发掘的项目，位于武隆县土坎镇关滩村田坝社。该遗址出土了铜质柳叶剑、矛、鍪、釜、巴蜀图章、半两钱以及陶釜、豆、罐等珍贵文物。战国巴人墓葬的发现，将巴文化的分布范围从涪陵溯乌江而上延伸到武隆地区，这为巴文化分布地域的研究提供了宝贵实物资料。此外，还发现了宋代的居住区，对研究唐宋武隆县城的布局情况，了解宋代武隆县城的历史文化具有重要作用。

3 存在问题及解决方法

（1）后期室内整理、报告编写工作相对滞后。应进一步强化项目管理，采取有力措施，加强这方面的工作。

（2）部分遗址其价值未得到正确认识，如宋至明清的羊角盐场遗址，对其重要性认识不足。加强对遗址价值的综合考察，从而在文物保护规划和实施中得以充分体现。

重庆市武隆县地下文物保护成果一览表

序号	名称	时代	发掘面积（平方米）
1	土坎遗址	商周—汉代	4800

十二 重庆市长寿区

受三峡工程影响的地下文物数量共计9处，考古发掘面积为3600平方米，除将军滩遗址从出土石器上看可能属于新石器时代，下槽房遗址属于明清时期外，其他均属于汉晋时期的聚落和墓葬，在大地坝遗址还出土了宋代遗存，汉代聚落的规模较大。目前，发掘面积较大的当属钜梁沱遗址。该遗址位于大堡乡钜梁沱村西，长江右岸一级台地之上，面积约4万平方米，属汉代聚落遗址。遗址保存良好，出土了大量的遗存，为研究这一地区汉代聚落的布局、性质等提供了重要的参考资料。

重庆市长寿区地下文物保护成果一览表

序号	名称	时代	发掘面积（平方米）
1	将军滩遗址	新石器	100
2	钜梁沱遗址	汉代	2500
3	谢家湾遗址	汉代	400
4	芝麻坪遗址	汉代	100
5	大地坝遗址	汉、宋	100
6	对河遗址	汉代	100
7	小石盘遗址	汉代	100
8	庞家湾遗址	汉代	100
9	下槽房遗址	明清	100

十三 重庆市巴南区

1 概况

巴南区地下文物属三峡工程淹没区的数量较少，涉及地下文物共计10处，考古发掘面积4500平方米。通过近些年的考古工作，除发现了薛家溪沟遗址、团结河嘴遗址、白沙沱遗址等新石器时代遗址外，还发现了一些汉代及其以后的遗址和墓葬。在发掘的遗址和墓葬中，华光墓群是规模较大的墓群，位于原巴县清溪乡华光六队的西部一级阶地之上，系大量晋代墓葬的墓群。该墓群范围较大，墓葬集中，出土遗物丰富，对研究本地区晋代墓葬形制、器物特征等有重要价值。

2 存在问题及解决方法

（1）团结河嘴遗址、白沙沱遗址等新石器时代遗址时代的确定主要是依据采集到的石器，这存在着很大的缺陷，因为在这一地区很长一段时间内石器的变化不大。在确定遗址的时代时，要充分考虑多方面因素，主要考虑随时代变化敏感度高的遗存。

（2）巴南区在建设长江堤防工程中，涉及一些重要的地下文物，需开展保护工作。

重庆市巴南区地下文物保护成果一览表

序号	名称	时代	发掘面积（平方米）
1	薛家溪沟遗址	新石器？	100
2	团结河嘴遗址	新石器？	100
3	白沙沱遗址	新石器？	100
4	岩斗坪遗址	汉代	100
5	梓潼坝遗址	汉代	100
6	圈荡遗址	汉、唐	100
7	华光墓群	晋代	3500
8	南坪坝一村墓群	明清	200
9	剑山墓群	明清	100
10	牌楼坝遗址	汉代	100

十四 重庆市渝北区

1 概况

渝北区地下文物处于三峡库区淹没区的较少。重庆库区文物保护涉及地下文物5处，发掘面积18000平方米，其中以汉晋时期的观音阁遗址、沙公溪遗址最为重要。观音阁遗址可能和当时的侨县枳县治所有关。

观音阁遗址位于洛碛镇西约2公里的长江北岸，遗址的面积不大，从遗址规模和地理因素两方面考虑，该遗址可能和东晋永和三年曾迁于今洛碛镇的枳县有关。该遗址的发掘有助于研究魏晋南北朝时期的侨县制度，同时也展示了这一地区当时的文化面貌。

2 存在问题及解决方法

（1）渝北区属于重庆库区的地下文物发现较少，开展工作也不多，这可能与规划过程中调查工作和晚期这一区域人类活动频繁有不小的关系。加强这一地区的文物保护工作，以期更好地认识其文化面貌。

（2）渝北区地下文物均属于汉晋时期遗存，缺乏较早和较晚时期遗存。将寻找这一地区早期遗存作为工作的重点，力争弄清这一区域早期文化面貌。

重庆市渝北区地下文物保护成果一览表

序号	名称	时代	发掘面积（平方米）
1	观音阁遗址	汉晋	1000
2	沙公溪遗址	汉代	1000
3	茅草坪遗址	六朝、唐宋	9000
4	老锅厂土坑墓群	汉、明	4000
5	枳邑县旧址	六朝	3000

十五　重庆市市区

1　概述

按照行政区划，重庆市市区包括了巴南区、渝北区、南岸区、江北区和渝中区，但在规划中巴南区、渝北区归列为区县，进行了单独规划。本书所指重庆市市区仅包括了南岸区、江北区和渝中区，涉及该区域的地下文物共计5处，考古发掘面积13800平方米，其中有两处遗址、一处墓群显得弥足珍贵。在广阳坝墓群的发掘中，除了发现大量战国时期的巴人墓葬外，还发现了新石器时代遗存。朝阳河嘴遗址的发掘也取得了重大收获，对于了解重庆早期历史文化面貌有着重要意义。南岸区干溪沟遗址等汉代遗址的发掘，弥补了重庆市市区过去发掘基本都是古墓葬而没有古遗址的空白，对于研究当时人口分布规律、人们的生产生活、风俗习惯意义重大。

2　重要发现

（1）朝阳河嘴遗址

江北区三峡文物保护规划中非常重要的一处早期遗址，发现了战国、汉代、明代墓葬和汉代炭窑，出土了大量银、铜、铁、石、陶质精美文物，对于研究重庆城区早期历史文化面貌有着重要作用。

（2）广阳坝墓群

发现了新石器时代和商周时期遗存。新石器时代遗存的发现表明重庆主城区在新石器时代就有人类在此繁衍生息。商周时期遗存发现了大量战国时期巴人墓葬，验证了《华阳国志·巴志》关于这里应为巴人畜牧处的记载，对于巴文化以及巴人的研究有着非常重要的意义。

重庆市市区地下文物保护成果一览表

序号	名称	时代	发掘面积（平方米）
1	朝阳河嘴遗址	商—明	4800
2	新二村遗址	汉代	100
3	新房后湾遗址	汉代	100
4	干溪沟遗址	汉代	4000
5	广阳坝墓群	新石器	4800

第五章 三峡重庆库区地面文物保护

三峡库区地面文物列入保护规划的共有364处，其中，重庆库区246处，湖北库区118处。

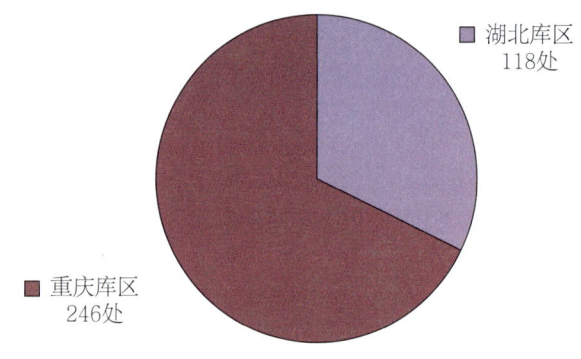

三峡库区地面文物分布图

在重庆库区246处地面文物的保护方式分类中，留取资料类项目98处，原地保护类项目55处，搬迁复建类项目90处，另有大型专项保护项目3处，即：张桓侯庙搬迁保护工程、白鹤梁题刻原址水下保护工程、石宝寨文物保护工程。

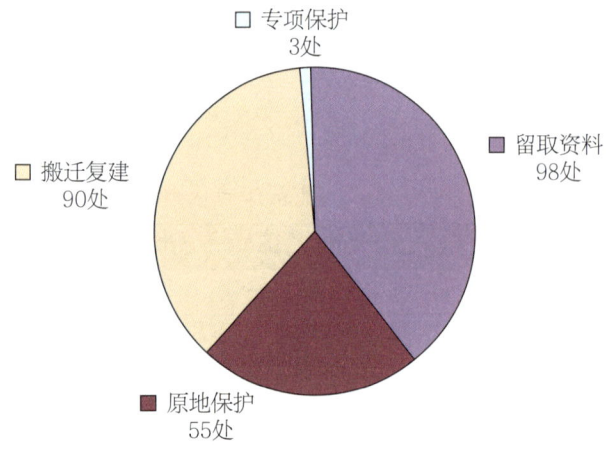

三峡重庆库区地面文物保护方式分布图

第一节　三峡重庆库区地面文物概述

按照文物类别区分，三峡重庆库区地面文物分为了汉代石阙、宗教建筑、民居建筑、石刻、水文石刻、古桥梁、交通航运文物，它们基本囊括了三峡库区地面文物的全部，按照规划阶段的调查，三峡水库蓄水之前的状况如下[1]：

一　汉代石阙

库区内现存汉代石阙有两处：忠县丁房阙和无铭阙（忠县乌杨镇出土的乌杨阙属地下出土文物）。

丁房阙在忠县忠州镇东门外人民路北侧，背靠大山，面临长江，海拔为145米。《蜀中广记》载："汉丁房双石阙，在忠州巴王庙前，……金石古文云……正面汉隶十行，行三十字，强半剥落，唯汉都尉丁房五字相连可读。"清道光《忠州直隶州志》云："丁房双石阙，碑目考在临江县。巴王庙有二阙对峙。阙高二丈，为层观飞檐，裹衮四方，多刻人物，皆极巧妙。诸刻漫灭，仅有丁房等字尚可辨也。"

丁房阙为双阙，两阙并排坐北向南，相距2.46米，仿木重檐庑殿式结构，以石重叠砌筑而成。东阙为子母阙，母阙高6.26米，子阙高2.16米，分别由阙基、阙身、阙顶部分组成。西阙为单体阙，高5.5米，其结构与东阙大致相同。两阙已经后代修葺、补刻，其石材也不尽一致。1953年，由忠县人民政府拨款修建了一

搬至忠县白公祠的丁房阙

座单檐砖木结构的建筑物将其遮盖保护至今。1956年，该阙经四川省人民政府公布为省级文物保护单位。2006年，经国务院公布为第六批全国重点文物保护单位。

无铭阙在忠县忠州镇东北8公里处的甘井乡佑溪村的古驿道旁，背山面溪，海拔为142米，其溪上游1.5公里处，便是著名的中坝遗址。无铭阙未见著录。1958年，四川省博物馆与重庆市博物馆对该阙进行了科学考察，考察认为，此阙当属墓阙。左阙无存，现仅留右阙。重檐庑殿式结构，分底座、阙身、腰檐、阙楼、阙顶五个部分，由九块石料叠砌而成。该阙通高5.85米。

关于丁房阙与无铭阙的建造年代，长期以来一直悬而未决。丁房阙为一双阙，左阙配有耳阙，而右阙却只有主阙，左阙阙身二层三面浮雕，既非汉刻风格，也非汉时内容；阙上的

---

1. 以下引自《三峡文物保护规划》。

未搬迁保护前的无铭阙

铺首、角神,也与汉风迥然不同。阙身上明代万历年间所刻的《巴国忠贞祠铭》,其中记载有"毗左阙圮",可见左阙系倒塌后重建的。又《蜀中名胜记·重庆府·忠州》中记载"右边阙就圮,近日为有司者新之,了非故物",可见右阙也进行过整体的维修。据调查,其二层以上的腰檐、楼部、顶盖等极有可能均非原物,是按照左阙模式仿刻而成的,且漏配了耳阙。从总体上看,图纹、人物、花草、鸟兽图案具有明显的明代风格,因此现存阙身为明代重建的。关于始建年代的推证,一直缺乏纪年铭刻等考证资料,但就其形制特征来看,其与四川诸阙有许多相似之处。独石阙身和斗拱形制与渠县诸阙相似;鸳鸯交手拱与雅安高颐阙相近;其总体的重楼重檐式结构,虽为罕见,但却屡见于巴蜀东汉后期墓葬出土的画像砖及画像石,从以上特征来看,此阙始建时间应为东汉中、晚期。

1987年8月,无铭阙曾被飓风刮倒,在维修过程中,从阙基与阙身结合部,意外发现了数枚压基钱,从钱文和重量上看,应为东汉光武帝时所铸五铢,因此,无铭阙可定为始建于东汉。

汉代帝王、贵族和整个封建统治阶级崇尚奢华,尤其体现在墓葬方面,普遍的祠墓建筑特点为"制作侈大、石阙双立、高庑百尺"。阙作为这种奢华墓葬的标志之一,从形制的等级便可了解主人的地位和权力。因此,忠县双阙对于研究东汉中、晚期的经济、政治及社会生活是不可多得的实物资料,对于进一步研究东汉时期巴蜀地区礼仪制度、丧葬制度的地区差异性,有着更为独特的意义。

阙,首先是一种建筑物,又是由石质雕凿而成的。因此,从艺术角度来看,建筑艺术价值和雕刻艺术价值是不可分的两个方面。丁房阙和无铭阙从造型上讲有许多相似之处,它们与四川地区诸阙却又有所不同,高挑秀丽是其最为独特的造型特点。

顶盖造型是中国古建筑的一大特色,在我国古代木构建筑中,挑出的顶盖能起到遮挡雨水、保护墙面、基柱、便于控制阳光照射的作

搬至忠县白公祠的丁房阙和无铭阙

用。忠县两阙的顶盖均为重檐庑殿顶，其顶盖为三层，无枋子层，这种形式在川西石阙中不曾出现，而与山东嘉祥武氏阙较为接近，也常见于东汉晚期出土的画像砖，对于研究汉代建筑形式的演变，有其独特的意义。

另一方面，出檐、斗拱的独特性是两阙的又一大特色。其中，无铭阙出檐半米左右，如此之大的出檐，经受了近1800年的风风雨雨的考验而仍傲然挺立，足以说明汉代匠师已解决了阙顶出檐的重力结构问题。无铭阙斗拱为鸳鸯交手拱，具有两个栌斗、两个散斗，是四川汉阙斗拱中的一种独特形式。

从雕刻内容来看，无铭阙左前角角神很特殊，形象全裸，性器官突出。除雅安高颐阙可见类似内容外，该形象实为罕见，这说明四川汉阙雕刻内容受汉代统治阶级正统思想意识的影响较小，绝大部分内容除了现实生活题材，主要还是朴素的民间神话，在一定程度上反映了当时的民俗民风。在造型技巧方面，无铭阙又堪称独到。上层高浮雕怪兽辅首，正面见头，背面见尾，如穿石而过，构思独特，形象也较为少见。角神裸体力士虽已多处破坏，但仍可见其造型之力度。

二 宗教建筑

三峡库区共有数十处宗教和祠庙建筑，其中有佛教寺庙、道家寺观、民间神祇庙堂、宗祠，以及近代的天主教堂、伊斯兰教清真寺等，有不少仍持续着宗教活动，拥有一定数量的信徒，是社会生活的一个有机组成部分。这些寺庙建筑在构筑技术、工艺及装饰艺术上代表着地方建筑的最高成就，并客观地反映了当地的民俗文化和宗教信仰的形成和发展，构成三峡地区古老文化的重要组成部分。

宗教对三峡地区的影响是非常普遍的，同时又带有浓郁的地方民俗色彩。三峡地区的宗教建筑多为佛教和道教建筑，其平面布局、建筑形式带有明显的地方民俗文化的特征，依山就势自然组合，以民居形式的天井式四合院建筑为多。丰都延生堂（初名东岳庙），始建于唐代，原为道教建筑，清顺治年间因明辉禅师

丰都延生堂

奉节福音堂

复建后的奉节永安宫

驻锡于此,扩建成了佛教的十方丛林。

伊斯兰教清真寺中有万县清真寺。这是一座外观极有特色的礼拜堂建筑,正面有三个阿拉伯式没有门窗的券洞,使室内空间敞向前庭。其次有开县清真寺礼拜堂,木结构抬梁式构架。它的入口建筑很有特点,四根冲天立柱八字形排列,既有中国传统牌楼建筑形态,又有阿拉伯伊斯兰教礼堂高塔的意味,处理得十分巧妙。

随着近代长江流域的开发,万县真源堂、开县福音堂、奉节福音堂等天主教堂的营造,反映了西方宗教在中国的传播,仿欧洲古典建筑形式的礼堂、钟楼组成的砖石构筑物,或由中国传统民居建筑加上一堵舶来的门脸,中西文化在这里交融。

三峡地区名人荟萃,三国故事更是妇孺皆知。淹没区内就有大量的宗教或祠庙建筑同三国历史事件和人物有关联,长寿桓侯宫、云阳张王庙、张桓侯庙都是纪念张飞的祠庙。这是长江两岸进入库区的一种特有文化现象。奉节的白帝城和永安宫故址,这两处原本是一体的,永安宫是白帝城下刘备的行宫,也是刘备托孤处。永安宫虽说当年建筑久已不存,但其故址仍旧能够诱发人们对这段历史事件的兴叹。所谓"艰难力尽三分鼎,终始恩酬六尺孤。今日西陵抚青松,青青依旧鸟空呼"(清·傅作楫《永安宫》诗句)便很有代表性。以永安宫故址和白帝城为依托的古人题咏很多,有着极厚的文化积淀。

忠县忠州镇巴王庙是当地老百姓为纪念战国时期忠义将军巴蔓子而建的祠堂,肖公庙传说是供奉巴蔓子夫人肖娘娘的庙堂。忠州镇太保祠是纪念明代巾帼英雄秦良玉的祠堂。它们有着重要的地方文化意义,这些建筑规模虽然不很宏大,却有着特殊的文化地位。祭祀自然神的庙宇,是中国古代坛庙的一种类型。《礼记·王制》载:"天下祭名山大川,五岳视三公,四渎视诸侯。"因此,江渎庙、水府庙这类祭祀长江的神庙,是人们祈求江神保佑平安的特殊场所。严格说来,这一地区没有真正意义上的佛教和道教建筑,几乎所有的宗教建筑都同水有关系,或者说都同水运民俗有关系。其中,王爷庙就是一种十分普遍的自然崇拜和人神共祭的宗教建筑类型。例如长寿扇沱场王爷庙、忠县洋渡王爷庙、忠县永兴王爷庙等都是各据地势、各有特色的民间神祇庙堂。

过去,每当出巫峡进入巴东江域时,水流湍急,经常翻船死人。每次出船,船老板都要先到楠木园王爷庙求福签,乞望龙王爷保佑航行平安,如果没有事故,返航时便一定要到官渡口龙王庙里进香叩拜,以表谢意;如果翻了船,死尸便在绿竹筏地藏殿前江面回旋(此处江面有一个大回流),人们便将尸体捞起埋在殿旁白骨塔或万人坑中,以求地藏菩萨的超度。这是一部完整的"三部曲",这类神祇庙堂、佛塔和佛殿,应该看做是一个有机的系列(或系统),是沿江两岸民俗文化总体格局的必要组成部分,是千百年来长江沿岸人民与险水恶滩作斗争的精神之所系,已深入世代因袭的民俗、民情之中，成为该地区黎民百姓精神生活的重要组成部分。它们的历史文化价值业已超越了作为文物建筑的技术和艺术价值。这种数量大、分布广袤的祭水建筑，是与自然地域和人类生存紧密结合的产物。在长江航运史上有着重要历史、民俗和文化意义。

另外，宗教建筑也是集多种功能于一体的公共建筑，它往往是一个区域或一个宗族的人们社会活动的中心场所，许多的寺庙在院内建有戏台。如长寿的王爷庙，每到除夕都举行祭祀活动，彩旗高悬，诵经与戏曲之声交响，晚上由庙内主持放河灯，成为方圆几十里人们的节日活动中心。宗室祠堂则是历史上宗族、家族内的日常活动中心，一个家族兴衰史的写照。

宗教建筑由于其特殊的社会地位，建造等级普遍高于其他建筑，建造方式是官式做法与地方民间做法相结合。三峡有关各县宗教及祠庙建筑大都采用有浓厚地方特色的穿架做法，鄂西有关各县采用的是一种非典型（或类括梁式）的穿斗架。前者，重庆市巴县木洞镇中坎村明代万寿宫大殿就是一处典型例子。它的外檐及檐柱、金柱间均施斗拱，五铺作偷心造，最外一跳华拱（或翅头）上没有令拱（或厢拱），是很具地方特色的做法。这种将穿斗架同斗拱组合在一起的做法，也表现了地方特点。万寿宫在结构上反映出来的特点，为我们研究巴蜀地方建筑技术史提供了宝贵的实物例证。类似的具有较高科学价值的寺院和祠庙建筑尚有多处。例如，长寿桓侯宫主殿、扇沱场王爷庙下殿（戏台）和厢房等采用的都是带楼层的穿斗架结构做法。虽然江浙一带也有这种形式，但它们的横向联系构件断面都很细小，而三峡地区的却很肥大，外观上有些像抬梁式构架中的大梁，但从受力角度分析，它们仍属穿斗架一类。

三峡沿江两岸宗教建筑在结构做法上的不同，主要是同当地民居结构做法的不同有关系。可以说，两地宗教建筑同民居在建筑体系上没有本质区分，因山就势并以各种四合院为中介进行建筑群体的组合。这一类型最为突出的例子就是云阳张桓侯庙。

从艺术特征观察，三峡沿江的宗教建筑在艺术风格和艺术形式上，都没有太多的差异。这可能同沿江交通便捷、交流频繁有关系。三峡一带宗教建筑中存有大量艺术性很强、做工很精致的石雕、木雕构件以及三峡地区特有的灰塑装饰，特别是木雕成就很高。在装修的种类方面主要有木构件，包括门窗格扇、栏板、雀替撑弓、横披、迎风；砖石，主要是入口大门门楼、各式风火山墙、檐口、墀头、栏板、抱鼓石、脊饰。另外，当地灰塑和彩绘也极有特点。秭归江渎庙、王氏祠堂和长寿扇沱场王

涪陵蔺市文庙

爷庙都有上乘之作。从不同侧面记录了三峡地区文化艺术的发展过程。

三 民居建筑

中国传统民居建筑千姿百态，被称为"没有建筑师的建筑"，其中凝聚了生态、社会、经济、政治、民俗、宗教、婚姻等多方面历史信息，也蕴涵着不计其数的珍品。

三峡库区千余平方公里的区域内，涉及民居建筑百余处，占地面文物总数的三分之一，这其中不仅仅有单体建筑，还包括街区、场镇、老屋群等。由于现代经济相对落后，目前保留有许多传统古朴的场镇、村落和民居，它们身上寄托着深厚的人性记忆。我们的保护与研究就是从中抢救一些历史的信息，对这一地区的人、地相互关系的原模式进行一些探索，以使这一地区在持续发展的进程中能更多地保持地域特色及历史的延续感、民族的认同感。

三峡地区是我国古代人类发源地之一，也被认为是巴族的发源地。当地的考古发掘已说明七八千年前先民已在这里聚居，历史的演进构成了三峡地区独特的人文景观。

自然地理条件、环境类型对人类聚居行为、地域文化形成有着重要作用，受这种自然环境的约束，该地区原居民聚落多分布于长江主干道与支流沿岸，海拔约在135—175米。这一地段多为河流堆积的阶地与漫滩或河流堆积地与平状丘陵地结合处，地貌较为平坦，便于人类聚居、生产、生活。

由于峡区山高水险，水运交通极为重要，历史上形成了相对发达的商贸和重商的传统与落后的农业经济之间的强烈列比，也由此形成了沿江两岸城镇、乡场的人口和商品集散地，形成了经济和文化较腹地发达的大格局。

沿江两岸的城镇建设规模优于支流及腹地的城镇，甚至沿江两岸的场镇也较腹地城镇繁华。重庆市巫山县大昌镇、培石镇，奉节县永安镇，石柱县西沱镇、沿溪镇，忠县石宝镇、洋渡镇等保留的街区、民居，都反映了当年的繁华景象。

从聚落的行政组织结构看，可简单分为古城、场镇、村落。三峡地区多数古城为官治组织，后因发展为现代城市，原有格局和民居变动较大；场镇是较高一级的乡村自治组织，更能反映民间聚落及建筑的特色。古场镇的格局中，平面呈一字形、曲尺形、十字形、单一环形的场镇都可以认为是线形布局，街道垂直于江面，并沿山脊走势，形成阶梯式的爬山街道，称之"云梯街"，这是一种极为独特的布局形式。

丰都秦家大院封火山墙

丰都秦家大院东山墙正面

石柱县西沱镇即是典型代表。西沱镇"云梯街"西起长江岸边，沿山脊蜿蜒而上，至山上独门嘴总长约2.5公里，这条爬山街共113个阶梯段、1124步石踏步，当地人称之为"坡坡街"。街宽5—7米，两侧多为二层带阁楼木构建筑，局部有吊脚楼。房屋有三峡地区建筑的共同特点：沿街面大出檐，宽街沿，便于经营、纳凉、避雨。由江面远眺，云梯街犹如一条下江巨龙，鳞次栉比的青瓦屋面似闪闪的龙鳞，难怪人们将此街临江段南北两侧两座单拱石桥起名为"南龙眼桥""北龙眼桥"，使整条街形象地活了起来。

巫山县大昌镇位于长江支流的大宁河小平原，因是军事要冲并兼有航运之利，于晋太康元年（280年）设泰昌县而建城，以后作为县治有1300多年的历史。古城街道呈十字形，有东、西、南、北四条街道（现北街已无存）和东、西、南三座城门，南城门前有石踏步直入大宁河。沿街建筑多为合院式，临街部分多为两层，下作铺面，后带天井。整个街道基本保持了清代风貌。

限于山地的地理环境和经济的影响，三峡地区的村落规模相对要小，且有较多散居的情况。历史上经济发展受到制约，场镇的规模也受到一定限制，能形成网状结构布局的场镇并不多。由于自然环境险峻，经济相对落后，当地文化整体发展呈自然趋势，更多的是重实际的、自发的、世俗的、民间的文化。大山的质朴与江河的畅快相融合，成为这一地区文化独有的一面。在建筑上则表现为强烈的山地意识。自由曲折的建筑群轴线，使建筑在多重台地间展开，屋宇重重，与背景的山、脚下的水构成一幅天然画卷；轻盈随机而变的结构形式使建筑能够"爬山下坎"，勇猛古朴的原始图像装饰使建筑美观大方。

峡江沿岸多陡坡，居民在利用地形争取居住空间方面积累了丰富的经验。其建筑平面灵活自由，依坡而建，体形错落多变，形成了丰富多彩的峡江民居群体。三峡地区居住建筑多属穿斗式体系，由重庆博物馆收藏的东周錞于上即可见到这类建筑形象。由于这种建筑形式合乎于特有的山地环境，且利于防虫防潮而被应用，并以此为基础演化发展，其中吊脚楼应属干栏式。此外，地形平坦的地方或一些大户

大昌南城门

大昌南城门

住宅也有南方天井式。

山地穿斗式民居是三峡地区最常见的建筑形式。独立的山地穿斗民居多建在依山修坎而成的平台地，建筑平面基本形式为长方形，并由长方形组合成曲尺形、凹形，并不过分强调对称。建筑前有平坝，是主要的户外活动空间。建筑多带阁楼，二至三层不等，有的呈吊脚楼形式。

场镇的山地穿斗民居由于商业的需要，常沿街道联排组合，各建筑依地形情况，或带天井，呈两进三进；或无天井；有带吊脚楼的，也有跨街成连袒形式的。这类建筑在沿江的各场镇均可见到。石柱县西沱镇云梯街下段的"下盐店"是三峡地区山地穿斗木结构民居的代表。建筑为当地富绅住宅，由街面进入，利用坡地高差，轴线几经转折，建有多重院落，当地人称之为重重过厅连着"一道道天"。

天井式民居较多受到中下游地区的影响，建筑一般建于地势较平坦的地段。布局上，轴线虽随地形有所变化，但较为讲求对称关系及多重天井的组合，且建筑质量较高，规模较大。外观上采用对外封闭、对内开敞的形式，错落变化的风火山墙，多姿多彩的入口门头装饰，衬托于山水之间，形成峡区极有特色的人文地表景观。

丰都县卢聚和大院布局较为疏朗。此建筑为清代官吏住宅，现中院大门上有"大夫第"字样。整个建筑群呈井字形布局，表现了浓厚的宗法礼制色彩。

三峡天井式民居中有一种地方独特的形式，即天井之上做气楼。巫山县县城内聚鹤街99号民居、丰都县县城西门路吴家大院均是典型。场镇天井式民居多沿街一字排列，每户三开间为多数，建筑一层或两层。面街用做店面，多以活动木板作门，前铺面与后堂屋之间有一天井，两侧是厢房。每户间的风火山墙整齐排列，使街道产生很强的韵律节奏感。

19世纪末以来，以重庆开埠为标志，西方文化涌入，给三峡地区带来很大影响。中西结合形式的天主教堂由江岸到腹地均可见到，西方古典建筑的形式甚至影响到一些民居，且这

丰都卢聚和大院

丰都卢聚和大院后庭院

丰都秦家大院东厢房正面

大昌民居

奉节渔王洞摩崖造像

种西式风格的建筑不仅在城市可见到,在一些沿江的场镇也可见到。中西合璧的民居建筑是三峡地区近代经济发展及东西文化交流的实物例证。

民居中的装饰装修和细部做法,表现在建筑的外部和内部,集中反映了地方文化和居民的审美意识。最有地方特色的民居装饰是堂屋外廊下骑马雀替或飞罩和撑弓,乃至轩梁、檐枋。这些构件上均遍布雕饰,做法有浅浮雕、高浮雕、镂空雕,雕刻手法遒劲流畅,题材有夔纹、花草、鹤鹿、盘龙、暗八仙等。堂屋前廊的木装修对整个建筑群起到了画龙点睛的作用。

民居中的风火山墙有金字头、三花、五花、一弓、两弓、三弓等多种形式,无论何种形式,均在墙头处用白灰勾勒。墙头脊用薄砖或白灰垒砌,高高翘起,使建筑轻盈,富有活力。

四 石刻

受淹地面石质文物有阙、塔、亭(池)、牌坊、纤(栈)道、桥梁等古建筑,也有近现代纪念建筑物和摩崖造像、石刻等,合计200余处,超过地面文物受淹总数的一半。

万州坠儿洞石刻

我国石刻的起源很早。"刻石之风流衍于秦汉之世,而极盛于后汉,逮及魏晋至隋唐,事无巨细,多刻石以纪之,后又复大盛,于是石刻文字,几遍中国矣"。石刻作为一种兼文字与图像为一体的记录方式,历代均被作为记录史实、歌功颂德、信仰崇拜及抒发情怀的主要手段,因此对石刻类文物的研究,是考证和研究历史的重要途径。

三峡库区的石刻类石质文物,上迄汉晋,终至民国,长达1700多年。因此,从历史年代上讲,三峡库区石刻文物具有起源时代早和延续年代长的特点。现存石刻有汉、晋、唐、五代、宋、元、明、清100余处,也有民国及近代数处。它们从不同侧面以不同方式反映了各个历史时期的经济、政治及社会生活,蕴涵着丰富的历史信息。其中,部分在渝东、鄂西地区甚至全国范围内都具有一定的代表性。如东汉《丰年石碑记》、东晋《灵石社日记》、萧梁《天监碑》、唐代临江岩摩崖造像、五代《鱼嘴枯水题记》、南宋《宋中兴圣德颂碑》、元末大夏时代的弹子石大佛、民国《冯玉祥题记碑》等。

三峡库区是古代巴人繁衍生息的主要场所，巴人以善水性为能，故该地区先民多善操舟和游泳，在远古时代，就常以捕鱼为生。云阳牛尾石岩画及六冈石石刻是该地区现存两处以图像记录当时生活方式的石刻。在六冈石石刻中，刻有鱼5条、独木舟2只，一舟上有人作直立垂钓状。而在牛尾石岩画中，亦有晾晒鱼虾的图案，可见捕鱼是当时先民赖以生存的手段之一。涪陵《马颈子题刻》反映了当时三峡地区向湘黔地区贩运井盐已成为该地区先民的

忠县观音岩

瞿塘峡题刻

留取瞿塘峡题刻资料

主要商贸活动。

三峡地区除水上运输为主要途径外，近代同时亦发展起旱路运输来开发本地区经济。由于该地区地势险要，行路条件差，常有事故发生，故道路旁常以路碑为标志，以示过往行人。据考证，我国最早的路碑兴于唐，盛于宋，宋代称"仪制令"，多为交通法规。

三峡库区地面石质文物中，以石刻题记为多。这些题记从书法艺术上看，部分出自历代书法名家手笔，楷、草、隶、篆各体皆备。据各县文献记载及遗存实物来看，在本地区生活或游历留下诗文的历代文化名人，著名者不下20余位。早迄东周的屈子、汉魏的诸葛，中承唐宋的李白、杜甫、白居易、欧阳修、苏轼、陆游、黄庭坚，延至清代的王士祯等。至今在三峡库区淹没线下仍保留着一批石刻。抑或故居碑刻，抑或题记石刻，都是我们了解他们生平经历最好的实物资料。涪陵白鹤梁《黄庭坚题名》"元符庚辰涪翁来"，内容虽短，行书七字，似漫不经意，却见名家书风。除此之外，涪陵北岩及万州区岑公洞内亦可寻得其所留题记。

举世闻名的三峡风光，历代亦留下许多描写自然风光的诗作，其中在瞿塘峡壁上明代诗人沈庆留下的《瞿塘上峡》《观八阵图》两首七律，以"三峡瞿塘据上游，险由天设古今留，云烟翳树猿猱下，风浪翻江贾客愁"的词句成为该类题材诗作中的上乘之作。

三峡地区是巴楚文化的发达地区，其地面石质文物亦从不同侧面展现了巴楚文化的艺术魅力和先民的风采，在建筑、雕塑、书法及文学上都体现了其地区特色。纵观库区地面石质文物，从雕塑内容来看，带有很浓的地方特色，有许多内容是较为罕见的。忠县临江岩摩崖造像B窟中有一些内容是较为独特的，在龛后天龙八部护法神头部，刻有青龙、白虎、朱雀、玄武四种图像。这种在中国传统观念象征东南西北四方的形象，被运用到佛教造像中来是极为少见的，反映了佛教文化与中国传统文化的融合。

三峡地区历史上是我国宗教发展较活跃的地区。从三峡库区现存遗迹来看，涉及的教仪，除佛教、道教以外，还有天主教及伊斯兰教，而就地面石质文物而言，所涉及的主要有佛教、道教。

佛教传入三峡地区约在东汉时期，而当地现存佛教造像的年代较晚，据统计现存佛教石窟寺及摩崖造像为：唐代5处，元代1处，明代2处，清代7处，反映了各个历史时期佛教的发展状况。

祭祀是中国古老文化中一项重要的民俗活动。三峡地区独特的文化背景亦产生了独特的祭祀风格，龙、虎作为一种崇拜对象又被赋予了更多的内涵。云阳九龙乡晚清乘龙造像，又称雨师像，上雕戴冠着袍，捧笏雨师，下雕昂首飞龙，是古代峡区先民车水警龙降雨习俗活动的遗物。据造像题记载，因久旱无雨，以"刻龙求雨"为俗。

自宋理学兴起以来，形成了以儒家思想为核心，与佛道理论相渗透的唯心主义思想体系。该体系中，凡涉及婚姻问题，都把封建伦理道德提到无以复加的高度。因此，宋以后，为恪守贞洁的妇女树碑立传的风俗亦蔚然成风，三峡地区现存地面石质文物中便有夏黄氏节孝牌坊等3处。

石刻文物还反映了我国多民族文化交流的内容。涪陵白鹤梁题刻中有一处《蒙文题记》，为八思巴文，大意为"生命的意义在于荣誉"，为警句式题文。国内现存蒙文石刻20多种，多分布于北方地区，内容也多为圣旨和法旨,南方地区极少见。另外,在万州区五桥区扁寨村古寨门处崖壁上,现存一处《梵文石刻》。梵文石刻在三峡地区发现极少,保存完整的仅此一例。

三峡地区自古为兵家必争之地,秦时便有"得蜀则得楚,得楚则天下并矣"之说,汉代亦有"收用巴蜀,还定三秦"之句,因此,历代的政治家、军事家都视之为军事要地。其中,瞿塘峡夔门更是一夫当关、万夫莫开之地。铁锁关上至今仍立铁柱两根,右铸"守关大将军徐宗武",对岸亦有石孔相对,在铁柱溪岩壁上,亦刻有南宋丞相贾似道为铁锁夔门所颂之告示。据《宋史》,此柱为宋景定五年(1264年)守关大将军徐宗武所建,并横拦铁链七条(长227丈5尺),北系铁柱,南穿石孔,用以锁断长江,以御外敌侵入。历史上亦有多次"断江""锁江"的记载。

位于巫山、刻于明洪武元年的《康茂才进兵处碑》中有"大溪口皇明康茂才进兵处"11字,亦与史实有关。奉节瞿塘峡壁题刻中南宋乾道七年的《宋中兴圣德颂碑》,其主要内容是对南宋高宗禅位于孝宗的事件加以歌颂,具有较高的史料价值。

长江是中华民族悠久文明的摇篮之一。生活在长江两岸的历代先民们在认识自然和改造自然的过程中,用他们的聪明智慧和独特的手法,在岩石表面上记录了他们对自然的认识和描述。现三峡地区遗存的地面石质文物中,从水文、航运、气象三个方面为后人提供了宝贵的科学史资料。

五　水文石刻

在生产力相对低下的古代,不同时期长江水位的变化,直接决定着人们的生存与发展,因此产生了与记录水位涨落相关的石刻作品。据目前所知,最早的水文石刻应是重庆朝天门灵石上的东晋义熙三年(407年)《灵石社日记》。在此前,据传灵石还有东汉光武年间题记,但只是从唐代人记载中见到,未传下内容,尚不知是否与水的涨落相关。而在《灵石社日记》中,开篇即明确指出水位变化与农业收成的关系。这是历史上将河床中的枯水石出与预兆太平、丰收相联系之滥觞。但灵石处江水之中,当代未见到实物,尚有待水下的探索。

在历史长河中,水文石刻和我国古代的石刻传统,仍然是一脉相承的。例如石刻的体

留取白鹤梁石刻题迹

丰都龙床石枯水题刻局部

白鹤梁题刻

云阳龙脊石枯水题刻

白鹤梁题刻

白鹤梁题刻

例,按传统分类,约有十多种,水文石刻有碑(如灵石)、刻石(如洪水石刻)、题名(最多)、诗文(如莲花石)、格言(如白鹤梁八思巴文)、吉语(如龙床石)、题榜(如龙床石)、图像(如白鹤梁石鱼)八大类,它们与其他石刻一样,包含了多方面的价值。今天,水文石刻所蕴涵的水文资料的重要性已愈来愈多地被社会所认识,水文石刻在提供水文资料方面的重大科学价值已成为不争之论。

唐代是枯水水文石刻的成熟时期,其标志是涪陵白鹤梁唐代石鱼的出现。它位于白鹤梁题刻中心部位的斜倾岩石上,现还能见到清晰的线刻双鱼,这是唐代所设的枯水水位标记。通过石刻定位,进行水位观测,这是我国1000多年前十分重要的一项创造。从唐代以来,在从重庆至巫山的长江段中,江津莲花石、重庆灵石、涪陵白鹤梁、丰都龙床石、云阳龙脊石等,出现了众多的枯水碑记和题刻,构成了内容十分丰富的水下石刻宝库,蔚为奇观。在此之外,还有个别枯水碑,如瞿塘峡"水落至此碑"和其下的另一通民国碑。

涪陵白鹤梁、重庆灵石、丰都龙床石、

云阳龙脊石、江津莲花石对认识这一区域河段的枯水水文消长具有重要价值。

上述几个地点，涪陵白鹤梁首创富有特色的"石鱼"水标，记载了1000多年的枯水水文情况，系统地反映了长江上游枯水的运行演化情况，经过科学测量，最具科学价值。云阳龙脊石经过测量，但没有固定观测"水标"，其水文材料准确性有所降低。灵石与龙床石都未进行科学测量，但这两个地点是十分重要的，特别是重庆灵石，如果有了测量数据，可将白鹤梁自唐以来的水文高程和年代向前延伸，填补汉至唐的枯水水文资料空白，完成从汉代以来2000余年的枯水水文系统资料，这无疑是对长江上游枯水水文研究的一项重要工作。江津莲花石、重庆灵石、巴县迎春石、涪陵白鹤梁、丰都龙床石、云阳龙脊石，这些枯水石刻群对系统地认识长江上游枯水水文的演变是很重要的。由于涪陵白鹤梁刻有具体"水标尺度"，对重庆灵石、丰都龙床石、云阳龙脊石等枯水题刻都有重要的参照作用。白鹤梁实际上成为长江上游地区历代枯水年代序列标尺，其科学价值自不待言。

枯水石刻长期处于水中，有的长达1000年以上。对观察检测流水、泥沙对石刻文物的浸蚀破坏作用来说，这些水文石刻是绝好的材料，当代用任何模拟手段也难于获取如此长时间自然状态下的实验资料。水文石刻中的枯水石刻，有为数不少的碑刻，其中涉及不少历史事件，或可校史之误，或可补史之阙。这方面，以重庆朝天门灵石最具代表性。灵石近代虽未出水，传世的拓片目前也未发现，但其上的晋唐碑刻的内容却在文献中记载下来了，使今人得以窥见其一斑。长江枯水时，不易显露的石梁现出水面，人们以为奇观、祥瑞，与事比赋，以为征兆，遂镌刻诗文，以纪其事。题刻兴起，渐成风气，每年正月前后，当地人士趁水枯石显之时，结伴登石游玩，乘兴赋诗咏物，镌刻其以为胜事。"石出兆丰年""石出兆平安"成为流传有恒的观念，"游石梁"也演化为当地极具特色的民俗。

宋代以后，除枯水外，记录洪水的水文石刻也比较丰富。现知最早的洪水标志的水文题刻是，忠县宋绍兴二十三年（1153年）的两条题刻。此后，在重庆至宜昌的长江两岸，历代有越来越多的石刻文字记录下特大洪水时江水上涨位置，为近千年的长江洪水留下了十分珍贵的历史文物资料。按目前统计，仅在三峡水库177米高程以下，就有洪水题记90条之多，提供了11个年份的洪水记录。其中，宋代2次，明代2次，清代7次。洪水水文题刻一般都有明显的标记，便于识别，给准确对比洪水高程带来方便。

长江洪水题刻保存的自宋以来的洪水记录，提供了800多年的洪水情况，为三峡水利建设提供了历史时期的水文资料，成为三峡工程设计中的重要参数；特别是同年异地的洪水水文记录，对一段地区的洪水泛滥情况有比较清楚的认识，为弄清此次洪水的形成、流行区、危害程度都有较大帮助；揭示洪水高差与洪水危害区域的关系，为研究水文的成因及其与气候、生态环境等相互影响提供了线索；通过洪水高程，推算出三峡历次洪水流量，对进一步认识三峡洪水规律，防止土地侵蚀和沉积物的控制方面都有重要参考作用。

六 古桥梁

三峡工程淹没及受到影响的古桥数以百计，均分布在长江支流上。从结构和形式的分类看，有拱桥、梁桥和廊桥等。质料基本为石材。时代则大多为明清，略晚者可至民国之初。

三峡之地，沟谷纵横，溪流密布，长江支流多南北流向。历史上除长江干流为主要的交通水路之外，与其并行的左右两岸广大地区沟通巴楚、秦巴以及相邻城乡的陆路交通设施则多被今人所忽略。其实巴楚间自古以来的陆路往来，多依靠栈道、桥梁来沟通，因此可以说桥梁在古代三峡地区起到了一种纽带的作用。

石拱桥一直是我国特别重要的一种桥型。它的核心是券拱做法。自汉墓中有并列式的拱券与纵联式的拱券做法以来，就影响着石桥的拱砌技艺。巴蜀地区汉墓多有上述做法，受其影响，早期的石拱桥多为半圆形拱，少量双心拱，弧形拱则较为少见，后来则有所改变。据对三峡库区受淹的7座典型石拱桥的实地测绘和计算可知，明清以来，三峡地区拱桥几乎都是双心拱，少见半圆和弧形拱，而且是拱石纵列交错的纵联砌置，即纵联式拱券，而少见并列式的拱券砌作，产生了简洁大方的外形视觉效果，这无疑是继承了石拱技术的优秀方面。据实测比较，三峡石拱桥虽然受到中原文化影响，多为双心圆拱，但又不是亦步亦趋面面俱到的模仿。它恰又是两圆心较为靠近，近似于半圆的砌置，故极易造成"半圆"假象，像陆安桥、述先桥、安澜桥即是。此类桥矢跨比多近似二分之一，属陡拱一类，且全都是无铰式拱券。无铰式是比多铰式省工节事之法，它

基于川东和鄂西地震、地质、水文诸多情况而产生，加之桥师采取了凡拱石相互接触面以比较粗糙的錾刻痕迹相叠压，中间填灰浆的折中办法，因此，此类无铰连做法找到了生存的土壤，反映出石拱结构技术的浓烈地方色彩。整体而论，它和其他诸多宗祠寺庙、民居一样，对中原文化在融汇中有嬗变，继承中有发扬，构成了颇具特色的区域建筑文化现象。

三峡古桥中，桥面宽度均令人惊奇的宽大，与临近桥梁狭窄的街道、乡村石板路形成鲜明对比，在平地甚少、天窄地窄的三峡山区尤显突出。桥面的宽大给诸如增建房廊、桥庙、牌坊、碑石、雕刻等桥上附属建筑留下可施展的余地。以龙门桥、安澜桥、明镜桥、陆安桥、述先桥五桥为例，最宽者明镜桥11.3米，最窄者安澜桥7.3米，不仅如此，上述五桥还分别代表了平面、凸曲面、凹曲面三种不同桥面型，尤其是万州明镜桥的凹曲型桥面，属国内少见。

三峡库区受影响的石梁桥和廊桥，颇具特色。若从结构分，石梁桥可分是否有挑梁作为特点加以区分。一类是将石板梁直接搁置在桥墩上并与两岸相接。此类较普遍，且多建在河面狭窄的溪流上。另一类是在桥墩上设计挑

建设中的涪陵龙门桥

梁，悬挑出桥墩两端，并有重叠，层层向两桥墩间伸出，上面再覆盖石板梁，此类多用于大跨度板梁，石材抗拉能力得到提高。

在设计方面，桥和房屋建筑相结合的形式在三峡地区比较典型。除桥与城镇、聚落的关系之外，桥与山水、园林，桥与历史、人物、传说……无不渗透着古老文化的传统。三峡河谷地带，在这种文化的渲染上显得别具一格，充满了浓郁的区域色彩。三峡古桥是以纪念性、祈祷性两点核心内涵而展开的形态表现。过去是凡有桥皆有庙或碑，如龙门桥的鲁班堂、安澜桥的观音寺……前者供鲁班以颂扬建桥之人，后者则供奉观音保桥平安，围绕桥梁产生的宗教气氛甚浓。在这一地区，凡可资供奉者皆可成神，庙址选择多在桥两头轴线上或桥中两侧。龙门桥有节孝坊两座、德政坊一座，牌坊选址历来殊为讲究，建于桥面不仅烘托出桥梁的艺术气氛，更昭示了封建秩序的神圣。

龙门桥雌雄二龙构件

桥上的装饰雕刻分圆雕、镂雕、浮雕多种形式，内容以龙为主，兼以狮象、麒麟、鳌鱼、鱼龙、蟾蜍、净瓶、石敢当、夏得海、"龙凤呈祥""班超上书""文武官员"等内容。有的一雕多刻，如龙门桥雌雄二龙，头身为圆雕，龙身则除圆雕外又施精美镂雕，表面还饰以浮雕。耐人寻味的是，雕龙分雌雄，则是其他地区龙造型上少见的。鬣尾者为雌，鱼尾者为雄，头尾伸出桥栏与雌龙略同。二龙头尾各重达20吨，龙的形体近似于川东民间的蛟龙形象。

龙门桥石刻构件

对桥梁建设来说，如何建桥和护桥是核心。在生产力与经济水平都很低下的时代，作为公共建筑物，如果没有行之有效的管理机制运筹于集资、控制、疏导、分配，如此大型的石作建筑是很难完成的，而桥建成后又靠什么

龙门桥石刻构件

来维护其完好和有效使用也是至关重要的。涪陵安澜桥中栏两内侧各有一段文字阴刻在石护栏内，南侧"近桥两岸熟土各宽留数丈以作桥基，子孙世代昌炽"，北侧"禁止桥上一带石坝不准打粮食，违者罚钱一串绝不奉情"。以带着伦理道德色彩的乡规民约，维护着公众的权益等。

七 航运交通

长江自古是我国水上运输的重要航道，而三峡段险滩为古代航运带来了极大的困难和危险，两岸先民在与长江急流的几千年斗争中，总结出了许多宝贵的经验，他们以刻石为鉴的形式，为今天长江航运事业提供了一批珍贵的资料。其中，有三方面内容。

1 标定险滩

是一种表示险滩位置的石刻。

丰都大佛面石刻造像及题记，位于新城乡仁艾村江边。刻浅浮雕佛面一尊，旁有题记曰："西历一千九百一十一年七月十八日，蜀通轮船遇险处……"字迹仍清晰可见。

丰都观音滩石刻，位于新城乡白沙村一组东南方350米处，为长江"险冠全蜀"的险滩，上刻"慈怀普济""洞天福地"两款题记，分别为"道光十三年""光绪五年"，字旁亦镌造像龛一。虽未见遇险题记，但据县志载："万历甲辰巡按黔人李时华开漕以利行舟，崖上镌澄清伟绩四字，又有石碑镌李公涛、黄辉作平险碑记。"现已不复存在，但就其地理位置及石刻内容看，亦为一处险滩石刻。

2 疏通航道

沿江开凿的古纤道是长江上最浩大最艰

万州万安桥

万州明镜桥

万州崇德桥

云阳述先桥

峡江栈道

巨的古代工程之一，它巧借山形地势，开山劈石，因地制宜，形式多变，充分表现了长江沿岸人民的勤劳和智慧。尤以巴东西部的古纤道建造得很有气势，一处处悬于半空凹入崖壁之中的纤道，鬼斧神工，惊心动魄，令人叹为观止；一段段凿于陡峭山坡上的石阶、踩脚坑及纤绳在石上留下的道道绳痕则令人浮想不已，仿佛又看到了当年纤夫们沉重的背影。它们是长江航运史的写真，是沿江人民征服长江、战胜自然的历史丰碑。沿江古纤道不仅对过去长江航运起了至关重要的作用，而且它们还是当时连接沿江村落的交通要道，对沿江一带居民的生活和文化交流有着深远的影响。

3　整治险滩

位于秭归县归州镇西南的雷鸣洞题刻，是三峡段现存唯一一处记录成功治滩经验的题刻——沱滩。据《归州志·修黄魔神庙记》，每到春夏"水涨盈满，鼓浪翻波，旋如鼎沸，过往客商船工，即轻舟快楫，误落江心，十无一全，逐年坏船，死者不可胜数。"元致和元年（1328年），曾凿雷鸣洞上口，但水势未减，行船仍无保障，明万历三十五年（1607年）在抚治都衙黄纪贤及归州州守张尚儒主持下，开凿了雷鸣洞下口，方缓解水情，雷鸣洞题刻上有"……将新旧口中大石块尽凿，则江水直达州城"之句，还详细纪录了洞口的具体尺寸，是相当珍贵的研究资料。

第二节　地面文物保护方式

一　保护方式的调整

规划中的重庆库区地面文物保护数量为246处，其中，原地保护82处（含石宝寨、白鹤梁），搬迁保护91处（含张桓侯庙），留取资料73处。在实施中，根据实际情况进行了保护方式的调整，具体调整状况如下：

2002年10月，重庆市文化局和重庆市移民局召开专题会议，会议根据24处古桥梁保存状况，建议由原地保护改为留取资料保护。会议根据已成为混凝土结构的巴南区箭桥状况，建议取消该处文物的保护。根据此次会议精神，有关部门对以上原地保护的25处古桥梁调整为留取资料保护。经过调整，三峡地面文物保护项目的总体数量未变，只是对部分原地保护的文物进行了调整，经调整，各项保护措施的状况为：原地保护57处，搬迁保护91处，留取资料保护98处。

另，云阳高祖庙系规划未批准时，提前

进行的留取资料保护项目,不在国务院三峡建委办公室批准的246处项目之列,属于规划外项目。

二 保护方式

1 原地保护

在规划的246处地面文物中,有57处被列为原地保护类的文物,它们是影响较大,但又不宜搬迁的文物。如:古建筑、石刻题记、古栈道、古纤道等。在实施保护中,除采取原地加固的措施外,还进行了测绘、文字记录、照相、录像或拓片等资料的收集和建档,对有些重要的文物还采取了特殊的方式进行重点保护。如:对白鹤梁水文题刻采取了兴建水下博物馆、对石宝寨采取了仰坡护墙和危岩治理、对瞿塘峡石刻采取了原位升高复制等的原地保护。目前,57处原地保护类的文物已全部完成了测绘、文字记录、照相、录像、拓片等资料的收集和建档工作,并实行了原地加固的保护措施。

2 搬迁保护

在三峡重庆库区的地面文物中,有91处被列为搬迁保护类的文物,它们保存状况基本完好,具有一定的价值。如:古建筑、桥梁和独立的石刻文物等。对于这些文物的保护,首先要进行搬迁前的资料留取,进行测绘、文字记录、照相、录像等工作。在搬迁的过程中,按照不改变文物原状的原则,将文物的每一构件编号排序,按序号复原。在复原中,尽量采用原来的构件,以修旧如旧的方式,按原貌恢复。对规模比较大的文物,尽量按原环貌选择搬迁地址。为使文物得到充分的利用,以区县为单位,将搬迁的文物集中建成文物复建区。截至2011年12月,91处文物资料已全部留取,

白鹤梁水下博物馆建设工地

白鹤梁水下博物馆建设工地

建设中的白鹤梁水下博物馆

大昌古镇搬迁复建工程奠基

大昌古镇搬迁

大昌古镇搬迁

复建中的大昌古镇

并搬迁至适宜地区对外开放。它们中规模比较大的搬迁项目有：张桓侯庙、大昌古镇、丁房阙、无名阙、龙门桥等，比较集中的文物复建区有：巫山文物复建区、奉节文物复建区、云阳文物复建区、丰都文物复建区、万州文物复建区、忠县白公祠文物复建区等。

3 留取资料保护

在三峡重庆库区的地面文物中，有相当大比重的文物属于保存状况不理想或改动较大以致无法辨识原貌的地面文物，也有一部分属于文物价值相对不高，文物再利用价值较受局限的文物，总计98处，占重庆库区地面文物总量的39.8%。对于这些文物的保护，主要以收集资料的形式进行保护，包括：文字记录、测绘、拍照、录像或拓片等。目前，98处地面文物的留取资料工作已全部完成，所收集的资料已全部入档建案。

对三峡重庆库区地面文物采取的原地保护、搬迁保护、留取资料保护的措施，集中体现了重点保护，恢复文物历史原貌的保护原则。这种体现，一方面，对重点项目和具有重要意义的文物在不遗余力地加强保护；另一方面，对保存状况不理想，文物价值或文物再利用价值相对不高的文物，也没有放弃，而是根据文物的状况和特点，进行了留取资料的保护。

张桓侯庙迁建工程开工典礼

丰都县文物保护单位大面佛

三峡重庆库区地面文物保护完成状况一览表

保护措施	文物点数量（处）	已完成文物保护数量（处）	未完成文物保护数量（处）	完成比例（按文物数量计算）
原地保护	57	57	0	100%
搬迁保护	91	91	0	100%
留取资料保护	98	98	0	100%
合　　计	246	246	0	100%

第三节　重点保护项目

在对三峡重庆库区地面文物保护中，确立了白鹤梁、张桓侯庙、石宝寨为重点文物保护项目，从立项、设计、经费、验收等方面实行独立的运行方式，其保护状况如下：

一　白鹤梁水文题刻原址水下保护工程

白鹤梁位于重庆市涪陵区城北江心处，因传说白鹤群聚梁上而得名。白鹤梁是一道天然石梁，长年沉没于江中，只有每年冬春之交的低水位时，才有可能露出水面。

唐广德元年（763年）前，长江水枯，时人在露出江面的石梁上镌刻了两尾石鱼，记录了当年最低水位线。经后人常年观察，当江水退后，石鱼现时，来年定有丰收年景。于是，每逢冬春相交的枯水季节，人们就盼望着石鱼露

白鹤梁

白鹤梁题刻

学家、书法家黄庭坚的"元符庚辰涪翁来"最为有名,还有朱熹、朱昂、秦九韶、谢彬、张师范、吴革、王士祯等历代达官贵人和文人墨客的书法题记。

白鹤梁水文题刻是世界上规模最大、历史延续时间最长的水文题刻,它记录了自唐广德元年至20世纪初1200多年间的72个枯水年份的长江水文资料,被称为"水下碑林"和"世界第一水文站"。1988年被国务院确定为全国重点文物保护单位。

长江三峡大坝建成后,白鹤梁水文题刻将被淹没,所记载的历史信息将会永沉江底,白鹤梁水文题刻成为三峡水库淹没区最为重要的文物保护项目之一。

1 保护策略与保护方案

在20世纪90年代初期的规划阶段,围绕着白鹤梁水文题刻的保护进行了多方面的论证和讨论,在论证中,出现了两种不同的观点。一种认为:将白鹤梁水文题刻全部切割,移至博物馆。另一种则认为:白鹤梁水文题刻是在长江水环境下产生,一些人文景观和文化元素与水密不可分,水是它赖以生存的条件,如果脱离了长江水环境,白鹤梁水文题刻的价值会大打折扣。因此,不移位,不脱离水环境的保护是基本策略,而原地建造"水下博物馆"的方案是最佳方案。两种观点相比,前者虽然节约经费,简便易行,但脱离原始环境下的保护,有破坏原风貌的不足。而后者虽然工程造价高,技术难度强,但能将文物以及文物的原貌保全,这与国际上普遍遵循的《威尼斯宪章》精神相符,也符合我国《文物保护法》精神。因此,"不移位"的原地保护

出,期盼着五谷丰登。当石鱼露出时,观鱼的人群汇聚白鹤梁,他们其中有不少文人墨客,由于文人有用笔墨抒发情感的传统,先有少量文人将石鱼出水的时间,石鱼与水距的尺度或观鱼者的姓名、情景、心情等,用诗文或随笔的形式镌刻在石梁上,后逐渐增多,并有石鱼、白鹤、观音像等图形的镌刻。经千余年的延续,形成了3万余字的165幅题刻和20余幅线雕、透雕图形的水文题刻群。其中,以北宋文

策略，得到了大部分专家学者的认同而被确立。这种策略包括了两种方案的含义。第一，兴建水下博物馆，这是保护方案的上策。第二，如果在兴建水下博物馆中解决不了工程、地质、水文等方面的问题，在对白鹤梁岩体进行技术处理和留取资料的基础上，实行淹埋，待今后科技水平达到建造水下博物馆的条件后，再行建设。这虽然是下策，但在长远观念上，有着发展的宏观考虑。

保护策略确定后，规划部门根据白鹤梁水文题刻的特殊性，对其实行了单独规划，重点设计。

1996年，天津大学提交了兴建水下博物馆两个方案的规划。即："双层（穹顶）拱壳"和"蜂巢拱顶壳"方案，方案中包括了兴建"地面博物馆展厅"等框架。后因技术、航运、经费等原因，未被通过。

黄克忠（左一）、傅连兴（左二）、晋宏逵（左三）出席白鹤梁水文题刻保护研讨会

白鹤梁题刻

白鹤梁题刻

白鹤梁水文题刻保护施工现场

白鹤梁水文题刻保护施工现场

白鹤梁水文题刻保护施工现场

1998年，长江水利委员会设计院提出了"留取资料"实行淹埋的方案。该方案除对白鹤梁水文题刻进行技术性的保护处理外，在沿江岸边建造地面博物馆，将留取的资料进行展示。

而后，国务院三峡建委办公室黄真理博士提出了另一保护方案。该方案在对白鹤梁水文题刻进行必要的技术保护和留取资料的基础上，在白鹤梁水文题刻原址水域的上方复建白鹤梁，以"枯水"时露出，"蓄水"时淹于水下的形式，再现"石鱼出水""白鹤时鸣""鉴湖鱼笛"的人文景观，并在岸边建造"白鹤楼"，以展示有关拓片和影视资料。

在对以上两种方案进行论证期间，中国工程院葛修润院士提出了"无压容器"的"水下博物馆方案"。该方案在白鹤梁的基岩上建钢筋混凝土墙，墙的顶部与防锈金属穹顶连接，钢筋混凝土墙不做防渗透密封，可过滤水质，防止泥沙侵入，白鹤梁水文题刻全部罩在穹顶与钢筋混凝土墙内，形成"水下博物馆"。馆内无空间，全部充水，题刻长年浸于水中，观众可在耐压通道，通过观测窗口，在数十米的水下隔水观赏题刻。由于"水下博物馆"内的水与江水经钢筋混凝土墙渗流连通，水压分散，使白鹤梁岩体处在无压状态，解决了由于水压的影响而易使壳体移位的技术难题。另外，配备了不影响航运的设施，再加上结构相对简单，施工期短，造价低等优点，"无压容器"水下博物馆方案得到了多方专家的好评。

2002年1月，由重庆市政府组织召开的专家论证会通过了葛修润院士的方案。同月，国家文物局致函重庆市文物局，批准"涪陵白鹤梁水文题刻水下保护工程"设计方案。

2 白鹤梁水文题刻水下保护工程

白鹤梁水文题刻水下保护工程包括了兴建"无压容器"水下博物馆和对白鹤梁水文题刻的技术保护和梁体保护，也包括了兴建地面陈列馆的建设等。重庆峡江文物工程有限责任公司为项目业主单位。

（1）对白鹤梁水文题刻的技术保护和梁体保护

在三峡水库蓄水进度的要求下，在以不移位的原地保护策略确立后，对白鹤梁水文题刻的技术保护和梁体保护自2000年起就开始进行，包括：

① 对白鹤梁梁体实行围堰。

② 对白鹤梁梁体进行地质勘探、测绘、岩体质量测试、题刻风化程度测试等。

③ 对题刻进行拓片、照相、录像等资料的留取。

④ 对岩体进行加固和防风化的技术性保护等。

围堰是以钢筋混凝土结构的墙体将白鹤梁梁体环绕，形成阻隔江水侵入的"围墙"。这是一项没有先例的水下工程，承担单位在进行各种试验和测试后，采用了适宜的施工材料，克服了内外水压、渗透压力、淤沙渗入、轮船航行等困难，顺利完成了围堰工程。

在对白鹤梁岩体进行加固和防风化的技术性保护工作中，在进行大量地质勘探、测绘的基础上，采用现状调查、原位测试、取样室内分析等方法，查明题刻风化破坏类型、深度、特点和破坏机理等，以适宜的材料，对岩体进行化学封护，封护后的岩体可降低水的侵蚀，加大岩体表面的稳定。在对岩体表面片状剥落的病害治理上，用针管将特殊黏结材料注射至片状剥落层的背面裂隙中，以达到黏结加固作用。在对表面微裂痕病害的治理中，注射由特殊材料制成的黏结浆液，以填充裂隙，防止病害扩延。

保护体施工现场

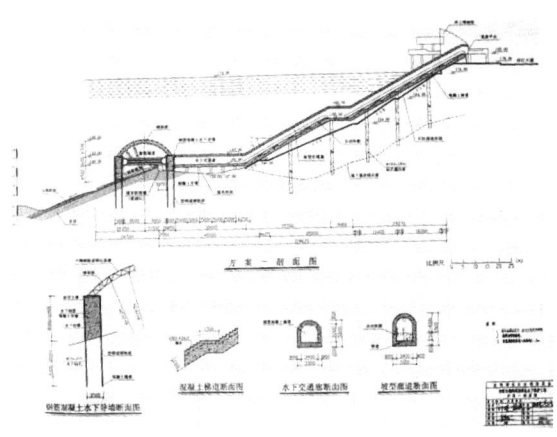
白鹤梁题刻水下保护设计

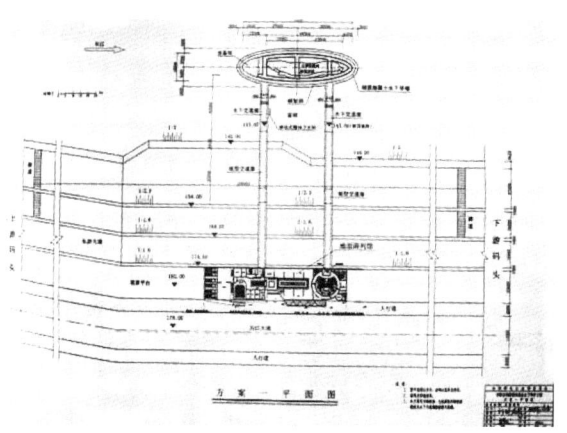
白鹤梁题刻水下保护设计

在对白鹤梁岩体进行有效保护的同时，有关部门还对白鹤梁地面陈列馆进行了规划设计。

（2）白鹤梁水下博物馆的建设

2003年2月，白鹤梁水下博物馆工程正式开工，工程由水下保护体、交通及参观廊道、地面陈列馆三部分组成。整个工程等级为一级，耐久年限为100年。除前期工程外，主体工程分为A、B、C三个阶段。

A段工程：主要由原题刻锚固和表面化学保护、导墙基础锚固、防撞墩、纵向围堰、炸礁工程（为扩宽航道）等内容组成，于2002年8月开工，2004年2月完工并通过验收。

B段工程：主要由主体土建工程（含导墙、穹顶、交通廊道、上下游围堰、外防水、装修等）、参观廊道及水下安装工程（含水下照明、摄像、循环水、滑防、空压、通风等）等组成，于2004年3月开工，2005年5月完成了主体土建工程（除安装、装修外），2006年5月完成了水下照明、摄像、循环水管道安装及内部管线敷设等。

C段工程：由于资金原因，从2006年8月开始，工程基本处于停工状态。根据市政府"［2008］114号文物工程专题会议纪要"精神，于2008年5月恢复工程施工。2009年5月中旬完成了参观廊道、交通廊道、自动扶梯、水下摄像、水下照明、循环水系统、供气系统、暖通空调系统、消防监测系统等设备的安装、调试及地面陈列馆的兴建和装修等。至此，白鹤梁水文题刻水下保护工程基本完工，2009年5月18日，白鹤梁水下博物馆举行了开馆仪式。

3 工程投资

该工程批复概算项目总投资12323.24万元（2003年3季度价格，其中工程项目投资12141.71万元，市级管理费181.53万元）。根据2007年11月国务院三峡建委办公室委托北京信永中和会计师事务所对峡江公司三峡库区文物保护资金进行的审计，白鹤梁水文题刻水下保护工程预计动态投资为17798.75万元，市级拨付地面陈列馆的建设投资为1220万元，总投资为19018.75万元。

4 白鹤梁水文题刻原址水下保护工程概评

白鹤梁水文题刻水下保护工程是一项全国重点文物保护工程。经过设计人员的精心设计和文物工作者的齐心努力，2009年5月，白鹤梁水下博物馆终于在长江三峡涪陵水域落成，这是目前世界上唯一建成的一座水下博物馆，它的落成标志着我国文物保护已达到了国际领先水平。

（1）具有影响意义的"水下博物馆"。

目前，还没有一个国家为一处文物的保护而在水下兴建博物馆，"白鹤梁水下博物馆"是目前世界上唯一建成的水下博物馆。它的建成标志着我国国力的增强，标志着我国已具备了兴建水下博物馆的能力，也表明了我国政府对保护文物的高度重视。

（2）白鹤梁水文题刻水下保护工程体现了我国最新的文物保护理念。

在白鹤梁水文题刻水下保护工程中，最新的文物保护理念体现在了以下两个方面。

第一，保持了文物原生态的历史环境。长江水是白鹤梁水文题刻最为重要的环境，不移位、不切割的原地保护策略是保持白鹤梁水文题刻原生态的唯一策略，这一策略不仅体现了我国《文物保护法》和《威尼斯宪章》精神，也使白鹤梁水文题刻保持了整体的原形，避免了在移位和切割中的人为破坏。

第二，体现了"以人为本"观念。兴建水下博物馆不仅将白鹤梁水文题刻原生态的环境得以保持，还能让百姓亲临博物馆，体会白鹤梁水文题刻的浓厚文化内涵，体验在水下建筑中的良好感觉。这有利于提高社会的文化素质，丰富百姓的文化生活，"以人为本"观念在兴建水下博物馆中得到了具体体现。

（3）在工程建设中，文物工作者克服了工程量大、技术难度高、时间紧迫等困难，在没有影响三峡水库蓄水进度的情况下，对文物进行了妥善保护。

（4）采用了高新技术手段和符合科学的保护方法。

"无压容器"水下博物馆方案是在分散水压力的基础上，使水下建筑的压力释放，解决

白鹤梁水下参观廊道

白鹤梁水下博物馆

白鹤梁水下博物馆施工现场

了由于水压问题而易使水下建筑移位的难题，这是一项领先于世界的设计方案，体现了高超的设计水平。

在水下博物馆的建设中，建设者运用和使用了新的技术、新的方法，创造了许多"第

白鹤梁水下博物馆落成,令一直关心白鹤梁题刻保护的谢辰生(左二)、吕济民(左一)、黄克忠(左三)开怀

一":第一次采用了LED光芯照明系统,第一次采用不燃电缆,第一次采用水下循环水系统等。

在水底题刻的顶部,安装有无数盏强力光芯射灯。这些射灯科技含量高,不但照明效果好,寿命也比普通灯高20倍,使用时间达10万小时。

与地面连接的90米滚动扶梯是从俄罗斯引进的,它是亚洲最长的隧道式扶梯。

在对梁体岩石表面的病害治理上,采用了当前最先进和最适宜的化学材料,对岩体进行封护、黏结和灌浆,使岩体的病害得到了最大程度的治理和对文物最低限度的干预。

(5)"水下博物馆"的落成,开拓了三峡文化事业可持续发展的空间。

白鹤梁水文题刻以它精湛的石刻艺术、美轮美奂的诗文辞赋、历代名人的遗文墨宝、天人合一的人文景观、枯水标志的水文记录,赢得了"水下碑林"和"世界第一水文站"的美誉。它是三峡文化的重要组成部分,是促进三峡文化事业可持续发展的文化基础。"水下博物馆"的落成,保全了三峡文化的文化基础,增添了三峡文化的氛围,使三峡地区不但拥有了世界上规模最大的水下题刻,也拥有了世界上唯一建成的水下博物馆。这些都是三峡文化的品牌优势和产业发展优势,使得三峡文化事业可持续发展的资源更加雄厚。

5 出现的问题及其解决

从保护文物的角度,白鹤梁题刻原址水下保护工程是一项成功的文物保护工程,在解决了多方问题后,白鹤梁水下博物馆已正式对外开放。

第一,竣工后的水下博物馆,出现了水质浑浊,有絮状漂浮物现象,使白鹤梁水文题刻不能清晰显现。这是非常敏感和直观的问题,解决不了,将会影响工程形象,背离建设初衷。对此，重庆市文物主管部门给予了高度重视。经反复试验和多方专家的"会诊"，终于找到了照明铝制底座与防水质微生物药品发生化学反应的原因。在采取了更换照明底座的措施后，影响观瞻的水质浑浊和有絮状漂浮物的问题得到了解决。

第二，在施工期间，由于经费问题，使工程停工时间长达21个月之久。虽然在有关部门的协调下，问题得到了妥善解决，但对于抢救性的文物保护工程而言，耽误了时间就等于降低了文物的安全系数。对此，有关部门应高度重视，正视文物保护工作的特殊性。

第三，与白鹤梁地面陈列馆隔公路相邻的居民建筑物过高，距离太近，有碍白鹤梁水下博物馆的形象突出。对此，有关部门应该为博物馆营造良好的外部环境，为博物馆预留更多的发展空间。

6 相关建议

第一，密切观察水质变化，保持题刻能够清晰显现。

第二，由文物部门管理水下博物馆，并与旅游部门联合开发白鹤梁的文化产业，打造白鹤梁的文化品牌。

第三，开放后的水下博物馆，在门票定价上，要考虑百姓的承受能力，以低廉的门票价格突出公益性。日常维系经费可从文化产业开发和文化品牌利用上寻找来源，不足部分由政府补贴。

二 张桓侯庙搬迁保护工程

张飞系三国时期蜀国大将。章武元年（221年）张飞在四川省阆中遇害，刘备悲痛至极，谥张飞为桓侯，后人也称张飞为张桓侯。

白鹤梁无压容器内部

张桓侯庙也称张飞庙，原址位于重庆市云阳县长江南岸的飞凤山麓，与云阳老县城隔江相望。明嘉靖《云阳县志》记载："昭烈章武元年（张飞）移发阆中，军会江州。值张达之变，以其首顺流。土人云：渔人得之，置而弗去，显于噩梦，遂祠焉。"并有"汉末建，元顺帝敕修，国朝重修"的记载。按此记载，张桓侯庙的始建时间距今已有1700年的历史。

2001年6月25日，张桓侯庙被国务院公布为第五批全国重点文物保护单位。

1 张桓侯庙原址建筑风貌

张桓侯庙占地面积11.1万平方米，建筑面积4000余平方米，由结义楼、戏台、大殿、望云轩、助风阁、偏殿、障川阁、杜鹃亭、得月亭、听涛亭、望云楼及廊庑等构成。它依飞凤山北坡而建，一改传统祠庙建筑群的轴线格式，以宅院民居的多进院形式，把山门、结义楼、戏台、大殿围合成主体院落，以望云轩、偏殿和助风阁为两个次要院落。

张桓侯庙的建筑布局独特，利用山坡地形的落差变化，依山体层层爬高，将较大体量的建筑物放在前面，将较小体量的建筑物置于高处，使小体量的建筑不被遮挡而显露，大体量的建筑物充分暴露而显气势，使其错落有序，主次分明。主建筑顶上铺砌的黄、绿、紫色琉璃瓦，突现了整体建筑的绚丽。

主殿的东西两侧古木参天，石径苍苔，飞瀑轻扬，营造了古建筑幽深古朴的寺院氛围，扩大了张桓侯庙的生息空间，彰显了人自然的恬静与古建筑的深邃。

张桓侯庙保存了历代字画的石刻木雕，上至南北朝下至近代，从黄庭坚、颜真卿、苏轼、岳飞、朱熹、董其昌、王守仁、郑燮、刘墉、翁同和到闲僧、乡绅均有精品之作，这些作品为张桓侯庙增添了文化品位，使其有"文藻胜地"的美誉。

张桓侯庙内存有一座《立马勒铭》碑（此碑个别铭文略有破损），高120厘米，宽64厘米。传说张飞打败张郃后，立在马上，在宕渠（今四川省渠县）用丈八蛇矛凿了一幅摩崖题记，取名"立马勒铭"。后人将此题记刻在碑上，置于庙内邵杜祠。若传说属实，这也许是现存唯一的张飞字迹，从字迹考证，张飞是一位有文化修养的文人。

在张桓侯庙杜鹃亭背后的石壁上，保存有"大清同治庚午洪水至此"的题刻，楷体红字，十分醒目，并用横杠标注水位为150.35米。这是一段非常重要的水文题刻，它记录了张桓侯庙被洪水冲毁了的时间和水位线。据记载，清同治年间（1862—1874年），重建被洪水冲毁的张飞庙古建筑就用了整整五年时间。

张桓侯庙虽经清同治年间重建，近现代维修，但重建和维修所用的建筑材料和手段，均沿用了古代民间工匠的传统工艺。

2　张桓侯庙搬迁保护工程

张桓侯庙主体建筑的高程在130—160米，到2006年三峡工程蓄水高程达到156米时，张桓侯庙将被淹没。所以，张桓侯庙必须在2006年之前得到妥善保护。

对于张桓侯庙的保护，整体搬迁是唯一的选择，至于搬到哪里则存在不同的意见。早在1995年的规划期间，地方政府从发展地方经济考虑，提出随云阳县新县城迁往长江北岸。经三峡工程库区文物保护规划组组织文物专家论证认为：按照我国《文物保护法》和国际上普遍遵循的《威尼斯宪章》精神，张桓侯庙的选址应以不改变文物原状为原则，随新县城向长江北岸搬迁的提议，不符合这一原则。

1996年3月，规划组委托清华大学就整体搬迁和3种不同思路的选址方案，进行了规划，形成了《四川省云阳县张桓侯庙保护规划报告》。报告对主体建筑的搬迁和附属建筑的古桥梁、码头、道路、环境、供电系统等项目的建设进行了方案和经费概算的规划，对不同的选址方案采用了分析和归纳的方法，逐一剖析和阐述。经审议，位于江南的盘石镇新址方案和报告中制定的整体搬迁方案获得了专家论证会通过。

被选定的新址位于盘石镇龙安村十组的秦家院子，它依山、坐岩、临江，与云阳县城隔江相望，与飞凤山麓原址的地理环貌相近。1999年4月，经重庆市建设勘测院对龙安村的地质勘探，被选定的新址符合搬迁条件。2001年8月，张桓侯庙选址方案获得国家文物局批准。2001年10月，重庆市移民局、文物局和云阳县人民政府共同确定张桓侯庙的用地面积为55亩，控制保护范围为126亩。

2002年10月，张桓侯庙搬迁工程正式启动，湖北大冶殷祖园林古建筑公司承担了拆迁任务。拆迁工程以主体建筑为先，其顺序为：

复建中的张桓侯庙

杜鹃亭、前后出师表陈列室、助风阁、望云轩，最后为正殿、戏台和结义楼合成的院落。拆迁过程中对原构件中的砖、瓦、石、木，逐一进行编号记录，对木制构件进行了防腐、防虫、防火的处理。2002年12月，拆迁工程完成。

在复建工程中，采用了原始的工艺，将原构件按照编号的顺序，逐一复原，其程序为：

（1）地面处理：结义楼、望云轩、接待室、杜鹃亭、助风阁为方砖细墁。邵杜祠、出师表陈列室、偏殿、陈列室为方砖糙墁。过道、回廊为石板地面。

（2）墙面为清水墙，以淌面做法，墙表面为水泥石膏砂浆打底扫毛，砂浆压平，麻刀灰罩面，喷白外墙涂料。

（3）封火山墙、墀头拆时原件保存，按原工艺恢复。

（4）屋面、脊饰、沟等均依原建筑形式，按原建筑体例恢复。

（5）油漆、彩绘、建筑附件的色彩等在拆迁中施以保护涂层，损坏的部分，按原色恢复。

（6）庙内原塑像为泥塑，无法搬迁。新庙的塑像按原塑像体量、形制、高度，进行恢复性重塑。体量最大的"张飞坐像"，由四川美院设计，四川省青铜研究所制作。该坐像高3.1米，净重2.9吨，材质为青铜，其形制、体量、高度与泥塑的原坐像基本保持一致。

在搬迁中，根据新址地质岩层状况，以钢筋混凝土浇筑一道高18米的岩坎，作为古建筑群的地基，岩坎内为地下室，作为张桓侯庙的文物库房和展示厅。表外以石墙装饰，复制张桓侯庙原址题刻。山门外开凿一条山沟，引山水顺山势流入新开凿的山洞，水顺山洞落地，形成瀑布，再修以小桥，形成张桓侯庙原有的小桥瀑布景观。

2003年7月初，张桓侯庙搬迁工程竣工。经国家文物局专家组验收合格后，2013年7月中旬，正式对外开放。

在主体搬迁工程竣工后，对张桓侯庙新址的绿化进行了必要的改造，改造中以恢复张桓侯庙的原来风貌为主线：

（1）将原址的黄角树、皂角树、黄秋树、桂花树、荔枝树、石榴树等古树，按原庙址的位置移栽。在新址的背面，移植有茂盛的柏树作为建筑的背景树，寓意张飞刚直不阿、赤胆忠心的豪爽品格。

（2）前区以草坪为主，局部点缀部分低矮乔木、灌木等。

（3）在东区，利用地形地貌，营造了一处优雅的杜鹃园景区，作为张桓侯庙人文环境与周围自然环境之间的过渡。

（4）在西区，恢复了白玉景观，并在望云轩西侧，建桃花园，以打造刘、关、张桃园三结义的环境氛围。

（5）按照张桓侯庙原主体建筑有霓虹灯装饰的传统，在新庙主体建筑的轮廓处，恢复了霓虹灯的装饰，使张桓侯庙原有的绚丽风光得到了保留。

张桓侯庙原址是一处对外开放的名胜古迹，其游客有两方面的来源渠道，一是由县城而来的陆路游客，二是由长江上下游乘船而来的水路游客。为方便陆路游客的参观，修建了一条长575米、宽6.5米的专用公路，直通与江对岸县城连通的云阳长江大桥，解决了由县城而来的陆路游客的交通问题。为方便水路游客的参观，在张桓侯庙新址下方的江岸处，修建了一座旅游码头，码头为囤船，长80米，

张桓侯庙落架拆除现场

宽30米，可同时停靠3艘尖头船、3艘平头船，日游客流量可达10000人次。在码头至张桓侯庙新址之间，修建了一条长500余米、宽7米的梯道，游客可从码头通过梯道，直接进入张桓侯庙。

在张桓侯庙的搬迁保护工程中，对停车场、公共卫生、邮电通信、旅游纪念品及生活服务等设施进行了全面的建设，基本能满足游客的需要。

由于张桓侯庙新址两侧山体存有地质滑坡灾害的隐患，在张桓侯庙搬迁后曾发生了地质滑坡灾害，在灾害发生的初期，有关部门就采取了有效措施，治理了滑坡，遏制了灾害的蔓延，使搬迁后张桓侯庙的安全得到了保障。

3 张桓侯庙工程投资

张桓侯庙的工程投资共4042.89万元（2001年价格），其中，项目投资3983.14万元，市级管理费59.75万元。

4 张桓侯庙搬迁保护工程评述

由于张桓侯庙是三峡文物保护中规模最大的整体搬迁保护项目，其社会影响已超越了保护本身。

（1）从张桓侯庙选址到整体搬迁布局，张桓侯庙搬迁保护工程突出了我国《文物保护法》提出的"不改变文物原状"原则，符合国际《威尼斯宪章》的精神。在选址中，选择在了与原建筑环境相似的地带。在整体布局上，打造了与原张桓侯庙相似的外部环境。张桓侯庙的外部环境和整体布局基本保持了原来风貌。

（2）在张桓侯庙搬迁保护工程中，遵循了完整性与真实性的保护原则。在搬迁中，文物工作者将原建筑构件进行编号，再以传统的工艺方法和手段，按照编号的顺序原样复原，

搬迁后的张桓侯庙内景

搬迁后的张桓侯庙内景

使原有的古代元素和建筑风格得到了最大限度的保留，张桓侯庙古朴凝重和富有地方特色的建筑风貌基本没有改变。这是一项成功的文物保护工程，体现了我国文物保护的基本策略和原则。

（3）张桓侯庙搬迁保护工程体现了"以人为本"的社会理念。在道路、交通、绿化、服务设施的建设上，充分考虑到了不同类型观众的需要，解决了陆路和水路观众的交通问题，营造了舒适和休闲的参观环境，特别是在绿色植被的建设和开放方式上，突出了为民服务的主题，使参观人数基本保持在了搬迁前的水平上，张桓侯庙风景名胜的形象没有因为搬迁而受到影响。

张飞像

（4）由于地处盘石镇龙安村的张桓侯庙新址属于地质滑坡灾害频发地带，虽然进行了有效治理，但仍应会同地质部门密切观察，建立长效的应急机制，确保文物安全。

（5）进一步挖掘张桓侯庙的文化潜力，提升张桓侯庙文化品位，打造张桓侯庙文化品牌，以促进三峡文化事业可持续发展。

张桓侯庙的搬迁保护工程是三峡文物保护中规模最大的搬迁保护工程，体现了我国文物保护的最新理念。如今，游客如织的张桓侯庙，庙宇依旧，外观依昔，基本没有损坏甚至没有留下搬迁的痕迹，这无不表明张桓侯庙是一项成功的保护工程。它的成功，树立了三峡工程的文明形象，提升了三峡文物保护成果的水平，使之成为了全国文物保护的亮点工程。

三　石宝寨文物保护工程

石宝寨是一处古建筑群，依附于重庆市忠县长江北岸的玉印山。玉印山是一座岩石结构的呈立体长方形的孤山，四面陡峭，峰顶平坦，俯瞰似玉玺，取名玉印山。

石宝寨古建筑群由玉印山下的寨门、上山甬道、"必自卑"石坊门、寨楼、峰顶上的奎星阁和天子殿组成。寨楼是石宝寨的主体建筑，它倚建在玉印山的东南崖壁，高九层，木结构，彩饰，中国红为彩饰的主色调。寨楼通体呈逐层缩减的金字塔状，每层有上翘楼檐，各层有数量不等的透空圆窗洞和方格木棂窗，楼内建有攀援木楼梯，可直接攀入奎星阁。奎星阁三层，建在玉印山的峰顶上，虽然不与寨楼连体，但在外形和底色上却与寨楼保持了一致，远眺与寨楼浑然一体，形成了通高45米、十二层的彩色塔形楼阁，极为壮观和绚丽，被誉为三峡"璀璨明珠"。天子殿坐落在玉印山峰顶，又称"绀宇宫"，为一座二进院落的建筑群，有前殿、正殿和后殿，前殿与正殿间，正殿与后殿间均有院，并配有厢房。

石宝寨古建筑群的建筑物与其所倚的玉印山山体，是一个有机的整体，缺一不可。无玉印山，寨楼亦无存在的价值。无寨楼，山体亦无神韵，则峰顶的建筑也不易引人瞩目。无峰顶的绀宇宫，十二层高阁就显孤寂。无奎星阁，则寨楼就无凌空之势。它们各有所依，各有所衬，形成了和谐有序的整体，体现了古人因地制宜的建筑风格和建筑理念，是我国保存最为完整、设计理念最为杰出的古代建筑物之一。

据考证，天子殿始建于明万历年间（1572—1619年），寨楼则晚于天子殿，始建于清嘉庆二十四年（1795年），"必自卑"石坊门始建于清道光二十六年（1846年）。

石宝寨是我国现存最高和层数最多的穿斗式木结构建筑，也是自然文化遗产与人文文化遗产相融合的珍贵文化遗产。2001年6月25日，石宝寨被国务院公布为全国重点文物保护单位。

1　石宝寨文物保护方案

三峡大坝建成后，所形成的三峡水库最高水位将涨至石宝寨的首层，玉印山也将被水环绕，成为孤岛，石宝寨古建筑面临被淹的危险。为使石宝寨古建筑得到更好的保护，在对三峡库区文物进行保护规划期间，规划部门将石宝寨古建筑确定为重点保护项目，实行单项规划，专题论证。

1996年3月，由三峡工程库区文物保护规划组委托北京建筑工程学院编制的《忠县石宝寨保护规划报告》完成。《忠县石宝寨保护规划报告》对搬迁保护和原地保护进行了两种保护策略的阐述，提出了原地保护的规划意见。规划中将石宝寨古建筑与玉印山岩体的保护视为重点保护项目，形成岩体保护、古建筑保护、配套服务建筑、消防设施、供水排水、供电系统、绿化工程、石宝寨老街保护等的规划方案和经费概算，提出了围墙护寨、岩体加固的保护意向。

围墙护寨是用厚厚的钢筋混凝土墙将玉印山围住，以阻隔江水的侵入。岩体加固是对玉印山不牢固的岩体进行整体加固，防止岩体的崩裂和滑坡。这是对石宝寨古建筑最为核心的保护内容，也是最为复杂和困难程度最高的关键环节。

黄克忠先生指导石宝寨保护工程建设

石宝寨保护工程全景

在对《忠县石宝寨保护规划报告》的专家论证会中，原地保护方案获得通过，围墙护寨、岩体加固等具体规划方案得到了专家的认可。

建设中的石宝寨保护工程

建设中的石宝寨保护工程

石宝寨保护工程开工典礼

1999年，国家文物局批准同意对石宝寨文物保护方案进行细化的设计。承担设计的单位长江水利委员会根据《忠县石宝寨保护规划报告》的内容，结合玉印山基岩地势，设计出了"护坡仰墙"方案。这个方案是在规划的基础上，根据玉印山基岩呈慢坡向江心走势的地形，依坡修筑一道环山体的坡面，坡面浇筑混凝土，墁以条石，以防止江水对玉印山基岩的淘蚀和石宝寨地下水位的上涨。仰墙与围墙基本相似，建造一道围墙，起到阻隔江水的作用。对于岩体的加固和危岩治理，设计单位制定了较详细的施工方案。

2001年9月，国家文物局在京召开专题会议，审议石宝寨设计方案，会议对施工方案提出了调整、修改和补充的建议。2002年12月，根据有关方面和专家提出的尽可能保护石宝寨文物及自然景观的意见，设计单位再次对石宝寨保护方案进行了修改和调整。修改和调整的重要方面是在不影响山体稳定的前提下，对石宝寨寨楼一侧实行围堤，背江一侧实行护坡保护。并按原貌保留了"必自卑"石坊门、石板路、入口石洞等原有的人文和自然景观，帷幕与排水相结合的水处理系统也在设计之内。2003年元月，修改方案获得了专家论证会通过。2005年4月，国家文物局批准了石宝寨保护方案。

2 石宝寨文物保护工程

石宝寨文物保护工程主要由护坡仰墙、危岩治理、交通桥、古建筑维修、环境绿化及配套工程组成。重庆峡江文物工程有限责任公司为项目业主。

（1）护坡仰墙工程

2005年12月28日，护坡仰墙工程启动，由重庆市政第二建筑公司承建。工程项目南北长约400米,东西宽约500米,总用地面积约0.2平方公里。主要工程为临江围堤、背江侧护坡仰墙。临江围堤上部采用扶壁式挡墙,下部为T形桩加支撑结构,两者之间采用减压板。墙顶高程为176.15—176.31米,减压板底部高程为157.2—170.5米。背江侧底部采用沙砾石垫层,干砌条石护坡,中部为混凝土,中部和底部之间设有排水廊道,排水廊道下设有灌浆帷幕,上部为100厘米厚混凝土仰墙并配有锚杆。条石脚槽是护坡的重要环节,它沿石宝寨护坡外侧浆砌高1—8.75米、长约850米的条石,整体呈椭圆形,阶梯状收底。其他构筑物有排水廊道、箱涵和集水井及钢筋混凝土钢架码头。排水廊道位于背江侧,箱涵、集水井位于临江侧,箱涵断面呈矩形,顶部有集水孔。排水廊道将水排入箱涵,箱涵集水后流入集水井由泵体排出。

护坡仰墙主体工程于2007年11月21日竣工,2008年1月10日通过验收。

（2）危岩治理工程

玉印山危岩分成三类,即:悬挑状危岩、板柱状危岩和楔形体危岩。设计总体思路为"固脚强腰",设计采取点锚式全长灌浆黏结型锚杆支户,钢筋砼结构斜撑,辅以裂隙灌浆,设置排水沟保持水流畅通和对小块危岩、险石采用挂网喷浆防护等措施。

悬挑状危岩:根据岩石剪段强度测试和现场实际情况,采取剔除外表软弱岩体,钢筋砼结构斜撑,或斜向向上锚杆悬吊并辅以裂隙灌浆等技术措施加固处理。

石宝寨保护工程施工现场

石宝寨保护工程施工现场

石宝寨保护工程施工现场

板柱状危岩：采取水平向和向下锚杆，并辅以裂隙灌浆等技术措施加固处理。

楔形体危岩：采取结构锚杆配横、竖梁，并辅以裂隙灌浆治理。

综合治理措施：其一，危岩治理区域内设置排水沟，保持水流畅通，避免对岩石的水压和侵蚀。坡顶地表水由截水沟收集、汇合，再由竖向水井直接排放到坡脚，进入城市地下水道系统。其二，对小块危岩、险石采取挂网喷浆防护。锚钉按1.5米×1.5米梅花形排列，锚孔径为60毫米，深度为3米，水泥砂浆标号为M30，为全长黏结性灌浆锚钉。喷射面板厚度为100毫米，配筋喷射混凝土标号为C20，顶部水沟采用C20浇注成型。

工程依次为四个流水段，即：锚杆施工部分为第一流水段，锚钉喷射为第二流水段，危岩清理、裂隙灌浆部分为第三流水段，排水工程为第四流水段。完成主危岩锚杆390个，脚手架146612.5平方米，喷射砼1320米，截水沟20米，支撑柱2.7立方米，做旧420.5平方米，裂斜封堵5立方米。

施工中，先从危岩体下部搭设脚手架，因斜坡陡峻而改为从斜坡下部搭设脚手架。为减轻脚手架的承重，先选用轻型钻机，以无水干钻的施工工艺钻孔，但因岩石极为坚硬而采用了100型潜孔钻机。为使锚孔与岩壁保持一致，对锚孔进行了做旧处理，以达到修旧如旧的目的。在灌浆过程中，针对危岩体裂隙的发育，采用裂隙封堵和及时冲洗的方法，减少水泥浆对岩壁的污染。

危岩治理工程于2006年3月28日开工，2007年3月7日完工并通过验收。

（3）陆地交通桥工程

实施护坡仰墙工程后的玉印山将成为孤岛，为解决游人的参观，在位于忠县石宝镇石宝寨玉印山东侧修建了一座陆地与玉印山相连的交通桥。桥型为3米×52米连续悬索桥，桥宽3.4米，桥全长为206.6米，桥面设计高程为176.24米。由重庆华通路桥公司承建。

桥道采用横梁加桥面索加桥面板的结构形式。桥塔为C30钢筋混凝土空间框架结构。横梁向为H型，纵桥向为A型。

主索为两根直径36毫米钢芯钢丝绳组成的两个索面，主索成桥线型为二次抛物线，以塔顶索鞍为中心。桥面索为10根横向布置直径20

石宝寨保护工程施工现场

石宝寨保护工程施工现场

石宝寨保护工程工地远眺

毫米的钢芯钢丝绳,通过压索板和弹性楔套与横梁紧固在一起,支撑桥面板,与主缆绳一起共同承受桥面板。桥面板采用厚6厘米、宽30厘米的木板,用U型抱箍与桥面索连接。

陆地交通桥工程于2006年5月开工,2007年9月18日完工并通过验收。

(4)古建维修

包括主体木结构构件维修、寨楼地面修复、瓦屋面修复、灰塑脊式更换及修复、"必自卑"及构件防风化处理及修复、防雷电设施、电气安装等。工程由重庆园林建筑工程(集团)有限公司承担。

"必自卑"石牌坊、寨楼石构件表面修复采用德国雷马士"芬考修复软砂浆"、德国雷马士"芬考固洁增强剂300"、德国雷马士"芬考固洁增强剂500E"进行缺损修复和防风化处理。其施工流程为:准备—检测—清洗—脱盐—修复—加固—修饰。

对天子殿、寨楼、楼门、厢房、地面等进行了大范围的维修,并对木构件进行了防虫蛀的处理,对虫蛀和糟朽严重的木构件进行了更换,并对木柱、梁、墙等木构件按原来的色彩进行油漆粉饰,对2008年5月12日汶川地震损坏的狮子和屋面上的泥塑,按原状进行恢复。完成了寨楼、天子殿照明、避雷设施的安装。

古建维修工程于2008年4月开工,2008年12月完成并通过验收。

(5)环境绿化等配套工程

包括植物种植、园林建筑、附属设施建设以及园林水、电安装等。由重庆园林建筑工程(集团)有限公司承建。

院内绿化面积2700平方米,种植桂花、银杏、水杉等乔木树种480棵,种植杜鹃、葱兰、迎春等花灌木。园内有环境道路1550平方米,围堰青石板道路2278平方米。

沿围堤墙建有两层仿古长廊,全长147米,总高11米。长廊砌体为框架填充墙,两层建筑面积900平方米。

通往玉印山的吊桥

仰墙护坡的保护

墙内石宝寨

对寨内巴蔓子刎首保城、张飞义释严颜、巾帼英雄秦良玉等塑像进行了修复性保护，并在玉印山顶的天子殿开辟了展示厅，陈列忠县出土文物。

忠县石宝寨文物保护工程于2009年4月17日全面竣工，并正式对游人开放。

3 工程投资

石宝寨文物保护工程总投资为9797.77万元（2005年价格）。其中，三峡工程投资9292.51万元，重庆市自筹经费505.26万元。

4 石宝寨文物保护工程评述

石宝寨文物保护工程是集山体保护和文物保护为一体的文物保护工程，其复杂性和困难程度在我国文物保护中是一典型案例。文物工作者克服了重重困难，按照工程进度要求，以适宜的保护方案，完成了这项浩大的文物保护工程，确保了三峡水库的正常蓄水。

（1）从规划到设计再到施工，该项工程非常严谨和规范，各个阶段都解决了各个阶段的问题。规划阶段确立了文物保护的总体策略，设计阶段则在具体施工方面，因地制宜地制定了可行的保护方案，为施工阶段的顺利进行奠定了基础。

（2）该项工程集全国的文物保护力量，并按照工程要求，将整个工程分割为不同专业的单项工程，使具有专业资质的单位能够根据本单位的专业特长承建，这对于文物保护十分有利。各个项目有监理，有稽查，符合相关管理规定。

（3）对石宝寨采取的护坡仰墙、危岩治理的保护方案，是根据石宝寨现状采取的保护措施，符合石宝寨文物保护的需求，使国家级文物保护单位得到了切实的保护，彻底解决了

高墙阻挡了水的侵入

石宝寨文物的安全问题，使石宝寨文物得以长治久安。

（4）地质整治工程属于三峡工程中的难题。在对石宝寨文物的保护中，文物工作者采取了有效的技术手段，克服了重重困难，因势利导地对玉印山的危岩进行了有效治理，体现了我国在地质灾害治理方面的先进水平和优良技术。

（5）石宝寨古建筑与玉印山是相辅相成的整体，带有人文的文物色彩。不改变文物原状的保护原则，不仅体现在了对石宝寨文物的保护，也体现在了对玉印山危岩的治理上。如：对岩石加固的锚孔进行做旧处理，对危岩治理的痕迹进行与环境相匹配的复原处理等，都体现了保持真实性与完整性的文物保护理念。

（6）保护后的石宝寨，四面环水，成为了孤岛，由此形成的人文景观更加奇特和优美。从江心而望，层层瘦身的楼阁沿陡峭的崖壁攀援而上，直插云霄，其凌空之势，在环水的氛围中，更显突出。斑驳的古建筑，绚丽而有古韵，犹如一艘彩色的"巨轮"，在水的衬托下，灿烂辉煌。石宝寨文物保护工程增添了三峡风光的美感，使三峡"璀璨的明珠"更显灿烂和奇特。

（7）绿色植被的丰富，使石宝寨景区内的环境更为优美，为百姓营造了舒适幽雅的旅游环境。这是一项为民服务的绿化工程，体现了以人为本的理念。

（8）值得注意的问题。

第一，在工程初期，由于施工方缺乏有效管理，发生了桩基孔连片垮塌和开挖土坍塌事故，造成了施工安全事故，经过整改，虽然后期施工

风貌依旧的石宝寨

中没有再发生类似事故,但教训是深刻的。

第二,蓄水后的三峡水库,有相当长的时间处在低水位,护坡的坡面及河漫滩将在较长时间裸露,石宝寨的外部环境和景观也因此受到影响。对此,应加强对护坡坡面和河漫滩的绿化建设,种植一些适宜的绿色植被,以保持石宝寨的整体风光形象。

第三,石宝寨有着浓厚的文化底蕴,这种文化底蕴不仅是石宝寨的发展优势,也是促进三峡文化事业发展的优势,管理者应充分利用这种优势,打造文化品牌,营造可持续发展的空间。

总之,石宝寨文物保护工程是一项成功的文物保护工程,它不仅保证了三峡水库的正常蓄水,也使文物得到了妥善保护。这种保护是在三峡水利枢纽工程建设的机遇下,得到的规模最大、范围最广、力度最强的保护。

第四节 重庆库区各区县地面文物保护

三峡库区各区县的地面文物保护已基本完成,包括搬迁、原地保护和留取资料项目。

在三峡地面文物保护中,兴建了许多文物复建区,这些复建区一般以县或区为单位,统一规划,集中复建。复建区的文物一般是搬迁的文物,也有少量复制的,其规模主要由各区县文物搬迁的数量和文物价值来确定。有的复建区规模宏大而富有广阔的再利用空间,如:重庆丰都文物复建区、云阳文物复建区、忠县白公祠文物复建区等。有的区县因为搬迁文物数量少而形成不了复建区的规模,如:重庆涪陵区和重庆市区等。因此,在三峡库区不是每个区县的文物复建区都具有规模,而是根据各区县的文物状况,因地制宜地兴建。以下是各区县地面文物保护的基本情况。

一 重庆市巫山县

按照三峡文物保护规划,巫山县的地面文物保护项目共计72处,其中留取资料项目25处,搬迁保护项目47处(含大昌古镇保护项目35处),具体保护情况如下:

1 留取资料项目

巫山县留取资料项目共计25处,包括大昌古镇13处留取资料项目及孔明碑、清水洞墨迹、观音洞摩崖造像、大溪乡医院、锁津桥、福寿桥、三间店民居、罗家老屋和记、登龙街18号、起云街54—57号、起云街42—45号、聚鹤街74号、聚鹤街99号。对这些文物以文字记录、测绘、拍照等形式进行了保护，目前，资料已全部留取完毕，并将资料汇总，建立了文物档案。

2 搬迁保护项目

巫山县共有搬迁保护文物47处（含大昌古镇保护项目35处），它们具有一定的文物价值，保存状况基本完好，适宜进行搬迁保护。为使这些文物得到有效利用，根据规划要求，将这些文物集中搬迁于大昌新镇和巫山县城对面的神女庙区。

谭氏民居等九处文物已集中迁建于神女庙文物复建区，复建项目已于2010年1月5日进行了公开招投标并选定施工单位，复建区占地面积19980平方米，复建面积2393平方米。2011年12月，已完成复建区的建设。

3 文物状况及保护工程进展情况

（1）谭氏民居

原位于巫峡镇望霞街22号，创建于清嘉庆年间（1796—1820年），现为县级文物保护单位，是巫山县城清代民居中保存完好，又具有典型性和地方特征的建筑之一。此建筑为四合院，坐西朝东，中轴线上依次建有正屋、天井、堂屋、退堂，其面积为244平方米。

（2）李季达旧居

原位于巫峡镇起云街69号，为县级文物保护单位。李季达为我党早期革命家，其旧居为四合院封闭式建筑，坐西向东，占地面积310平方米，除正面外三周围为高大的封火墙，院内中间的两道封火墙将建筑分为三个相对独立的院落，建筑面积295平方米。

2002年10月，主要构件已搬迁完成，已集中在复建区复建。

（3）罗家老屋

原位于巫山县双龙镇青龙村，为县级文物保护单位。此院为四合院封闭建筑，坐南向北，占地面积365平方米，分为前堂、后堂、东西厢房，中间设有天井，四周围为高大的封火墙，大门设于前堂明间位置，十步架穿斗式结构，其建筑面积475平方米。

2002年10月，主要构件已搬迁完成，已集中在复建区复建。

（4）罗家老屋南院

原位于巫山县双龙镇青龙村，为县级文物保护单位。民居为四合院封闭式建筑，占地面积480平方米，分为前堂、后堂、东西厢房，中间设有天井，四周围有高大的封火墙。大门

无伐桥

福寿桥

大昌古镇民居

设于前堂正中,并砌筑四柱三楼式单檐悬山顶门楼,上饰彩画,给人以威严富贵的感觉。

2002年11月,主要构件已搬迁完成,已集中在复建区复建。

(5)培石民居

原位于巫山县培石乡东部,长江南岸的坡地上,创建于民国元年,现为县级文物保护单位,原为"吕恒义"货栈。整体建筑坐南朝北,二进院落,建筑均系上下二层,中轴线上依次有吊脚楼(后部又称对合屋)、过街、正屋、中后院(建有凉厅)、堂屋,后院两侧是厢房。轴线上建筑面宽五间,所以正屋的东西梢间与堂屋的东西梢间之间又形成东西天井院,两外侧为廊房,两内侧是与厢房连为一体的廊。建筑面积570平方米。

2001年8月,因长江发生特大洪水进行了抢救性拆除,主要构件已搬迁完成,并集中在复建区复建。

(6)巫峡镇南门

原位于巫山县城内翠屏街31号,为县级文物保护单位。据《巫山县志》载,南城门始建于明正德二年(1507年)。嘉靖二十九年(1550年)遭水灾塌毁。万历元年(1573年)知县赵时凤主持重修,后继知县张维任因县多火灾,更城门之名"临江门"以镇之。明末清初,李自成、张献忠等义军数番攻城,城墙逐毁。清乾隆三十二年(1767年)知县朱斐然组织重修,石砌砖封,更名"平江门"。此后,咸丰十年(1860年)、光绪十四年(1888年)相继做过较大的修缮。现状主体为清代建筑。此门位于旧城之南,故俗称"南城门"。

(7)聚鹤街95号

原位于巫山县老城江岸之上,坐北朝南,是一组四合院民居,梁架为穿斗式结构,占地面积186.59平方米,建筑面积381.08平方米,全院分为前堂、后堂、东西厢房、天井四部分。由于地形的缘故,该院的平面很特殊,呈不规则形,且高低错落。

1998年长江发生特大洪灾时进行了抢救性拆除,主要构件已搬迁完成,已集中在复建区复建。

(8)兴隆寺

原位于大昌镇宁合村的临河土岗上,坐东向西。据寺内碑文载,兴隆寺始称回龙寺,创建年代无考证。现存建筑为乾隆五十六年(1791年)重建,嘉庆十五年(1810年)、道光二十六年(1846年)曾有维修,占地225平方米。寺内原存前、后两殿,四周围以高大的封火墙,南北墙上各开一旁门,大门设于前殿明间位置。寺内原存乾隆五十六年维修碑一通,嘉庆十五年功得碑一通,均嵌于后殿北次前墙上。

(9)无夺桥

原位于巫山县城东沿长江37.5公里的抱龙河与长江的交汇处,在培石镇西7.5公里。据桥的匾刻题记与《奉节县志》记载,无夺桥由奉节知府汪鉴捐俸银创建于清光绪己丑至庚寅年(十五至十六年,1889—1890年)。据东桥头二通碑载,民国六年(1917年)重修。

(10)无伐桥

原位于巫山县培石乡西南0.5公里处的上弹

溪上。据桥上的匾额题记，桥建于清光绪庚寅年（1890年），是巫山县明清石桥中具有代表性的拱券桥。该桥东西向布置，全长26米，其中东引桥长10米，西引桥长9.5米，两侧设有石栏杆，桥南北面桥孔正上方均有匾额，匾额上均有题字"无伐"及"清光绪庚寅年，汪鉴题"。

（11）无暴桥

原位于巫山县培石乡培石村东1公里处的峡沟之间，背南面北，东西走向，始建于光绪十七年（1890年）。因山就势，现状概貌大致呈V字形，全长19.56米（其中东引桥长5.62米，西引桥长3.94米，正桥身长10米），桥面的南北两侧施有用三层石条叠置的花空式护栏，在南北两面桥身的中部、拱顶的上缘，各嵌有一方青石匾，北面石刻有楷书体"无暴"二字，旁题"光绪庚寅季春"，落款"汪鉴题"等字。

（12）康茂才进兵处石刻

原位于巫山县大溪乡军营村西80米，瞿塘峡东口北岸柜子岩下一孤石之上，其对岸为著名的大溪文化遗址。题刻凿刻于江边一长2.22米、宽1.81米、厚0.63米的块石之上，题刻面积约4平方米。块石中央镌刻"皇明康茂才进兵处"8字，平均字径0.22米，右书"大溪口"3个小字，平均字径0.15米。据巫山县志载，明康茂才墓在县西南90里，官大将军，洪武初年领兵征明昇被流石中伤卒，葬于大溪滩。

此碑刻于2003年2月搬迁至大溪新镇。

4　大昌古镇民居建筑群搬迁保护项目

大昌古城保存了东、西、南三座城门和东、西、南三条（"丁"字形）街道及众多民居建筑，东西街长约330米，南街长约150米，南城门外为大宁河，是一座"一灯照全城，四门能通话，堂上打板子，户户能听见"的"袖珍小城"。

城内保存的民居建筑大多为清代所建，多为两层双披檐木构建筑，分布在三条街道两旁，其中东街和南街保存较好。民居多以四合院布局，院落之间以封火墙隔断，建筑主要为穿斗式结构，辅以少量抬梁式结构。临街前堂多设为铺面，面阔一至四间不等，檐口以挑枋出跳，分单檐和重檐式两种。四合院内堂多以木板隔断，中为天井，部分前后建筑偏离中轴而成折线状。整个民居建筑青砖黛瓦，古朴幽雅，其中犹以南街温家老屋（解放街191—193号)最具代表性。特别是沿街的重重封火墙勾勒出古城丰富的轮廓线，充分展现了大昌古城独具特色的建筑风貌。

温家大院内室窗扇

温家大院

大昌古城的历史变迁和独特的建筑风貌，对于研究三峡地区古代城镇历史和民风民俗以及传统建筑艺术都具有重要价值。2000年，重庆市人民政府公布大昌古城为第一批重庆市文物保护单位。

大昌古城高程在142.5—150.7米，处于三峡库区175米淹没水位之下。为了保存这一文化遗产，2001年3月，北京建工建筑设计研究院受重庆市文化局委托完成了《重庆市巫山县大昌古城古民居群搬迁保护规划》初步方案的编制；2001年6月，重庆市文化局组织专家组对初步方案进行了论证；根据专家组评审意见，2001年8月，北京建工建筑设计研究院对规划做出了调整；2002年1月29日，重庆市人民政府渝府（2002）10号文件对市文化局《关于审批巫山县大昌镇地面文物搬迁保护规划的请示》予以批复，同意《重庆市巫山县大昌古城古民居群搬迁保护规划》及有关专家组评审意见。该方案对35处古建筑（其中民居30处，庙祠2处，城门3处）实施异地搬迁保护，选址于距原址东约8公里，高程在175—210米的大昌新镇西包岭处，并保持原古城丁字街的布局形式。重庆峡江文物有限责任公司为项目业主。

35处古建筑的基本情况如下：

（1）解放街15—17号（原解放街9—11号）

占地面积342.2平方米，建筑面积270.6平方米。建筑结构特征：建筑平面L形，面阔五间，进深五间，无天井。柱网分布改动不大。共用柱21根，穿斗排架六缝，两山梁架中柱落地。局部两边为后砌土坯墙，墙厚大约350毫米。室内地面素土夯实。人字坡，在椽板（100毫米×25毫米）上直接铺小青瓦。改建及残损情况：后檐平面改动较大。地面现为素土夯实。室内新增装修。前檐有一开间被砖墙替代。木构架无大改动。局部装修为后加装修。

（2）解放街19—21号（原解放街13—15号）

占地面积100平方米，建筑面积100平方米。建筑结构特征：建筑平面长方形，面阔三间，进深三间，无天井。柱网分布均匀。两山为厚280毫米空斗砖墙。共用柱16根，穿斗排架四缝，梁架中柱落地。木装修为板门、板壁。建筑两侧为空斗砖墙，墙厚大约280毫米。室内地面素土夯实。地面被垫高，柱础无或被埋。台明为条石砌筑。人字坡，在椽板（100毫米×25毫米）上直接铺小青瓦。前檐用双坡。改建及残损情况：平面改动较大，前檐装修仅余一间，建筑后部全部更改。木构架后部改动较大，以人字架代替。前檐木装修仅余一间，其余两间以墙代之。室内部分板壁墙改为120毫米砖墙。

（3）解放街9、29—31号（原解放街23—27号）

占地面积132平方米，建筑面积132平方米。建筑结构特征：建筑平面长方形，面阔三间，进深两间，无天井。柱网分布均匀。周圈为厚385毫米空斗砖墙。共用柱九根，穿斗排架三缝，三缝梁架中柱落地。木装修全无。木构架四周为空斗砖墙，墙厚大约385毫米。室内、室外地面做法变更。柱础仅存一部分。人字坡，在椽板（100毫米×25毫米）上直接铺小青瓦。改建及残损情况：平面改动较大，前檐装修全无，后在前檐柱外以砖墙及铝合金门代替。木构架改动较大，其中一间已改为钢混结构。前檐木装修被拆毁，以墙和铝合金卷帘门代之。原墙体改动不大。室内水泥地面，柱础仅存四个。台明仅存一半，水泥抹面。

（4）解放街197号（原解放街63号）

占地面积63平方米，建筑面积54.8平方米。建筑结构特征：建筑平面正方形，面阔两间，进深两间，无天井。柱网分布改动较大。

大昌古镇街景　　　　　　　　大昌古镇　　　　　　　　大昌古镇

共用柱9根，穿斗排架三缝，两山梁架中柱落地。局部木装修为原装修。建筑内部有阁楼。建筑两边为空斗砖墙，墙厚大约320毫米。室内地面素土夯实。人字坡，在椽板（100毫米×25毫米）上直接铺小青瓦。改建及残损情况：后檐平面改动较大。地面现为素土夯实。室内新增装修。前檐装修改动不大。木构架无大改动。局部装修为后加装修。

（5）解放街191—193号（原解放街66—67号）

占地面积505平方米，建筑面积434平方米。建筑结构特征：建筑三进，两重天井，有前厅、中厅、后厅，面阔三间。柱网分布均匀。东向面街。建筑平面不规则，各建筑间有不规则的扭转。各建筑用穿斗排架，正厅明间两品屋架为抬梁与穿斗结合的形式，驼峰精美。木构件基本齐全。前檐木装修为板门、板壁。内部保留有隔扇窗、太师壁。斜撑与雀替也很精美。对外为青砖斗砌墙体，墙厚大约360毫米。各建筑有封火山墙。室内地面素土夯实，室外台明为条石砌筑。石柱蹬花样变化较多。人字坡，在椽板（100毫米×25毫米）上直接铺小青瓦。前檐有下层披檐。封火山墙墙头有泥塑脊饰，山墙有白灰线脚。改建及残损情况：平面格局基本完好，柱网基本完整。部分建筑改为平顶。木构架保存完好，前天井院厢房、后厅次间有后加砌墙体。前檐已改为砖墙，内部隔断多为后改，木隔断缺失较多。原墙体改动不大，后天井两侧墙体残毁严重。

（6）解放街187号（原69号）

占地面积71平方米，建筑面积71平方米。建筑结构特征：建筑平面近长方形，面阔三间，进深两间，无天井。柱网分布均匀。周圈为厚350毫米空斗砖墙。共用柱九根，穿斗排架四缝，两山梁架中柱落地。前檐木装修保存较完整，图样精美。木构架四周为空斗砖墙，墙厚大约330毫米。室内地面素土夯实。台明、柱础为条石砌筑。人字坡，在椽板（100毫米×25毫米）上直接铺小青瓦。改建及残损情况：平面改动不大。室内隔墙局部改动。一侧山墙内移，厚280毫米墙。木构架无大改动，局部有临时后加构件，与结构无关。室内

大昌古镇复建工地

搬至新址的构件

木装修局部改动,以墙代之。

(7)解放街68、183—185号(原解放街68、70—72号)。

占地面积117平方米,建筑面积117平方米。建筑结构特征:建筑平面近长方形,面阔三间,进深两间,无天井。柱网分布均匀。周圈为厚350毫米空斗砖墙。共用柱九根,穿斗排架四缝,两山梁架中柱落地。前檐木装修保存较完整,图样精美。木构架四周为空斗砖墙,墙厚大约330毫米。室内地面素土夯实。台明、柱础为条石砌筑。人字坡,在椽板(100毫米×25毫米)上直接铺小青瓦。改建及残损情况:平面改动不大,室内隔墙局部改动。一侧山墙内移,厚280毫米墙。局部有临时后加构件,与结构无关。室内木装修局部改动,以墙代之。

(8)解放街177—179号(原解放街74—76号)

占地面积280平方米,建筑面积280平方米。建筑结构特征:建筑平面不规则,面阔三间,两侧为厢房,中间为天井,天井上部另起屋架。周圈为厚340毫米空斗砖墙。前厅后堂穿斗排架四缝,两山梁架中柱落地。两侧厢房结构简单,较随意。天井上部屋架四柱九檩,穿斗排架。前檐及室内木装修为板壁、板门。木构架四周为空斗砖墙,墙厚大约340毫米。室内地面素土夯实,天井被盖,台明条石铺砌。人字坡,在椽板(100毫米×25毫米)上直接铺小青瓦。墙帽局部有彩绘及泥塑。改建及残损情况:平面改动不大。木构架无大改动,局部有临时后加构件,与结构无关。花窗全部无存。

(9)解放街163号(原解放街89号)

占地面积103平方米,建筑面积103平方米。建筑结构特征:建筑平面近梯形,面阔三间,进深两间,无天井。两山为厚330毫米空斗砖墙。共用柱16根,穿斗排架四缝,两山梁架中柱落地。前檐装修全无,室内装修为板壁、板门。木构架四周为空斗砖墙,墙厚大约330毫米。室内地面素土夯实,柱础三种,做工精细。台明条石砌筑。人字坡,在椽板(100毫米×25毫米)上直接铺小青瓦。改建及残损情况:平面改动较大,前檐装修全无,后在前檐柱外以砖墙代替,墙上开一门两窗。木构架无大改动,局部有临时后加构件,与结构无关。前檐木装修被拆毁,以墙代之。

(10)解放街161号(原解放街90号)

占地面积547平方米(建筑外墙包括的范围),建筑面积478平方米(未包括阁楼层)。建筑结构特征:建筑三进,两重天井,有前厅、中厅、后厅,面阔三间。柱网分布均匀。东向面街。西、南、北三向为厚360毫米空斗砖墙。各建筑用穿斗排架,正厅明间两品屋架为抬梁与穿斗结合的形式,驼峰精美。前檐木装修为板门、板壁。内部保留有隔扇窗、太师壁。对外为青砖斗砌墙体,墙厚大约360毫米,砖255毫米×140毫米×40毫米。各建筑有封火山墙。室内地面素土夯实,室外台明为条石砌筑。石柱蹬花样变化较多。封火山墙墙头有泥塑脊饰,山墙有白灰线脚。改建及残损情况:平面保存基本完好,后天井南侧厢房已毁。北山墙外有一间后加披屋。木构架保存完好,前天井院厢房、后厅次间有后加砌墙体。木装修保存较好,局部有缺损。原墙体改动不大,后天井南墙已残损。

(11)解放街155号(原解放街92号)

占地面积112平方米,建筑面积112平方米。建筑结构特征:建筑平面长方形,面阔四间,进深四间,无天井。柱网分布均匀。周圈为厚360毫米空斗砖墙。共用柱15根,穿斗排架三缝,两缝梁架中柱落地。木装修全无。木构架四周为空斗砖墙,墙厚大约360毫米。室内、室外地面做法变更。柱础全无。人字坡,在椽板(100毫米×25毫米)上直接铺小青瓦。改建及残损情况:平面改动较大,前檐装修全无,后在前檐柱外以砖墙代替。木构架改动不大。前檐木装修被拆毁,以墙和木门代之。原墙体改动较大。室内水泥地面、柱础全无。台明仅存一半,水泥抹面。

(12)解放街46—48号(原解放街108—110号)

占地面积78平方米,建筑面积78平方米。建筑结构特征:建筑平面呈长方形,面阔两间,进深两间,无天井。柱网分布均匀。周圈为厚350毫米空斗砖墙。共用柱5根,穿斗排架三

大昌古镇保护规划效果图

搬迁后的大昌古镇街道

缝。木装修全无。两山为空斗砖墙，墙厚大约350毫米。室内地面素土夯实，地面被垫高，柱础无或被埋。台明条石砌筑。人字坡，在椽板（100毫米×25毫米）上直接铺小青瓦。两山墙帽泥塑，造型精美。改建及残损情况：平面改动较大，前檐装修全无，后在前檐柱外以砖墙代替，墙上开两门。木构架改动较大。两山排架无后檐柱。木装修被拆毁，以墙代之。

（13）解放街50号（原解放街112号）

占地面积110平方米，建筑面积110平方米。建筑结构特征：建筑平面呈长方形，面阔三间，进深两间，无天井。柱网分布均匀。周圈为厚350毫米空斗砖墙。共用柱10根，穿斗排架四缝，两山梁架中柱落地。木装修全无。木构架四周为空斗砖墙，墙厚大约350毫米。室内地面素土夯实，地面被垫高，柱础无或被埋。室外无台明。人字坡，在椽板（100毫米×25毫米）上直接铺小青瓦。两山墙帽泥塑，造型精美。改建及残损情况：平面改动较大，前檐装修全无，后在前檐柱外以砖墙代替，墙上开一门两窗。木构架无大改动，个别柱子无，梁架置于后加隔断墙上。木装修被拆毁，以墙代之。

（14）解放街61号（原解放街113号）

占地面积75.5平方米，建筑面积43.79平方米。建筑结构特征：建筑平面呈进深向长方形，坐南朝北，面阔两间，进深三间(未计廊间)，无天井。柱网分布均匀。共用柱16根，其中前檐柱为方圆柱，穿斗排架三缝。轴的山面用木板壁封护，山面用120毫米墙封护，内部空间分隔主要为砖墙，且分隔自由，后墙用砖砌体封挡。室内外为泥土地面，台帮处包条石，柱础无。人字坡，在椽板（100毫米×25毫米）上直接铺小青瓦。改建及残损情况：平面改动不大，前檐装修全无，后在前檐柱外以砖墙代替。木构架改动不大，但构件有些残损。

（15）解放街52—54号（原解放街114—116号）

占地面积247平方米，建筑面积237平方米。建筑结构特征：建筑平面呈长方形，面阔四间，中间为天井，两侧为厢房。周圈为厚330毫米空斗砖墙。前厅后堂穿斗排架各五缝。两侧厢房结构简单，较随意。前檐及室内木装修为板壁、板门。木构架四周为空斗砖墙，墙厚大约330毫米。室内地面素土夯实，地面被垫高，室内柱础无或被埋。天井及台明条石铺砌。人字坡，在椽板（100毫米×25毫米）上直接铺小青瓦。墙帽局部有彩绘及泥塑。改建及残损情况：平面改动不大。木构架无大改动，局部有临时后加构件，与结构无关。前檐木装修被拆毁两间，以墙代之。墙上开一门一窗。

（16）解放街71—73号（原解放街125—127号）

占地面积141.7平方米，建筑面积141.7平方米。建筑结构特征：建筑平面多边形，面阔三间，进深三间，无天井。柱网分布改动较大。建筑一侧为厚360毫米空斗砖墙。共用柱14根，穿斗排架四缝，两山梁架中柱落地。局部木装修为原装修，建筑内部有阁楼。建筑一边为空斗砖墙，墙厚大约350毫米。室内地面素土夯实，地面被垫高，柱础无或被埋。人字坡，在椽板（100毫米×25毫米）上直接铺小青瓦。改建及残损情况：平面改动较大，后檐柱缺失两根以砖墙代替。地面现为素土夯实。室内新增装修。前檐有一开间被砖墙替代。木构架无大改动。局部木装修为后加装修。

（17）解放街129号（原解放街129号）

占地面积401平方米，建筑面积227.29平方米。建筑结构特征：现存为一组面阔均三间的古建筑群，坐南朝北，南北三进院落。柱网沿中轴对称，均匀布置。均为穿斗排架。存各种

搬迁后的民居

搬迁后的民居

搬迁后的民居

形式的木装修。两侧院墙为封火山墙式,墙厚320毫米。室内为水泥地面,柱础保存基本完好。人字坡,在椽板(100毫米×25毫米)上直接铺小青瓦。改建及残损情况:前檐两进院落格局比较完整,包括两个天井,最后一进院落拆改严重,仅存局部1、2、3号房屋用材较大,构件形制规矩,大木保存相对完好,4号房屋柱基有糟朽,有40%需要更换或墩接;穿枋损失率为30%,第三进(6、7号)院落拆改严重,仅存局部梁架,构件不整、尺度不一,其中有40%构件损坏,装修均已损失;1号房屋前檐装修全部改装成铺面惯用的折叠隔扇,阁楼的楼板仅存80%;2、3号房屋柱间装修全部遗失,4号房屋室内装修全部损失,5号房屋仅残留局部横披位置的装修,6、7号房屋棱木损失严重。1、2号房屋两侧封火山墙保存完好,其余各殿的山墙全部倒塌,后用新砖重新补砌。个别建筑室内地面被抬高。2号房屋屋面后坡保存老虎窗两座,对称布置在两次间,6、7号房屋屋面漏雨,板椽全部糟朽。

(18)解放街64—66号(原解放街126—130号)

占地面积114.7平方米,建筑面积114.7平方米。建筑结构特征:建筑平面近方形,面阔三间,进深三间,无天井。柱网分布均匀。周圈为厚350毫米空斗砖墙。共用柱14根,穿斗排架四缝,两山梁架中柱落地。木装修全无。建筑内部有阁楼。建筑两边为空斗砖墙,墙厚大约320毫米。室内地面素土夯实。地面被垫高,柱础无或被埋。人字坡,在椽板(100毫米×25毫米)上直接铺小青瓦。改建及残损情况:平面改动较大,建筑内部陋墙全无,地面现为素土夯实。后在前檐柱外以砖墙代替,墙上开三门。木构架无大改动。木装修被拆毁,以墙代之。阁楼楼板及楼板梁被拆毁。

(19)解放街75—77号(原解放街131—133号)

占地面积68.6平方米,建筑面积68.6平方米。建筑结构特征:建筑平面近方形,面阔两间,进深三间,无天井。柱网分布均匀。周圈为厚340毫米空斗砖墙。共用柱11根,穿斗排架三缝,两山梁架中柱落地。前檐木装修为板门、板壁。木构架四周为空斗砖墙,墙厚大约330毫米。室内地面素土夯实,室外台明为条石砌筑。人字坡,在椽板(100毫米×25毫米)上直接铺小青瓦。前檐用双坡。改建及残损情况:平面柱网改动不大,室内有后加砌砖墙,后墙上开一门一窗。木构架形式保存完好,局部有临时后加构件,与结构无关。前檐

搬迁后的民居

搬迁后的民居

木装修保存较好，二层板壁有缺损。

（20）胜利街1—3号

占地面积74.4平方米，建筑面积74.4平方米。建筑结构特征：建筑平面长方形，面阔两间，进深两间，无天井。柱网分布不均匀。共用柱8根，穿斗排架两缝，山面一侧梁架中柱落地，另侧山面无梁架。木装修为板门、板壁。建筑两侧为空斗砖墙，墙厚大约350毫米。室内地面为三合土，地面被垫高，柱础无或被埋。台明为条石砌筑。人字坡，在椽板（100毫米×25毫米）上直接铺小青瓦。改建及残损情况：平面改动较大，后墙上开两门。室内有后加砌砖墙，平面一侧柱全无。木构架后部改动不大，一侧山面无梁柱。局部有临时后加构件，与结构无关。前檐原木装修仅余一间，其余一间装修外推，后改为红漆板门。室内部分板壁墙改为120毫米砖墙。地面改动不大，地面垫高，柱础全无。台明残缺不全。

（21）胜利街5—7号

占地面积152.8平方米，建筑面积152.8平方米。建筑结构特征：建筑平面多边形，面阔两间，进深五间，局部有天井。柱网分布不均匀。一边为厚350毫米空斗砖墙，另一侧为相邻建筑山墙。共用柱23根，穿斗排架四缝，两山梁架中柱落地。木装修全无。木构架两边为空斗砖墙，墙厚大约350毫米。室内地面素土夯实，地面被垫高，柱础无或被埋。人字坡，在椽板（100毫米×25毫米）上直接铺小青瓦。改建及残损情况：平面改动较大，后檐柱外后砌砖墙，室内隔墙皆被改为新砌砖墙。木构架无大改动，局部有临时后加构件，与结构无关。木装修被拆毁，以砖墙代之。地面改动不大，地面垫高，柱础全无。

（22）胜利街14—18号

建筑结构特征：建筑平面呈东西向长方形，坐北朝南，后进院落有较大的改动，现存面阔三间，进深两间，无天井。柱网分布有序。明间两缝柱位与两山柱位相错。现存木柱12根，穿斗排架两缝，山面梁架中柱落地。原前檐木装修拆改，位置外推。该建筑左侧有墙，右侧借靠邻屋封火墙。室内地面为三合土，台明为条石砌筑。人字坡，在椽板（100毫米×25毫米）上直接铺小青瓦。改建及残损情况：平面改动较大，后檐建筑一座楼房居住。梁架、檩、柱基本完整，但糟朽严重，后增添支撑较多；构架间木质封板均损失，构架形制较低。前檐原木装修全部改造、外移，各间均砌墙垛安装新式隔扇门，或二、或四、或六。原墙体改动较大，内部加设隔墙，后檐封墙开门。地面垫高，柱础全无。台明残缺不全。屋面残存南北各一坡。

（23）胜利街17、19号

占地面积267平方米，建筑面积263平方米。建筑结构特征：建筑平面极不规则，面阔三间，两侧为厢房，中间为天井。周圈为厚330毫米空斗砖墙。前厅穿斗排架四缝，两山梁架中柱落地。后堂梁架两缝，两山檩条置于山墙上。两侧厢房结构简单，较随意。木装修为板壁、板门，线条精美。木构架四周为空斗砖墙，墙厚大约330毫米。室内地面素土夯实。天井及台明条石铺砌。人字坡，在椽板（100毫米×25毫米）上直接铺小青瓦。墙帽局部有彩绘及泥塑。改建及残损情况：平面改动不大。木构架无大改动，局部有临时后加构件，与结构无关。前檐木装修一间被拆毁，以墙代之。

（24）胜利街21号

占地面积51平方米，建筑面积51平方米。建筑结构特征：建筑平面近方形，面阔两间，进深三间，无天井。柱网分布均匀。周圈为厚330毫米空斗砖墙。共用柱8根，穿斗排架三缝。局部有木装修。木构架四周为空斗砖墙，墙厚大约330毫米。室内地面素土夯实，有柱础。室外有台明。人字坡，在椽板（100毫米×25毫米）上直接铺小青瓦。改建及残损情况：平面改动较大，前檐装修保存较好，后檐柱以砖墙代替，墙上开一门。木构架无大改动，局部有临时后加构件，与结构无关。部分木装修被拆毁。地面改动不大，柱础部分残缺。

（25）胜利街23号

占地面积336.2平方米，建筑面积274.1平方米。建筑结构特征：建筑平面多边形，沿街面阔三间，进深十二间，有天井。柱网分布改动不大。共用柱50根，穿斗排架七缝，两山梁架中柱落地。局部木装修为原装修。建筑内部有阁楼。建筑两边为空斗砖墙，墙厚大约340毫米。室内地面水泥抹面。人字坡，在椽板（100毫米×25毫米）上直接铺小青瓦。改建及残损情况：平面改动不大。地面现为水泥抹面。室内有新增装修。前后檐装修改动不大。木构架无大改动。局部装修为后加装修。

（26）胜利街24号

占地面积79平方米，建筑面积79平方米。建筑结构特征：建筑平面近方形，面阔三间，进深三间，无天井。柱网分布均匀。周圈为厚350毫米空斗砖墙。共用柱12根，穿斗排架四缝，四缝梁架中柱落地。木装修为板壁、板门。木构架四周为空斗砖墙，墙厚大约350毫米。室内地面素土夯实。柱础样式多，做工精美，台明条石砌筑。人字坡，在椽板（100毫米×25毫米）上直接铺小青瓦。一侧墙帽有彩绘及泥塑。改建及残损情况：平面改动不大。木构架改动不大，梁架局部歪闪、下沉。木装修残破，室内部分板壁、板门被拆毁，以墙代之。局部残缺。

（27）胜利街33号

占地面积189平方米，建筑面积189平方米。建筑结构特征：建筑平面长方形，面阔两间，中间有天井，两侧有厢房。两山为厚330毫米空斗砖墙。前厅穿斗排架三缝，后堂梁架两缝，两山檩条置于山墙。

木装修为板门、板壁，线条精美。建筑两侧为空斗砖墙，墙厚大约330毫米。室内改为水泥地面，有柱础。天井和台明为条石砌筑。人字坡，在椽板（100毫米×25毫米）上直接铺小青瓦。墙帽局部有彩绘。改建及残损情况：平面改动不大。木构架改动不大。部分木装修改为砖墙。局部残缺。

（28）胜利街35、37号

占地面积84平方米，建筑面积84平方米。建筑结构特征：建筑平面近方形，面阔两间，进深两间，无天井。柱网分布均匀。周圈为厚330毫米空斗砖墙。共用柱8根，穿斗排架三缝，两山梁架中柱落地。前檐木装修为板壁、板门。木构架两侧为空斗砖墙，墙厚大约330毫米。室内地面素土夯实，地面被垫高，个别柱下无柱础。台明条石砌筑。人字坡，在椽板（100毫米×25毫米）上直接铺小青瓦。墙帽有彩绘及泥塑。改建及残损情况：平面改动较大，室内全部改为隔墙。木构架改动不大，局部有临时后加构件，与结构无关。室内板壁、板门被拆毁，以墙代之。局部残缺。

（29）胜利街39—43号

占地面积285平方米，建筑面积285平方米。建筑结构特征：建筑平面近梯形，面阔三间，进深两间，无天井。两山为厚330毫米空斗砖墙。共用柱16根，穿斗排架四缝，两山梁架中柱落地。前檐木装修全无，室内装修为板壁、板门。木构架四周为空斗砖墙，墙厚大约330毫米。室内地面素土夯实，柱础三种，做工精细。台明条石砌筑。人字坡，在椽板（100毫米×25毫米）上直接铺小青瓦。改建及残损情况：平面改动较大，前檐装修全无，后在前檐柱外以砖墙代替，墙上开两门一窗。木构架无大改动，局部有临时后加构件，与结构无关。前檐木装修被拆毁，以墙代之。

（30）胜利街94—102号（原胜利街98—108号）

占地面积301.1平方米，建筑面积259.4平方米。建筑结构特征:建筑平面长方形，由三个单体建筑组成,98—102号面阔四间，进深两间;104—106号面阔两间，进深两间;106—108号面阔两间，进深三间。无天井。柱网分布改动不大。共用柱33根，穿斗排架11缝，两山梁架中柱落地。局部木装修为原装修。建筑内部有阁楼。建筑两边为空斗砖墙，墙厚大约320毫米。室内地面水泥抹面。人字坡，在椽板（100毫米×25毫米）上直接铺小青瓦。改建及残损情况：檐后平面改动较大。地面现为水泥抹面。室内新增装修。前檐三间装修改为砖墙。木构架无大改动。局部装修为后加装修。原墙体改动不大。地面改动较大。

（31）关帝庙

占地面积990平方米（建筑外墙包括的范围），建筑面积875平方米（不包括阁楼层）。建筑结构特征：建筑为三路，中路、东路为两进一重天井，西路三进，前一进为院，后进有天井。较完整地保留了原有格局。各建筑用穿斗排架，西路前殿脊檩上有"大清同治八年岁次己巳仲春良旦重建"字样。正厅明间两品屋架为抬梁与穿斗结合的形式，驼峰精美。木装修拙朴，保留有驼峰、花板、花窗、雀替等装饰构件。对外为青砖斗砌墙体，墙厚大约360毫米。各建筑有封火山墙。室外台明为条石砌筑。石柱蹬花样变化较多。原地面情况不详。人字坡，在椽板（100毫米×25毫米）上直接铺小青瓦。封火山墙墙头有泥塑脊饰，山墙有白灰线脚。木装修构件上有彩绘，暗褐色较多。改建及残损情况：平面保存基本完好，西路改动较多。室内划分改动较大。木构架保存完好。木装修保存较好，局部有缺损。后加隔断较多，建筑前檐全部为后砌墙体。原装修情况不详。地面多改为水泥地面。山墙脊饰毁坏和改动较多。

（32）帝主宫

占地面积417平方米，建筑面积397.4平方米。建筑结构特征：为一组古建筑，内有两个院落，两个天井。均为穿斗排架。木装修个别有保存完好的，例如南立面装修。围护墙体均为空斗砖墙，墙厚大约360毫米。室内地面素土夯实，柱础三种，做工精细。台明条石砌筑。人字坡，在椽板（100毫米×25毫米）上直接铺小青瓦。山墙及后檐墙有黑红彩绘。改建及残损情况：平面有改动，根据西山墙墙面有建筑遗迹判断，本组建筑西侧应另有院落，但何时拆改不得知。木构架无大改动，正房大部分柱身有劈裂现象、个别构件有糟杇现象，个别建筑局部有临时后加构件，与结构无关。正房金步装修现为后改砖墙，原为板墙，廊间通往东院落的门已无存。原墙体改动不大。个别建筑室内地面被抬高。

（33）南城门

占地面积191.2平方米,建筑面积77.8平方米。建筑结构特征：单门洞。圆顶券，券石两层，石砌。平水以下无角柱、压面。石砌，无收分，无台基，地面石板。原墙体顶部已毁，南面长有一榕树。

（34）东城门

占地面积88.7平方米,建筑面积68.3平方米。建筑结构特征：单门洞。圆顶券，券石两层，石砌。平水以下无角柱、压面。石砌，无收分。无台基，地面石板。

（35）西城门

占地面积250平方米（建筑各边阔5米），建筑面积40平方米。建筑结构特征：长方形平面，南侧紧接民房。城门为当地青石包砌，内为夯土芯。西面外抹白灰。拱门上三层券砖。

搬迁后的大昌古镇东门

搬迁后的大昌古镇西门

搬迁后的大昌古镇南门

路面改为混凝土。改建及残损情况：城门平面保存基本完好，但城墙无存。木装修保存较好，局部有缺损。外砌石材基本完整，但顶部加建混凝土板，为南侧民房的阳台。

大昌古城文物保护搬迁工程从2005年2月24日正式动工，至2007年5月30日完工，工期为27个月。

大昌古城复建区建议项目约占地40余亩，共搬迁古建筑35处，其中古民居30处、庙宇2座、古城门3座。整个复建后的古城基本保持原古城的丁字形布局，其东门至西门长约200米，丁字口至南门约100米。大昌古民居群在搬迁保护过程中坚持了"不改变文物原状"的文物保护原则，在建筑整体布局、建筑外观形式、建筑传统工艺和建筑材料等方面最大限度地保证了与原建筑的一致性，较为成功地还原了大昌古城的历史风貌，包括：

（1）调整和优化建筑布局

按照设计要求，复建的大昌古民居群等文物建筑必须保持了原大昌古城"丁"字形的布局，但在复建工程的具体实施过程中发现有的建筑的布局位置将会影响其今后的使用功能，有的会影响视觉通道，因此，在征得设计单位的同意后，对原设计规划布局进行了微调。

南门由于墙体上附着生长的黄角树而闻名，其共生形成的独特景观，是最能吸引旅游观光者的。由于原施工设计中的南门坐标位置与南面护坡之间所形成的活动空间相对狭窄，不便于游客的聚散，因此，施工时对南门的定位进行适当调整，即原设计的南门位置向北平移2米，以适应今后旅游观光的要求。

原施工设计中的西门位置由于与其东面南北两侧的解放街15—17号民居和关帝庙的相对空间距离过大，为此，施工时将原设计的西门位置向东平移5米，以靠近解放街15—17号民居和关帝庙，使其丁字口至西门段的街道形成完整的纵深视觉效果，同时，对与之类似情况的24号、129号民居建筑的位置也进行了适当调整。

（2）注重建筑外观的协调

大昌古城的文物建筑属保护性搬迁，复建时必须对拆解的封火墙、屋面各种灰塑以及已残损和失缺的各种木作进行复原和修补，为了使复原修补后的封火墙、屋面灰塑以及木作等尽量保持原有的色调关系，因此，在复原和修补过程中采取了相应措施。

对于封火墙的砌筑，凡墙体外露部位必须采用薄叶砖（片砖）砌筑，做到墙面整洁，灰缝明快；屋面各种灰塑由白灰中加入适量的煤粉、黏土拌制成灰膏后进行塑制，或采用焦墨兑清水对其进行喷刷以达到做旧的效果；对新补配的木作构件，如隔断板壁、门窗、封檐板等则采用焦墨、铁红兑清水进行涂刷做旧处理；另外，由于复建的古民居等文物建筑均为页岩砖基础，且部分砖基础裸露于地表上，与环境极不协调，对此选用厚5—10毫米自然片石做贴面处理。

（3）尽量秉承地方的传统工艺

大昌古民居群等文物建筑由于年久失修，许多木质构件已糟朽、蛀蚀、劈裂、断裂，而有的木装修如门窗、木隔断、楼板、楼枕、卷棚、雀替等早已遗失或被人为锯截取走；其柱础石、街沿石、天井石、城墙石等石作构件也有部分缺失；有的建筑沟头、滴水、勾檐等装饰性瓦件大部分丢失损毁。因此，对以上损坏缺失的各类构件，要求应尽量采用传统工艺进行修补。

糟朽、蛀蚀的大木构件如木柱、拉接梁、穿枋、木檩除按要求更换外，其余采用挖补、墩接、加箍的方法进行修复加固；门窗、木隔断、楼板、楼枕、卷棚、雀替按当地传统工艺进行制作安装，门窗花格制作采用榫卯拼装，禁止使用铁钉、枪钉；需要补配的装饰瓦件参照现存瓦件的规格、形制、纹饰进行了专门加工烧制。

（4）注重补配材料的选择

大昌古民居群等文物建筑维修用的各类补配材料尤以木材、砖瓦、石料三大材的需求量最大，为了使补配材料与原建筑所使用的材料在材质、色泽、规格上保持基本一致，施工单位利用大昌移民搬迁这一契机，对当地拆解的民居构件材料和部分完整的传统民居建筑进行了收购，其不足部分采取在当地加工与到外地收购相结合的办法加以解决。

大昌古城文物保护搬迁工程是重庆市继张桓侯庙保护搬迁工程后的又一项三峡库区市级以上文物保护的工程性项目，其整体保护搬迁的规模为全库区之最，一直受到社会各界的广泛关注。在重庆市政府的重视下，在市文物局的领导下，在各级政府有关部门的支持下，在建设、监理、施工单位的共同努力下，大昌古城搬迁工程经过27个月的紧张施工，其各项工程内容于2007年5月全面完成。

由于涉及移民的安置、文物建筑的征集补偿等一系列直接与民生相关的问题，大昌古城的搬迁不是一项单纯的文物保护工程建设，而是一项系统而繁杂的工程，因此，可以认为整个大昌古城搬迁工程的实施是文物保护工作的又一项重大的工程实践，其成功搬迁所积累的经验为今后文物保护工作开展有着积极的借鉴意义。由于其工程建设合理的选址以及增加仿古建筑等配套设施，也为当地政府在对文物建筑加强保护的基础上进行合理的利用创造了条件，这对于以大宁河小三峡为依托的地方旅游经济将会发挥重要的作用。

重庆市巫山县地面文物保护成果一览表

序号	文物名称	时代	所在位置	保护方式	复建地点	完成状况	利用状况
1	大昌东城门	清代	巫山县	搬迁保护	巫山县	已完成	已利用
2	大昌南城门	清代	巫山县	搬迁保护	巫山县	已完成	已利用
3	大昌西城门	清代	巫山县	搬迁保护	巫山县	已完成	已利用
4	帝主宫	清代	巫山县	搬迁保护	巫山县	已完成	已利用
5	关帝庙	清代	巫山县	搬迁保护	巫山县	已完成	已利用
6	解放街108—110号	清代	巫山县	搬迁保护	巫山县	已完成	已利用
7	解放街112号	清代	巫山县	搬迁保护	巫山县	已完成	已利用
8	解放街113号	清代	巫山县	搬迁保护	巫山县	已完成	已利用
9	解放街114—116号	清代	巫山县	搬迁保护	巫山县	已完成	已利用
10	解放街125—127号	清代	巫山县	搬迁保护	巫山县	已完成	已利用
11	解放街126—130号	清代	巫山县	搬迁保护	巫山县	已完成	已利用
12	解放街129号	清代	巫山县	搬迁保护	巫山县	已完成	已利用
13	解放街131—133号	清代	巫山县	搬迁保护	巫山县	已完成	已利用
14	解放街23—27号	清代	巫山县	搬迁保护	巫山县	已完成	已利用
15	解放街13—15号	清代	巫山县	搬迁保护	巫山县	已完成	已利用
16	解放街63号	清代	巫山县	搬迁保护	巫山县	已完成	已利用
17	解放街66—67号	清代	巫山县	搬迁保护	巫山县	已完成	已利用
18	解放街68、70—72号	清代	巫山县	搬迁保护	巫山县	已完成	已利用
19	解放街69号	清代	巫山县	搬迁保护	巫山县	已完成	已利用
20	解放街74—76号	清代	巫山县	搬迁保护	巫山县	已完成	已利用
21	解放街89号	清代	巫山县	搬迁保护	巫山县	已完成	已利用
22	解放街90号	清代	巫山县	搬迁保护	巫山县	已完成	已利用
23	解放街92号	清代	巫山县	搬迁保护	巫山县	已完成	已利用
24	解放街9—11号	清代	巫山县	搬迁保护	巫山县	已完成	已利用
25	聚鹤街95号	清代	巫山县	搬迁保护	巫山县	已完成	已利用
26	康茂才进兵处石刻	明代	巫山县	搬迁保护	巫山县	已完成	已利用
27	李季达旧居	清代	巫山县	搬迁保护	巫山县	已完成	已利用
28	罗家老屋	清代	巫山县	搬迁保护	巫山县	已完成	已利用
29	罗家老屋南院	清代	巫山县	搬迁保护	巫山县	已完成	已利用
30	培石民居	民国	巫山县	搬迁保护	巫山县	已完成	已利用
31	胜利街1—3号	清代	巫山县	搬迁保护	巫山县	已完成	已利用
32	胜利街14—18号	清代	巫山县	搬迁保护	巫山县	已完成	已利用
33	胜利街17、19号	清代	巫山县	搬迁保护	巫山县	已完成	已利用
34	胜利街21号	清代	巫山县	搬迁保护	巫山县	已完成	已利用
35	胜利街23号	清代	巫山县	搬迁保护	巫山县	已完成	已利用
36	胜利街24号	清代	巫山县	搬迁保护	巫山县	已完成	已利用
37	胜利街33号	清代	巫山县	搬迁保护	巫山县	已完成	已利用
38	胜利街35、37号	清代	巫山县	搬迁保护	巫山县	已完成	已利用
39	胜利街39—43号	清代	巫山县	搬迁保护	巫山县	已完成	已利用
40	胜利街5—7号	清代	巫山县	搬迁保护	巫山县	已完成	已利用
41	胜利街94—102号	清代	巫山县	搬迁保护	巫山县	已完成	已利用
42	望霞街22号(谭氏民居)	清代	巫山县	搬迁保护	巫山县	已完成	
43	巫峡镇南门	清代	巫山县	搬迁保护	巫山县	已完成	
44	无暴桥	清代	巫山县	搬迁保护	巫山县	已完成	
45	无夺桥	清代	巫山县	搬迁保护	巫山县	已完成	

续表

序号	文物名称	时代	所在位置	保护方式	复建地点	完成状况	利用状况
46	无伐桥	清代	巫山县	搬迁保护	巫山县	已完成	
47	兴隆寺	清代	巫山县	搬迁保护	巫山县	已完成	
48	大溪乡医院	清末民初	巫山县	留取资料	巫山县	已完成	
49	登龙街18号（周氏民居）	清代	巫山县	留取资料		已完成	
50	福寿桥	清代	巫山县	留取资料		已完成	
51	观音洞摩崖造像	清代	巫山县	留取资料		已完成	
52	解放街103号	清代	巫山县	留取资料		已完成	
53	解放街10号	清代	巫山县	留取资料		已完成	
54	解放街120—124号	清代	巫山县	留取资料		已完成	
55	解放街132—134号	清代	巫山县	留取资料		已完成	
56	解放街19、21号	清代	巫山县	留取资料		已完成	
57	解放街64号	清代	巫山县	留取资料		已完成	
58	解放街95号	清代	巫山县	留取资料		已完成	
59	解放街97号	清代	巫山县	留取资料		已完成	
60	聚鹤街74号	清代	巫山县	留取资料		已完成	
61	聚鹤街99号	清代	巫山县	留取资料		已完成	
62	孔明碑	明代	巫山县	留取资料		已完成	
63	大宁河栈道	汉—清	巫山县	留取资料		已完成	
64	起云街42—45号	清代	巫山县	留取资料		已完成	
65	起云街54—57号	清代	巫山县	留取资料		已完成	
66	清水洞题墨迹	北宋	巫山县	留取资料		已完成	
67	罗家老屋和记	清代	巫山县	留取资料		已完成	
68	三间店民居	清末民初	巫山县	留取资料		已完成	
69	胜利街13、15号	清代	巫山县	留取资料		已完成	
70	胜利街2—8号	清代	巫山县	留取资料		已完成	
71	胜利街29、31号	清代	巫山县	留取资料		已完成	
72	锁津桥	清代	巫山县	留取资料		已完成	

二 重庆市奉节县

按照三峡文物保护规划，奉节县的地面文物保护项目共计20处，其中，留取资料项目10处，原地保护项目3处，搬迁保护项目7处，其保护状况如下：

1 留取资料项目

奉节县留取资料项目共计10处，包括安坪水文石刻、清净庵、大东门民居、福音堂、鲍超石室、鱼王洞摩崖造像、瞿塘峡栈道、孟良梯栈道、输水孔栈道和润泽池。对这些文物以文字记录、测绘、拍照等形式进行了保护。目前，资料已全部留取完毕，并将资料汇总，建立了文物档案。

2 原地保护项目

奉节县原地保护项目共计3处，包括白帝城、瞿塘峡壁石刻、涂家滩水文石刻。对白帝城主要从山体的整治和地质灾害的防护方面加以保护，瞿塘峡壁石刻、涂家滩水文石刻主要从加固和防止泥沙磨损方面加以保护。目前，保护工作已全部完成。

3 搬迁保护项目

奉节县搬迁保护项目共计7处，包括永安宫碑、永安宫、重修杜公祠碑记、锁江铁柱、依斗门、开济门及府城墙、清真寺礼拜堂、彭咏梧烈士陵园，具有一定的文物价值，保存状况基本完好。为使这些文物得到更有效的保护和利用，根据奉节特殊情况和规划要求，将这些文物集中迁建于白帝城风景区管委会鱼复社区的夔州古城文物复建区内，复建区占地面积50余亩。其文物状况如下：

（1）瞿塘峡题刻（瞿塘峡壁石刻）

原址位于奉节县白龙村，瞿塘峡入口右岸白盐山下夔门至孟良梯间，长约180米的陡峭崖壁上，题刻区底部高程115—119米，有宋至民国碑刻13块，字体有篆、隶、行、楷等，内容涉及面很广，既有对统治者的歌功颂德，也有对夔门胜景的赞美，更有抗日救国的豪迈宣言，具有较高的历史、艺术、文献价值，充分展示了我国书法、石刻艺术的魅力，是三峡地区最大的摩崖石刻。

瞿塘峡题刻文物保护采取了两种保护措施：第一，对宋明题刻切割，并在博物馆展示。第二，对其余题刻采取原地保护加固，表面防护。第三，对所有题刻复刻，重现其壮观景象。复刻的瞿塘峡题刻位于原址下游260米，海拔180米的地方。复建区长约700米，占地面积约18000平方米，完整地再现了原址的自然景观风貌和人文环境，重现了瞿塘峡题刻的神韵。

（2）永安宫碑

永安宫故址石碑有大小两块，原址位于奉节老城东南永安师范学校内，海拔65米，碑的残缺面积较大。2005年10月，永安宫碑搬迁至宝塔坪夔州古城文物复建区永安宫前。

该碑跨越了几百年的历史，具有较高的历史价值和书法价值，特别是对研究三国历史和峡江地区城市的沿革有较高的价值。

（3）永安宫

原址位于奉节老城东南永安师范学校内，海拔65米，建筑面积350平方米，占地面积1210平方米。该建筑坐北朝南，硬山建筑，面阔五间，进深四间，两山架为五柱穿斗式结构，明次间以抬担构架为主。前后廊辅以穿斗结构，两山及后檐用青砖做空斗墙围护。2005年，搬迁至宝塔坪夔州古城文物复建区。

永安宫原系奉节县文庙大成殿，因在其附近发现的永安宫故址碑刻而推断为永安宫故址。据史料记载，永安宫为三国时蜀汉昭烈帝刘备托孤之处，是研究夔州历史难得的实物资料。

（4）重修杜公祠碑记

原址位于奉节县白帝镇浣花园艺场，海拔154米，刊于清光绪三十四年（1908年），记述重修杜甫故居的经过，阴刻楷书，约1500字。

该碑是研究唐代诗人杜甫在奉节寓居时的重要资料，具有一定的研究价值。碑文文采、书法、雕刻俱佳，堪称石刻珍品。2003年4月，重修杜公祠碑记整体被搬迁至奉节草堂中

复建后的奉节依斗门

学内管理和保护。

（5）锁江铁柱

原址位于奉节瞿塘峡西口铁柱溪，海拔68米。1998年2月，迁至白帝城夔门古象馆。锁江铁柱是竖立在草堂河与长江交汇处的一块巨礁上的两根铁柱，生铁铸成，高2.3米，直径0.4米，铁柱基座高0.27米，柱身有五节宝顶，上部有纹饰，其中一根铁柱下部残存"……大将军徐……"字样。据考证，这两根铁柱系守关大将军徐宗武于南宋景定五年（1264年）所铸，用于拦截由水路入侵的元军船队。

锁江铁柱是南宋抗元战争的遗迹，为研究宋元时期三峡地区的战争防御情况提供了重要的实物资料，历史价值较高。锁江铁柱经受了几百年的风雨，依然屹立在长江中，反映出当时的冶金技术已经相当发达，因而具有较高的科学价值。两根铁柱造型处理考究，有一定的艺术价值。锁江铁柱以其独特的艺术形象成为雄伟壮丽的夔门胜景的一个特殊组成部分，在自然天成的优美环境中融入了人文因素，使三峡地区文化的内涵显得更加丰富。

（6）依斗门、开济门及府城墙

原址位于奉节老城南玉皇阁至东风社码头，海拔130米以下，始建于明成化十年（1474年），清同治九年（1870年）遭遇洪水后重建。现迁至宝塔坪夔州古城文物复建区。

依斗门建筑面积382平方米，系原夔州

奉节夔门锁江铁柱

白帝城

古城南门，清同治九年（1870年）遭遇洪水后，城门均用条石垒砌，残高12.9米，面阔25.28米，进深15.14米。城门洞由内外两券构成。城门洞地面内高外低，高差7.4米，用40级石踏步联通。内外洞上下高差3.3米。内外洞之间原有城门一道，现已毁，城门顶部城楼已毁。

开济门西距依斗门200余米，建筑面积181平方米，条石砌筑，残高8.67米，城内外高差4.44米，内外券洞高差1.03米，内外洞之间原有城门一道，现已毁。

府城墙位于依斗门和开济门之间，依斗门西及开济门东各残留一段，外墙残高7.4—9米，条石砌筑，海墁为条石铺砌并与城内地面齐平。城顶雉堞已毁，现存开济门东面一段。

依斗门、开济门及府城墙均用砂岩条石砌筑，墙体直立而上，无收分。石材加工、黏合材料及砌筑技术均表现出相当高的技术水平，缝隙平整，黏合紧密，虽经百年风雨，现依然平整严密。奉节夔州古城为历代路、府、州、郡治所，是川东地区重要的政治、文化、军事中心。依斗门、开济门及府城墙是奉节夔州古城的重要标志，对研究三峡地区社会历史的沿革等有重要的价值，对研究当时的建筑技术有较高的科学价值，同时也是研究川东历史文化重要的实物资料。

（7）清真寺礼拜堂

原址位于三峡二期搬迁范围内，占地面积2044平方米，建筑面积860.35平方米，现搬迁至奉节新县城三马后山。伊斯兰教于元代传入奉节，原城内有清真寺两座，是川渝地区最早的清真寺。

奉节现存的清真寺寺内大殿中梁记载："大明二年，次三重修"，即公元1369年第三次重修，为全国建立较早的著名清真寺，对研究三峡地区宗教、古寺庙建筑艺术等方面是难得的实物资料。

（8）彭咏梧烈士陵园

原址位于奉节老城人民广场北侧，陵园建于1962年，海拔145米，占地面积1731平方米，现迁至奉节宝塔坪小区，占地面积7000平方米。

彭咏梧烈士陵园是重庆市重要的爱国主义教育基地，通过这一革命传统和爱国主义教育阵地，对弘扬革命烈士的崇高精神，教育广大人民群众，特别是青少年一代树立正确的理想、信念和价值观起到重要作用，从而推动社会主义精神文明的建设。

4 夔州古城文物复建区工程建设及完成情况

瞿塘峡题刻原地保护、异地复制工程，于2001年4月3日进行了无标底招标，最终确定西安市古代建筑工程公司为该工程施工单位，设计单位为中国文物研究所、建设部综合勘察研究设计院，监理单位为北京煤炭设计研究院、中京工程建设监理所。该工程2001年10月22日开工，2002年10月16日完工。

依斗门、开济门及府城墙、永安宫复建项目，于2003年8月10日公开招标确定由西安市古代建筑工程公司承建，河南东方文物监理有

搬迁至文物复建区的永安宫

限公司监理，2005年完工。

彭咏悟烈士陵园由奉节县民政局组织实施，由重庆市运发建筑工程有限公司承建，重庆市继兴工程监理有限公司为监理单位。

清真寺由当地主管部门组织实施，由湖北省大冶市殷祖园林古建公司承建，河南东方文物建筑监理有限公司为监理单位。

5 夔州古城文物复建区价值分析

夔州古城文物复建区文物是奉节历史发展的缩影，是反映三峡地区社会历史沿革的重要实物资料，是传承历史的重要手段。奉节各历史阶段、社会各方面遗留下来的重要遗迹是研究峡江地区文明进程、环境变迁的重要实物史料，它们所包含的各类信息反映了当时社会的方方面面，为我们探寻古代社会人们的社会生活、宗教信仰及审美情趣提供了生动、形象的实物材料。

同时，夔州古城文物复建区以优越的地理位置和丰富的文化内涵，成为奉节文化旅游产业重点发展建设区域。区内还汇集了白帝城博物馆、民俗文化街等，其中白帝城博物馆建成后将是三峡地区博物馆的精品和长江三峡沿岸又一标志性景观建筑。文物复建区将成为白帝城·瞿塘峡景区的重要组成部分和蓉沪高速（奉节段）通车后三峡旅游重要集散点。对奉节旅游、文化产业的发展具有重大的现实意义。

重庆市奉节县地面文物保护成果一览表

序号	文物名称	时期	所在位置	保护方式	复建地点	完成状况	利用状况
1	彭咏悟烈士陵园	近现代	奉节县	搬迁保护	奉节县	已完成	已利用
2	清真寺礼拜堂	明清	奉节县	搬迁保护	奉节县	已完成	已利用
3	锁江铁柱	南宋	奉节县	搬迁保护	奉节县	已完成	已利用
4	依斗门、开济门、及府城墙	明清	奉节县	搬迁保护	奉节县	已完成	已利用
5	永安宫	清代	奉节县	搬迁保护	奉节县	已完成	已利用
6	永安宫碑	清、民国	奉节县	搬迁保护	奉节县	已完成	已利用
7	重修杜公祠碑记	清代	奉节县	搬迁保护	奉节县	已完成	已利用
8	白帝城	明清	奉节县	原地保护		已完成	已利用
9	瞿塘峡壁石刻	宋、明清、民国	奉节县	原地保护		已完成	已利用
10	涂家滩水文石刻	清代	奉节县	原地保护		已完成	
11	安坪水文石刻	清代	奉节县	留取资料		已完成	
12	鲍超石室	清代	奉节县	留取资料		已完成	
13	大东门民居	清代	奉节县	留取资料		已完成	
14	福音堂	民国	奉节县	留取资料		已完成	
15	瞿塘峡栈道	清代	奉节县	留取资料		已完成	
16	孟良梯栈道	清代	奉节县	留取资料		已完成	
17	清净庵	清代	奉节县	留取资料		已完成	
18	润泽池	清代	奉节县	留取资料		已完成	
19	输水孔栈道	西晋	奉节县	留取资料		已完成	
20	鱼王洞摩崖造像	清代	奉节县	留取资料		已完成	

三 重庆市云阳县

按照三峡文物保护规划，云阳县的地面文物保护项目共计29处，其中，留取资料项目13处（高祖庙系提前进行留取资料保护项目），原地保护项目5处，搬迁保护项目11处（含三大项之一的张桓侯庙搬迁项目）。其保护状况如下：

1 留取资料项目

云阳县留取资料的文物共计13处，包括白兔井（含浣泉井）、宝塔沱水则石刻、龙潜故居、马沱张王庙、彭溪口义渡摩崖题刻、水井湾摩崖造像、天师泉古井、余家嘴摩崖题刻、云安衙署大堂、述先桥、同德桥、洪龙桥（以上三座桥梁原规划为原地保护，后调整为留取资料）。这些文物状况较为残破或不适宜进行原地保护和搬迁保护，为体现重点保护的原则，对这些文物以文字记录、测绘、拍照等形式进行了保护。目前，资料已全部留取完毕，并将资料汇总，建立了文物档案。

另，在规划未批准之前，对高祖庙按留取资料方式提前进行了保护。云阳县地面文物保护超规划完成了1项保护任务。

2 原地保护项目

云阳县原地保护的文物共计5处，包括乘龙造像、大佛头造像、飞凤山题刻、龙脊石题刻、下岩寺摩崖造像。它们不仅保存现状基本完整，且具有较高的文物价值。在保护过程中，除采取原地加固的措施外，还进行了测绘、文字记录、照相、录像、拓片等资料收集，其中龙脊石题刻还于文物古建集中迁建区内原状复制了60米梁体和90余款题刻，飞凤山题刻结合张桓侯庙搬迁工程进行了题刻切割搬迁和异地复制。目前，保护工作已全部完成，并建立了相应文物资料档案。

根据云阳县原地保护项目的工作进度安排，由重庆市文化局和中国文物研究所在云阳旧县城共同举办了"重庆库区地面文物保护（石质文物部分）培训班"，为库区各相关单位培养了一批具有石质文物保护专业技能的工作人员，此批学员在以后的库区地面文物抢救保护工作中，在管理及基础资料收集等方面起到了关键的作用。

3 搬迁保护项目

云阳县共有搬迁保护文物11处（含三大项之一的张桓侯庙搬迁项目和龙脊石异地复建），为使这些文物得到更有效的利用，根据规划的要求，除张桓侯庙整体搬迁外，其余10处文物古建集中迁建于云阳县新县城磐石城下双江镇寨坝村，另龙脊石题刻异地复制项目亦规划于其中，整个文物迁建区占地面积24.15亩，复建面积10000平方米。具体文物状况如下：

（1）文昌宫

原位于云阳县云安镇云安中学，海拔150米，始建于明代，清代重修，民国时改为"辅成中学"，建筑面积约1972平方米，占地面积约4500平方米。

现存建筑为两个四合院，除大厅外，其他建筑为两层。搬迁前由云安中学使用，建筑构架基本保持原状。该建筑群规模大，平面布局有一定代表性，各建筑之间基本保持原有格局，有一定的历史价值。

（2）帝主宫

原位于云阳县双江镇粮站，海拔156米，

建于清光绪九年，建筑面积125平方米，占地面积500平方米。

原庙宇建筑已大部残毁，仅有大殿一处基本保持原貌。大殿为三开间，属穿斗、抬梁混合式结构，其梁架、栏柱均为原建，其中有一些木雕艺术价值较高。

（3）东岳庙

原位于云阳县双江镇粮站，海拔160米，建于清乾隆四十三年，建筑面积413平方米，占地面积约1000平方米。

该庙宇呈院落式布局，大殿居中，两侧有配殿，前有山门，建筑为木结构，原有建筑基本保持完整，具有一定的文物价值。

（4）陕西箭楼

原位于云阳县云安镇箭楼居委，海拔165米，建筑面积1552平方米，始建于清嘉庆年间，为客居云阳的陕西帮会建造，属同乡会馆性质。

该建筑基本保持完整。箭楼呈长方形，五层通高，顶层的钟亭悬有一钟，曾做报时之用。陕西箭楼是云阳县唯一保存的一处会馆性质的建筑，在三峡地区也较具代表性。

（5）维新学堂

原位于云阳县云安镇云安盐厂，海拔160米，始建于清朝晚期，原名为"维心学堂"，维新变法"废除科举，兴办学堂"时更名为"维新学堂"。新中国成立后，厅堂部分归云安盐厂使用，四合院成了居民住宅，建筑面积2226平方米，占地面积3000平方米。

学堂由数座古式厅堂和四合院组成，抬梁式木构架，二层楼四合院有周围檐廊。维新学堂是中国古建筑与欧式建筑相结合的建筑，反映了特定历史时代的建筑特征。现厅堂仅存一座，但保存情况较好。四合院已遭破坏，改动较大。

（6）云阳南城门

原位于云阳老县城南门口，建筑面积约520平方米，始建于明代，清朝及民国皆有增改。

城墙保存完好，城门为条石叠砌，三进，一、三两进均为拱顶形，二进为平顶形，木枋铺顶，城墙为条石叠砌。

（7）夏黄氏节孝牌坊

原位于云阳县高阳镇牌坊村，海拔168米，建于清嘉庆十五年。

牌坊正面中央开间的上下花板上有"节孝"和"坤维正气"的刻字，中央横坊上正面刻有"处士夏承才之妻黄氏之坊"，背面刻有"表处士夏承才之妻黄氏之坊"。夏黄氏节孝牌坊是典型的表彰建筑，表彰了这种古代封建社会传统礼制与道德，具有可贵的历史文化价值。

（8）长滩石碑亭

原位于云阳县高坪乡桥亭村，建于清乾隆五十九年，建筑面积约9平方米，占地面积30平方米。

（9）牛尾石岩画

原位于云阳县盘石镇马岭村西北约800米的长江南岸石壁上。石刻现存2.25平方米，图略呈正方形，边长1.5米，单线阴刻，全图造型质朴粗犷，可能为聚居部落记事性图画。该石刻长年居于水中，冬春枯水季节现出水面，保存较好，具有较高的历史、艺术研究价值。

（10）六岗石题刻

原位于云阳县莲花乡桔园村西南方550米处六岗石东部南壁上，刻于清顺治十七年，面积12平方米，共两幅。一幅为竖式长方形，高1.4米，宽3.2米，阴刻诗文"地利称天险，台因得胜台，江湄环战舰，石堡结军营，击楫波澜静，挥戈烽烟清，蜀疆从此定，摩勒纪升平"，右有"亲帅舟师结营于此以靖寇逆"等跋语，行书竖排。另一幅为横式长方形，高

复建龙脊石石刻

复建龙脊石石刻

复建龙脊石石刻

2米，宽1.4米，刻"得胜台"三个大字，双钩楷书横排。

（11）龙脊石（异地复建）

原位于云阳老县城东南长江中，为一长形砂岩石，犹如龙潜江心故名。于冬春枯水期现出水面，长约346米，宽约8—16米，上分布自元祐三年以来历代题刻共134幅，多为占卜、纪游、题名、咏景、抒怀等诗文，真、草、隶、篆各体俱备，具有较高的历史、科学、艺术价值。

4　文物复建区工程建设及完成情况

场平工程由云阳县长城建筑安装工程总公司负责承建，2002年4月30日开工，2003年1月9日竣工。

龙脊石题刻由山东曲阜市园林古建筑有限公司承担复制工程，2002年9月12日开工，2003年2月15日竣工，题刻面积约3500平方米。

南城门由山东曲阜市园林古建筑工程有限公司负责拆建，2002年10月16日开工，2003年1月14日完工。

六岗石题刻和牛尾石岩画由陕西省西安市古代建筑工程公司负责切割、搬迁，2002年3月15日开工，2002年4月23日完成切割搬迁，2006年4月安装完成。

夏黄氏节孝牌坊由沈阳故宫古建筑有限公司搬迁、复建，2002年7月18日开工，2003年4月23日竣工。

帝主宫由沈阳故宫古建筑有限公司拆迁，湖北省大冶市殷祖园林古建公司承建，2003年4月5日开工，2004年9月10日竣工。

东岳庙由沈阳故宫古建筑有限公司拆迁，山东曲阜市园林古建筑工程有限公司复建，2003年5月23日开工，2004年4月16日竣工。

文昌宫由湖北省大冶市殷祖园林古建公司拆迁，沈阳故宫古建筑有限公司负责复建，2004年1月4日开工，2005年9月完工。

陕西箭楼、维新学堂由北京大龙建设有限公司古建工程公司拆迁，西安文物保护修复工程有限公司复建，2009年3月完工。

同时，委托河南东方文物建筑监理有限公司对本工程实施全程旁站式监理，委托重庆华运虫害防治技术研究所负责对该工程所有文物构件实施全面防虫护理。

2009年9月底，全面完成地面文物复建工程任务，并通过验收，且在完成相应配套工程的基础上于当月面向社会开放。

5　地面文物搬迁保护建筑群价值分析

云阳11处地面文物搬迁保护建筑群不但反映了云阳厚重的人文历史，更集中反映了整个峡江地区的建筑、风俗、民风及水文方面的特色。11处地面文物的异地搬迁，是一个区域内社会发展历史的见证物，形象表现了地域性的文化特点。由于该文物建筑群原生地与复建所在地的环境和文化相同或相近，场所环境能够与建筑相互协调，对于保护和弘扬当地文化资源进行旅游资源开发，丰富城市景观起着重要作用。

重庆市云阳县地面文物保护成果一览表

序号	文物名称	时代	所在位置	保护方式	复建地点	完成状况	利用状况
1	长滩石碑亭	清代	云阳县	搬迁保护	云阳县	已完成	已利用
2	帝主宫	清代	云阳县	搬迁保护	云阳县	已完成	已利用
3	东岳庙	清代	云阳县	搬迁保护	云阳县	已完成	已利用
4	六岗石题刻	清代	云阳县	搬迁保护	云阳县	已完成	已利用
5	牛尾石岩画		云阳县	搬迁保护	云阳县	已完成	已利用
6	陕西箭楼	清代	云阳县	搬迁保护	云阳县	已完成	已利用
7	维新学堂	清代	云阳县	搬迁保护	云阳县	已完成	已利用
8	文昌宫	明代	云阳县	搬迁保护	云阳县	已完成	已利用
9	夏黄氏节孝牌坊	清代	云阳县	搬迁保护	云阳县	已完成	已利用
10	云阳南城门	明代	云阳县	搬迁保护	云阳县	已完成	已利用
11	张桓侯庙	明清	云阳县	搬迁保护	云阳县	已完成	已利用
12	乘龙造像	清代	云阳县	原地保护		已完成	
13	大佛头造像	唐代	云阳县	原地保护		已完成	
14	飞凤山题刻	宋—清	云阳县	原地保护（异地复制）	云阳县	已完成	已利用
15	洪龙桥	清代	云阳县	原地保护（调整为留取资料）		已完成	
16	龙脊石题刻	宋—清	云阳县	原地保护（异地复制）	云阳县	已完成	已利用
17	述先桥	清代	云阳县	原地保护（调整为留取资料）		已完成	
18	同德桥	民国	云阳县	原地保护（调整为留取资料）		已完成	
19	下岩寺摩崖造像	唐代	云阳县	原地保护		已完成	
20	白兔井（含浣泉井）	汉代	云阳县	留取资料		已完成	
21	宝塔沱水则石刻	明代	云阳县	留取资料		已完成	
22	龙潜故居	民国	云阳县	留取资料		已完成	
23	马沱张王庙	清代	云阳县	留取资料		已完成	
24	彭溪口义渡摩崖题刻	清代	云阳县	留取资料		已完成	
25	水井湾摩崖造像	唐代	云阳县	留取资料		已完成	
26	天师泉古井	明代	云阳县	留取资料		已完成	
27	余家嘴摩崖题刻	清代	云阳县	留取资料		已完成	
28	云安衙署大堂	清代	云阳县	留取资料		已完成	
29	高祖庙	清代	云阳县	留取资料		已完成	

四 重庆市万州区

按照三峡文物保护规划,万州区的地面文物保护项目共24处,其中,留取资料项目3处,原地保护项目14处,搬迁保护项目7处,其保护情况如下:

1 留取资料项目

按照规划,万州区留取资料的文物共3处,在实施中,有4座原地保护方式的桥梁调整为留取资料,以留取资料方式保护的文物共7处,包括明镜桥、武陵水文题刻、天仙桥石刻、崇德桥、泗马桥、万安桥、利济桥。这些文物状况较为残破或不宜进行原地保护和搬迁保护,为体现重点保护的原则,对这些文物以文字记录、测绘、拍照等形式进行了保护。目前,资料已全部留取完毕,并将资料汇总,建立了文物档案。

2 原地保护项目

万州区原地保护的文物共10处,包括五梁桥、西山钟楼、黄莲村乾隆年水文题刻、黄莲村同治年水文题刻、渣口石题刻、团石板水文题刻、"南无阿弥陀佛"题刻、武陵坠儿洞摩崖造像、观音岩摩崖造像、马家溪摩崖造像,保存状况基本完整,具有一定的文物价值。目前,保护工作已全部完成,并建立了文物资料档案。在保护中,除采取原地加固的措施外,还进行了测绘、文字记录、照相、录像、拓片等资料收集。

3 搬迁保护项目

万州区搬迁保护的文物共7处,包括陆安桥、洄澜塔、万县旧城墙、刘氏坊、小周字库塔、瀼渡字库塔、岑公洞石刻,保存状况基本完好,适宜进行搬迁保护。为了保护和利用这些文物,发挥其最大的社会效益,经重庆市文物主管部门和区委、区府批准,与江南新区、青龙瀑布风景区进行资源整合,将洄澜塔、万县旧城墙、刘氏牌坊、小周字库塔、瀼渡字库塔、岑公洞石刻6处文物集中搬迁到江南新区南山公园和三峡中心医院急救中心文化休闲区内复建,陆安桥搬迁到青龙瀑布风景区复建。

搬迁至复建区的洄澜塔

搬迁前的刘氏坊

刘氏坊顶部

瀼渡字库塔

总占地面积9000平方米，总投资625.69万元，其文物状况如下：

（1）洄澜塔

原位于万州区长江南岸的原万县肉联厂院内的江边台地上，坐南朝北，建于清乾隆五十五年。该塔为仿楼阁式砖石结构，九层六边锥体形镇水塔。

洄泣澜塔的题刻、所建位置以及其塔名都表明了该塔为一风水塔，为镇水而建以保佑江上行船安全。该塔外形上造型优美，挺拔耸立在江边，塔身颜色黑白分明，引人瞩目，这种造型塔在川东地区具有一定的代表性。

（2）陆安桥

建于清同治十年，单孔石拱桥，全长41米，跨度32.4米，高17米，宽9米。该桥在渝东地区众多的石拱桥中最负盛名，最具价值。该桥已被收录在茅以升先生的《中国桥梁技术史》和英国李约瑟的《中国科学技术史》书中，具有较高的科学价值。

（3）瀼渡字库塔

建于清代，四层楼阁式石塔，塔身六边形，通高5米。始建年代不详，有关的资料甚少，在清《万县志》及民国二十六年的《万县志》中均无记载。

（4）小周字库塔

建于清同治年间，五级楼阁式石塔，宝瓶顶，塔身六边形，通高5米，宽2.4米。民国年间的《万县志》上未见对该塔的记载，根据当地村民的调查得知，该地在清朝时为万县、云阳县之间的官道，曾兴旺一时，寺庙题刻众多，后随着官道的改线而衰落，寺庙也败落废弃，后在20世纪六七十年代已被彻底拆毁。现只有字库塔及嘉庆年间的道路里程碑一通得以幸存。

根据塔身上所刻的文字，得知该塔建于同治八年，其目的是为文人处理写过字的纸张而建，是以命名为字库。该题刻的开篇即讲述了仓颉造字功，指出文字的重要性，所以为了体现文人对字的尊敬，不随便丢弃有字的纸张而特建该塔。此外，由于字库塔所对江面上礁石丛生，水流湍急，常有行船事故发生，所以当地人也认为该塔为保佑行船而建，以祈求行船平安。

（5）岑公洞石刻

为宋、明、清各代官员及游人的题记、诗刻，拟定将切割的石刻集中在三峡移民纪念馆内陈列。《万县志》记载："……岑公洞在县南南屏山下，广六十余丈，盖钟乳所结而成。隋末江陵岑道原避地隐居修道于此，因以为名……"

（6）万县旧城墙

万县旧城墙原位于原万州区龙宝移民开发区，南邻长江，北靠环城路，西傍苎溪河，其范围基本与清代老万县县城的位置相一致。建于清代乾隆五十三年，现存的石砌城墙为清代同治十三年重修。城墙原长620米，高6米。

据民国二十六年的《万县志》记载，明代中期前万县城墙仍系土筑，明万历三年因长江大水而使城坏，这以后万县始用石筑城。清代乾隆三十四年以后，万县城墙经多次修缮，形成了周长三百三十丈，高一丈五尺，辟三门的万县城墙。乾隆五十三年大水，又造成临江东南段城墙崩塌，五十四年重修时当时知县孙廷锦改题东、南、西三门分为朝阳、迎熏、瑶琨。因万县城虽然临江傍河，但城中缺水，又另置小西、小南两门，以备城中有火警时开启以便取水。万县旧城墙对研究古代城市建设具有重要价值。

搬迁至复建区的刘氏坊

（7）刘氏坊

原位于钟鼓楼办事处桑树4组，搬迁前被民居所包裹，保存状况较好，高程175米淹没线以下。建于清光绪元年（1875年）十二月仲冬月，坐东朝西，重檐歇山顶，占地面积100平方米，建筑面积36平方米，复建工程建筑面积36平方米。

该坊为仿木结构，三柱四顶。总高5米，宽4米，两侧有抱鼓，上刻"圣旨"二字，其四周是"二龙戏殊"，上额坊为"旌表节孝"，下额坊为"处士张绍武妻刘氏坊"，其左边"仲冬月达"，右边"光绪元年"。该牌坊制作精美，特别是梁枋和抱鼓采用圆雕，具有较高的文物价值和艺术价值，是整个万州保存下来的唯一一块清代石牌坊，在本地区的建筑艺术研究方面是少见的实物资料。

4 地面文物复建工程建设及完成情况

2002年底完成了陆安桥、洄澜塔、瀼渡字库塔、小周字库塔、岑公洞石刻、万县旧城墙的拆迁工作任务，刘氏牌坊于2006年6月拆除后异地复建。

2006年2月至2007年2月，对万州区5处文物复建工程分别进行公开招标，最终确定沈阳市故宫文物修复工程公司为洄澜塔工程实施复建单位，重庆巴人文化建筑公司为刘氏牌坊、瀼渡字库塔、小周字库塔工程实施复建单位，西安市文物修复中心为陆安桥工程实施复建单位。2006年年底完成了洄澜塔的复建工程，2007年2月完成了刘氏牌坊的复建工程，2008年7月完成了陆安桥的复建工程，瀼渡字库塔、小周字库塔也已于2010年年底完成，万县旧城墙的文物构建已得到了有效保护。

5 文物复建工程价值分析

万州区地面文物搬迁保护项目中，陆安桥搬迁至青龙瀑布风景区，既保留了原来的基础地形、地貌、气候条件、环境布局，也成为景区内重要的人文景观，两者相得益彰；洄澜塔作为长江沿岸原有的镇水塔，继续选择在江边的南山公园内复建，同时在公园内复建的还有刘氏牌坊，文物建筑在公益场所的复建使其原有的人文价值及社会状态得以保留，又可在公园内供游人参观浏览，在保护的基础上得到了进一步的利用，使其成为江南新区南山公园内一道亮丽的风景；瀼渡字库塔、小周字库塔复建在江南新区三峡中心医院的文化休闲区内，将与现有的文化景点石门等对公众开放。

万州区文物复建工程的兴建，是在保护的基础上，进一步发挥其再利用价值，它为活跃群众文化生活，提高群众的文化修养起到了积极的促进作用，也促进了万州区文化旅游事业的发展。

重庆市万州区地面文物保护成果一览表

序号	文物名称	时代	所在位置	保护方式	复建地点	完成状况	利用状况
1	岑公洞石刻	唐代	万州区	搬迁保护	万州区	已完成	已利用
2	洄澜塔	清代	万州区	搬迁保护	万州区	已完成	已利用
3	刘氏坊	清代	万州区	搬迁保护	万州区	已完成	已利用
4	陆安桥	清代	万州区	搬迁保护	万州区	已完成	已利用
5	万县旧城墙	清代	万州区	搬迁保护	万州区	已完成	已利用
6	瀼渡字库塔	清代	万州区	搬迁保护	万州区	已完成	已利用
7	小周字库塔	清代	万州区	搬迁保护	万州区	已完成	已利用
8	"南无阿弥陀佛"题刻	清代	万州区	原地保护		已完成	
9	碴口石题刻	清代	万州区	原地保护		已完成	
10	崇德桥	清代	万州区	原地保护（调整为留取资料）		已完成	
11	观音岩摩崖造像	清代	万州区	原地保护		已完成	
12	黄莲村乾隆年水文题刻	清代	万州区	原地保护		已完成	
13	黄莲村同治年水文题刻	清代	万州区	原地保护		已完成	
14	利济桥	清代	万州区	原地保护（调整为留取资料）		已完成	
15	马家溪摩崖造像	明代	万州区	原地保护		已完成	
16	驷马桥	清代	万州区	原地保护（调整为留取资料）		已完成	
17	团石板水文题刻	清代	万州区	原地保护		已完成	
18	万安桥	清代	万州区	原地保护（调整为留取资料）		已完成	

续表

序号	文物名称	时代	所在位置	保护方式	复建地点	完成状况	利用状况
19	五梁桥	清代	万州区	原地保护		已完成	已利用
20	武陵坠儿洞摩崖造像	唐代	万州区	原地保护		已完成	
21	西山钟楼	民国	万州区	原地保护		已完成	已利用
22	明镜桥	民国	万州区	留取资料		已完成	
23	天仙桥石刻	明代	万州区	留取资料		已完成	
24	武陵水文题刻	清代	万州区	留取资料		已完成	

五 重庆市石柱县

根据三峡工程文物保护规划，石柱县共涉及地面文物保护项目11处，其中，留取资料项目4处，原地保护项目2处，搬迁保护项目5处。完成情况如下：

1 留取资料项目

石柱县留取资料项目4处，包括西沱镇云梯街、禹王宫、沿溪镇崔绍和民居，古衙署，于1999年由北京建筑工程学院完成了相关的资料留取工作，现已完成资料汇总并建立了文物资料档案。

同时根据云梯街项目的工作进度安排，在西沱镇举办了"重庆库区地面文物保护（古建筑部分）培训班"，为库区各相关单位培养了一批具有古建保护专业技能的工作人员，此批学员在以后的库区地面文物保护工作中发挥了重要作用。

2 原地保护项目

石柱县原地保护项目2处，包括沿溪镇福尔岩摩崖造像、西沱镇陈家和水文石刻，于2000年由中国文物研究所及重庆三峡地质工程技术有限公司完成了基础调查、资料收集、方案设计等原地保护性工作，现已将资料汇总并建立文物资料档案。

下盐店

云梯街

云梯街

云梯街中段俯瞰下段及长江

云梯街中上段屋顶

衙门街看云梯街中上段

云梯街173号民居后部绣楼

3 搬迁保护项目

石柱县搬迁保护项目5处，包括沿溪镇二圣宫、西沱镇下盐店、南龙眼桥、北龙眼桥、永成商号，它们保存状况基本完好，适宜进行搬迁保护。文物及完成状况如下：

（1）下盐店

原位于石柱县西沱镇云梯街下段胜利街5号，县级文物保护单位，高程160米，撤迁前为西沱区粮站，保存较为完好。为清代举人杨氏家族的住宅，坐东向西，四合院天井式布局，建筑群占地面积1400平方米。

该建筑作为渝东地区清代民居建筑的代表，巧借长江之景，实依巴盐古道云梯街向山顶延伸之势，顺山势地貌而布局，将店铺、库房、住宅、天井、亭楼、花园、水井等建筑按其功能的需要，形成高低错落、屋宇重叠之势；同时，将渝东南的穿斗构架民居建筑的实用性与江南徽派民居布局文人气息相结合，整个院落洋溢着独特的商贾与文人气息，建筑构件雕刻十分精美，建筑造型及色彩独具特色，清新古朴，均为当地民间建筑艺术的典型代表。

（2）二圣宫

原位于石柱县西沱区沿溪镇沿溪村，县级文物保护单位，高程155米，撤迁前为沿溪小学,大部分被改建,仅存正殿为原建筑,原戏台下入口通道仍保留,始建于明代,坐东向西,合院式建筑,建筑群占地面积900平方米。

该建筑的布局形制具有沿江地区祠庙建筑的典型传统。其建筑群为合院,各座建筑均对内院开敞廊,总平面为口字形,外围硬山小青瓦顶砖墙,由此形成外封闭内开敞的格局。二圣宫原建筑的格局保存较为完整,造型气势大,可作为土家族地区祠庙建筑传统做法的代表。沿溪镇老街上,商铺集中,庙宇众多,码头繁盛,在历史上是石柱县通往外界的主要通商口岸之一;该建筑位于石柱县与忠县复兴镇交界之处沿溪镇的长江岸边,是当地与外地客商汇集之处,具有会馆之用。

(3)永成商号

始建于清代,位于石柱县西沱镇云梯街下段胜利街46号,县级文物保护单位,高程170米,建筑群占地面积520平方米。

1941年,中国共产党在西沱成立"和成商号",经营米粮、油、盐,为党筹集经费,负责忠县、丰都、万州、石柱四区县边区党组织的交通联络。1944年"和成商号"扩迁,原址办了"永成商号",作为中国共产党川东地下组织的联络站,党在此坚持了九年地下革命活动。永成商号作为革命纪念建筑,对于研究四川地区中国共产党的活动有重要意义。

该建筑为西沱镇典型的"前店后堂"式布局,其前部为商铺,后有4.5米见方的天井,正厅三开间两厢房各一间,穿过正厅达后院,结构为穿斗排架,单檐悬山,小青瓦顶,前檐柱为方形石柱,柱基础造型古朴,廊步花板木雕精细,颇有特色,其建筑形式可为当地商铺与民居建筑的典型代表。

(4)南、北龙眼桥

原位于石柱县西沱镇云梯街下段南侧的小溪上,两桥相对映,建于清代,为单拱石桥,县级文物保护单位,海拔142米。

云梯街宛如下江巨龙,沿山脊向下,清代即在街下段南北侧各建一单拱石桥,以作"巨龙"眼睛,取名"龙眼桥"(即南龙眼桥和北龙眼桥)。两桥面积分别25、22平方米,占地面积160平方米,桥身保存较好,仅台阶石因年久失修有走闪位移。

两桥造型极为普通,本身的艺术价值也不高,但在历史文化名镇西沱云梯街(也称龙街)整体布局所处的位置极为重要,对云梯街靠长江码头的龙头有画龙点睛之用。云梯街这条龙街如果少了这两座桥,下山巨龙的象征意义就不复存在了。由此,龙眼桥成为极为重要的人文景观,是云梯街不可分割的一部分。

4 搬迁保护项目完成情况

完成了沿溪镇二圣宫、西沱镇下盐店、南龙眼桥、北龙眼桥、永成商号地面文物搬迁项目资料收集、地质勘察、规划设计等前期准备工作及文物建筑拆除工程,但由于当地政府多次变更复建地址,项目复建工作相对滞后。目前,当地政府为使国家历史文化名镇西沱古镇得到更有效的利用,根据西沱古镇当地保护规划的要求,经批准已将以上文物在西沱古镇云梯街复建。

5 地面文物价值分析

在石柱县三峡工程库区受淹的地面文物中,位于西沱镇的民居群最具特色。具有久远历史及独特空间环境的云梯街,一反传统山区街道平行于等高线布局的格局,而沿山脊走向布置,构思独特,青灰屋顶,层层叠落,这样的老街在国内少有,有较高的文化价值。

除沿溪镇二圣宫外,其余迁建的地面文物

均属于国家历史文化名镇西沱古镇的重要组成部分。建筑群具有很强的历史典型性和鲜明的地方特色，能够比较全面地反映西沱镇的历史面貌，代表西沱镇的个性特征。以依山而建、盐道商镇和独特的土家建筑风格形成，风貌独特，可谓巴渝一绝。其从布局形式、兴起原因、建筑风格等方面，直观地反映了西沱镇甚至整个石柱县土家族人民的价值观念、生产方式、组织机构、人际关系、风俗习惯，是进行社会科学、自然科学和综合研究的重要实物资料。

石柱县地面文物的搬迁复建，将西沱古镇云梯街下端重要部分建筑保存下来，保证了西沱古镇的完整性。同时，在保护的基础上进行了合理利用，为三峡库区文物保护与利用提供了一条新途径，为研究长江南岸明清建筑技术保留了珍贵的实物资料。

重庆市石柱县地面文物保护成果一览表

序号	文物名称	时代	所在位置	保护方式	复建地点	完成状况
1	北龙眼桥	清代	石柱县	搬迁保护	石柱县	已完成
2	二圣宫	明代	石柱县	搬迁保护	石柱县	已完成
3	南龙眼桥	清代	石柱县	搬迁保护	石柱县	已完成
4	下盐店	清代	石柱县	搬迁保护	石柱县	已完成
5	永成商号	清代	石柱县	搬迁保护	石柱县	已完成
6	陈家和水文石刻	清代	石柱县	原地保护		已完成
7	福尔岩摩崖造像	晚唐	石柱县	原地保护		已完成
8	古衙署	清代	石柱县	留取资料		已完成
9	崔绍和民居	清代	石柱县	留取资料		已完成
10	禹王宫	清代	石柱县	留取资料		已完成
11	云梯街	清代	石柱县	留取资料		已完成

六　重庆市忠县

按照三峡文物保护规划，忠县的地面文物保护项目共计19处，其中，留取资料项目8处，原地保护项目6处，搬迁保护项目5处，搬迁复建面积3241平方米。文物及保护状况如下：

1　留取资料项目

忠县地面文物保护留取资料项目共8处，包括洋渡王爷庙、萧公庙、永兴王爷庙、洋渡老街、皇华城遗址、巴王庙、陈一伟民居、烈女滩石刻。由重庆市文物局委托北京建筑学院对这些文物采取了文字记录、测绘、拍照等留取资料方式的保护，并将资料汇总，建立了相应的文物档案。

2　原地保护项目

忠县原地保护项目共5处（石宝寨除外），包括观音岩摩崖造像、龙滩河摩崖造像、汪家院子洪水题刻、鸣玉溪石刻和斜石盘洪水题石。这些文物的保存现状基本完整，具有一定文物价值，中国文物研究所及重庆三峡地质工程技术有限公司负责并完成了基础调查、资料收集、方案设计等。在保护中，除采取原地加固的措施外，还进行了现场测绘、文字记录、照相、拓片等资料收集，在蓄水淹没后还进行了项目回访、保护状况调研等工作，现已完成资料汇总并建立了相应的文物资料档案。

3 搬迁保护项目

忠县搬迁保护文物共5处，包括丁房阙、无铭阙、老官庙、关帝庙、太保祠，保存状况基本完好。为了使这些文物得到更有效的利用，根据规划的要求，将这些文物集中迁建至忠县白公祠景区内，搬迁复建面积3241平方米。其文物状况如下：

（1）丁房阙

丁房双阙原址位于忠县忠州镇人民路，为东汉后期所建的石阙，距今已有1800余年，是我国现存汉阙之最，系全国重点文物保护单位，保存较好，形制完整，石质结构稳定，原址处于三峡水库淹没线175米以下，2003年2月搬迁至忠县忠州镇白公路52号白公祠内。

双阙分立东西，高约6.26米，东阙附有耳阙，西阙现无耳阙，两阙相距2.46米，主阙顶盖与相邻的隔墙紧连，两阙均有高层建筑保护，是我国现存汉阙之所见阙上有重檐屋顶，两层之间双层石块堆砌的汉阙。东阙下刻有明万历年间、清康熙及道光年间贺国祯、武吴有簏等人的祠铭。丁房阙东阙文字装饰有"明万历丙辰巴国忠祠铭""清乾隆三十六"；浮雕装饰兽2个，情景浮雕装饰2组仙女乘鹿图、谒见图等，人物故事图案对称；立体装饰兽1个、角神4个，以人物为主；顶盖有装饰椽子、连檐、瓦当、瓦垅、四脊，椽子作辐射形排列，浮雕装饰纹样有菱形纹、花鹤图纹、麒麟图纹、叠浪形纹、斗拱形纹、鸳鸯交手拱形纹，东阙脊顶塑有一球古刹。西阙由阙身、腰

搬迁至白公祠文物复建区的丁房阙（左一、左二）、无铭阙（右一）

檐、阙楼、阙顶灯9块石构件组成，构件和刻饰与东阙大致相同。丁房双阙年代久远，形制巍峨挺拔，雕刻精美，是我国汉阙中不可多得的宝贵实物资料。

（2）无铭阙

无铭阙原址位于重庆市忠县忠州镇顺溪村，已有1600多年的历史，是峡江地区发现的重要汉代石阙之一，原址处于三峡水库淹没线175米以下，2003年2月搬迁至忠县白公祠内，系全国重点文物保护单位。

该阙建于东汉晚期，当地人称"宝塔子"。主阙由阙基、阙身、一楼、腰檐、二楼、顶盖六部分组成。据县志记载，汉阙原对立在忠贞祠门前，高二丈，阙上雕刻精致巧妙，尤以人物最好。左阙上原刻有"汉丁房"三字，因风雨侵蚀，已不易辨别。阙身无文字装饰，浮雕装饰有白虎纹图，立体装饰角神像3个，球形立体装饰2个，动物立体装饰像2个。角神人物装饰生动，一者为男性，双手托住上方枋头；一者着衣履，右手支头，肘撑膝上，左手抚膝，左肩承枋头。腰檐装饰有椽子、连檐、瓦当、瓦垅、四脊等，椽子作扇形排列。铺首立体纹饰生动，正面不露双足，背面刻出臀部和尾。顶盖有装饰椽子、连檐、瓦当、瓦垅、四脊，椽子作辐射形排列，浮雕装饰纹样有菱形纹、花鹤图纹、麒麟图纹、叠浪形纹、斗拱形纹、鸳鸯交手拱形纹，左阙脊顶塑有一球古刹。无铭阙年代久远，形制巍峨挺拔，雕刻精美，是汉代石阙中不可多得的宝贵实物资料。

（3）老官庙

老官庙原址位于忠县忠州镇西山路76号，系县级文物保护单位，建于清代，占地面积1361.73平方米，建筑面积829.5平方米，2006年拆迁复建于白公祠景区内。老官庙为忠县规模较大、保存较为完好的祠庙建筑群，可作为渝东官式建筑的代表，建筑为四合院式布局，高大的墙垣对外封闭，对内开敞。此组建筑利用地势起伏，总平面呈梯形，也为一特色，建筑分别建在3个平台上，屋顶依然连贯流畅。此组建筑特别突出的是石制构件，柱础花样变化繁多，正殿前檐整石石柱高5.6米，650毫米×650毫米断面，四角作瓜棱，其下的柱础高700毫米，800毫米见方，纹饰精细，有代表性，是研究地方建筑史的重要实物。

（4）关帝庙

关帝庙位于重庆市忠县瞿井镇顺溪村，系县级文物保护单位，建于清代嘉庆年间，总建筑面积830平方米，占地面积1000平方米，2005年在白公祠复建。

关帝庙祭祀关羽，也称关爷庙，建筑群保存完整，坐北朝南，入口为牌坊式门，进门通道上方即戏台，在本地祠庙建筑中较少有；戏台歇山顶，抬梁架，柱下有龟形柱础，较少见，两侧各有耳房与厢房相连；正殿建在1.8米高的台基上，面阔13.3米，进深8.4米，高7.3米，抬梁式构架；山墙为弓形封火墙，台基踏跺八级，且宽于明间面阔，使建筑更为气派，为研究地方建筑史的重要实物。

复建后的忠县大保祠

（5）太保祠

太保祠原址位于忠县城西鸣玉溪斜石盘上，忠州镇太保路中段，建筑面积140平方米，占地面积580平方米，2006年复建于白公祠景区内。

太保祠为纪念明末著名女将秦良玉而建，明代在此有秦氏宗祠。清宣统三年，县人秦家模修，其子秦嵩年于民国十三年（1924年）重修。因福州南明王隆武帝加封秦良玉为太子太保忠贞侯，故民国时将秦氏宗祠改名称为太保祠。太保祠是典型的三峡古建筑，具有重要的实物资料价值和祠庙建筑形制的研究价值。

4 白公祠复建区工程建设及完成情况

2002年，完成了二期移民阶段拆迁工作任务。2003年，开始面向全国公开招投标选择复建施工队伍，于2006年全面完成地面文物主体复建工程任务，同时，委托河南东方文物建筑监理有限公司对本工程实施全程旁站式监理，委托重庆华运虫害防治技术研究所负责对该工程所有文物构件实施全面防虫防腐保护，并开展了配套工程建设。目前，已全面竣工，并向社会开放。

张忠培（中）、黄克忠（左一）、傅连兴（右一）在白公祠考察三峡文物

5 白公祠复建区价值分析

忠县白公祠复建区的建成，将当地传统的建筑风格和富有地方特色的文化内涵集中保护了下来。这种保护是建立在广泛利用基础上的保护，它为当地的文化事业发展和弘扬传统文化汇聚了能量，拓展了空间。

重庆市忠县地面文物保护成果一览表

序号	文物名称	时代	所在位置	保护方式	复建地点	完成状况	利用状况
1	丁房阙	汉代	忠县	搬迁保护	忠县	已完成	已利用
2	关爷庙（关帝庙）	清代	忠县	搬迁保护	忠县	已完成	已利用
3	老官庙	清代	忠县	搬迁保护	忠县	已完成	已利用
4	太保祠	清代	忠县	搬迁保护	忠县	已完成	已利用
5	无铭阙	汉代	忠县	搬迁保护	忠县	已完成	已利用
6	观音岩摩崖造像	明代	忠县	原地保护		已完成	
7	龙滩河摩崖造像	唐代	忠县	原地保护		已完成	
8	鸣玉溪石刻	南宋	忠县	原地保护		已完成	
9	石宝寨	清代	忠县	原地保护		已完成	已利用

续表

序号	文物名称	时代	所在位置	保护方式	复建地点	完成状况	利用状况
10	汪家院洪水题刻	南宋	忠县	原地保护		已完成	
11	斜石盘洪水石刻	明代	忠县	原地保护		已完成	
12	巴王庙	清代	忠县	留取资料		已完成	
13	陈一伟民居	民国	忠县	留取资料		已完成	
14	皇华城遗址	南宋	忠县	留取资料		已完成	
15	烈女滩石刻	清代	忠县	留取资料		已完成	
16	萧公庙	清代	忠县	留取资料		已完成	
17	洋渡老街	清代	忠县	留取资料		已完成	
18	洋渡王爷庙	清代	忠县	留取资料		已完成	
19	永兴王爷庙	清代	忠县	留取资料		已完成	

七　重庆市丰都县

按照三峡文物保护规划，丰都县的地面文物保护项目共计19处，其中，留取资料项目6处，原地保护项目7处，搬迁保护项目6处，搬迁复建面积5087平方米。其保护状况如下：

1　留取资料保护项目

丰都县留取资料的文物共计6处，包括陈公馆、李家大院、龙床石石刻、陶家大院、吴家大院和延生堂。这些文物状况较为残破或不适宜进行原地保护和搬迁保护，为体现重点保护的原则，对这些文物采取了文字记录、测绘、拍照等留取资料形式的保护。目前，资料已全部留取完毕，并将资料汇总，建立了文物档案。

2　原地保护项目

丰都县原地保护的文物共计7处，包括大佛面石刻、二洞桥石刻、凤凰嘴石刻、观音滩石刻、渌水池石刻、双寿桥、一洞桥石刻。它们保存现状基本完整，具有一定的文物价值，属于不易搬迁的文物。在保护中，除采取原地加固的措施外，还进行了测绘、文字记录、照相、录像、拓片等资料收集。目前，保护工作已全部完成，并建立了文物资料档案。

3　搬迁保护项目

丰都县共有搬迁保护文物6处，它们具有一定的文物价值，保存状况基本完好，适宜进行搬迁保护。为使这些文物得到更有效的利用，根据规划的要求，将这些文物集中迁建于丰都名山镇双桂街道小官山的名山风景区内，形成占地面积20001平方米、复建面积7669.41平方米的文物复建区，总投资1450.61万元。其文物状况如下：

（1）王家大院

原位于丰都县名山镇中山路129号，拆迁前被居民占用，保存较为杂乱，高程在175米淹没线以下。建于清代，坐南向北，一进三重院落，占地面积1328平方米，建筑面积1148平方米，复建工程建筑面积1248平方米。

该建筑皆为穿斗抬梁式木结构建筑，风格统一，特点鲜明，雕刻工艺精湛，是一座典型的川东民居。四周以高大的封火山墙为屏障，又于四角各壁出四个小门和主体院落形成有机的结合，布局别致灵活，是颇具峡江地方传统特色的三重堂院落。所遗存的门窗棂花，装修工艺精美，堪称上乘之作；其民居的总体布局和主体建筑结构基本上完整地保存了下来；在本区域民居建筑艺术研究方面具有较高价值。

（2）周家大院

原位于丰都县名山镇平都路，拆迁前为六户居民居住，房屋之间用木板做分隔，前檐装修大部已毁，部分建筑构件被拆除，内部被随意改变，民居的原貌被严重毁坏，高程在175米淹没线以下。建于清代，坐北向南，平面呈长方形，为二进院落，占地面积1008平方米，建筑面积567平方米，复建工程建筑面积740平方米。

该建筑无雕刻装饰，形制保存完整，抬梁穿斗式木结构建筑，具有浓郁的川东民居特点。在布局上采用毗连式，将中轴线上各厅与两侧厢房以横枋和檩木连为一个整体。在天井四角只以四根檐柱将前后厅左右厢房的前廊围成回形走廊，颇为奇巧，面积较小的天井增加了四周的透空感。在川东晚清民居建筑实例中，独具一格。

（3）卢聚和大院

原位于丰都县名山镇中华路，拆迁前被多户居民占用，环境恶劣，院内被随意改变，部分建筑或构件拆除，电线乱搭乱扯，直接危害了该院的正常生存环境，高程在175米淹没线以下。建于清代，为清代官吏卢氏宅邸，分为上、中、下三院，呈一字排列，保存较为完整，布局紧凑，是一座典型的川东民居，总占地面积5805平方米，建筑面积4027平方米，复建工程建筑面积3060平方米。

该民居坐北向南，为东西并排三组院落，

丰都小官山古建筑群复建区

上院、中院进深为三重堂庭院，下院为祠堂，均为穿斗与抬梁式混合木构架，院落皆以高大的封火山墙隔围，山墙开门连通。卢聚和大院是丰都县最具代表性的士大夫宅第，规模之宏大，保存之完整，比较罕见。并排三组院落皆采用沿进深布置数重庭院的组合方式，体现了我国传统的宗法思想及建筑布局原则，既适应了封建士大夫礼制规则，又满足了人们衣食住行的要求，具有浓厚的地方特色，是研究川东长江沿岸清代民居建筑风格演变难得的实物资料。

（4）天佛寺

原位于丰都县名山镇西门路，坐北朝南，背靠双桂山，前瞰长江，高程在175米淹没线以下。据黄洵《改建天佛寺》记载，该寺原名天福寺，远在县城西郊，后毁于兵燹，明嘉靖庚子年（1540年）改建于此，明万历十二年（1584年）重修，占地面积602平方米，复建面积668平方米。

该寺创建于明代，分为山门、前殿、后殿及左右厢房，建筑皆为悬山式穿斗木结构，两厅均用抬梁与穿斗相结合的建筑形式,是丰都境内现存古代木结构建筑中绝无仅有的明代木构实例。殿内铁佛、佛台等附属文物历史、科学、艺术价值较高。在峡江地区古寺庙建筑艺术研究方面,是难得的具有地方特点的实物资料。

(5)秦家大院

原位于丰都县高家镇关田沟村,为清代举人秦香圃之住宅。由于后期的改动、乱建,导致秦家大院布局产生了较大程度的破坏,占地面积1573平方米,建筑面积1031平方米,复建工程建筑面积1682.6平方米,高程在175米线以下。

整座大院雕刻精致,具有浓厚的地域特色,沿袭当地民居构作的传统,可作为民居建筑艺术研究的实物资料。

(6)会川门

原位于丰都县名山镇下河街,又名"管驿门",建于明代天顺年间(1497—1464年),高程在175米淹没线以下。占地面积500平方米,建筑面积460平方米,复建工程建筑面积270平方米。会川门及所连残段城墙,是丰都县唯一留下的古城池遗物,是了解川东丰都古城池建置、结构及历史的实物资料。

4 小官山古建筑群复建区工程建设及完成情况

2002年9—12月,完成了二期移民阶段秦家大院、天佛寺、会川门、周家大院的拆迁工作任务,拆除面积6540平方米。

2004年12月—2005年8月,顺利完成了三期移民阶段卢聚和大院、王家大院的拆除工作任务,拆除面积5179平方米。

2006年4月,丰都六处文物复建工程面向全国公开招投标,最终确定重庆市园林建筑工程(集团)有限公司、西安文物保护修复工程公司、重庆市奇正建设(集团)有限公司、北京房修二古代建筑工程有限公司为该工程实施复建单位,并于同年5月20日正式开工复建。整个复建工程分三个标段:一标段(周家大院、王家大院)由重庆园林建筑工程(集团)有限公司承建,二标段(秦家大院、天佛寺、会川门)由西安文物保护修复工程公司和重庆奇正建设(集团)有限公司承建,三标段(卢聚和大院)由北京房修二古代建筑工程有限公司承建。同时,委托河南东方文物建筑监理有限公司对本工程实施全程旁站式监理,委托重庆华运虫害防治技术研究所负责对该工程所有文物构件实施全面防虫防腐保护。2007年12月底,完成六处地面文物主体复建工程,并通过了重庆市文物局组织的专家验收。目前,已正式向社会开放。

5 小官山古建筑群复建区价值分析

丰都小官山古建筑群是丰都历史的重要组成部分,是反映峡江地区古代民居的重要实物资料。该组搬迁文物建筑所携带的历史信息包含了从意识形态、人类审美趣味到社会生产力水平、经济条件等多方面的、多层次的广泛内容。这种历史信息的广泛内涵,使文物建筑不仅具有美学价值,而且还具有社会学、民俗学、经济学、考古学及宗教、政治、美学等多重价值。与此同时,这些文物建筑还表述了造就他们的那个时代的物质内容,如木材加工、制砖技术、测量技术、运输技术以及社会经济状况等多方面、多层次的信息内容。老街店铺、民居中的每一次改动、每一道痕迹都是人类发展变迁的历史证明。

由于建造环境、气候条件、建筑材料等的限制,丰都民居不像北方民居那样隆重深厚,而是另有一种淡雅清新的气质。门窗、梁枋上雕刻精湛,原色的木构件、灰瓦、白墙配以绿树、青阶,加之内向性的天井庭院安静祥和,使之更有一份南国的诗情画意。民居的隔扇门窗及栏杆除采用简洁明快的正方格图外,还多饰有浮雕,内容多为人物造型或寓意吉祥的花鸟走兽。檐下斜支撑大量使用镂空的透雕手法,动植物巧妙附刻其上,造型栩栩如生,庞大的建筑群没有一处雕刻是重复的。其木雕工艺之精致,图案纹饰之丰富,令人赞叹不已。屋脊采用当地烧制的多种反映民风民俗的艺术雕刻瓦件,活泼生动,多姿多彩。

中国民居建筑的形式和发展主要受到社会因素和自然因素两个方面的影响,社会因素包括社会生产力、社会意识、民族差异、宗教信仰和风俗习惯等,自然因素主要包括地理位置、地形地貌、气候条件、材料资源等。从这些方面着手对丰都民居进行研究,丰都民居一方面具有与中国其他地方民居相通之处,即以纵轴线为主,横轴线为辅来组织建筑及空间,中轴线对称,沿纵深方向展开空间,强调庭园和内庭的作用。另一方面,丰都民居作为川东民居的重要组成部分,为典型的西部民居,具有鲜明的地方特色:讲究对称;地面高差随地形、地势变化较多;外墙多为厚重的石墙,而内部隔扇则多为木门、木窗,门窗雕刻精美;空间较通透;木构件采用穿斗式等。这些搬迁文物建筑的形式是根据环境的不同,科学地灵活运用的典范。

丰都小官山古建筑群复建区的建成,将丰都传统的建筑风格和富有地方特色的文化内涵集中保护了下来。这种保护是建立在广泛利用基础上的保护,它为三峡文化事业的发展和弘扬传统文化汇聚了能量,拓展了空间。

重庆市丰都县地面文物保护成果一览表

序号	文物名称	时代	所在位置	保护方式	复建地点	完成状况	利用状况
1	会川门	明代	丰都县	搬迁保护	丰都县	已完成	已利用
2	卢聚和大院	清代	丰都县	搬迁保护	丰都县	已完成	已利用
3	秦家大院	清代	丰都县	搬迁保护	丰都县	已完成	已利用
4	天佛寺	明代	丰都县	搬迁保护	丰都县	已完成	已利用
5	王家大院	清代	丰都县	搬迁保护	丰都县	已完成	已利用
6	周家大院	清代	丰都县	搬迁保护	丰都县	已完成	已利用
7	大佛面石刻	明代	丰都县	原地保护		已完成	已利用
8	二洞桥石刻	清代	丰都县	原地保护		已完成	
9	凤凰嘴石刻	清代	丰都县	原地保护		已完成	
10	观音滩石刻	明代	丰都县	原地保护		已完成	
11	渌水池石刻	明清	丰都县	原地保护		已完成	
12	双寿桥	清代	丰都县	原地保护		已完成	
13	一洞桥石刻	清代	丰都县	原地保护		已完成	
14	陈公馆	近现代	丰都县	留取资料		已完成	
15	李家大院	清末	丰都县	留取资料		已完成	
16	龙床石石刻	南宋	丰都县	留取资料		已完成	
17	陶家大院	清末	丰都县	留取资料		已完成	
18	吴家大院	清末	丰都县	留取资料		已完成	
19	延生堂	民国	丰都县	留取资料		已完成	

八　重庆市涪陵区

按照三峡文物保护规划，涪陵区的地面文物保护项目共计25处，其中，留取资料项目3处，原地保护项目20处（含白鹤梁水文题刻原址水下保护工程，另8处桥梁调整保护方式为留取资料），搬迁保护项目2处。具体保护状况如下：

1　留取资料项目

涪陵区留取资料的文物共计3处，包括乐生堂、邱寿安旧居和玉泉井。这些文物状况较为残破或不适宜进行原地保护和搬迁保护，为体现重点保护的原则，对这些文物以文字记录、测绘、拍照等形式进行了资料留取。目前，资料已全部留取完毕，现已汇总并建立了文物档案。

2　原地保护项目

涪陵区原地保护的文物共计19处，包括石板溪题刻、溪下角题刻、韩家沱洪水题刻、木瓜洞洪水题刻、大东溪洪水题刻、白洞溪洪水题刻、马颈子题刻、雷劈石题刻、庚申题刻、猴子崖题刻、义和桥、永顺桥、望澜桥、同心桥、志益桥、散心桥、凤阳桥、龙济桥、安澜桥。它们的保存现状基本完整，具有一定的文物价值，属于不易搬迁的文物。在保护工程中，除采取原地加固的措施外，还进行了测绘、文字记录、照相、录像、拓片等资料收集。目前，保护工作已全部完成，并建立了文物资料档案。

其中，义和桥、永顺桥、望澜桥、同心桥、志益桥、散心桥、凤阳桥、龙济桥8处桥梁，因为保存环境、使用功能、构件强度、施工难度、资金缺口等原因，经重庆市文物局组织专家现场踏勘，在充分研究论证的基础上建议调整保护方式为留取资料，并上报国务院三峡建委办公室。

安澜桥系涪陵区唯一的一座采用原地保护方式的桥梁，因其施工复杂，就文物状况作如下说明：

安澜桥位于涪陵区西25公里处的蔺市镇竹

蔺市文庙搬迁

蔺市文庙搬迁

蔺市文庙搬迁

村与龙桥街道办事处石塔村交界的青溪河口,海拔169米。始建于清咸丰六年(1851年),东西向,为纵联式单孔无铰实肩凸面桥,全长75.83米,宽7.3米,高21.04米,拱跨度15.62米,拱高13.33米,建筑面积553.6平方米,占地面积768.76平方米。

桥孔用青砂石发券。桥面中央高出于两端四级台阶。桥中央栏板南侧有石雕龙头,北侧为龙尾。桥拱顶部南侧自左至右刻有"近桥两岸熟土各宽留数丈以作桥基,子孙世代昌炽",北侧自左至右刻有"禁止桥上一带石坝不准打粮食,违者罚款一串,绝不奉情",北侧刻有"禁止两岸熟土各宽留数丈以作桥基,子孙世代发炽",桥栏东西两端各有石狮一对。在桥的西北侧距桥10米处有一长方形石碑,碑文为民国二十四年"补葺安澜桥记"。

2006年5月,在有关部门的指导和监督下完成了对安澜桥原址保护工程的招投标工作,并选定工程施工单位。原地保护工程于6月26日开工,10月31日安澜桥原地保护工程基本完工;11月8日,由业主单位会同监理、施工方共同对安澜桥原地保护工程进行了初步验收,对存在的不足提出了整改意见。本工程未出现质量事故,无功能缺陷和质量缺陷。各分部、分项工程合格率100%,符合并满足设计及合同要求,质量达到优良级。

安澜桥在历史上曾是沟通涪渝的交通要道,它的建成,对于促进涪陵地方经济的发展有相当积极的作用,因而具有一定的历史价值。

与龙门桥相似,安澜桥的建桥技术也具有较高的水平,是本地区同类石拱桥中的佼

安澜桥

佼者。桥上"近桥两岸熟土各宽留数丈以作桥基"的题刻,说明当时就对保护桥基有清醒的认识,表现出较高的科学价值。安澜桥整体造型优美,细部处理精致,具有一定的艺术价值。

3 搬迁保护项目

按照三峡文物保护规划,涪陵区共有搬迁保护文物2处,它们具有一定的文物价值,保存状况基本完好,适宜进行搬迁保护。其状况如下:

（1）龙门桥

原位于涪陵区西22公里处的蔺市镇西头梨香溪河口,海拔171米。龙门桥因桥下河滩群鲤争跃上游而得名。桥始建于清光绪元年（1875年）,历时十三载方告完工。该桥为纵联三孔无铰实肩平桥,东西向,全长167.18米,宽9米,高20.7米,跨度31.1米,拱高13.3米,桥栏高1.1米,建筑面积1504.62平方米,占地面积2229.6平方米。

龙门桥造型优美,在装饰艺术处理上有较高水平,除分设于桥两端和中央的三座功德及贞节石坊（现已被拆除）之外,桥南侧中心位置靠桥栏处还有一个呈三节葫芦状的石雕宝瓶,瓶高1.5米。宝瓶背后的桥栏上刻有楷书"龙门"二字。在宝瓶两侧不远处对称布置了一雌一雄石雕龙头,两条龙尾对应伸出桥栏北侧。雌龙头高3.4米,尾高3.5米,径粗0.65米;雄龙头高3.1米,尾高3.1米,径粗0.6米。两龙头、尾各伸出桥栏约1.7米。另外,在桥的东西两端还有一组石狮、石象,均已残损。

龙门桥地处交通要道,工程浩大,历时十三载方告竣工。一方面说明了当时建桥的艰辛,另一方面也说明了人们对建桥的渴望和决心。龙门桥的历史价值也由此得以充分地体现出来。百余年来,龙门桥经受了无数次风雨侵袭和洪水冲击,依然巍然屹立,坚固如初。这足以证明其建桥技术已经达到相当高的水准,具有较高的科学价值。这座石拱桥的艺术价值主要体现在其整体造型与细部雕饰的完美结合方面。桥上的石雕刻工精致、栩栩如生,与桥身的端庄厚重形成鲜明对比,有画龙点睛之效,无喧宾夺主之嫌,使原本无生命的石拱桥焕发出勃勃生机。在满足使用功能的同时,又给人以艺术美的享受。

（2）蔺市文庙

原位于蔺市镇东南街上,海拔173米。始建于清光绪七年（1881年）,南北向,由正殿和山门构成四合院布局。正殿为穿斗式结构,三穿四柱,通高9米,面阔五间（20.32米）,进深三间（8.6米）。山门面阔三间,进深一间,通高7米。文庙四周有墙环绕,院内原有戏台及泮池,建筑面积240平方米,占地面积410平方米。

蔺市文庙不仅是涪陵地区为数不多的文庙建筑的仅存者,而且是整个三峡工程淹没区内唯一幸存的格局完整的文庙建筑。它在研究三峡地区清代文庙建筑的形制和格局的演化发展等方面都有重要的参考意义,具有较高的历史价值。

这座文庙在建筑上将涪陵地区民间建筑技术与文庙特殊建筑格局相结合,既满足了使用要求,又表现出鲜明的地方文化特征。在建筑设计上具有一定的科学价值。内部装修及外部装饰既简洁明快,又极富装饰性,具有较高的艺术价值。

重庆市涪陵区地面文物保护成果一览表

序号	文物名称	时代	所在位置	保护方式	复建地点	完成状况	利用状况
1	蔺市文庙	清代	涪陵区	搬迁保护	涪陵区	已完成	
2	龙门桥	清代	涪陵区	搬迁保护	涪陵区	已完成	已利用
3	安澜桥	清代	涪陵区	原地保护		已完成	已利用
4	白洞溪洪水题刻	清代	涪陵区	原地保护		已完成	
5	白鹤梁题刻	唐代	涪陵区	原地保护		已完成	已利用
6	大东溪洪水题刻	清代	涪陵区	原地保护		已完成	
7	凤阳桥	清代	涪陵区	原地保护（调整为留取资料）		已完成	
8	庚申题刻	明代	涪陵区	原地保护		已完成	
9	韩家沱洪水题刻	清代	涪陵区	原地保护		已完成	
10	猴子崖题刻	清代	涪陵区	原地保护		已完成	
11	雷劈石题刻	清代	涪陵区	原地保护		已完成	
12	龙济桥	清代	涪陵区	原地保护（调整为留取资料）		已完成	
13	马颈子题刻	清代	涪陵区	原地保护		已完成	
14	木瓜洞洪水题刻	清代	涪陵区	原地保护		已完成	
15	散心桥	明代	涪陵区	原地保护（调整为留取资料）		已完成	
16	石板溪题刻	清代	涪陵区	原地保护		已完成	
17	同心桥	不详	涪陵区	原地保护（调整为留取资料）		已完成	
18	望澜桥	清代	涪陵区	原地保护（调整为留取资料）		已完成	
19	溪下角题刻	民国	涪陵区	原地保护		已完成	
20	义和桥	不详	涪陵区	原地保护（调整为留取资料）		已完成	
21	永顺桥	清代	涪陵区	原地保护（调整为留取资料）		已完成	
22	志益桥	清代	涪陵区	原地保护（调整为留取资料）		已完成	
23	乐生堂	清代	涪陵区	留取资料		已完成	
24	邱寿安旧居	清代	涪陵区	留取资料		已完成	
25	玉泉井	清代	涪陵区	留取资料		已完成	

九　重庆市开县

按照三峡文物保护规划，开县的地面文物保护项目共计4处。其中，留取资料项目3处，包括救主堂、开县古城墙、清真寺。这些文物状况较为残破或不适宜进行原地保护和搬迁保护，为体现重点保护的原则，对这些文物以文字记录、测绘、拍照等形式进行资料留取保护。目前，资料已全部留取完毕，并已汇总建立了文物档案。

异地复制项目1处，项目名称是中山公园凉亭，它的保存现状基本完整，具有一定的文物价值，属于不能搬迁或不应该搬迁的文物。在保护工程中，除对文物采取了文字记录、测绘、拍照等形式进行资料留取外，还采用原工艺、原材料另选新址进行了原貌复制。目前，保护工作已全部完成，并建立了文物资料档案。

重庆市开县地面文物保护成果一览表

序号	文物名称	时代	所在位置	保护方式	复建地点	完成状况	利用状况
1	中山公园凉亭	民国	开县	异地复制	开县	已完成	已利用
2	救主堂	民国	开县	留取资料		已完成	
3	开县古城墙	唐代	开县	留取资料		已完成	
4	清真寺	清末	开县	留取资料		已完成	

十　重庆市武隆县

按照三峡文物保护规划，武隆县的地面文物保护项目共计4处，均为原地保护项目，包括李进士故里石刻、烈女岩石刻、澎湃飞雷石刻、平易道路石刻。它们的保存现状基本完整，具有一定的文物价值，属于不能搬迁或不易搬迁的文物。在保护工程中，除采取原地加固的措施外，还进行了测绘、文字记录、照相、录像、拓片等资料收集。目前，保护工作已全部完成，并建立了文物资料档案。

重庆市武隆县地面文物保护成果一览表

序号	文物名称	时代	所在位置	保护方式	完成状况
1	李进士故里石刻	清代	武隆县	原地保护	已完成
2	烈女岩石刻	清代	武隆县	原地保护	已完成
3	澎湃飞雷石刻	清代	武隆县	原地保护	已完成
4	平易道路石刻	清代	武隆县	原地保护	已完成

十一　重庆市长寿区

按照三峡文物保护规划，长寿区的地面文物保护项目共计3处，其中2处为原地保护项目，包括石缸巷石刻、王爷庙。它们的保存现状基本完整，具有一定的文物价值，属于不能搬迁或不易搬迁的文物。在保护工程中，除采取原地加固的措施外，还进行了测绘、文字记录、照相、录像、拓片等资料收集，原地保护工作已全部完成。

按照规划，长乐桥系原地保护项目，但因保存环境、使用功能、构件状况、施工难度等原因，经重庆市文化局组织专家现场勘查和论证，将原地保护调整为留取资料，并上报国务院三峡建委办公室。

重庆市长寿区地面文物保护成果一览表

序号	文物名称	时代	所在位置	保护方式	完成状况
1	长乐桥	清代	长寿区	原地保护（调整为留取资料）	已完成
2	石缸巷石刻	近现代	长寿区	原地保护	已完成
3	王爷庙	清代	长寿区	原地保护	已完成

十二 重庆市江北区

按照三峡文物保护规划，江北区的地面文物保护项目1处，为后蜀枯水位题记，保护方式为原地保护。它的保存现状基本完整，具有一定的文物价值，属于不能搬迁或不应该搬迁的文物。在保护工程中，除采取原地加固的措施外，还进行了测绘、文字记录、照相、录像、拓片等资料收集。目前，保护工作已全部完成，并建立了文物资料档案。

重庆市江北区地面文物保护成果一览表

序号	文物名称	时代	所在位置	保护方式	完成状况
1	后蜀枯水位题记	后蜀	江北区	原地保护	已完成

十三 重庆市巴南区

按照三峡文物保护规划，巴南区的地面文物保护项目共计14处。其中，留取资料项目1处，为中江寺。该文物状况较为残破或不适宜进行原地保护和搬迁保护，为体现重点保护的原则，对该处文物进行了文字记录、测绘、拍照等留取资料方式的保护。

度生桥、箭桥摩崖造像、金紫山石刻造像、普慈岩摩崖造像、迎春石刻5处文物均为原地保护项目，它们保存现状基本完整，具有一定的文物价值。在保护工程中，除采取原地加固的措施外，还进行了测绘、文字记录、照相、录像、拓片等资料收集。目前，保护工作已全部完成，文物资料档案已经建立。

箭桥、普济桥、人和桥、三元桥、升恒桥、无名桥、新大桥、永利桥8处古桥梁，由于保存环境、使用功能、构件状况、施工难度、资金缺口等原因，经重庆市文物主管部门组织专家现场勘查，在充分研究论证的基础上建议保护方式调整为留取资料，上报国务院三峡建委办公室。

重庆市巴南区地面文物保护成果一览表

序号	文物名称	时代	所在位置	保护方式	完成状况	利用状况
1	度生桥	清代	巴南区	原地保护	已完成	已利用
2	箭桥	清代	巴南区	原地保护（调整为留取资料）	已完成	
3	箭桥摩崖造像	清代	巴南区	原地保护	已完成	

续表

序号	文物名称	时代	所在位置	保护方式	完成状况	利用状况
4	金紫山石刻造像	明清	巴南区	原地保护	已完成	
5	普慈岩摩崖造像	清代	巴南区	原地保护	已完成	
6	普济桥	清代	巴南区	原地保护（调整为留取资料）	已完成	
7	人和桥	清代	巴南区	原地保护（调整为留取资料）	已完成	
8	三元桥	清代	巴南区	原地保护（调整为留取资料）	已完成	
9	升恒桥	清代	巴南区	原地保护（调整为留取资料）	已完成	
10	无名桥	清代	巴南区	原地保护（调整为留取资料）	已完成	
11	新大桥	清代	巴南区	原地保护（调整为留取资料）	已完成	
12	迎春石刻	南宋	巴南区	原地保护	已完成	
13	永利桥	清代	巴南区	原地保护（调整为留取资料）	已完成	
14	中江寺	清代	巴南区	留取资料	已完成	

十四　重庆市渝北区

按照三峡文物保护规划，渝北区的地面文物保护项目1处，为"缙云故里"坊门，保护方式为留取资料。该文物状况较为残破或不适宜进行原地保护和搬迁保护，为体现重点保护的原则，对这处文物以文字记录、测绘、拍照等形式进行了资料留取。目前，资料已全部留取完毕，并建立了文物资料档案。

重庆市渝北区地面文物保护成果一览表

序号	文物名称	时代	所在位置	保护方式	完成状况
1	"缙云故里"坊门	宋代	渝北区	留取资料	已完成

十五　重庆市市区

按照三峡文物保护规划，重庆市市区的地面文物保护项目1处，为"董公死难处"题记，保护方式为原地保护。它的保存现状基本完整，具有一定的文物价值。在保护过程中，除采取原地加固的措施外，还进行了测绘、文字记录、照相、录像、拓片等资料收集。目前，保护工作已全部完成，并建立了文物资料档案。

重庆市市区地面文物保护成果一览表

序号	文物名称	时代	所在位置	保护方式	完成状况
1	"董公死难处"题记	清代	重庆市市区	原地保护	已完成

第六章 三峡重庆库区文物保护经费管理

三峡文物保护的经费由国务院三峡建委办公室统筹，按经费任务"双包干"原则，切块下达给重庆市和湖北省移民局，由移民局直接拨付给文物主管部门管理使用。

国务院三峡建委办公室罗元华司长与重庆市文物局幸军局长参加三峡工程重庆库区文物保护与博物馆管理干部培训班

"三峡重庆库区文物保护课题项目论证会"在北京召开

第一节　重庆库区文物保护经费的核定

三峡重庆库区文物保护经费是以批准的《三峡文物保护规划》的保护项目为基础，以各项目概算基数的汇总而成，实行经费任务双包干。按照三峡文物的地下和地面分类，分为了地下和地面文物保护经费。由于张桓侯庙、白鹤梁水文题刻和石宝寨系重点保护项目，按照专项规划、专项设计、专项经费预算的原则，由国务院三峡建委审核批复。

一　静态投资与动态投资

根据国务院三峡建委办公室有关会议精神，三峡库区文物保护纳入到三峡库区移民管理体系，包括了经费管理。根据三峡库区移民经费的管理原则，分为了静态投资与动态投资。

1　静态投资

静态投资是将经费的额数定在某一年度的综合价格水平上。根据三峡移民经费的管理规定，三峡文物保护经费按照1993年5月的价格水平核算，所形成的文物保护经费为"静态投资"数额。

2　动态投资

当静态投资数额确定后，所发生的经费投资，计算了发生年份与静态投资年份（1993年5月）的物价上涨指数的差数，形成"动态投资"数额。

二　三峡重庆库区文物保护经费

2003年3月，国务院三峡建委办公室批复了文物保护投资测算报告，其中，重庆库区文物保护切块包干经费静态投资为37986.79万元（1993年5月价格水平）。此外，国务院三峡建委办公室于2003年3月专项批准张桓侯庙搬迁保护投资概算为4042.89万元（2001年价格水平），2004年6月专项批准了白鹤梁题刻原址水下保护工程投资概算12323.24万元（2003年价格水平），2005年11月专项批准了石宝寨文物保护工程投资概算9797.77万元（2005年价格水平），2008年追加投资白鹤梁原址水下保护投资概算2098万元。

三　经费申报与拨付程序

《三峡文物保护规划》是对三峡库区文物的系统保护规划，包括：保护措施、保护方案、保护进度、保护经费等，其中，保护进度是硬性的规划指标，保护经费则是按照静态包干，动态管理原则。

在项目年度资金申报中，重庆市文物主管部门根据重庆库区的蓄水进度和文物保护时间要求，以年度规划的概算为依据，逐年申报年度动态资金。其程序是先经重庆市移民局审核汇总申报的年度动态资金计划，再上报国务院三峡建委办公室，经国务院三峡建委办公室审定批复后，由重庆市移民局下达文物保护年度经费，重庆市文物局按批复的经费计划，拨付给相关项目业主单位。这是一条严谨的经费申报与拨付程序，符合我国经费管理规定。

第二节　重庆库区文物保护经费的投资与使用

一　文物保护投资概算执行情况

1　上级下达计划

截至2011年6月30日，重庆市移民局累计下达三峡重庆库区文物保护资金总计划92862.34万元。

2　到位资金

截至2011年12月31日，重庆市移民局累计拨入文物保护资金92862.34万元，与下达的移民资金计划相符，文物保护资金全部到位，到位率100%。

3　资金的拨付与使用

截至2011年6月30日，累计拨付或使用移民迁建资金82480万元。

4　投资完成

重庆市文物局三峡文物保护项目移民迁建累计投资完成额77873万元，其中，搬迁销号资产75584.6万元，已竣工待销号工程1543.4万元，移民迁建其他支出745万元。

（1）搬迁销号资产

三峡文物保护项目投资形成的搬迁销号资产共75584.6万元，分为直接形成资产和补偿性费用及支出两大类。

（2）已竣工待销号工程

已竣工待销号工程的投资为1543.4万元，系18处地面文物保护项目。

（3）移民迁建其他支出

移民迁建其他支出745万元，是直接补助给张桓侯庙滑坡治理工程项目的补助支出，资金类别为滑坡处理大类。

三峡文物保护项目实施中，部分为非全额移民资金项目（拼盘资金项目），其余均为全额移民资金项目。

二　移民各类别投资形态

三峡移民迁建投资分为投资于项目形成资产和补偿性支出及费用两大类，迁建投资完成额77873万元中，投资于项目的支出57164万元，占投资完成总额的73.41%；补偿性支出及费用20708万元，占投资完成总额的26.59%。其分类情况为：

农村移民移民安置400万元，占全部投资额的0.51%。其中,使用拼盘资金项目的移民资金形成资产额400万元，系拨付川剧艺术中心建设资金的补助资金。

专项设施复建76728万元，占全部投资额的98.53%。其中，使用全额移民资金的项目形成资产额13510万元，使用拼盘资金的项目中移民资金形成的资产额40965万元，已竣工待销号工程为1543.4万元，补偿性支出及费用20708万元。使用拼盘资金的专业设施项目有白鹤梁、石宝寨、重庆中国三峡博物馆等项目。

滑坡监测处理745万元，占全部投资额的0.96%。其中，使用拼盘资金项目的移民资金形成资产额745万元，系拨付张桓侯庙滑坡治理工程项目的补助资金。

三　资金结存情况

截至2011年6月30日，重庆市文物局文物保护资金汇总结存资金（含暂付及应收款）11898万元。

四　规划及计划执行

1　概算规划资金执行情况

依据国务院三峡建委办公室文物保护投资总经费及切块包干测算报告的批复和三大项投资概算的批复，已下达的投资92862.34万元。

2　其他移民资金计划的执行情况

其他资金来源是除上述概算批复外的一次性补助等移民资金，共下达资金计划1300万元，计划执行为1300万元。

3　移民资金财务总决算价值

实际投资完成77873万元，已竣工待销号工程和待建项目需投资14989万元，移民资金投资总额为92862.34万元。

4　投资节余或投资缺口

重庆市移民局累计下达资金计划92862.34万元，重庆库区三峡文物保护投资总决算价值92862.34万元，移民投资持平，无资金节余或缺口。

第三节　经费管理与投资效应

三峡工程重庆库区文物保护经费是三峡工程建设投资的一部分，属移民资金范畴，由重庆市文物主管部门具体管理、使用。在经费的管理中，重庆市文物主管部门按照我国资金管理的有关规定，以加强监督，规范管理的方式，全部将资金投入到了文物保护中，三峡文物得到了有效保护，三峡文物的损失已降到了最低限度。

一　经费管理

重庆库区文物保护经费管理与文物保护工作管理紧密衔接，建立了以经费管理为基础的文物保护管理体系，将工作进度、质量安全、保护效应等与经费管理挂钩，形成了有三峡特色的文物保护经费管理体制。

1　计划管理

三峡移民投资计划是以移民规划为依据，以年度移民任务和投资控制规模为基础，结合实际情况对移民项目投资的具体安排。三峡移民投资计划按"统一计划、分级管理"的体制执行。

文物保护年度计划，由重庆市文物局根据国务院三峡建委办公室和重庆市移民局审批的《三峡文物保护规划》，按与三峡工程蓄水进度相衔接原则编制，由重庆市移民局审核，报国务院三峡建委办公室批准后，纳入库区移民投资年度计划。

经重庆市移民局下达的库区文物保护年度计划，由重庆市文物局统一实施。地下文物保护项目由重庆市文物局与项目承担单位签订合同；地面文物保护工程性项目由重庆市文物局按计划分解下达。

文物保护年度计划属指令性计划，不得擅自调整。在计划执行过程中，因情况变化必须调整的项目，重庆市文物局根据实际情况对项目及经费进行调整，并报重庆市移民局批准。较大幅度的调整，按照项目审批程序，逐级报批。

2 财务管理

财务管理是移民资金管理的重要环节，具体管理措施包括：

（1）严格执行国家有关财经法规和财务管理制度，切实管好用好三峡文物保护资金。根据年度计划和工程项目实施进度及时拨付资金，不允许人为滞留和不合理拨款；坚持专款专用、专户存储、专账核算，不准挤占、挪用、截留和拆借，不得用于与三峡文物保护无关的其他项目。

（2）加强会计机构和财务人员管理，加强会计基础工作。健全和完善岗位责任制度、内部审计制度、账务处理制度和经济业务审批制度，严格执行财会人员从业资格审查制度。

（3）进一步强化审计监督，改进审计方式方法。在坚持全面审计的基础上，进一步强化对重点项目、重点资金和重点环节的审计。

（4）加强工程造价管理，坚决防止工程造价上的高估冒算。

（5）严格资金拨付，提高资金使用效率。

（6）加强联合监督检查，严肃查处违法违纪行为。对各项目法人单位资金管理使用情况每年均要以各种形式和不同方式对资金使用情况进行监督检查，监督检查中发现的问题，及时整改。

3 资金管理

根据《重庆市三峡移民资金管理办法》规定，三峡工程移民资金管理采取切块包干、静态控制、动态管理的模式，实行统一计划、分级管理、责权结合、专款专用的管理方式。

（1）资金管理方式

重庆市文物局在中国建设银行股份有限公司重庆市分行营业部开立三峡文物保护资金专户，各区县项目法人在所在地建设银行设立三峡文物保护资金结算账户，实行专款专用。在资金的使用和核算方面，三峡文物保护资金与其他资金分开，文物复建工程资金与区县项目法人行政管理经费分开等。

重庆市文物局严格贯彻执行国家和重庆市有关移民资金管理的政策法规，结合自身实际，把制度细化到每一个细小环节，制定了相关规章制度以及"十不准""七不付款"等规定，实行了专户储存、专户管理、专款专用，使移民资金管理的各个环节环环相扣，形成科学化、规范化、正规化的管理，使各复建项目资金发挥了最大效益。

经国家审计署、国务院三峡建委办公室多次审计和稽查，没有发现重大违规、违纪现象，得到了国务院三峡建委办公室等相关部门的肯定。

（2）资金拨付流程

重庆市文物局对文物保护项目进行分类管理，包括：

①保护项目中采用留取资料、原地保护、

异地复制保护方式的项目由重庆市文物局下设的三峡办统筹管理,项目资金由重庆市文物局三峡办按合同拨付项目承担方。

资金拨付流程:国务院三峡建委办公室→重庆市移民局→重庆市文物局→项目承担方

②地面项目中采用搬迁保护和部分原地保护方式的项目由重庆市文物局三峡办按经费包干的原则,将经费划拨区县项目法人单位,再由各区县文管所按合同拨付相关项目承担方。

资金拨付流程:国务院三峡建委办公室→重庆市移民局→重庆市文物局→区县文管所或文物局→项目承担方

③重庆市文物局下设重庆峡江文物工程有限责任公司,代理重点项目建设,包括:张桓侯庙(搬迁保护)、白鹤梁(原址保护)、石宝寨(原地保护)以及巫山大昌镇古镇(解放街35项搬迁保护项目)、丁房阙、无铭阙保护项目。

资金拨付流程:国务院三峡建委办公室→重庆市移民局→重庆市文物局→峡江公司→项目承担方

二 监督管理

在对三峡文物保护资金的监督管理中,实行了稽查和审计相结合的监督审查制度,其效果是规范了资金的管理,提高了资金管理水平,杜绝了违规现象的出现。

1 稽查

2006年6月,国务院三峡建委办公室稽查司对重庆市文物局的三峡文物保护专项资金进行了稽查。重庆市文物主管部门非常重视稽查出的问题,逐项对问题进行了整改。

通过稽查,发现了问题,为进一步规范管理,提供了参照依据。

罗哲文先生审阅重庆库区文物保护工作汇报材料

2 国家审计

重庆市审计局于2006年4月5日至7月21日,对重庆市文物局1997—2005年度三峡库区文物保护资金管理使用进行了专项审计,2010年国家审计署驻重庆特派办对2006—2009年的三峡文物保护专项资金进行了全面审计。重庆市文物局非常重视审计出的问题,责成相关单位进行了整改。

3 内部审计

重庆市文物局于2003年6月委托重庆博远会计师事务所对峡江公司、巫山文化局、石柱文管所、云阳文管所、奉节白帝城文管所、丰都文管所、万州文管所的地面文物保护专项资金的管理使用状况进行了审计,根据《审计意见书》精神,对出现的问题进行了全部整改,资金管理得到进一步加强。

4 中介机构审计

(1)在各地面工程项目竣工后,均委托有资质的造价审计机构进行工程结算的审计,以确保了工程结算价款的公平、公正。

（2）自2009年开始，重庆市文物局先后委托了重庆万隆方正会计师事务所、重庆天兴会计师事务所、重庆普华会计师事务所对所有已完成的文物保护项目进行了销号审计，通过审计，使销号工作更趋制度化和规范化。

三　投资效应

由于三峡文物保护经费的及时投入，按照国务院制定的三峡水利工程建设经费任务"双包干"原则，在包干经费范围内首先完成了规划中的地面、地下及三大项专项保护等规划项目，同时在包干经费内完成了规划外开县防护区及渝北丰阳、云阳淹没区地下、地面保护项目23处，使得775处重庆库区文物得到了有效保护，出土文物达13.3088万件套（不含158处未整理的文物点出土文物），三峡重庆库区文物得到了有效保护。

从文物价值来说，三峡文物具有不可再生的特殊价值，这种价值决定了其无法用金钱衡量的无价性。它们是祖国文化瑰宝的一部分，是见证和解读三峡历史发展进程的实物资料，具有重要的历史价值。

从社会价值来说，通过对三峡重庆库区文物保护资金的投入，保护了自远古以来的大量文物，增加了三峡库区的文化底蕴，不断扩大文化内涵，拓展了三峡文化事业可持续发展的空间，使得新直辖的重庆市更具传统文化凝聚力，重庆市的旅游和文化资源更加丰富，绚丽的三峡风光更加灿烂辉煌。

第七章 三峡重庆库区文物保护工程阶段性目标完成状况

三峡文物保护工程是以"先规划,后实施"的保护方略进行的,目标是在保护好文物的基础上,保障三峡工程的顺利进行。从结果看,这一目标已经达到。

石宝寨文物保护156米水位以下工程完工庆祝场面

第一节 规划阶段成果

制定《三峡文物保护规划》是规划阶段基本的工作任务，在编制和论证规划的过程中，对文物保护观念的提高和《三峡文物保护规划》的制定是此阶段的重要收获。

一 规划阶段的工作状况

在三峡文物保护工作中，规划阶段是最为艰巨和重要的阶段。在克服了文物状况不明朗，没有前人经验等困难下，完成了以下工作任务。

（1）在国家文物局的领导和组织下，调集了30家文物保护研究机构和大专院校的300余名文物工作者，开展了规模浩大的文物调查。经过2年多的调查，基本摸清了三峡文物状况，初步确定了文物保护对象。重庆库区为883处，其中，地面文物293处，地下文物590处，地下文物中有古代遗址310处、墓地280处，地面文物中有古代民居77处、寺庙36处、桥梁44处、题刻82处、其他54处。文物保护对象的确定，为决策部门最后确定的752处文物点保护数据，奠定了基础。

（2）根据调查结果，仅用了1年多的时间，编制完成了32本280万字的《三峡文物保护规划》（包括总报告、分省报告、分县报告）其规模之大，内容之丰富，在世界文物保护史中，极为罕见。

（3）根据调查结果，以区县为单位，编制完成了22本《三峡工程库区文物保护规划基础资料》，对200张万分之一地形图进行了文物点的标注，这是一项非常重要的工作，为实施阶段确定文物点特别是地下埋藏的文物点，提供了明确的环貌位置图和精确的地理坐标图。

（4）根据专家论证会意见，对《三峡文物保护规划》制定了《修订与补充》文本，使《三峡文物保护规划》更为完善，更具实施的可行性。

（5）根据地面文物保护经费缺少依据的问题，制定了《三峡工程库区地面文物保护规划经费概算细则》，该细则的制定解决了地面文物保护经费核算的依据问题。

（6）经国务院三峡建委批准，1087处文物列入《三峡文物保护规划》，其中，重庆库区为752处，占三峡库区文物保护总量的69.2%。

二 文物保护观念的提高

在规划阶段，对什么是文物，哪些文物应该保护等问题进行了讨论。通过讨论，对文物不可再生性的认识更加明确，文物保护观念得到了很大程度的提高，并影响到了政策倾斜力度的加强，这为实施阶段的顺利开展奠定了思想和理论基础。

三 确立了三峡文物保护的管理体制

在规划阶段，国务院有关领导主持召开了研究三峡文物保护工作专题会议，会议确立了以国务院三峡建委为领导核心的文物保护管理体制;确立了重庆市和湖北省政府在国务院三峡建委领导下,分别负责本省市的文物保护工作;同意增补国家文物局为国务院三峡建委成员单位,负责监督检查三峡文物保护工作和协助调集全国文物保护力量参加三峡文物保护。形成了以国务院三峡建委为领导核心的文物保护管理体制,这是迄今为止我国最高级别的文物保护管理体制,体现了党中央、国务院对三峡文物保护的高度重视。

三峡文物保护管理体制的确定,保障了三峡文物保护工程的顺利运行,为全面保护好三峡文物奠定了组织基础。

第二节 实施阶段保护成果

实施阶段是按照规划的内容具体对文物实行保护的阶段,重庆库区是三峡库区的主要工作区域。在国务院三峡建委办公室、国家文物局、重庆市政府的领导下,在重庆市文物主管部门的直接参与下,经过文物工作者的努力,完成和超额完成了规划任务。三峡工程没有因为重庆库区的文物保护工作而耽误工程的建设进度,重庆库区的文物也没有因为三峡工程的建设进度放弃了保护,重庆库区文物在三峡工程的建设中得到了有史以来最大的保护力度,使重庆库区文物的损失降到了最低程度。

按照三峡文物保护规划的区域划分,22个区县的三峡库区,属于重庆库区的就有18个,占区县总量的80%以上。规划中的1087处文物,重庆库区就有752处,占总规划数量的69%以上。因此,在三峡文物保护中,重庆库区的保护任务最为繁重。

一 重庆库区文物保护完成状况

经过20年的保护,截至2011年12月,重庆库区规划中的752处文物保护工作已经完成。其中,完成了528处地下文物保护,比规划的506处多了22处,与规划目标相比,完成比例104%。地面246处文物保护工作已完成。其中,规划中留取资料的98处文物已全部完成,规划外的1处也已完成。91处搬迁保护项目和57处原地保护项目已全部完成。按照规划的保护目标,重庆库区247处地面文物已得到了有效保护,完成比例为100.4%。

重庆库区地面文物保护项目完成状况一览表

保护措施	规划文物总数(处)	已完成文物保护数量(处)	按照规划完成比例
原地保护	57	57	100%
搬迁保护	91	91	100%
留取资料	98	99	101%
总 计	246	247	100.4%

注:规划外完成留取资料项目1项,即云阳高祖庙。国务院三峡建委办公室批复取消此项目,但2007年已下达工作计划且项目完成。

由于重庆库区文物保护任务的艰巨,仅凭重庆市的文物保护力量远远不够。在国家文物局的组织协调下,全国182所文物保护研究机构及大专院校的数千名文物工作者参加了重庆库区的文物保护工作。因此,三峡文物保护特别是重庆库区文物保护汇聚了全国文物保护力量参加,其成果凝聚了全国文物工作者的心血与智慧。

重庆库区文物保护一方面妥善保护了775处文物(比规划任务752处多完成了23处),另一方面保证了三峡水库的蓄水进度,三峡水库的蓄水进程没有因为重庆库区的文物保护而受到影响,重庆库区文物保护按照三峡水库的蓄水进程要求,完成了各淹没线以下文物保护任务。即:1998年前完成了海拔78.2—82.28米的文物保护任务,2003年前完成了海拔135米以下的文物保护任务,2006年前完成了海拔156米以下的文物保护任务,2009年完成了海拔177米(含175米淹没线以上2米风浪影响)以下的文物保护任务。

重庆库区的文物保护是建立在学术研究基础之上的,特别是地下文物保护,通过学术研究提高了文物保护的效率和质量,学术研究又通过文物保护得到了促进和发展,一些重大研究课题在文物保护的工作中形成。如:"长江三峡地区典型遗址与自然剖面的环境考古研究""长江三峡地区夏商周时期的考古学文化研究""长江三峡地区古代制盐遗物与遗迹的功能研究""巫山大溪史前墓地人群结构的基因研究""三峡地区古代冶锌考古研究""三峡地区战国时期青铜器的成分与工艺研究""三峡地区夏商周时期考古学文化变迁"等,这些课题的形成和研究加大了文物保护的力度,提高了文物保护的工作效率和质量。

大量地下考古的新发现,填补了多项空白,解决了许多学术问题。如:大量旧石器时代中、晚期遗存的发现,填补了重庆库区缺少这一时期文化遗存的空白;秦代墓葬的发现,填补了三峡地区缺少秦文化遗存的空白;丰都冶锌遗址群的发现,成为我国乃至世界科技史上的一项重大发现等。

大量出土文物不仅为学术研究提供了可供研究的资料,也为三峡文化事业的可持续发展增加了发展的资源,并得到了合理利用。截至2010年12月的统计,重庆库区出土文物达13万余件套(不含158处文物点的出土文物),较珍贵文物4万余件套,有7315件套已经在包括中国国家博物馆和重庆中国三峡博物馆等大型博物馆内展出,重庆库区的出土文物已经在促进祖国文化繁荣和发展中起到了重要作用。

在对地面文物保护中,成功地将张桓侯庙搬迁至与原环境相近的新址中,建成了世界上第一座水下博物馆,妥善保护了石宝寨,将大

重庆库区文物保护成果一览表

文物类别	规划文物数量(处)	增加数量(处)	已完成文物保护数量(处)	完成规划任务比例	出土文物(件套)	出土较珍贵文物(件套)	出土一般文物(件套)
地面文物	246	1	247	100.4%			
地下文物	506	22	528	104%	133088	40021	93067
合　计	752	23	775	103%	133088	40021	93067

注:重庆库区的文物保护规划为752处,其中,地面文物246处,地下文物506处。地下多出的22处和地面多出的1处文物是增加项目,所完成比例按规划数量计算。

昌古镇整体搬迁,采用了原地加固和升高复建的方式将瞿塘峡石刻进行了原风貌的保护等,使三峡文物得到了有效保护。

为了充分保留峡江两岸文物建筑的传统风貌,展示三峡地区古建筑的区域特色,重庆市文物部门从众多的地面文物中将不同时期、不同规模、不同类型、不同特点的古民居、古牌坊、古城门、古石桥、古寺庙、古作坊等,按"集中复建、规模发展"的思路,分别在巫山、奉节、云阳、万州、丰都、忠县等区县进行集中复建,形成了多处文物复建区。这些复建区的建设和形成,从建设理念和建设规模上,都具有开拓性的意义,不仅有效保护了文物,也使文物得到了合理利用,使三峡库区的文化资源更加丰富,三峡文化事业的发展空间得到了进一步拓展,以人为本的社会理念得到了具体体现。

二 类别文物保护完成状况

从文物分布讲,三峡重庆库区文物包括了旧石器时期遗存、新石器时期遗存、夏商周时期遗存、秦汉及以后遗存、汉代石阙文物、宗教建筑文物、民居建筑文物、石刻文物、水文石刻文物、古桥梁文物、交通航运文物11个类别,基本包括了三峡库区所有文物的类别。其中,旧石器时期遗存、新石器时期遗存、夏商周时期遗存、秦汉及以后遗存系地下类型的文物点,规划数量为506处,但由于地下文物具有很难预测的未知性,在实际保护中发生了一些变化,共发现文物528处,比规划数量增加22处,这些文物都得到了妥善保护。

汉代石阙、宗教建筑、民居建筑、石刻、水文石刻、古桥梁、交通航运文物系地面文物,按照规划,地面文物点的数量为246处。根据规划制定的保护方案,全部完成了各个蓄水高程以下的文物保护。另外,1处宗教建筑系取消的规划项目,但在规划批准之前已经完成了保护工作,所以,重庆库区的地面文物保护工作超额完成了1处。

为使三峡文物保护状况形成整体的库区概念,按照11个文物类别的保护分类,可将重庆库区文物保护状况进行整体的文物分类,形成不受现代区划影响的同类别文物保护的集合。这不仅能够如实和清晰地反映三峡重庆库区文物保护的整体状况,也为进一步研究三峡文化的传承进行了实物资料的梳理。按照11个文物类别的保护分类,三峡重庆库区各类别文物的保护状况如下:

以11个文物类别划分的文物保护状况一览表

	规划项目(处)	实施保护的项目(处)	完成规划
旧石器时期遗存	37	39	105%
新石器时期遗存	53	53	100%
夏商周时期遗存	74	74	100%
秦汉及以后遗存	342	362	106%
地下文物合计	506	528	104%
汉代石阙	2	2	100%
宗教建筑	27	28	104%
民居建筑	100	100	100%
石刻	60	60	100%

续表

	规划项目（处）	实施保护的项目（处）	完成规划
水文石刻	15	15	100%
古桥梁	37	37	100%
交通航运	5	5	100%
地面文物合计	246	247	100.4%
总计	752	775	103%

三 保护三峡文物，促进三峡文化事业可持续发展

通过对三峡文物的保护，增加了三峡文化的文物资源，使三峡文化的底蕴更加浓厚，文化内涵更加丰富，三峡文化事业的可持续发展空间更为广阔。

1 初步构建了完整的三峡文化历史序列

在对文物保护的具体措施上，根据各文物点的不同特点，有重点地对高家镇、烟墩堡等60余处旧石器遗址进行了发掘，建立了10万年以来旧石器文化的年代框架，填补了三峡地区缺少旧石器文化遗存的空白；发现了哨棚嘴、魏家梁子等文化遗存，将瞿塘峡以西地区新石器文化的年代推至距今7000年以前，填补了渝东地区新石器时代文化的空白；通过对巴人遗址、墓地的发掘，了解了从功能布局到建筑、冶金、盐业、窑业等多方面的历史信息，打开了研究巴人历史文化的神秘之门；通过对大量墓地、遗址的发掘，极大丰富了自夏商周以来三峡库区的考古发现，排列出了完整的三峡文化序列，为研究三峡地区文化发展、文明进程、环境变迁、社会状况的演变积累了大量实物资料。

2 保护了大批历史文化遗产和遗迹

三峡地区是人类活动较早的地区，一些珍贵文化遗存反映了人类活动的方方面面，极具研究价值。如：东汉时期的石阙和唐、宋、元、明、清时期的摩崖造像、碑碣、诗文题刻等，均是珍贵的文化遗存，具有很高的研究和观赏价值；白鹤梁枯水水文题刻和宋代以来数十处洪水水文题刻，是世界上最丰富的古代水文题刻，其中，白鹤梁枯水水文题刻除具有"水下碑林"和"世界第一水文观测站"之称外，还是研究长江水文变化不可多得的历史资料，目前，对于长江百年、千年一遇枯水最低水位线的划定，仍以该题刻的水位标注为依据；大宁河栈道等数处古代栈道、纤道，是世界上规模最大的古代航运遗迹，是研究和了解古代峡江地区航运及交通运输、社会状况不可多得的实物资料；云阳的白兔井等一大批盐井，记录了当地千百年来的盐业发展史；皇华城等城防设施是了解当时社会状况及城防建设的重要实物资料。

通过对三峡重庆库区大范围的考古发掘，通过对各时期地面文物的保护研究，使三峡文化的历史和内涵得到了进一步拓展和开发。

3 出土了大量珍贵文物

据不完全统计，三峡重庆库区已出土文物13万余件套，其中有4万余件套属于较珍贵文物。

在对地下文物的发掘中，完成了对10万年前旧石器中晚期的井水湾、冉家路口、烟墩堡等遗址的发掘；完成了距今8000—4000年新石器时期的奉节老关庙遗址、丰都玉溪遗址、玉溪坪遗址、忠县哨棚嘴遗址、中坝遗址、巫山魏家梁子遗址等的发掘，出的文物具有极高的史料和研究价值；在以考古学为核心的地下文物保护中，对巫山双堰塘、云阳李家坝、开县余家坝、万州中坝子、忠县瓦井沟、涪陵小田溪等多处遗址和墓地进行了发掘，许多有关巴人和巴文化的疑团得到了诠释；在对秦汉、六朝、唐、宋、元、明、清时期的遗址和墓地的发掘中，出土了大量有价值的文物，丰富了这些时期的文化遗存。大量遗址、墓地的发现和发掘，大量文物的出土，丰富了三峡文化，使三峡文化的底蕴更加悠远和浓重，奠定了三峡文化事业可持续发展的基础。

4　国家级文物保护单位的增加

在三峡文物保护初期，三峡库区仅有白鹤梁水文题刻属于国家级文物保护单位，通过对三峡重庆库区文物的保护，通过对文物价值的进一步发掘，三峡文物的价值得到了充分开发。云阳张桓侯庙、奉节白帝城、忠县石宝寨、丁房阙、无铭阙等为代表的文物，在经过国家文物局组织的专家评审后，被国务院批准为国家级文物保护单位。这些文物保护单位级别的提升，加大了三峡文化事业可持续发展的基础。

5　白鹤梁水下博物馆建设

为保护白鹤梁水文题刻，兴建了白鹤梁水下博物馆，这是一项轰动世界的文物保护项目，其中的含义不仅是保护文物原貌的保护理念，也包含了让百姓在数十米的水下观赏到古代精湛艺术，凝聚传统文化。联合国教科文组织评价其为"世界上第一座可走入式的水下博物馆"，获国家文物局科技进步二等奖，并且在积极申报国家科技进步奖。

6　提高了文物保护专业人员的业务水平和素质

在三峡文物保护工程初期，三峡重庆库区各区县的文物保护力量薄弱，仅有的少量文物工作者多数仅是看护文物的管理者。通过20年的文物保护，不仅加大了各区县文物保护管理机构的力量，文物工作者的业务水平和素质也大大提高，他们不仅学到了基础的考古知识和技能，文物鉴别和鉴赏水平也得到了提高，涌现出一批既懂业务又通管理的专家型管理者，这为文物保护工作向纵深开展奠定了人才基础。

硕果累累的三峡重庆库区文物保护，丰富了三峡重庆库区的文化，一些学术空白得到了填补，有些历史疑团得到了诠释，三峡文化事业正在以保护的方式，获得迅猛发展。在对三峡重庆库区文物实行抢救性保护之前，人们对三峡文物的了解仅限于旅游风景区的几处地面文物，对于三峡文化的博大精深，对于源远流长的三峡文化底蕴，了解甚少，甚至对长江流域也是人类发源地的说法都存有争议。如今，通过对三峡库区文物的保护，通过保护中取得的成果，人们对三峡文物有了更深的了解，对三峡文物所蕴含的文化信息更加感兴趣，对长江流域也是人类发源地的说法更加坚信，使得新兴的重庆直辖市更富有传统的文化底蕴。

第三节 三峡文物保护研究成果

在三峡文物保护工程的进程中，参加重庆库区的文物工作者以科学严谨的态度，力求将文物保护成果扩大。其途径是在保护中进行研究，在研究的基础上加强保护，使文物保护工作在学术研究的氛围中开展，更具科学性和严谨性。

一 研究领域

在研究的选题中，注重保护的实用性，其选题包括：

1 科研课题

目前，围绕三峡文物保护特别是地下文物保护的研究已引起了相关领域和相关研究机构的重视。被列为研究的课题达几十项之多，仅国家级课题就有十多项，这些课题均从实际的工作中衍化出来。如：国家自然科学基金重大研究计划"长江三峡地区典型遗址与自然剖面的环境考古研究"、国家社科基金研究课题"长江三峡地区夏商周时期的考古学文化研究"、国家指南针计划"长江三峡地区古代制盐遗物与遗迹的功能研究"、国家文物局科研课题"巫山大溪史前墓地人群结构的基因研究""三峡地区古代冶锌考古研究""三峡地区战国时期青铜器的成分与工艺研究""三峡地区夏商周时期考古学文化变迁"等。

各大专院校的参加，将三峡文物保护的实际工作与教学结合，遴选了有利于文物保护和科学研究的选题。据不完全统计，有《峡江地区夏商时期考古学文化研究》[1]《三峡地区秦汉墓研究》[2]《明月坝唐宋集镇研究》[3]《三峡地区石器工业研究》[4]《峡江地区汉晋墓葬文化因素分析》[5]《老关庙下层文化研究》[6]等数十个博士、硕士学位论文选题。

以上选题涵盖了以下主要内容：

（1）考古学文化。这类研究性文章所占比例很大，可能与三峡库区以往的考古工作较少，不少领域尚处于认识的空白地带，伴随着文物保护工作的开展，考古新发现不断涌现有不小的关系。这类研究涵盖了考古学文化的方方面面，包括考古学文化命名、对某类遗存文化性质的确认、考古学文化的分期与年代、考古学文化的类型、考古学文化的发展序列、考古学文化的演进、考古学文化的动态研究、考古学文化间的渗透与交流、考古学文化与古环境的关系等多个方面。其中，早期以考古学文化的性质、分期与年代、考古学文化的发展序

---

[1]. 于孟洲：《峡江地区夏商时期考古学文化研究》，吉林大学博士学位论文，2007年。
[2]. 蒋晓春：《三峡地区秦汉墓研究》，四川大学博士学位论文，2005年。
[3]. 李映福：《明月坝唐宋集镇研究》，四川大学博士学位论文，2006年。
[4]. 李英华：《三峡地区石器工业研究》，武汉大学硕士学位论文，2005年。
[5]. 索德浩：《峡江地区汉晋墓葬文化因素分析》，四川大学硕士学位论文，2006年。
[6]. 代玉彪：《老关庙下层文化研究》，吉林大学硕士学位论文，2009年。

列等研究为主，在较晚阶段开始出现考古学文化的演进、考古学文化的动态研究、考古学文化间的渗透与交流、考古学文化与古环境关系等方面的研究。

（2）丧葬制度。这类文章较多，主要包括了秦汉及以后的家族墓地制度、墓葬的分期、墓葬的构筑形式、墓葬的发展演变、墓地（葬）的时代、某一时空范围内墓葬的分期与分区、先秦时期墓葬的文化属性、战国时期墓葬的殉人和殉牲、某类墓葬（船棺葬、崖葬、土洞墓等）的内涵、性质与源流、通过出土文物推测墓主人身份、地位等方面。

（3）城址。包括了古代集镇，有奉节白帝城、巫山大昌古城、忠县忠州城址、云阳明月坝遗址、奉节永安镇遗址等，研究的内容主要涉及城址的位置、布局、年代、性质、构筑艺术、政治、军事、经济等多方面。

（4）经济生活。这类研究主要集中在先秦时期，涉及夏商周时期的渔业生产、先秦时期的狩猎经济、渔业经济、新石器时代的生业模式等多个方面。

（5）古环境。这类研究包括了古环境与考古学文化的关系、三峡地区的生态环境、对某一区域的环境考古学研究（如大宁河流域）、远古时期三峡地区长江洪、枯水位、古洪水及其堆积特征、古环境与考古遗址时空分布的关系等方面。

（6）田野考古。主要是探讨这一地区田野考古实践中积累的宝贵经验，包括了对这一地区次生堆积的研究与探索、古洪水堆积的特征及其在田野考古工作中的识别、电子测绘以及其他科技手段在田野考古工作中的应用等多个方面。

（7）文物保护。这类研究主要是依据三峡库区文物的实际状况，结合文物保护技术相关研究成果，对三峡文物保护过程中的得失进行探讨，主要涉及青铜器的保护、陶器的修复、遗迹的切割技术、墓葬标本的取样和制作、题刻的翻制等多个方面。

（8）专题考古。三峡库区的文物保护工作积累了大量资料，为专题考古的开展提供了重要条件，主要包括盐业考古、冶锌考古、聚落考古、动物考古等方面。盐业考古的研究包括了制盐工艺的研究、制盐器具的研究、盐业在当时的重要地位、盐业遗存的识别等方面；冶锌考古的研究主要是对丰都炼锌遗址群的综合研究，包括了对遗址群范围的确认、冶锌遗存的确认、冶锌的工艺流程、冶锌遗址群的资源配置等多个方面；聚落考古的研究主要包括聚落的选址、布局、各功能区的确认、演变等方面；动物考古主要研究动物的种属、动物在当时人们的饮食结构中的比重、人们获取动物的方式、动物所反映的古环境方面的信息等多个方面。

（9）科技考古。主要探讨科技手段在考古工作中的运用。如：电子测绘在三峡考古中的应用、GPS在田野考古工作中的作用、文物保护过程中科学技术的运用、航空考古摄影、峡江地区青铜器的成分与金相研究等多个方面。

（10）单类遗存的研究。这类研究较多，包括了早期佛像、忠县泰始五年石柱、石阙（忠县邓家沱石阙、土主庙阙、乌杨阙）、陶俑（西王母俑、顶罐俑和负子俑等）、东汉景云碑、青铜器、甲骨、瓷器、墓葬（土洞墓、船棺葬、崖葬等）、宝塔坪铭文金牌饰等。

在三峡文物保护中，文物工作者根据社会对三峡文物保护的关注度，在普及文物知识，让更多的人了解三峡文物保护成果，为研究者提供文物资料方面也进行了卓有成效的研究，出版和刊发了大量史料和文物知识以及文物保护成果方面的书籍和文章，使得研究工作得到了最大程度的普及。

2 文物保护纪实成果

为了让更多的人了解文物保护状况，出版了大量文物保护的纪实类作品。如《永不逝落的文明：三峡文物抢救纪实》[1]《三峡之谜：三峡大考古纪实》[2]《考古三峡》[3]《永远的三峡》[4]《三峡考古记胜》[5]《考古新手记趣》[6]等。这些书的出版，既普及了三峡文物保护成果，也使读者能更全面地了解三峡地区的发展史。

3 资料类

这种类别的成果包括了文物图册、文物图集等，这些图册、图集是将三峡库区保护和发现的珍贵文物编辑成册，既可向大众传达三峡文物的直观信息，又可向文物研究者提供文物研究的基础资料。如：《长江三峡文物存真》[7]《三峡文物珍存》[8]《涪陵文物精品集》[9]《重庆中国三峡博物馆》[10]《远古巴渝》[11]等。

二 研究成果的出版和刊发状况

对于三峡库区文物保护成果的出版，国家文物局非常重视，专门召开会议研究。经过研究，确定由我国最具权威的科学出版社统一出版，并在出版的类别上以甲、乙、丙、丁、戊做了统一规范，包括了考古报告集、专题报告、地面文物保护成果报告、论文集、专著等。

1 考古报告集

重庆库区考古发掘的简报和报告主要以库区考古报告集——《重庆库区考古报告集》的形式结集出版。这种形式发表的发掘简报和报告数量最多，涵盖面最广，内容最充实，是发表的主要形式。到2010年12月止，已经出版了1997—2002卷，共计6卷11册，286篇，约1392.6万字。其中，大部分是1997—2002年度的考古发掘简报和报告（详见附录）。

2 专题报告

重庆市专门制定了发表专题报告的标准，要求发掘面积在5000平方米以上，有重大考古发现或有较大考古价值的地下文物，均须出版考古专题报告。但由于地下文物点多，又系按年度发掘，又由于专题报告的整理出版周期较长，多数考古专题报告正在编写阶段。目前，出版或发表的不多，计有《云阳晒经》《万州大坪墓地》《忠县仙人洞与土地岩墓地》《奉节新浦与老油坊》《奉节宝塔坪》《云阳走马

---

1. 徐光冀：《永不逝落的文明——三峡文物抢救纪实》，山东画报出版社，2003年。
2. 蒙和平：《三峡之谜：三峡大考古纪实》，百花洲文艺出版社，2006年。
3. 汤惠生：《考古三峡》，广西师范大学出版社，2005年。
4. 杭侃、郝国胜：《永远的三峡》，上海辞书出版社，2003年。
5. 高蒙河、黄颖：《三峡考古记胜》，香港中华书局，2003年。
6. 杨永平、潘碧华：《考古新手记趣》，香港中华书局，2003年。
7. 俞伟超：《长江三峡文物存真》，重庆出版社，2000年。
8. 重庆市文物局：《三峡文物珍存》，北京燕山出版社，2003年。
9. 吴安祥：《涪陵文物精品集》，中华国际出版社，2006年。
10. 重庆中国三峡博物馆：《重庆中国三峡博物馆》，文物出版社，2006年。
11. 白九江、方刚：《远古巴渝》，重庆出版社，2007年。

岭墓地》《忠县翠屏山崖墓》《重庆万州老棺丘古墓群发掘报告》等。

3 其他报告集的部分收录

重庆库区考古发掘简报和报告除了发表在《重庆库区考古报告集》外，还散见于其他报告集中，主要见于《成都考古发现（2001）》《四川考古报告集》《三峡考古之发现》和《三峡考古之发现（二）》等报告集中（详见附录）。

4 杂志及其他

由于三峡文物抢救性发掘历时长，参加单位多等原因，发掘和研究报告还散见于各类期刊，除在《四川文物》《江汉考古》等省级期刊发表外，也在《考古学报》《考古》《文物》《人类学学报》等国家级期刊发表。此外，在《华夏考古》《考古与文物》《南方文物》《东南文化》《文博》等域外考古学期刊上也发表了大量简报和报告。

据不完全统计，从1994年至2008年期间，发表于期刊的简报和报告共计60余篇。这类发掘或研究报告虽然发表比较及时，但囿于版面的限制，与前三种形式相比，内容比较简洁（详见附录）。

此外，有关发掘成果的报道还见于《中国考古学年鉴（1994—2007年）》《中国文物报》《重庆历史与文化》《巴文化研究通讯》等。这类报道注重时效性，多报道考古新发现，但篇幅较短，信息量不大。

5 研究性成果的发表状况

在开展考古发掘的同时，文物考古工作者一方面加紧进行资料整理，另一方面也开展了多种形式的研究，形成了一定数量的研究成果，发表和出版了一批研究论文和学术专著。

（1）期刊

三峡库区的研究论文多发表于考古学期刊上，其中，部分发表在《考古学报》《考古》《文物》《人类学学报》等国家级期刊上，另有相当比例的发表在《四川文物》《江汉考古》《重庆历史与文化》《中国三峡建设》《长江文明》等期刊上，在域外的《华夏考古》《南方文物》《考古与文物》《东南文化》等学术期刊上也有所发表。此外，三峡库区部分考古学与其他学科的综合研究论文还发表在《科学通报》《第四纪研究》《盐业史研究》《中国历史文物》《瞭望》等期刊上。

据不完全统计，发表于学术期刊的研究性文章超过177篇，这对于学术界了解三峡库区考古学和文物保护研究成果有着非常重要的意义，也有利于三峡库区考古学和文物保护研究的蓬勃发展（详见附录）。

（2）论文集

伴随着重庆库区考古学研究的深入开展，大量学术成果需要交流和探讨，在三峡库区先后召开了几次以三峡文物保护与考古学研究为中心的主题研讨会，会议收集了大量高质量的论文，并结集出版。一些在《重庆·2001三峡文物保护学术研讨会论文集》《2003三峡文物保护与考古学研究学术研讨会论文集》《三峡考古与多学科研究》刊载的论文即属此类。此外，重庆库区的考古学研究成果还散见于其他论文集之中。如：《四川考古论文集》《玉魂国魂——中国古代玉器与传统文化学术研讨会论文集（三）》《盐业考古（第一辑）》《中国考古学会第十次年会论文集（1999）》等。

据不完全统计，在各类论文集上发表的与三峡文物保护相关的论文共有97篇，其中与三峡文物保护专题相关的论文有73篇，其他论文有24篇（详见附录）。

（3）研究专著

重庆库区考古学材料非常丰富，也独具特色，为进行相关方面的专题研究提供了重要的参考，也催生了大量重要的学术观点，出版了大量学术专著。依据与三峡库区考古材料结合的紧密程度，又可以分为以下两类：

（1）以库区考古材料为中心的研究专著。

截至目前的统计，主要有5部：《三峡远古时代考古文化》[1]《三峡先秦考古文化》[2]《三峡夏商时期考古文化》《长江三峡动物考古学研究》[3]《峡江地区考古学文化的互动与诸要素的适应性研究》[4]。

（2）以库区考古材料作为重要参考的研究专著。

主要有：《晚期巴蜀青铜器技术研究与兵器斑纹工艺探讨》[5]《巴人寻根：巴人·巴国·巴文化》[6]《巴盐与盐巴：三峡古代盐业》[7]《在历史与文化之间》[8]《蜀文化与巴文化》[9]《长江上游早期文明的探索》[10]《土家族区域的考古文化》[11]、《长江上游的巴蜀文化》[12]等。

---

1. 杨华：《三峡远古时代考古文化》，重庆出版社，2007年。
2. 杨华：《三峡先秦考古文化》，武汉出版社，2003年。
3. 武仙竹：《长江三峡动物考古学研究》，重庆出版社，2007年。
4. 国务院三峡工程建设委员会办公室、国家文物局：《峡江地区考古学文化的互动与诸要素的适应性研究》，科学出版社，2009年。
5. 姚智辉：《晚期巴蜀青铜器技术研究与兵器斑纹工艺探讨》，科学出版社，2006年。
6. 白九江：《巴人寻根：巴人·巴国·巴文化》，重庆出版社，2007年。
7. 白九江：《巴盐与盐巴：三峡古代盐业》，重庆出版社，2007年。
8. 王川平：《在历史与文化之间》，科学出版社，2003年。
9. 宋治民：《蜀文化与巴文化》，四川大学出版社，1998年。
10. 霍巍、王挺之：《长江上游早期文明的探索》，巴蜀书社，2002年。
11. 邓辉：《土家族区域的考古文化》，中央民族大学出版社，1999年。
12. 赵殿增、李明斌：《长江上游的巴蜀文化》，湖北教育出版社，2004年。

第八章 三峡重庆库区文物保护的特色内容及经验要述

　　三峡重庆库区文物保护工程有着自身的特色内容，其成功经验具有推广价值。在保护工程的实施中，采用了先进的技术手段，保护和出土了大量文物，解决了许多学术和历史疑难问题。

2003年，国务院三峡建委办公室、国家文物局检查考古工地

第一节 三峡重庆库区文物保护工程的特色内容

三峡重庆库区文物保护是为配合三峡水利枢纽工程建设而进行的文物保护工程，从规模到管理再到运行等都受到了三峡工程建设的影响，形成了具有三峡文物保护特色的内容。这些内容既有文物保护的行业元素，又有三峡工程的建设元素，两种元素的结合构成了和谐统一的保护模式，这是三峡文物保护工程得以顺利进行的重要原因。

一 最大规模的文物保护工程

根据三峡水利枢纽工程的建设要求，当坝前水位涨至175米时，水库淹没区的陆地面积为632平方公里，水库淹没区的库岸线（含支流）全长为5300公里。三峡重庆水库淹没区占全库区淹没面积的80%，涉及了16个县区，受保文物占全库区文物数量的69%。这是新中国成立以来在一个省市区域内规模最大的文物保护工程，由此衍生出如下的特色内容：

1 党中央、国务院高度重视

党中央、国务院高度重视三峡文物保护，中央领导人多次批示和主持召开会议，具体部署和研究三峡文物保护工作，确保了三峡文物保护工作的顺利进行。

2 国家投入了巨额文物保护经费

国务院三峡建委办公室根据三峡重庆库区

2007年3月，国务院三峡建委办公室副主任宋原生在北京与专家研究三峡文物保护

文物保护的实际需要，投入了92862.34万元的文物保护经费，这是自新中国成立以来对区域文物保护经费投入最多的一次。

3 调集了全国文物保护力量参加

国家文物局根据国务院三峡建委的工作部署，调集了全国文物保护力量参加。据不完全统计，全国有182所文物保护研究机构和大专院校的数千名文物保护工作者参加了三峡重庆库区文物保护，这是新中国成立以来由国家文物主管，为某一地区调集单位和专业人员最多的一次文物保护工程。

二 保护观念提升的社会影响

在三峡文物保护初期，社会的文物保护观念正处在提升的初期阶段，对文物不可再生价值的认识还不够深入。三峡文物保护以文物不可再生价值的阐述和强调，得到了相关部门及社会的响应。经过保护过程的实践，文物具有不可再生性属性已被工程建设者和文物工作者广泛接受，并形成了加大保护力度的动力。表现为部门与部门之间、行业与行业之间换位思考的通力合作，表现为措施的完善和保护空间的拓展，使一大批文物得到了延伸性的保护。如：成功地将张桓侯庙和大昌古镇等按原样搬迁，兴建了我国第一座水下博物馆和文物复建区等。三峡文物保护观念的提升不仅使三峡文物得到了妥善保护，也影响了社会文物保护观念的提升。在实施三峡文物保护期间，全国人大对我国的《文物保护法》进行了修订，许多在三峡文物保护实施中的保护原则在新修订的《文物保护法》中得到了体现。如："保护为主，抢救第一，合理利用，加强管理"的方针；"文物是不可再生的文化资源"等。

三 具有三峡特色的管理模式

在三峡重庆库区文物保护工程的实施过程中，根据本行业的特点，融入了有利于文物保护的管理模式和制度，使三峡文物保护工程步入了规范化、制度化的管理轨道。

1 "先规划，后实施"模式

从今天的视角看，"先规划，后实施"是一项非常普遍的模式，没有什么可供总结和研究的价值。但在20世纪90年代初期，由于国力所限，大规模的文物保护项目较少，对于少量墓葬的发掘和个别古建的维修，进行相应的方案设计和经费预算即已满足。三峡水利枢纽工程上马后，对于如此大范围和多种类型的文物保护，按照传统模式的保护已不适应了。于是，规划在先，实施在后的模式就很自然地在三峡文物保护中运用了，这种模式的运用意义非常重大。其一，这是在我国与基本建设有关的文物保护工程中的首次运用。其二，有利于文物保护，适应于大规模和大范围的文物保护。其三，自三峡文物保护工程成功启用后，已在全国各重大文物保护项目中广泛运用，并

国务院三峡建委办公室邓一章司长在考古工地听取汇报

甘宇平副市长陪同国务院三峡建委办公室主任郭树言视察白鹤梁水下博物馆建设工地

成为了重大文物保护工程的基本模式。

2 健全的管理机制和管理措施

在三峡文物保护工程的实施中，重庆市文物管理部门根据本行业的专业特点，在延续传统管理方法的基础上，借鉴和引进了三峡工程和其他行业的管理经验和方法，包括项目法人制、项目合同制、工程招投标制、工程监理制和质量终身责任制以及竣工验收、财务审计等。特别是项目监理和综合监理制的引用，标志着三峡文物保护工程的管理水平已在我国文物保护领域达到了较高的水平。

四 制定了地面文物保护经费概算细则

由于没有统一的地面文物保护经费概算文本，使得三峡地面文物保护经费缺少规范性的预算依据。为此，经过调研和规划组的研究，规划组成立了专业性较强的专家组，根据三峡地面文物的特点和三峡地区物价指数，结合重庆库区特点，制定了三峡地面文物保护经费概算细则。该细则的制定，不仅使三峡文物保护的经费预算有了依据，也填补了我国地面文物保护缺少经费核算依据的空白，为进一步规范全国地面文物保护经费的计算标准，出台适合我国地面文物保护经费概算的依据文本，奠定了基础。

五 对非物质文化遗产制定了保护规划

在20世纪90年代初期，当社会对非物质文化遗产的保护还处在朦胧状态时，三峡文物保护率先以民族民俗的概念提出了保护，并形成了系统的保护规划。该规划是我国第一部对非物质文化遗产的保护规划，虽然因认识水平的局限没有实施，但对于民族民俗文物的保护意向，客观上促进了社会对非物质文化遗产保护的重视，一些民间组织和相关机构以保护的责任感，对重庆库区的非物质文化遗产实行了保护。这是对社会的重大贡献，有着超乎寻常的影响意义。

重庆市移民局和文物局联合检查文物保护工地

徐光冀、乔梁、王川平检查白帝城考古工地

六　地面文物保护特色

三峡重庆库区地面文物保护是一项浩大的文物保护工程，所涉及的文物繁多，所采取的措施多样。

1　特点

第一，地域广，文物多，246处文物需要在同一时间内完成保护。

第二，依山傍水环境下的民居、庙宇等古建筑组成了文物保护的整体。

第三，多数文物具有风景名胜概念。

2　保护特色

根据以上特点，对地面文物进行了有特色的保护。

第一，动员了全国文物保护力量参加，使247处文物在规定的时间内全部实行了保护。这是我国在同一区域、同一时间内最大规模的地面文物保护。

第二，为降低文物损失，对不宜移动的文物采取了原地保护和留取资料的保护方式，它们占文物总量的63%以上。有些原地保护的项目比搬迁保护要耗费更多的财力和人力。如：白鹤梁水下博物馆、瞿塘峡石刻的升高复建、石宝寨的护坡仰墙、白帝城的山体保护等。其特点是不惜财力、人力的大量投入和没有前人经验下的保护。

第三，白鹤梁水下博物馆是世界上第一座水下博物馆；张桓侯庙的整体搬迁是我国自三门峡水库建设中永乐宫搬迁保护之后，规模最大的文物搬迁项目；大昌古镇是我国第一次将完整的古镇整体搬迁复原。

第四，为保持三峡特有的自然风光与人文景观，除采取了适合的保护方式外，对不得

2003年6月，重庆市委书记黄镇东、副市长甘宇平听取白鹤梁保护工程汇报

2003年4月,重庆市委书记黄镇东、市长黄奇帆调研奉节依斗门文物迁建

不进行搬迁保护的文物采取了以区县为单位的集中复建,数处文物古迹复建区在峡江两岸落成。这是我国规模最大、数量最多、最为集中的文物古迹复建区,它丰富了三峡重庆库区的文化旅游资源,恢复了传统的文化面貌,体现了合理利用的原则,为我国文物保护与文物利用进行了探讨和实践。

七 地下文物保护特色

1 特点

三峡重庆库区地下文物具有分布广、文物点多、埋藏量大、未知系数高等特点。

2 保护特色

第一,动员了全国文物保护力量对15个区县的528处文物进行了考古发掘,出土文物达13万余件套(不含重庆库区158处未整理的文物点),其中较珍贵文物4万余件套。这是我国在同一区域、同一时间内出土文物数量最多的地下文物保护工程。

第二,文物保护与学术研究相结合。

考古发掘是一项科学工作,也是考古研究的基础,是对文物保护的有效活动。在三峡重庆库区地下文物保护中,除出土了13万余件套文物和保护了数百处遗址外,还对发现的文化遗存进行科学研究,其领域包括了古代的政治、经济、文化、军事、环境等,发表和出版了数百篇论文和数十部专著。通过考古发掘和科学研究,初步构建了完整的三峡文化历史序列,建立了10万年以来旧石器文化的年代框架,填补了三峡地区缺少旧石器文化遗存和渝东地区新石器时代文化的空白,将瞿塘峡以西地区新石器文化的年代

王川平副局长现场听取汇报

推至距今7000年以前,获得了古代建筑、冶金、盐业、窑业等多方面的历史信息,打开了研究巴人历史文化的神秘之门,丰富了自夏商周以来三峡库区的考古发现,为研究三峡地区文化发展、文明进程、环境变迁、社会演变等积累了大量实物资料。对三峡重庆库区地下文物的考古发掘是我国规模最大,学术研究水平较高的考古发掘,虽然对文物信息要经过细致的筛选和甄别,有些成果还有待更长时间的深入研究,但就目前取得的保护和研究成果来说,已经非常丰富了。这是文物保护与学术研究相结合取得的成果,在三峡文物保护中极为突出。

第三,采用了高科技的技术和手段。

为使地下文物得到更好的保护,采用了物理勘探、电子测绘、质子激发X光技术、DNA技术、地层提取技术、遥感考古、环境测绘、地形地貌测探、^{14}C测年法、原子吸收光谱、原子发射光谱、X射线荧光光谱、红外照相技术、孢粉分析法等高科技的技术和手段。这些技术和手段在三峡文物保护中运用,加大了文物的保护力度,提高了文物保护效率,降低了文物的损失,为完成三峡文物保护的目标做出了贡献。

第四,多学科的共同参与。

在以考古学为主体的地下文物保护中,将建筑学、民族学以及水下考古、航空考古、地质勘探、地理测绘、生命科学、现代医学等学科融入了三峡地下文物保护中,解决了单一学科难以解决的一些问题,为我国地下文物保护向纵深方向开展,进行了有益探索和尝试。

第五,文物利用。

在文物保护的进行中,一方面积极做好保护工作,另一方面最大限度地将出土文物及研究成果向社会开放。目前,已有7000余件套较珍贵文物在包括中国国家博物馆和重庆中国三峡博物馆在内的大中型博物馆中展出,一些文物信息和研究成果也通过展示、媒体等向社会公开。待各区县博物馆建成后,收藏在各区县的出土文物将会发挥更大的社会效益。

第二节 三峡文物保护经验要述

三峡文物保护工程分为规划和实施两个阶段,在两个阶段的文物保护中,创建了适合文物保护的模式,推出了对文物保护有利的方式和方法。

一 以国务院三峡建委为领导核心的领导作用

三峡文物保护的管理体制自上而下,含有

二 国家文物局的组织与领导作用

2010年,国务院三峡建委办公室雷加富副主任、黄德林司长等检查石宝寨文物保护工作

大体制下的基础管理体制。

国务院三峡建委是大体制的领导核心,国务院三峡建委办公室、国务院三峡建委移民开发局、国家文物局和重庆市及相关部门是大体制的运行单位,他们在制定政策、经费核定、组织文物保护力量、督察、综合监理和大型文物保护项目中承担领导职能。在三峡文物保护中,这种领导职能的作用非常明显,调集全国文物保护力量参加是职能作用的明显之处。

基础管理体制是在大体制的运行下,政府为基础管理体制的运行领导,文物主管部门负责各自的文物保护工作,下设专门机构,负责日常管理,包括:组织施工、计划安排、经费管理、项目验收和规章制度的建立等。各区县承担协调和协作及一般项目的管理工作。

优势和效果:大体制下的运行机制,具有行政干预的权威性,在协调职能关系中,产生了强化,使部门的工作职能、工作目标、工作重点明确,工作效率和工作责任也得到了加强。其特点是组织周密,职能明确,层层有人负责。

实践证明,这是一项适合大型基本建设工程的文物保护模式,特别适合跨省份的基本建设工程,如:南水北调、西气东输工程等。

三峡文物保护得到了国家文物局的高度重视,这种重视是主动和积极性的,表现在积极组织,有效领导。

当七届全国人大五次会议通过了兴建三峡水利枢纽工程的决议后,国家文物局就意识到了三峡库区文物保护工作的紧迫性和艰巨性,除主动与工程建设部门沟通外,还积极组织和领导库区文物保护工作的开展。

1 推动规划的编制进程

"先规划,后实施"是由国务院三峡建委和国家文物局会商形成的文物保护方略,在落实中,国家文物局起到了至关重要的作用。首先,国家文物局制定了先调查,后编制的规划路线图,成立"三峡工程文物保护领导小组",组建"三峡工程库区文物保护规划组",在库区设立工作站和联络站,组织专家编写规划大纲,制定规划方案。在国家文物局的组织和领导下,《三峡文物保护规划》如期完成。

2 推动规划的论证和审批进程

《规划报告》形成后,由于多种原因,规划的论证和审批进程迟缓,为给三峡文物留出更多的保护时间,国家文物局采取了积极主动的工作方式,沟通与协商并举,讨论与汇报共进,阐述了文物保护的重要性,强调了保护文物的紧迫性,经国务院三峡建委办公室与国家文物局的共同努力,加快了《三峡文物保护规划》的论证和审批进程,为三峡文物争取了更多的保护时间。

2004年，重庆市市委书记黄镇东视察白帝城文物保护

国家文物局副局长顾玉才考察三峡文物保护

国家文物局谢冰、陆琼出席重庆市文物工作会议

3 组织和领导

由于三峡重庆淹没区的地域广阔，文物保护任务繁重，仅凭重庆市的保护力量很难如期完成，客观上需要全国文物保护力量参加，但要调集全国的文物保护力量，需要国家文物局的组织和领导。

1992年底，国家文物局召开了两次由各省、市、自治区文物局和文物保护研究机构及大专院校参加的三峡文物保护规划会议，会议落实了各单位承担的调查任务，签署了委托协议。会后，26家文物保护研究机构和大专院校按照国家文物局的工作部署进驻三峡，开展了我国规模最大的文物调查工作。1994年经国家文物局协调，规划组又委托4所文物保护研究机构进驻三峡。

规划任务完成后，国家文物局又相继召开多次全国文物工作会议，部署三峡文物保护工作。截至2011年，全国20多个省、市、自治区的182所文物保护研究机构和大专院校以及文物保护施工单位的数千名文物工作者参加了重庆库区的文物保护工作，形成了全国规模的文物保护大会战局面，三峡重庆库区成为了全国最大的文物保护工地。

4　检查与指导

国家文物局非常重视重庆库区文物保护工作，除对国宝级保护单位的保护方案进行专项审核和批复外，也关注其他项目的保护工作，并定期组织专家检查和指导。这种检查和指导不仅带有专业性的指导和帮助，也含有检查质量、协调工作、推动进度的作用。

5　效能

（1）积极主动的工作方式，为三峡文物争取了更多保护时间。

（2）有效的组织和领导，加大了三峡文物的保护力度。

（3）定期的检查和指导，保障了文物保护工作的质量和进度。

三峡文物保护特别是重庆库区文物保护之所以取得成功，国家文物局的组织和领导作用非常重要，是取得丰硕保护成果的重要原因之一。

三　先规划，后实施

在20世纪90年代初的三峡文物保护工程启动之际，三峡文物保护运行了"先规划，后实施"工作流程。运行中，编制了规划，经过对规划的论证和审核，获得批准的规划在三峡重庆库区实施。实施中，规划的指导作用非常突出，它奠定了三峡重庆库区文物保护的基础，保障了文物保护工作的顺利进行。这是三峡文物保护对我国文物保护工作的贡献之处，贡献点是规划的制定。

（一）规划经验

在规划的制定中，编制单位根据三峡文物分布广、种类多、状况不明朗的特点，根据三峡工程的进度要求，对三峡文物进行了系统规划。

1　规划重点

（1）对保护区域的文物进行全面调查，探明了文物的价值和保存状况，确定了保护对象。

（2）根据地下文物状况，制定考古发掘、考古勘探、登记建档的保护方式。

（3）根据地面文物状况，制定搬迁保护、原地保护、留取资料的保护方式。

（4）根据三峡水库蓄水进度要求，制定各个淹没线的工作计划。

（5）将白鹤梁水文题刻、张桓侯庙、石宝寨列为重点保护项目，进行单项规划。

（6）制定民族民俗文物（非物质文化遗产）保护规划。

（7）制定博物馆建设规划。

（8）制定《三峡地面文物保护经费概算细则》。

（9）核算具体的保护经费。

（10）根据专家论证意见，制定了"修订与补充"文本。

这是一部庞大的文物保护规划，总计32本280万字。

2　规划效能

（1）适合的保护方式，突出了重点保护，重点发掘。

（2）目标明确，重点突出。

（3）探明了文物"家底"，确定了保护对象，避免了盲目保护。

（4）建立了有序的管理机制，使保护经费的拨付与工作进度挂钩，避免了经费拨付的滞后。

（5）提高了文物的安全性。

（6）加快了文物保护的工作进度，保障了三峡工程建设。

黄克忠、孟宪民审阅石宝寨保护工程图纸

现场办公

3 规划经验

（1）坚持科学求实。

（2）国家文物局的组织和领导作用非常重要。

（3）征询和采纳专家意见。

（4）采取"调查—研究—核实—论证—再研究—编制"的规划路线。

（5）实行分省、分县规划。

（6）对地面、地下文物分别规划。

（7）对重点项目进行重点规划。

（8）对需要完善的内容，进行修订和补充。

实践证明，三峡文物保护规划在文物保护中起到了重要作用，解决了文物状况不明朗和保护方案、工作进度、保护经费等问题，使700余处重庆库区文物在规定的时间内得到了妥善保护。《三峡文物保护规划》是一部有利于文物保护的规划，其推广和示范的效应非常显现。

（二）实施经验

"先规划，后实施"中的实施，是按照

《三峡文物保护规划》的具体内容实行文物保护，其经验如下：

1　按照《三峡文物保护规划》实施

按照规划实施是三峡文物保护工作的基本路线，也是三峡文物保护工作的特点。具体的文物点、保护方式、工作进度、完成时间、经费使用等都在规划的框架内运行。但是，本着科学求实的精神，对于规划也进行了适当的调整，这种调整是为了更好地保护文物和规划框架内的调整。在调整中，有严格的专家论证程序和审批手续。如：对少量地下文物点和发掘面积及勘探面积的调整，对少量地面文物保护方式的调整等。通过调整使保护工作更加严谨，更符合客观，更具科学性。

2　突出了"保护为主，抢救第一"的方针

"保护为主，抢救第一"是我国《文物保护法》规定的文物保护方针，在三峡重庆库区文物保护中得到了全面体现。

由于三峡重庆库区文物面临淹没，并有着淹没时间的底线，抢救性的保护是三峡文物保护的基本定位。

（1）国务院三峡建委办公室和国家文物局高度重视，并采取了有力措施。

第一，调集全国文物保护力量参加。

第二，文物保护经费的及时拨付。

第三，众多知名专家的参与。

第四，政策的倾斜。

（2）各级政府的大力支持。

三峡重庆库区文物保护得到了重庆市政府的大力支持，市领导直接部署工作，区县领导直接参与保护工作。

（3）抢救三峡文物成为文物主管部门的第一要务。

国家文物局副局长顾玉才在王川平先生陪同下检查三峡文物保护工程

重庆市文物局将三峡文物保护工作列为第一工作要务，成立领导机构，局长亲临指挥，各业务处室通力协作。各区县文化局成立协调机构，配合各业务单位开展工作。

（4）地下文物的抢救性保护工作全部完成。

地下文物保护工作采用了最新的技术手段和方法，以多学科相结合的保护途径，采取了考古发掘、考古勘探、登记建档的保护措施，对三峡文物实行了全面保护。在保护中，既以在规定的时间内完成保护任务，又要以考古发掘的程序实行科学保护，经过20年的保护，抢救性的保护工作已全部完成。

（5）地面文物的抢救性保护工作全部完成。

虽然地面与地下文物有着不同保护方式的区别，但抢救的定位是一致的。在保护中，抢时间和科学有序被广泛融合。为使文物的损失降到最低，对于搬迁保护的文物，先将文物的主要构件编号排序，搬至安全地带，在进行必要的防护处理后，按原样复建。对原地保护和留取资料的项目则根据文物状况，以适合的保护方案，实行全面保护。经过20年的保护，抢救性的保护工作已全部完成。

3 文物的合理利用

在三峡重庆库区文物保护中，775处文物得到了妥善保护，一些文物得到了合理利用。其合理性表现在：第一，对文物进行妥善保护。第二，在保证文物安全前提下的利用。第三，对社会具有进步影响的利用。

目前，已有7000余件套较珍贵的出土文物在中国国家博物馆和重庆中国三峡博物馆等大中型博物馆展出。在巫山县、奉节县、云阳县、万州区、开县、忠县、石柱县、丰都县等区县，兴建了文物复建区。这些复建区与白鹤梁、石宝寨、张桓侯庙、瞿塘峡石刻、大昌古镇、白帝城等共同对社会开放，形成三峡新的旅游风景区和文物保护中心，使三峡文物既得到了有效保护，又得到了合理利用。

4 文物保护资料的科学管理

在三峡重庆库区的文物保护中，不仅对文物实施了妥善保护，还在保护中注重文物保护资料的收集管理，形成了科学的管理体系。包括：

（1）对文物保护运行文件进行系统归类，形成文物保护运行档案资料库，包括：合同、委托书、文件、审批手续等。

（2）地下文物保护资料，包括：现场发掘记录、现场发掘照片、各文物点资料档案等。

（3）地面文物保护资料，包括：留取资料档案、现场保护记录、文物照片、各文物点档案等。

5 保护成果和研究成果迭出

三峡文物保护是保护与研究结合的保护，在保护中带有研究内容和色彩，在研究中含有保护质量的效能。在一些保护项目中，在保护中就形成了研究成果，在研究成果中又形成了保护成果的迭出。在20年的保护历程中，出版和刊发了大量保护成果和研究成果。

四 综合监理制

为加强文物保护工作的管理，国务院三峡建委办公室根据三峡文物保护状况，将世界银行"监评"的监察方法进行完善和改良，创新性地建立了"综合监理制"，在运行中，效果显著。

1 综合监理制

综合监理是一种全方位的监理，包括三方面。其一是将各个文物保护项目视为一个整体，逐项监理。其二是对文物保护项目的工作状况进行全面监理，包括：工程质量、进度、保护状况、完成情况以及经费管理和项目管理等。其三是向国务院三峡建委办公室和国家文物局负责。以上三个方面是与项目监理的最大区别，项目监理只是对单一项目的单项监理，缺少横向和纵向的宏观考虑，其视野不如综合监理广阔，更重要的是项目监理向业主负责，而综合监理向决策机构负责，这为决策机构了解基层的真实情况打通了信息通道。

根据三峡文物保护特点，综合监理分为地下和地面两部分，地下由中国文化遗产研究院承担，地面由长江工程监理咨询有限公司负责。

2 效应

综合监理是监察的一种形式，效应有两方面：

第一，将了解和检查的情况以报告的形式向国务院三峡建委办公室和国家文物局反馈，便于决策部门了解情况，为决策部门的正确决策提供参考依据。

第二，对违规或违法现象起到了威慑作用。

自2005年正式运行以来，监理单位向决策部门提交了2005—2009年的综合监理报告，提交了2005年以前的综合监理追踪报告，这为决策机构正确决策提供了可供参考的依据。

综合监理制在三峡文物保护中的实行，加强了文物保护工作的监察力度，方便了决策机构对文物保护工作情况的全面了解，是一项对文物保护有利的举措，适合在大型文物保护工程中运用，具有一定的推广价值。

第三节 文物工作者的奉献

三峡重庆库区文物保护是在全国182所文物保护研究机构和大专院校的数千名文物保护工作者努力下完成，这是一项全国性的对口支援活动，纷至沓来的全国文物工作者汇集三峡，谱写了保护三峡文物的奉献之歌。

在三峡工程的建设期间，三峡地区是一处交通不便、气候异常、经济较落后的地区，特别是重庆水库淹没区，基本没有什么支柱产业，是全国重点扶贫地区之一。

三峡文物大多保存或埋藏在淹没区较偏僻的山村田野，这里交通不畅，经济落后，工作和生活环境非常艰苦。文物工作者在艰苦的环境中，以崇高的责任心和使命感，克服了重重困难，完成了三峡文物保护任务。

一 客居三峡

文物工作者大多来自大中城市的知识分子，为了保护三峡文物，他们远离舒适的城市生活，客居他乡，生活和工作在偏僻寂寞的山村田野，即便是重庆市本市的文物工作者，也与其他异地人员一样，长期入峡，年复一年的工作，使大多数文物工作者无暇顾及家庭，亏欠家人的人情账太多了，他们将生命中最美好的时光，奉献给了三峡文物保护。

2000年1月是新世纪开年的头一个月，著名考古学家俞伟超先生已经在库区的考古和文物保护工地连续工作几个月了，以他的身份和年龄以及身体状况，完全有理由在北京遥控指挥，但他以文物工作者的使命感和责任感，不顾年高体弱，远离家人，远离舒适的大都市生活，奔波于各个考古和文物保护工地，为的就是保护好三峡文物。据统计，自1994年以来，他每年都来三峡，有时能连续呆上几个月，他是客居三峡最频繁的著名专家学者之一。他的行为感动了他的弟子，大家都非常敬佩和心疼。2000年1月4日是他67岁生日，为表示对先

1994年4月，俞伟超先生在大宁河乘船考察沿岸古栈道遗迹

生的敬意，弟子们酝酿了一次在奉节白帝城给先生过生日的聚会活动。消息一出，数百名客居三峡的文物工作者都要求参加，但先生坚决不同意，一是怕影响工作，二是交通不方便，心疼学生们的旅途劳累。经组织者商议，每个工地只许派一名代表参加。1月4日，50余位各工地代表齐聚白帝城，共贺先生生日，席间，除轮流向先生祝寿外，大多谈的是工作，对于亏欠家人的人情，对于长期客居三峡的苦涩很少有人提及。其实，他们的苦，他们对家庭的责任一点也不逊于其他人，只是这些远离家乡的知识分子们为了保护好三峡文物，已经顾及不到这些了，他们之中，一年300天的在峡记录已不在少数。俞先生对其弟子们长期身处异乡的苦涩非常了解和理解，以举杯敬酒的方式表示了慰问和理解。

二 艰苦环境

参加三峡文物保护的工作者来自祖国的四面八方，南起广东、福建，北至青海、黑龙江，南北不同生活习惯的文物工作者齐聚三峡。三峡地区有着特殊的地理环境和天气气候，山区的泥泞山路使现代化的交通工具很难派上用场，一些重型的工具只有靠肩扛担挑运送。

三峡文物保护是一项室外性工作较强的工作，而三峡地区的气候异常，夏季气温高，湿度大，最高温度能够达到45℃以上，在如此高温和强湿度状况下工作，会引发身体的极度不适。文物工作者以坚强的毅力，顶高温，冒酷暑，工作在文物保护工地上，水土不服，蚊虫叮咬令异地的文物工作者苦不堪言。食品和饮用水的供给困难也是部分考古工地每天要解决的问题，有些考古工地距驻地很远，泥泞山路的徒步往返，耗费了很大的精力和体力。艰苦的工作环境，既没有动摇保护者的意志，也没有影响保护工作的进度，他们在规定的时间，抢救和保护了大量文物，其中的成果，凝聚了文物工作者的心血，饱含了文物工作者的艰辛。

在对白鹤梁水文题刻的实体保护中，中国文化遗产研究院的10余位专家在春节刚过的正月里，冒着带有湿气的寒风，工作在四面环水的白鹤梁岩体上。由于对南方湿寒气候的不适应，也由于长时间水风的吹袭，一位同志感觉不适地稍作休息后又投入在了消除岩体病害的工作中，待收工回到数公里之外的租住房后，躺在床上就起不来了，一试体温，发烧近40℃，送往县医院，医生诊断为肺炎。经过数天的输液治疗，病情才得到控制，退烧后的他又出现在了保护工地的现场。

在规划阶段，厦门大学负责调查万州区的文物状况。他们走村入户，深入田间厂矿，游访淹没区的每个角落。由于长期的奔波劳累和饮食的简单凑合，调查人员的体力严重透支，身体抵抗力也急剧下降。一日，领队老师忽感身体疲惫，无力工作，经县医院化验检查，确诊为急性黄疸性肝炎。急性黄疸性肝炎系重症传染性疾病，不但具有传染性，还可危及生命，如果治疗不当或延误治疗，轻者会转为慢性肝炎而伴随终身，重者则有生命危险。知道病情后，大家都非常着急担忧，一致同意送回厦门治疗。在即将离开库区时，得知从北京来的规划组专家将要来万州检查指导工作，他坚持汇报完工作再离开。汇报会上，专家们被感动了，劝其即返厦门。会后，耽误了两天行程的他，拖着病体由医生护送离开了库区。两个月后，病愈的他又重返库区，加入到了文物保护的工作中。

在库区，类似事例很多，他们在艰苦的工作环境中，克服了重重困难，完成了库区文物保护任务。

三　兢兢业业

在重庆库区，为三峡文物保护操劳的人很多，他们是一个群体，一个能够覆盖整个库区的团队，这个团队的领头人就是时任重庆市文化局副局长、主持重庆库区文物保护工作的王川平同志。王川平是参加三峡文物保护全过程的"三峡人"，他文雅豪爽，大度健谈，不拘泥，讲原则，是位敢于担当、不畏困难的"强人"。他兢兢业业，脚踏实地地为三峡文物保护事业做了许多大事实事。

1997年初，重庆市即将直辖，由四川省负责的库区文物保护工作转由重庆市接管，承接此项重任的王川平同志深感责任重大。此时，三峡文物保护规划还没有批准，三峡水库的蓄水计划并没有因为规划未批而推迟。时间一天天过去，王川平的心情像涌动的峡江江水，难以平静，他深知时间对于三峡文物保护的重要。经过他对文物保护规划的解读，提出了对一些海拔低、工作量大、没有争议的保护项目提前进行保护的设想，此设想得到了国务院三峡办、国家文物局、重庆市政府的支持。1997年6月19日，王川平代表重庆市文化局与全国31所大专院校和文物保护研究机构签署了重庆库区文物保护协议，协议的签署意味着为库区的文物保护争取了3年的保护时间。之后，聘请11位全国知名专家，组建"重庆市政府三峡文物保护专家顾问组"，在重庆市文化局下成立"三峡文物保护领导小组"，并设办公室，重庆库区文物保护工作全面启动。

在对白鹤梁、石宝寨、张桓侯庙三大项目的保护中，他推动了保护方案的优化甄选，成功建造了我国第一座水下博物馆，成功将张桓侯庙、大昌古镇安全搬迁，以"仰墙护坡"的最佳方案保护了石宝寨，兴建了遍布库区沿岸的文物复建区。

针对时间紧，任务重，文物种类多，保护工地分散，管理经验匮乏，文物安全存有隐患等问题，经过实地调查和系统研究，根据三峡文物保护特点，有借鉴地汲取其他行业的管理经验，制定了《重庆市三峡工程淹没及迁建区文物保护管理办法》《重庆市三峡工程淹没及迁建区考古发掘项目监理试行办法》《重庆市三峡库区文物保护统筹经费使用管理办法》等，使项目合同制、项目法人制、工程招投标制、工程监理制、质量终身责任制、竣工验收制、领队负责制、经费管理和财务审计制等制度得到了落实，形成了有三峡特色的管理体制和机制。

王川平以诗人的宽阔胸怀，以为重庆市民着想的宏观考虑，针对重庆市文物保管和展示功能匮乏的状况，提出了兴建重庆中国三峡博物馆的动议。为此，他找领导，筹经费，游说各部门。2005年6月，投资数亿元的重庆中国三峡博物馆在重庆市中心落成并开放。此时的王川平心情格外舒畅，他为三峡文物有了"家"而高兴。

扎扎实实的工作作风，兢兢业业的辛勤耕耘，换来了丰硕保护成果。面对荣誉，他推让给了别人；面对责任，他大胆承担。他带领这个团结的团队，克服了重重困难，保护好了三峡文物。20年来三峡文物的保护生涯，300余次进入三峡库区的经历，诠释了他已将生命中最美好的年华奉献给了三峡文物保护事业。这是他一生中最值得骄傲和自豪的阶段，也是他最操劳、付出最大体力和精力的阶段。如今，他以平和的心态，将全部精力又投入在了三峡文物保护的后续工作中。

2004年7月，王川平在库区

考古专家徐光冀与王川平在考古工地现场

王川平副局长在文物保护工地

王川平副局长在文物保护工地

王川平副局长在文物保护工地

四 呕心沥血

参加三峡文物保护的工作者们大多是各文物保护研究机构和大专院校的业务骨干，是全国文物保护的核心力量。在三峡文物保护中，他们将渊博的专业知识和智慧，无私奉献给了三峡文物保护。

旧石器时期的幽深探古、新石器时期的陶片分析、古代巴人的寻踪探秘、文化遗留的历史评说等，彰显了文物工作者坚实的专业知识。白鹤梁水下博物馆的落成、张桓侯庙的整体搬迁、石宝寨的原地保护、瞿塘峡石刻的抬高复建等，凝聚了文物工作者的智慧，体现了文物工作者的奉献精神。

身为重庆市政府专家顾问组组长的俞伟超先生不顾高龄体弱，奔波在三峡文物保护的工地现场。他冒酷暑，踏泥泞；进库区，入工地。咳嗽哮喘，吃药硬扛；雨中摔倒，爬起就走。没有抱怨，没有要求。只有一个心愿：多保护一些文物，少留一点遗憾。多年的劳累，使他的身体极度虚弱。2001年5月，重庆市三峡办邀请先生赴库区检查考古工地，临行前，突感身体不适，初诊为肺炎。他对身边工作人员说："如果是感冒，带上点药，就去了。医生说是肺炎，我就不敢去了，去了，病在三峡会给大家添麻烦。"病中的先生仍在考虑着别人。

经医院进一步检查，确诊肺癌。大家都很沉闷，纷纷去看他，安慰他，先生反倒用积极的态度安抚大家。经进一步的治疗，先生的病得到了有效控制，大家都很高兴，希望他早日康复，重返三峡。

2002年11月，"三峡工程重庆库区二期水位重点考古项目汇报会"在北京召开，会议组织者特别希望先生参加，正在住院治疗的先生欣然同意，三天的会，他天天出席。会上，汇报者报告了抢救时间紧迫的担忧，有专家提出用推土机，俞先生紧锁双眉，语重心长地说："给我们考古界留点面子，不要上推土机了吧。一要抓紧时间多保护些文物，二是如果时间不够，宁可向有关部门申请推迟蓄水时间，也不能上推土机。"与会者颇受启发。

2003年11月15日，听说先生的病情加重，身边工作人员急赴广州探望，他很激动和高兴，在向先生汇报三峡文物保护工作的近况时，他认真地听，轻声地问，满意地点头，会

黄克忠先生在文物复建区指导工作

考古学家张忠培率专家组检查考古工地

心地微笑。临别时,他勉强支撑起身体,用微弱、喘息且沙哑的声音说:"祝三峡文物保护工作进展顺利,取得圆满成功!"此时的先生双眼噙满了泪水,这可能是先生对三峡文物保护工作的最后遗言和祝愿。

2003年12月5日,先生走了,他给我们留下了许多许多……

为缅怀俞先生对三峡文物保护的贡献,云阳县政府特在云阳张桓侯庙景区附近竖立俞伟超先生塑像。

峡江人民在三峡沿岸为俞伟超先生塑像

2011年11月,俞伟超先生带病出席重庆库区考古汇报会

俞伟超与刘豫川在考古工地指导工作

俞伟超先生在奉节鱼腹浦考古工地指导工作

第九章 三峡重庆库区文物保护成果

经过20年的保护历程,三峡重庆库区取得了丰硕保护成果,为三峡文化事业的可持续发展奠定了基础。

"三峡文物保护成果展"在重庆中国三峡博物馆举办

第一节　重要考古发现

在三峡文物保护实施中，发现了许多新的遗址和墓葬，出土了大量文物。这些遗址和墓葬的发现，这些文物的出土，解决了许多历史问题，填补了多项学科空白，使三峡地区，特别是重庆库区的文化脉络进一步清晰，这对于新直辖的重庆市而言，意义重大。

一　旧石器时期

（1）大量旧石器时代中晚期遗存的发现，填补了重庆库区这一时代发现的空白，对于研究该地区旧石器时代中晚期的文化面貌具有重要作用，同时，对于研究旧石器时代南北文化交流以及这一地区在中国旧石器时代的地位也起着重要作用。

（2）冉家路口遗址是目前重庆库区发现年代最早的旧石器遗址，其地质时代可能是中更新世末期或中更新世向晚更新世过渡时期，大致相当于旧石器时代之初或早期向中期的过渡阶段。其中发现了大量的石制品和动物化石，其组合既有南方砾石工业特色，又有北方

丰都井水湾遗址发掘现场

旧石器文化特色，对于探讨这一时期南北文化交流有着重要意义。

（3）丰都井水湾遗址是华南地区乃至东南亚一带发现的露天旧石器遗址中保存很好的一处。遗址出土物丰富且有不少动物化石，有助于对华南乃至东南亚地区古文化的了解，特别是对于认识华南地区缺乏地层和古生物化石依据的露天旧石器遗址具有积极的意义。

（4）丰都烟墩堡遗址属于旧石器时代中期遗址，其功能为石器加工场所。经多年发掘，出土了大量石制品。石制品以砾石为原料，主要采用锤击法打制而成，石器以石片石器为主，这在中国南方旧石器遗址中尚属首次发现。该遗址的发掘和研究在认识南北旧石器时代石器工业传统间的关系方面具有桥梁作用。同时，为中国南方乃至东南亚地区旧石器文化的研究提供了重要的参考资料，具有很高的科学研究价值。

（5）在奉节鱼腹浦遗址发现了距今8000年左右的文化遗存，它的发现为探讨这一地区旧石器时代向新石器时代过渡的意义重大，对于以此为基点寻找和确认新石器时代早期遗存也有着积极意义。

（6）通过对三峡地区旧石器剥片技术的研究，提出了扬子技术这一概念。这种技术体系的发现和研究对探讨我国长江流域和华南古人类的技术发展、传播、演变和古人类对特定环境的适应生存方略具有重要的参考价值，同时，对于探讨祖国大陆与台湾的古人类文化联系等具有重要的学术价值。

（7）在哨棚嘴遗址"生土层"2米下发现的更早阶段文化遗存，为甄别三峡地区间歇层和真正意义上的生土层及了解三峡地区古遗址的埋藏规律，具有重要的启示意义。

二　新石器时期

（1）大量新石器时代中晚期遗存的发现，建立了渝东地区新石器文化系统，为这一地区新石器时代考古学研究奠定了坚实的基础，也为这一地区商周时期的文化因子找到了源头。

（2）大溪—屈家岭文化和玉溪坪—中坝文化两支不同序列的考古学文化在瞿塘峡东西多个地点的发现，打破了大溪文化不过瞿塘峡的论断，还证明了三峡天堑在新石器时代并没有阻断长江中上游两地之间的联系，而是作为一条重要的通道，承载着两地之间的文化交流。

丰都井水湾遗址发掘现场

（3）丰都玉溪遗址是一个多时期遗存，以新石器时代遗存最为重要，新石器时代遗存可分为上下两层遗存。遗址下层多达59个文化层，其中，洪水淤积层多达27层，这种文化层的发现，为三峡地区古代环境研究提供了重要依据。玉溪遗址下层出土遗物主要有陶器、石器以及动物骨骼。这类遗存特征鲜明，是目前渝东地区最早的新石器文化，暂命名为"玉溪下层遗址"。对玉溪遗址的发掘具有重要的学术意义，开启了渝东地区新石器文化研究的新篇章。

（4）在欧家老屋遗址发现了目前三峡地区最早的大溪文化遗存，这一发现对于探讨这一地区大溪文化和典型大溪文化的关系有着重要的参考价值。

（5）云阳大地坪遗址的发掘表明这是一处新石器时代晚期至夏商时期的遗址，发现了新石器时代晚期的房址、墓葬、窑址、灰坑等遗迹，为研究三峡地区新石器时代文化谱系、长江中上游之间的文化关联以及巴文化的起源等具有重要价值。

三 夏商周时期

（1）商周时期考古学遗存的发现，打破了这一地区属于笼统的巴蜀文化区的认识。约相当于成都平原的十二桥文化时期，这一地区的考古学遗存就与成都平原有了较大的差异，有学者将这类遗存命名为石地坝文化。在西周中期至春秋时期，在石地坝文化的基础上发展成瓦渣地文化。这些新的考古发现对于建立这一地区商周时期的考古学文化序列起了积极作用。

（2）双堰塘遗址出土了西周时期的陶窑、墓葬（含非正式埋葬的儿童墓葬）、卜甲等重要遗存，是西周时期分布在长江中游大宁河流域中规模最大、出土文物最丰富、遗址级别较高的巴文化遗址，以其重要的考古发现被誉为"巴墟"。

（3）万州麻柳沱遗址主要为商周时期遗存，存在聚落活动区转移的现象，显示出聚落规模扩大和人口增加的信息，这类信息为聚落考古的研究提供了重要的参考资料。出土的占卜龟甲对于研究当时的占卜术和人们的信仰有着重要意义。出土的东周石范，是三峡库区甚至长江中上游地区的第一次发现，它的发现为研究这一地区金属冶铸业的发展具有重要研究价值。

（4）对忠县王家堡、老鸹冲遗址等商周时期墓葬的发掘，极大丰富了三峡地区这一时期的考古材料。大量战国晚期至东汉墓葬的发现，展现了这一地区社会组织结构由大规模的民族聚落向小规模的家族聚落转化的历史画卷。

（5）在巫山双堰塘遗址发现了西周时期有占卜痕迹的卜甲，均有凿无灼，其方形凿与香炉石遗址相似。万州麻柳沱遗址发现了大量东周卜骨，其钻、凿、灼、兆皆有自身特点，材料除龟甲外，也有用鱼鳃骨的，这和香炉石遗址相似。这些发现表明生活在三峡地区的古人在信仰上与香炉石遗址有着相似之处，这与巴人起源于清江流域的文献记载相符，这一发现为探讨巴人的起源和迁徙提供了重要的参考资料。

云阳云安盐场遗址

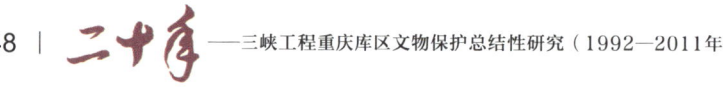

万州麻柳沱遗址出土的兽骨

（6）丰都冶锌遗址群的发现是三峡地区的首次发现，在全国范围内也非常罕见，是中国乃至世界科技考古领域的一项重要发现。

（7）涪陵小田溪墓地是战国晚期以来发现的人墓，出土了大量珍贵文物，其中带有"王"字铭文的铜钲和编钟，不仅说明了其为王墓，也说明中原王朝的宗庙礼乐已影响到了巴人。该遗址的发掘对于研究巴人贵族的丧葬制度有着重要意义，同时还可以以此作为基点，寻找巴人王城所在。

（8）重庆库区发现了大量的楚文化遗存，其中，在忠县崖脚墓地发现了楚国将士墓，对于探讨楚对于巴的征伐有着重要的学术意义；在云阳马粪沱墓群和平扎营墓群发现了大量楚贵族墓葬，特别是在平扎营墓群发现了可能为楚王级别的墓葬，具有重要的学术研究价值。

（9）重庆市忠县中坝遗址发现了有明确地层关系的三星堆文化（三星堆文化与老关庙下层文化晚期阶段共存）—老关庙下层文化—哨棚嘴文化地层叠压关系，初步构建了从新石器时代晚期至夏商时期的年代序列，发现了四川盆地最早的汉代龙窑，入选1998年全国十大考古新发现。

（10）忠县中坝遗址和云阳云安遗址等的与盐业考古相关遗存的出土，为研究这一地区的制盐工艺流程提供了重要的参考资料，同时，也填补了这一地区盐业考古的空白，对全国盐业考古研究起到了促进作用。

四 秦汉及以后时期

（1）通过对三峡地区古代枯洪水遗存的发现和识别，为研究这一地区的古环境、枯洪水水位、洪水发生频率等方面的研究提供了重要的参考依据。

（2）在云阳旧县坪汉代县城遗址发掘中，发现了衙署、大型排水沟等公用设施遗迹，发现了保存较好的冶铸遗址，此外，还发现了封泥、"朐"刻款陶碗等可以旁证"朐忍"县的重要遗物，出土写有"东阳""四十年""五石"等文字的秦汉篆书木椟和刻度等距的尺。这些发现与文献中朐忍县城的记载相符，为研究这一地区的汉代县城提供了重要的参考资料，填补了重庆地区简牍发现的空白。

（3）忠县乌杨将军村墓群是西南地区目前已发掘的规模最大、延续时间最长、涉及家族数量最多，且墓地材料、地面石刻构件与文献记载结合最紧密的汉晋时期家族墓群，出土了乌杨阙、泰始五年石柱等珍贵文物，对研究峡江乃至西南地区两汉至六朝时期家族墓地的选址、规划，各个时期家族墓的变迁，进一步研究家族制度的兴衰具有十分重要的意义。

（4）丰都汇南墓群绵延6公里，分布在25个临江的山包上，是重庆地区墓葬规模最大、发现墓葬最多的汉晋墓地，对于重庆地区汉晋墓葬序列的建立有重要的标尺意义。

（5）重庆市区南岸干溪沟遗址等汉代遗址的发掘，弥补了重庆市区过去发掘基本都是古墓葬而没有古遗址的空白，对于研究当时人口分布规律、人们的生产生活、风俗习惯意义重大。

（6）巫山土城坡墓地发现了从东周到明清时代的300多座古墓，其中秦汉－南朝墓葬269座，出土各类文物4590余件套，具有很高的文物价值。此地还发现大量形制完整、类型丰富的青铜兵器，呈现出立体的古代"兵器谱"，是已发现墓葬数量、类型及出土遗物最多的重要墓地。此外，还发现汉代窑群10多个，并获得窑塘内遗留的大量汉代板瓦、罐、盆、壶等陶器，如此众多而集中的汉代窑塘的发现，在三峡库区属首次，证明了此前在库区发掘出的众多陶制文物系"本地制造"。

（7）忠县火电厂崖墓群是重庆地区唯一保存基本完好的崖墓群。该墓群延续时间长，从东汉中晚期到南朝刘宋时期均有发现，这对于研究崖墓的兴衰发展，崖墓的家族式分布排列、崖墓随葬品的综合研究提供了难得的实物资料。

（8）以奉节上关、宝塔坪、云阳明月坝遗址为代表的唐宋墓葬的发现，弥补了过去发现的不足。

（9）通过对云阳明月坝唐代城镇遗址数万平方米的总体揭露，获取了唐代城镇的街道、广场、建筑等布局，弥补了我国早期市镇遗址发掘与研究几近空白的状态。

第二节 采用先进的技术和手段

在三峡文物保护中，采用了高科技的技术和手段，加大了文物保护的力度，增强了文物保护及考古学研究的深度和广度，为高科技的技术和手段在文物保护和考古学中的运用进行了有益的尝试。

（1）电子测绘主要应用于遗址周边环境、发掘区域、遗迹分布等方面的绘图，克服了三峡地区遗址高差大、地形窄长、地形变化剧烈的特殊地形给传统绘图带来的不便。

（2）采用质子激发X射线技术对万州麻柳沱遗址和苏和平遗址的先秦时期陶器进行无损测试，对器物的成分和产地进行了提取和分析。该项技术的引入，为无损测试提供了可能，解决了不损坏文物的测试难题。

（3）采用分子生物学手段。除在规划阶段应用了DNA的提取和测试方法外，还将DNA的提取技术，应用于考古研究。

（4）将物探引入三峡重庆库区文物勘探中。该项技术与传统的考古钻探相比，有着无损伤的优点和效率高的特点。运用在了重庆云阳楚故陵和涪陵小田溪墓地的勘探，但由于三峡地区环境（地下地质条件复杂）和遗存的特殊性（探查目标中的伪异常和干扰信息大量夹杂在零散杂乱的物探数据中），物探的效果在这一地区不甚理想，有待进行深入研究和探索。

（5）将航空考古运用于考古与文物保护工作中。利用遥感飞机、飞艇、氢气球等设备对遗址或大型遗迹进行航空摄影、测量，并进行了遗址环境等复原工作。

（6）GPS广泛应用于文物保护的各个领域，包括测点、布方、遗迹测绘、大型遗址地形测绘，建立遗物和遗迹的精确坐标以及地面文物的精确定位等。

（7）采用^{14}C测年法，对重庆忠县哨棚嘴、忠县中坝、丰都玉溪、丰都石地坝、忠县邓家沱等新石器至西周时期遗址的上百件文物标本，进行年代测定，再以树木年轮法进行校正，得出了重庆峡江地区从新石器时代中期至战国晚期两千多年的绝对年代序列。

（8）运用原子吸收光谱、原子发射光谱、X射线荧光光谱等技术对重庆库区出土的青铜器进行成分分析，运用电子显微分析（透射电镜、扫描电镜、场发射电镜和电子探针等）、X射线衍射分析、热分析、激光拉曼光谱、X射线光电子能谱（ESCA）等方法对青铜器的组成和结构进行分析测定。

（9）运用红外照相技术成功释读了云阳旧县坪遗址出土竹简，填补了重庆库区简牍发现的空白，使字迹模糊、几不可辨的竹简得到了解读。

（10）重庆库区的环境考古研究主要涉及古洪水层的识别和周期、古气候及古地貌的变迁等，采用的方法除传统的孢粉分析外，还广泛使用了各种地球化学代用指标，在重建气候、古洪水研究、古植被的复原、地貌变迁、人类活动与环境的关系等方面取得了一定的收获。

（11）重庆库区的动物考古研究主要集中在先秦时期，通过对动物骨骼的鉴定，确定了动物的种属，使在古代气候、环境、人们的食物构成和生业模式等方面，取得了重大研究成果。

（12）植物考古在重庆库区也有着广泛

忠县中坝遗址出土陶尖底杯

运用，运用了植物形态研究之种子、果实的分析，植物的微观分析之孢粉分析、植硅石分析等研究方法，获得了许多重要收获：在中坝遗址浮选样品中共发现了各种炭化植物种子1235粒，经鉴定，其中绝大多数属于栽培作物遗存，还发现了豆科种子；在云阳大地坪遗址发现了疑似人工栽培水稻遗存等。目前，正在进行确认性研究，一旦得到确认，将是三峡及其以西地区的重要发现。

（13）在冶锌考古研究中，以大量样品的测年和数据分析以及冶锌过程的复原等，加强对冶锌考古的研究。

（14）在石器分类上，采用了TOTH石器分类技术，便于石器分类的规范，也有利于对不同遗址间石制品原料选择、加工方法、分类、器形特点等方面的比较研究。

云阳明月坝遗址街道

（15）通过多个遗址的发掘，通过对出土石制品特征分析和年代判断，结合少量已有的较为可靠的测年数据，基本确定了长江沿岸阶地的形成年代，弥补了这一地区测年材料不足的缺陷。

第三节　重要文物保护成果

一　重要出土文物

在已整理的13万余件套出土文物中，有4万余件套属于较珍贵文物，它们除具有历史、科学价值外，还具有艺术价值。

尖底缸系新石器时代晚期中坝文化的器物，发现的数量较多，有学者认为该器物与盐业生产有关[1]。它的发现将三峡地区的盐业生产提前到了新石器时代晚期，是研究三峡地区制盐起源及盐业发展的重要物证。

在奉节出土的新石器时期的磨制钻孔石铲，反映了距今5000年前后峡江地区新石器时代娴熟的石器加工技术水平。

尖底杯系商周时期石地坝文化的典型器物，在成都平原的十二桥文化中有少量发现，分为弹形尖底杯和角形尖底杯两类形制。尖底杯在这一时期数量很多，特别是在瑬井沟遗址群分布密集，有学者认为该器物与这一时期三峡地区制盐业关系密切[2]，是三峡重庆库区商周时期制盐工业兴盛的重要佐证。尖底杯的发现和对其功能的识别，对于我国早期的制

---

1. 孙华：《渝东史前制盐工业初探——以史前时期制盐陶器为研究角度》，《盐业史研究》2004年第1期。
2. 孙华、曾先龙：《尖底陶杯与花边陶釜——兼说峡江地区先秦时期的鱼盐业》，《巴渝文化第4辑》，重庆出版社，1999年；孙华：《渝东史前制盐工业初探——以史前时期制盐陶器为研究角度》，《盐业史研究》2004年第1期。

云阳明月坝遗址出土卜龟

盐业和盐业考古研究有着重要意义,对于世界范围内早期与盐业相关遗物的识别也有着重要参考价值。

船形杯部分学者称之为船形陶匜,属于商周时期石地坝文化,数量较多,分布范围较广,是三峡地区这一时期特有的陶器类型。这种陶器最早发现于重庆市丰都县高家镇石地坝遗址,在1999年的考古发掘中出土了一批该类型陶器。早期有学者认为属于铸铜的坩埚类器具,后来学界更倾向于为制盐工具。船形杯的发现对于石地坝文化的识别和确立有着重要意义,其功能的识别和确立对于了解商周时期的制盐工艺、制盐工具的发展演变意义重大,同时,对于其他地区与盐业相关遗物的识别也有着重要的参考价值。

花边罐系商周时期峡江地区数量最多的陶器之一,如在瓦渣地遗址有密集分布。有学者认为这类陶器可能用于熬盐[1]。花边罐功能的识别对于探讨制盐工艺流程和制盐工具的形制演变有着重要意义,同时,为这一时期的盐业考古提供了新的研究素材。

在三峡库区发现的甲骨类遗存系商周时期,它的大量发现对于探讨这一地区的占卜习俗和宗教信仰有着重要意义,同时,表明这一地区与中原地区一样,都有着用甲骨占卜的习俗,部分甲骨的形制和占卜方式与中原地区相似,表明二者有着一定的联系。大量鱼卜骨的出现与清江流域同时期或稍早遗存相似,对于探讨二者的关系以及巴人的渊源问题,巴楚关系等有着重要参考价值[2]。

商代的三羊尊、虎钮錞于、蟠螭纹提梁壶等都是三峡库区出土的古代青铜器的代表作,其铸造工艺已达到了较高的水平。

涪陵出土的战国玉觿,是古代玉器中的精品。小田溪墓地是战国晚期以来的大墓,出土了大量珍贵文物,有"王"字的铜钲、编钟14件,其中有8件系错金,是目前发现最为完整的巴文化编钟组合。

丰都陶鸟出土于丰都高家镇秦家院子东汉墓群,系泥质红褐陶,造型"昂头衔石(呈球状),双翅展开平缓,翘尾直顶绶,立足,头顶一圆盘(似变形的鸟冠),并有一穿眼"。这件陶鸟采用了虚实夸张相结合的艺术手法,不仅表现出它完美的艺术效果,而且体现了古人的聪明才智和艺术创造力。陶鸟在制作技艺上十分讲究,其技法细腻,形态刻划生动逼真[3]。

鎏金佛像出土于玉溪坪遗址,系唐代,它的发现对于研究三峡地区佛教文化有着重要意义。

鸟形尊系在涪陵小田溪墓群中出土,是一件战国时期造型怪异的鸟形青铜尊。鸟头顶有

---

1. 孙华、曾先龙:《尖底陶杯与花边陶釜——兼说峡江地区先秦时期的鱼盐业》,《巴渝文化第4辑》,重庆出版社,1999年;孙华:《渝东史前制盐工业初探——以史前时期制盐陶器为研究角度》,《盐业史研究》2004年第1期。
2. 蒋刚:《重庆、鄂西地区商周时期甲骨的类型学研究》,《江汉考古》2005年第4期;白九江:《试论三峡地区出土古代甲骨》,《重庆历史与文化》2006年第2期。
3. 王海阔:《三峡库区出土珍贵文物陶鸟的修复》,《四川文物》2003年第2期。

冠，嘴巴宽而短，双目圆睁前视，大耳脖粗，体态肥硕，短尾，蹼足，身上、脖子上有羽毛状纹饰，原本镶嵌有绿松石。从整体特征上看，与中原地区的鸟兽形尊造型相似。鸟形尊制作精细，很可能是巴人根据中原已有的鸟形尊造型而自己制作出的青铜器，它是巴人青铜工艺水平的代表作。鸟形尊的发现对于研究当时巴人的青铜工艺水平、造型艺术、丧葬习俗等方面都有着积极意义，其本身也具有很高的文物价值，不失为一件国宝级珍贵文物。

丰都东汉铜佛像出土于丰都槽房沟墓地，应为摇钱树的一部分，头后应有硕大的项光，火焰状发饰，高肉髻，蒙古人种面形，无口髭，圆领，袒右肩，右手施无畏印，左手提袈裟[1]。从底座带"延光四年五月十日作"的刻铭来看，该铜佛像系在长江流域有明确年代标记的、时代最早的铜佛像。该件文物的出土对于研究佛教在这一地区的传播和这一时期的佛教状况以及表现形式等有着重要价值。

在云阳旧县坪遗址出土的汉代景云石碑是十分珍贵的文物，它有清晰隶书碑文达13行367字，是汉代石碑中的精品。

在忠县乌杨镇出土的汉魏时期的乌杨石阙，是目前我国唯一一件通过考古发掘出土的石阙。

在开县出土的南宋粉青凤耳瓶，器形完

涪陵小田溪墓地出土战国鸟形铜尊

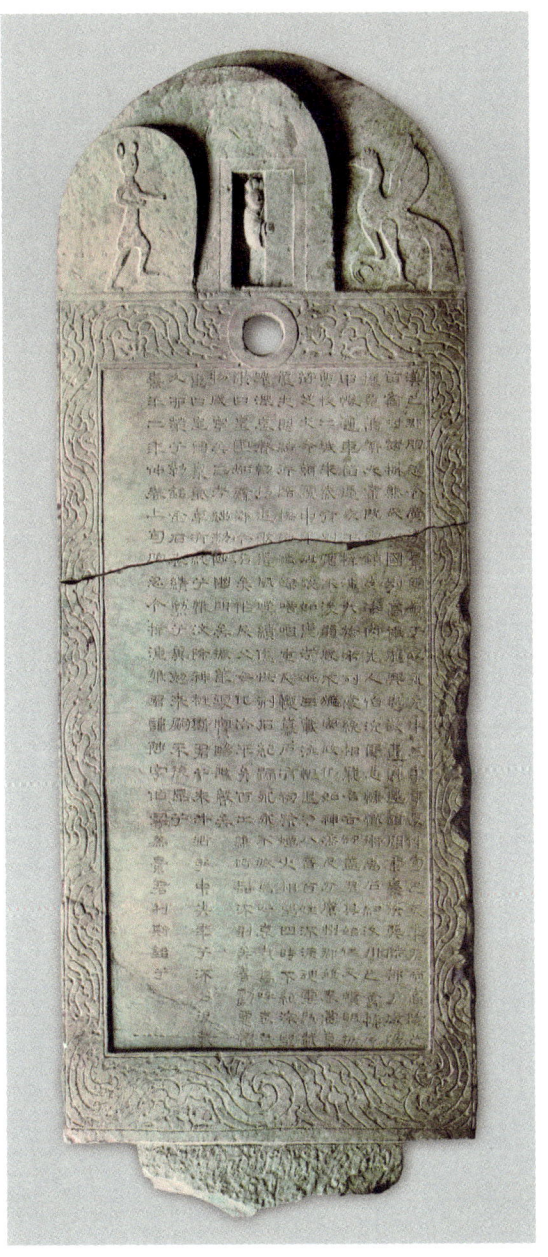

云阳旧县坪遗址出土汉景云碑

---

1. 重庆市文物考古所、宝鸡市考古工作队等：《丰都槽房沟墓地发掘报告》，《重庆库区考古报告集·2001卷》，科学出版社，2007年。

云阳马粪沱墓群出土釉陶锺

涪陵小田溪墓地出土玉器（战国）

忠县哨棚嘴遗址出土陶尖底杯

奉节李家坝宋墓出土三彩俑

整，釉色纯正润泽，是我国南宋中期青瓷的代表作。

雁形尊系西汉青铜器，出土于巫山，其精湛的艺术造型反映了峡江地区高超的青铜铸造水平。

麦沱出土的鎏金铜棺饰，马粪沱出土的模印仙山、神兽、星象的釉陶锺，秦家院子出土的造型奇特的神鸟座，江东嘴遗址西晋家族合葬墓出土的金银器，忠县乌杨墓地的双子母墓石阙等大量遗物的发现，是研究三峡文化的珍贵实物资料。

在云阳旧县坪遗址东南部发现的秦汉篆书木牍和刻度等距的尺，填补了重庆地区简牍发现的空白。

李家坝遗址出土的青铜兵器多为典型巴文化兵器，是研究巴军事文化的重要实物资料。

涪陵小田溪墓地出土文物

出土文物

二、重要地面文物保护成果

在246处地面文物保护中,搬迁保护项目90处,原地保护项目55处,留取资料98处,专项保护项目3处。这些文物凝聚了浓重的三峡文化底蕴,是三峡地区珍贵的文化遗产和重要的文化旅游资源。

在三峡文物保护中,最让人揪心的是对白鹤梁水文题刻的保护,它既是有着千年文化载体的国宝单位,又是享有水下碑林美喻的重点文物保护项目。多种保护方案的论证筛选,几乎要采用无奈的淹没方案时,"无压容器"的"水下博物馆"建设方案诞生,它的诞生,意味着全世界第一座水下博物馆将在我国兴建。这是一项从保护理念到设计施工,都是在没有前人经验,依靠国人的智慧,依靠中国人自己的力量,自己设计,自己施工,在非常短的时间内,以最少的经费,建设了全世界第一座水下博物馆。这是三峡文物保护中最靓丽的保护项目之一,令世人叹服。

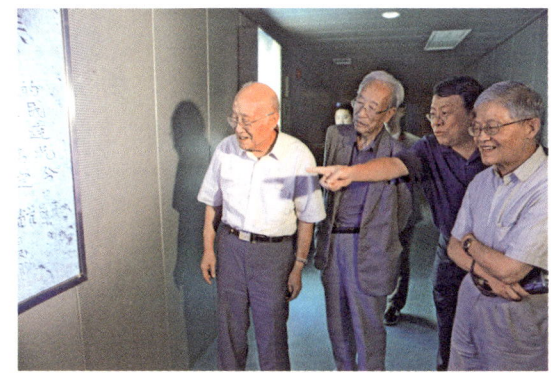

在白鹤梁水下博物馆参观的先生们

白鹤梁水下博物馆

白鹤梁水下博物馆参观廊道

江水下蛰伏着目前世界上唯一一座水下博物馆——白鹤梁水下博物馆

张桓侯庙的异地搬迁遵循了不改变文物原貌的保护原则,在搬迁中将原文物构建进行编号,在复建中以张桓侯庙的原布局、原形制、原风貌,按照构建的记录序号进行复建。搬迁后的张桓侯庙从宏观的外部环境到微观的内部结构,基本保持了张桓侯庙的原风格,依山而就的高低错落,亭堂楼阁的巧妙搭配,如同原来。来此光顾的游客,浑然不知这座古庙已经过了搬迁。这是一项典范的文物保护搬迁项目,代表了现阶段我国文物保护的最新理念,谱写了我国文物保护史上的新篇章。

石宝寨的仰墙护坡工程是一项原地保护项目,其最大的效果是在没有触动文物本体的前提下,使濒临受淹的文物安然无恙。"仰墙"阻隔了水的侵袭,"护坡"保障了墙基和山体的安全。经过保护的石宝寨四面环水,犹如一座驻足的"巨轮",在层层中国红楼阁的莹润下,更显艳丽神奇,"璀璨明珠"依然灿烂。

搬至新址的张桓侯庙

四面环水的石宝寨

搬至新址的张桓侯庙旁门

搬至新址的张桓侯庙中的杜鹃亭

原地保护石宝寨

矗立水中的玉印山

瞿塘峡题刻是三峡最靓丽的风景线之一，它居夔门之口，在陡峭的崖壁间，字字潇洒自如，刚劲有力。宋代之神韵，抗战之号角，尽在题刻中。这是一项巨大的保护工程，最大的一个题字就达数米之高。为保护好这些文化瑰宝，保证在蓄水之后仍保持原景观，采用了"原址保护，抬高复建"的保护方案。经过全力保护，尽管原题刻沉入水中，但在防护措施的作用下，防止了题刻在水下泥沙滚动中受损。为在蓄水之后仍能保持原景观，在瞿塘峡原题刻的上方，按照题刻的原形制和规模，进行了抬高复制。这是对石质题刻保护的一项创举，既保护了文物，又避免了原景观的遗失。

抬高复建瞿塘峡题刻

风韵仍存的瞿塘峡题刻

瞿塘峡题刻

瞿塘峡题刻

大昌古镇是集古民居、古寺庙、古街巷、古城楼、古城墙为一体的百年古镇,古镇有生活、有民风、有传承、有古朴,是典型的三峡古镇。为保护这座古镇,采取了整体搬迁方案。这是一项浩大的文物保护工程,要按照原样,将民居、寺庙、街巷、城楼和城墙整体搬迁,在搬迁中,尽量使用原构建,采用传统工艺,保持古镇风貌。

搬至新址的大昌古镇中的温家大院

搬至新址的大昌古镇中的城楼

搬至新址的大昌古镇

阙,是三峡地区特有的石质文物。丁房阙坐落在忠县的一处民居中,无名阙则坐落在旷野的田间,2处石阙均为东汉时期遗存,系全国重点文物保护单位。为保护这2处古阙,采取了搬迁方式将二阙迁至忠县白公祠,与迁至此地的多处古建筑构建成白公祠文物复建区。

搬至白公祠的丁房阙和无铭阙

在三峡重庆库区的文物保护中,将搬迁的文物集中复建,以达到在保护中利用,在利用中加大保护的效果,也就是重点保护,集中管理,合理利用。巫山、奉节、云阳、丰都、忠县、万州、涪陵等区县均兴建了文物复建区,每个文物复建区文物数量不等,均是该区县搬迁保护的地面文物,它们是各区县文化软实力的基础,将在文化凝聚、文化旅游、文化传承中发挥重要作用。

文物复建区古民居

文物复建区古民居

文物复建区古民居

文物复建区古民居

文物复建区古民居

第十章 启示与建议

三峡重庆库区文物保护是我国首次对如此大的地域实施的文物保护工程，经过20年的保护历程，在没有前人经验的前提下，依靠我国的实力，将632平方公里陆地淹没面积的文物进行了保护。这是自改革开放以来我国文物保护战线上取得的又一丰硕成果，其成功的启示意义非常重大。

永远的三峡

第一节 保护成果的启示

三峡重庆库区文物保护之所以取得成功，原因是多方面的，但原因的背后有着需要总结的启示。

一 体现了党中央、国务院高度重视三峡文物保护

党中央、国务院高度重视三峡文物保护，多次召开会议研究和部署三峡文物保护工作。根据党中央、国务院的工作部署，根据中央领导的指示精神，国务院三峡建委办公室结合三峡文物保护工作的实际，制定和落实了"先规划，后实施""以县为基础，省市负责制""文物保护经费切块包干"的政策，确保了三峡文物保护工作的顺利进行，体现了党和国家对文物保护的高度重视，体现了职能部门高超的组织和领导能力。

二 体现了我国国力的增强

国家对三峡重庆库区文物投入了92862.34万元的保护经费，如此大的投入既体现了国家对文物保护的重视，又体现了我国国力的增强。

三 体现了我国文物保护理念

在三峡重庆库区文物保护中执行的"保护为主，抢救第一""不改变文物原状"的文物保护原则，体现了我国文物保护理念。

四 体现了以人为本的社会理念

三峡重庆库区文物保护不仅妥善保护了文物，还将保护的文物最大限度地向社会开放。目前，已有近1万件套的出土文物在各博物馆展出，白鹤梁、张桓侯庙、石宝寨以及沿江各区县的十余处文物复建区已向社会开放或即将开放。三峡库区以新的文化资源构建了供百姓观赏休闲的文化平台，体现了以人为本的社会理念。

五 体现了高超的组织和协调能力

在国家文物局的领导和组织下，全国20多个省、市、自治区的182所文物保护研究机构和大专院校的数千名文物工作者参加了三峡重庆库区文物保护，这是新中国成立以来参加单位最多、组织最周密的文物保护工程，体现了职能部门高超的组织和协调能力。

六 体现了高超的管理水平

在三峡文物保护中，建立了上至国务院三峡建委下至区县的文物保护管理体系，强化了项目法人制、项目合同制、工程招投标制、工程监理制和质量终身责任制以及竣工验收、财务审计等制度，创新性地建立了综合监理机制，使三峡文物保护工程步入了规范化、制度化的管理轨道，体现了高超的管理水平。

七　体现了现阶段我国文物保护的科技水平

在三峡重庆库区文物保护中，采用了先进的技术手段和方法，使三峡文物保护的科技水平和技术含量达到了较高水平，体现了现阶段我国文物保护的科技水平。

八　体现了当前我国的学术研究水平

三峡重庆库区文物保护是一项研究型的文物保护工程，许多重大保护成果在研究中取得，一些重要学术研究成果在保护中运用。目前，对三峡文物和保护的学术研究已经达到了较高的水平，数十部研究专著，数百篇学术论文已将三峡文物保护成果和学术研究成果提升到一定高度，体现了现阶段我国的学术研究水平。

九　体现了多学科相结合共同保护文物的发展趋势

在三峡重庆库区文物保护中，以多学科相结合的方式，将考古学、建筑学、民族学以及水下考古、航空考古、地质勘探、地理测绘、生命科学、现代医学等融入了三峡文物保护中，解决了单一学科难以解决的问题，体现了多学科相结合共同保护文物的发展趋势。

十　体现了文物工作者和工程建设者崇高的保护责任和保护意识

三峡重庆库区文物保护成果凝聚了文物工作者和工程建设者的心血和智慧，他们以对历史负责的精神，克服了重重困难，保护了数以万计的三峡文物，体现了文物工作者和工程建设者崇高的责任心和保护意识。

以上体现，蕴涵有重要的启示信息。其一，在社会的高速发展中，经济建设与文化建设不是排斥的关系，而是互相促进的关系，这种关系既要保障经济建设需要，又要保障文化建设需要。其二，从理念到国力以及管理水平和技术水平的保障上，我国已具备了保护好三峡文物的能力。其三，保护三峡文物是一项艰巨的文化建设工程，需要社会多方面的支持与协作。

第二节　出现的问题及其解决

三峡文物保护虽然取得了丰硕成果，但也出现了一些问题，这些问题的出现有着客观的影响因素，在国务院三峡建委办公室和国家文物局的领导下，出现的问题基本得到了解决。

一　规划阶段出现的问题及其解决

规划阶段出现的问题主要体现在保护理念和宏观的保护范围方面，从当时的国力和社会状况来讲，很难避免。在国务院三峡建委办公室和国家文物局的领导下，大多数问题已得到了解决。

（1）在三峡文物保护初期，对不可再生的文物属性认识不够，缺少文物价值的长远观念，片面追求保护单位级别等。实际上，文物是在人类发展阶段中留下的历史遗存，具有不可再生的属性，文物保护单位的级别是现代人对文物价值和重要性认识的表现形式，带有认识上的片面和局限，随着文物价值的再发现和人们认识水平的提高以及国力的增强，文物保护单位的级别在发生变化，其变化方向向提升方面转化。根据我国《文物保护法》精神，所有文物都应该保护，不存在哪些文物应该保护，哪些文物不应该保护的问题，只是在保护措施上突出重点。

通过对文物保护观念的讨论，通过保护过程的实践，对文物不可再生性的认识逐步加深，文物保护观念也随之提高，表现在各部门的通力合作和换位思考的工作态度上。

（2）在规划阶段，根据《关于批准三峡工程水库移民补偿投资概算总额及切块包干方案的通知》（委发办［1995］1号文件），三峡文物保护投资"估列三亿元"。经过文物调查，证明估列的投资经费不足。但是，正是这"估列"二字，体现了留有余地，为实事求是地解决三峡文物保护投资问题保留了窗口。经过对规划的论证、修订、审批，文物保护经费有了很大的提高，基本满足了文物保护的需要。期间，进行了较深入的讨论，讨论的过程，有利于规划的完善，也有利于资金的合理安排。这是一个双赢的过程，获得了双赢的结果。

（3）在对《三峡文物保护规划》的论证和审批期间，由于要对规划进行复核和研究，使论证和审批的时间过长，这对于抢救性保护的三峡文物而言，存在很大的不安全性。为此，在国务院三峡建委办公室和国家文物局的统筹下，在规划审批之前，对一些属于必须保护的文物实行了"经费先期拨付，管理先期到位"的措施，提前进行了保护，避免了可能出现的文物损失。这一措施，不仅争取了时间，还有益于规划的进一步完善。

（4）在对《三峡文物保护规划》的论证中，由于当时社会对民族民俗文物重要性认识不够，使得这部分文物没有纳入到文物保护中。目前，非物质文化遗产保护的重要性，已引起国务院三峡建委办公室的高度重视。有关部门已将民族民俗文物的保护纳入到了后续三峡文物保护规划。

（5）在建设工程的施工中，出现了少量文物被毁的现象，出现了三峡出土文物在境外流失和拍卖现象。这些问题已引起了有关部门的高度重视，并得到了很大程度的遏制。

（6）在《三峡文物保护规划》中，出现了少量淹没线以上的文物，存有发掘面积和文物年代的少量误差，出现了如"大佛寺"漏保文物的个案现象。但在修改文物保护规划和实行文物保护的工作中，予以了修订和完善，"大佛寺"文物的主要构件已经得到了妥善保护，并列为三峡后续保护工作的重点项目。

二 实施阶段出现的问题及其解决

在实施阶段中，国力在增强，文物保护观念在更新。其特点是部门与部门之间在换位思考，表现在共同关注文物保护，尽力多保护一些文物。此时的保护观念已将保护文物的责任和义务，拓展到了各个职能部门。实施阶段出现的问题，已不再是保护观念问题，而是局部的技术或具体问题。在有关部门的努力下，大部分问题已基本解决。

1 制度建设

（1）对于出土文物的管理问题没有明确规定，导致文物在调拨过程中存在很多瓶颈，这不利于文物的保护和利用。如：部分珍贵文物在区县得不到很好的保护和利用，而具备保护和利用条件的部门却很难调拨到这些文物。

（2）在地下文物保护中，缺少统一标准。如：发掘质量的控制标准、监理标准、文物修复标准、检测和保护标准等。

2 经费拨付的滞后问题

在三峡文物保护中，部分保护工程存在经费滞后问题，这虽然不很普遍，但对于抢救性保护的文物而言，耽误了时间就有可能降低文物的安全系数。如：白鹤梁水下保护工程由于经费断档，使工程停工达21个月之久。这一问题虽然涉及许多部门，但在有关部门的协调下，得到了很好的解决。例如，重庆市政府召开专门会议，专就白鹤梁水下文物保护工程的经费问题进行研究，并采取了紧急解决措施。

3 白鹤梁题刻的观瞻效果问题

白鹤梁水下博物馆世界瞩目，一度出现了水质浑浊，有絮状漂浮物现象。对此，引起了重庆市文物主管部门的高度重视，经反复试验和多方专家"会诊"，终于找到了照明铝制底座与防水质微生物药品发生化学反应的原因。在采取了更换照明底座的措施后，影响观瞻的水质浑浊和有絮状漂浮物的问题得到了解决。

4 石宝寨工程桩基孔垮塌事故

在石宝寨文物保护工程初期，由于施工方缺乏有效管理，发生了桩基孔连片垮塌和开挖土垮塌事故，这是一起安全事故。有关部门在总结教训的基础上进行了整改，制定了较完善的管理制度，排除了后期工程的安全隐患。

5 文物复建区的周边环境

对地面文物的保护，不仅仅是简单的搬迁和复建，应该考虑文物的再利用功能。再利用应坚持以人为本，应该给参观者留出活动和休闲的空间。如：丰都和云阳的2个复建区，征地面积过于狭小，发展和再利用的空间不够广阔。

在文物复建区的建设中，个别复建项目的外部环境与古建筑的面貌不匹配，出现了被现代化的楼宇包围的现象。如：巫山的大昌古镇等。

有些复建区较重视古建筑的结构建设和装修效果，完成的也比较好，但缺少与原建筑相匹配的生活和生产器物，缺少传统工艺的制作场面，见物不见人。如果陈列有原生活和生产气息的展品，有传统工艺的制作场面，三峡特有的文化内涵将会丰富多彩，复建区的社会化程度也会大大提高。因此，应加大文物辅助展品的征集力度，转变文物再利用的模式。

6 文物保护成果的出版和刊发

三峡文物保护取得了丰硕的成果，与之相配套的发掘、保护和研究报告应及时编写和发表、出版，虽然出版和发表了许多，但与实际的保护成果还有一定差距，应加大研究和出版力度。

7 缺少国际间的交流与合作

在三峡文物保护中，一些有丰富经验和高科技含量的国际文物保护机构和社会团体要求无偿参加三峡文物保护。但由于当时社会背景的复杂和政策的封闭性，使这些保护机构和社会团体被拒之门外，这是一件非常遗憾的事，如果我们的政策松动一点，保护的效果可能会更好。

第三节 三峡文物保护后续工作建议

经过20年保护历程,三峡重庆库区的文物保护成果历历在目。但是,随着文物保护观念的逐步提升,随着国力的逐渐增强,三峡文物保护的后续工作仍需在实际工作中承前启后,加大文物保护和文物再利用的力度。

一 坚持"先规划,后实施"策略

"先规划,后实施"是三峡文物保护的创新之策,不仅在三峡文物保护中发挥了巨大作用,也影响到了全国文物保护工作的开展,成为了我国文物保护工作的基本策略。在三峡文物保护的后续工作中,仍应坚持"先规划,后实施"策略,有计划、有目标、有任务要求地完成文物保护工作。

二 坚持被实践验证的管理体制和管理机制

以国务院三峡建委办公室和国家文物局为龙头,以重庆市文物主管部门为实施责任方的管理体制和管理机制在前三峡文物保护中,发挥了巨大作用,起到了保护好三峡文物的实际效果。它不仅适合三峡库区的文物保护,也适合我国其他基本建设中的文物保护,被包括南水北调和其他大型建设工程的文物保护项目借鉴。因此,在三峡文物保护的后续工作中,被实践验证的有利于文物保护的管理体制和管理机制,应该在完善的基础上延续。

三 弥补前三峡文物保护中的不足

在前三峡文物保护中,虽然取得了举世瞩目的保护成果,但也存在许多不足和遗憾,如:重视物质文化遗产保护,轻视非物质文化遗产保护;重考古,轻保护;重搬迁,轻利用;缺少与国际间的交流与合作;出现了漏保文物和文物库房简陋不够用及博物馆建设不足等问题,这些都应在后续文物保护中予以弥补。

1 非物质文化遗产保护

经过千百年的繁衍生息和民族间的融合,三峡地区多民族的居民体,逐渐被以汉族和土家族为主的民族取代,多民族的特殊习俗和血脉融汇在主体居民中,形成了以近水环境相依、群体环境相靠的具有特殊民俗的居民体。他们世代延续,虽有进化,但传统和古朴的成分、民族关联的血脉、朴实的民族民俗遗风多有保留。这是典型的"非物质文化遗产"的内容,也是传统文化遗痕的活化石。

三峡水库蓄水后,承载着非物质文化遗产的居民体已经迁移,他们脱离了近水环境和整体的凝聚氛围,依附在他们身上的传统习俗和相关文化及血脉关系也被打乱。因此,保护和抢救这些民族民俗的有形和无形文化遗产,应该与保护其他类型的文物具有同等重要的意义。

由于在前三峡文物保护中对非物质文化

遗产的重视程度不够，致使该项保护规划未获通过。这是前三峡文物保护工作的疏漏之处，建议在后续工作中，将这部分的内容进行系统规划，追踪已迁移的移民，以鼓励传承、文物征集、影视录像、文字记录的形式进行系统保护，建立民族民俗文化村，将现存的非物质文化遗产内容和资料在文化村集中展示，以凝聚三峡文化旅游资源，发展三峡文化产业。

2 加大国际间的交流与合作

缺少国际间交流与合作是前三峡文物保护中的一大遗憾。从文物的广义角度来看，文化遗产是全人类共有的，每个人都有保护文化遗产的义务和责任。在三峡文物保护的后续工作中，应该引进国外的先进保护理念和技术，加大国家间的交流与合作，扩大中国的影响力。

3 加强地方博物馆建设

由于在前三峡文物保护中实行的是抢救性保护，重发掘，轻保护，轻利用的问题突出，体现在新出土的文物缺少配套的库房保管，博物馆建设没有提上日程，出现了文物堆积、闲置、利用率低和存在安全隐患等。这是后续工作亟待解决的问题，建议加强地方博物馆建设，以建设博物馆的方式解决文物库房问题。

4 对未列入规划的"大佛寺"文物进行复建性保护

由于"大佛寺"坐落在重庆市万州区的监狱管区，在前三峡规划阶段的文物调查中未准许进入而未列入规划，在实施阶段被发现后，由地方文管部门垫资将构件保护下来。鉴于"大佛寺"具有的文物价值，建议在三峡后续工作中，选择适合的环境，实行复建性保护。

5 重视出土文物的实体保护和科学研究及合理利用

重庆库区新出土文物达13万余件套，从考古学角度，需要对文物本体进行科学保护，包括：修复、防护、整理等。在保护的基础上，进行科学研究。在保障文物安全情况下，进行展示性的利用。因此，在后续三峡工作中，应重视出土文物的实体保护和科学研究工作，及时刊发保护成果和研究成果，展示新出土文物。

四 新形势下后续工作的开展

三峡文物保护后续工作应围绕"后续工作规划"，根据新形势的要求，在弥补前三峡文物保护工作不足的基础上，针对新情况，有重点地做好如下工作：

1 消落区文物保护

所谓消落区是指三峡水库蓄水后，存有冬夏蓄水的落差，其最大的落差最高能达到30米。在蓄水和回水的冲刷淘蚀过程中，许多埋藏在地下的漏保文物，可能会重新露出，这可能是一个长时间的过程。第一，每年的水位回落不一定都能达到30米的落差。第二，每次的回水冲刷，只是淘蚀地表，埋藏深处的遗址或墓葬经过反复的冲刷后，才有可能露出。因此，研究和制定一套长久的应急保护机制十分必要。

（1）充分利用三峡库区的枯水季节，对消落区的文物进行全面巡查。

（2）在了解消落区文物的分布状况后，及时进行价值评估和保护措施的论证，制定符合客观的保护规划。

（3）根据消落区文物暴露时间短的特点，以抢救的方式，发现一处保护一处，避免文物再受损失。

（4）加大消落区的巡查力度，防止盗掘现象发生。

2　生态屏障区文物保护

由于生态屏障区处于淹没区之上，未列入前三峡文物保护规划。对于这一区域的文物，要先进行调查，根据调查结果，实行原生态的集中保护，建立自然保护区，营造适合原生态延续的环境，在保护的基础上，建立旅游风景区。

在对原生态文物的保护中，注意旧石器早期文化遗存的调查，加强崖墓的调查力度。

3　对文物复建区地质环境进行勘察和必要的灾害治理

三峡库区位于三峡鄂西南隆升亚区，表现为晚近期以来大面积的间歇性整休隆起和局部地段的差异性断裂活动，加之受三峡库区蓄水水位涨落变化和大规模工程建设影响，地质变化频繁，一些地面文物复建区存在山洪、滑坡、高切坡等地质灾害隐患。对此，应引起高度重视，建立监测系统，实行勘察和工程治理的预防和保护机制。

4　加强文物周边环境的整治

兴建文物复建区是三峡文物保护的特色内容，它为全国文物保护工作的开展带了一个好头。但是，应加强文物复建区周边环境的整治，避免在复建区周边兴建高层建筑，加大道路交通的投入力度，营造自然和谐的绿色环境，将文物复建区开发成有三峡地域文化内涵的旅游景点和文化家园。

5　加大文物的征集力度

包括：征集民间流散文物和地面文物建筑构件以及与古建筑有关的生产、生活用具等，陈列于博物馆或文物复建区。

6　加强大遗址保护

三峡古代文化遗址丰富，许多大的遗址是研究和见证古代社会的重要实物资料，如：巫山龙骨坡遗址、涪陵小田溪巴王遗址、丰都汇南汉墓群遗址、奉节白帝城遗址等均系较有影响的遗址。对于这些遗址应根据国家文物局颁布的有关管理规定，制定保护规划，建立遗址公园或遗址博物馆。

五　加强课题研究

在后续工作中，应加强文物保护成果和文物再利用的研究，包括：

1　规划效应研究

《三峡文物保护规划》是我国规模最大、参与人数最多的文物保护规划，它的影响意义非常重大，成为了我国大型文物保护工程的规划范本。对于有如此影响的规划应进行专题研究，包括：规划的制定、论证、审批以及效应研究等，效应研究是重点。

2　三峡文物再利用研究

在重庆库区文物保护中出土了13万余件套三峡文物，白鹤梁、张桓侯庙、石宝寨、大昌古镇和文物复建区等保护工程相继完成，这些文物不仅得到了妥善保护，也为三峡文化事业的发展注入了新的可利用资源。但是，随着可利用文物资源的逐渐增多和文物价值的进一步提升，一些新的问题也由此出现。隶属权、管理权、文物调拨、门票价格、文物闲置、文物价值开发等问题亟待在研究的依据下解决，建议在后续工作中进行研究，包括：

（1）对文物价值进行科学定位。

（2）以调研的形式摸清文物再利用状况，了解社会对已利用文物的反映，找出问题，核实情况。

（3）研究文物再利用原则，探讨文物再利用策略，探求合理利用的途径，研究解决问题的方法并提出具体建议。

（4）在研究的基础上，制定相关策略。

3　三峡文物保护成果宣传效应研究

为让世人更全面了解三峡文物保护成果，树立三峡工程的文明形象，建议加大文物保护成果的宣传力度，包括：

（1）从业已取得的保护成果入手，对填补空白和取得第一的项目进行深入研究，找出效应点、宣传点，营造社会热点。

（2）以区县为单位，将每一区县文物资料编印成书，出版发行。

（3）与媒体建立密切的合作关系，寻求媒体的宣传支持。

对三峡文物保护成果的宣传，途径和方法是多方面的，建议以课题的形式进行研究，包括：宣传策略、宣传机制、宣传措施等。

附录1

重庆市文化局关于印发《重庆市三峡工程淹没及迁建区文物抢救保护管理暂行办法》的通知(渝文物［1998］106号)

重庆市文化局文件

渝文物【1998】106号

重庆市文化局关于印发《重庆市三峡工程淹没及迁建区文物抢救保护管理暂行办法》的通知

万州、黔江开发区文化局,库区各区县(市)文化局,各有关单位:

为切实加强重庆库区三峡文物抢救保护管理工作,根据《中华人民共和国文物保护法》及国家有关政策法规,依据重庆市人民政府关于重庆库区文物抢救保护管理工作会议纪要精神,我局研究制定了《重庆市三峡工程淹没及迁建区文物抢救保护管理暂行办法》,现予印发执行。

特此通知。

（此页无正文）

重庆市文化局
一九九八年十一月十三日

主题词：文化　文物　管理办法　通知

抄送：市委办公厅、市人大常委会办公厅、市政府办公厅
　　　市政协办公厅、市移民局
　　　三峡建委办公室、移民开发局、国家文物局

重庆市文化局办公室　　　　　一九九八年十一月十六日印

印数·100份

重庆市三峡工程淹没及迁建区
文物抢救保护管理暂行办法

第一章　总　则

第一条　为进一步加强重庆市三峡工程淹没及迁建区文物抢救保护工作，切实有效地抢救保护三峡历史文化遗产，根据《中华人民共和国文物保护法》、《中华人民共和国文物保护法实施细则》及国家有关法律、法规，依据重庆市人民政府关于重庆库区文物抢救保护管理工作会议纪要精神，特制定本暂行办法。

第二条　重庆市三峡工程淹没及迁建区（以下简称"重庆库区"）范围内的一切地下文物、地面文物的抢救保护管理，均适用本暂行办法。

第三条　重庆库区内具有历史、艺术、科学价值的文物，受国家保护，具有科学价值的古脊椎动物化石和古人类化石受国家保护。

一切机关、组织和个人都有保护文物的义务。任何单位和个人不得侵占、截留或破坏文物，阻挠文物抢救保护和科学研究工作的开展。

第四条　重庆库区内一切地下、水下遗存的文物属于国家所有，古文化遗址、古墓葬、石窟寺、古桥梁属于国家所有。属于集体所有和私人所有的古建筑、纪念建筑，在办理移民补偿后，属于国家所有。

第二章　管理体制

第五条　重庆市文化局全权负责重庆库区文物抢救保护管理工作，实行任务、经费双包干，对重庆市人民政府负责。在业务上接受国家文物局的指导、监督，经费管理上接受国家审计部门和移民部门的审计、监督。

第六条 重庆市文化局三峡文物保护工作领导小组，主管重庆库区文物抢救保护的实施管理，承担项目规划、计划安排、组织实施、资金管理、内部审计、对外协调等职责。

领导小组下设办公室，具体负责编制年度计划、洽谈项目协议、检查项目进度、按协议拨付项目经费、组织项目验收、办理出土品和文物构件移交、实施奖惩，以及建立管理三峡文物信息数据中心、汇总出版和展示工作成果等。

第七条 重庆库区文物抢救保护工作的监理，由重庆市移民开发局按国家三峡工程建设移民监理有关规定组织实施。

第八条 重庆库区内各级政府和有关部门应大力支持文物抢救保护工作，积极协调三峡移民建设与文物保护、文物的有效保护与合理利用的关系，为库区的文物抢救保护实施创造条件。并切实打击盗掘古遗址、古墓葬、损毁文物、走私文物等犯罪活动，确保库区文物的安全。

第九条 凡从事考古发掘、古建筑修缮保护、地质勘探并具备相当资质的单位，均可受重庆市文化局委托，参与重庆库区文物抢救保护实施工作。

第三章　　项目管理

第十条 重庆库区文物抢救保护工作实行项目委托制。重庆市文化局按年度编报重庆库区文物抢救保护项目经费计划，经国务院三峡建设委员会移民开发局审批后委托实施。

重庆市文化局按法定程序履行有关项目的考古发掘、维修和搬迁的报批手续。

第十一条 凡从事考古发掘、古建筑修缮保护、地质勘探的单位，均可向重庆市文化局提出承担重庆库区文物抢救保护计划项目的书面申请，并提交有关单位和业务人员的资质材料。经资质审查后，重庆市文化局与申请单位在平等协商的基础上签定项目委托协议书。重大项目的委托，采取公开招标的方式进行。

香港、澳门、台湾地区及国外、国际组织和单位申请承担重庆库区文物抢救保护计划项目，重庆市文化局按法定程序履行有关报批手续。

第十二条 重庆市文化局为项目协议的委托方，负责检查项目进展情况和工作质量，按项目进度拨付经费，组织项目验收，汇总出版工作成果。

第十三条 原申请单位为项目协议的责任方，负责实施项目计划任务，保证项目工作质量，按项目进度提交工作简报、经费使用报告，及时报告重要发现和重大成果，并负责工作人员的人身安全。

项目工作结束后责任方应提交项目工作的文字、绘图、摄影、摄像等全套原始记录资料，项目工作总结和研究报告，出土品、文物构件的清单和寄存手续，项目经费的结算报告，以及协议要求的有关资料的反转片、磁盘、光盘等。

第十四条 重庆市文化局可指定项目所在地的文物保护管理所为项目协议的协作方，负责参与项目实施中的工作协调、提供出土品及文物构件的寄存、整理场地和文物安全管理以及文物拆迁、运输等工作。

第十五条 在项目实施中，如协议责任方认为需要对协议工作计划进行调整，必须报经重庆市文化局同意后方可实施。

第四章　　经费管理

第十六条　重庆市文化局负责对重庆库区文物抢救保护经费进行统一管理，实行专款专用，在建设银行重庆分行专户存储并进行单独核算，按国家移民资金管理规定向移民部门报送统计报表。

第十七条　重庆库区文物抢救保护经费实行项目协议管理。项目协议经费由重庆市文化局与协议责任方具体商定。

地下文物项目协议经费的5％由重庆市文化局指定的协议协作方管理、使用。地面文物项目协议经费视协议协作方承担的任务情况商定其管理、使用的经费比例。

第十八条　重庆市文化局根据项目工作进度，按协议经费40％、40％和20％的比例向协议责任方分三期下拨经费，其中第三期20％经费为项目通过验收后的项目尾款。

协议协作方的经费在协议生效后一次性进行拨付。

第十九条　协议责任方和协作方须在重庆库区建设银行系统开设项目经费专户，进行单独核算。并按项目进度向重庆市文化局提交经费使用情况报表。

第二十条　协议责任方和协作方应对项目经费进行严格管理，确保专款专用。任何单位和个人不得挪用、挤占、拆借、侵吞库区文物保护经费。

第五章　　出土品及文物资料管理

第二十一条 重庆市文化局负责对重庆库区文物抢救保护的出土品及文物资料进行统一管理。

第二十二条 除重庆市文化局另有指定外,重庆库区的出土品和文物构件由协议协作方负责提供寄存和整理场地,并负责其安全管理。

未经重庆市文化局许可,任何单位和个人不得将出土品和文物构件携离重庆库区。需作鉴定或测年的各类标本,必须经重庆市文化局批准,并在指定期限内交还。

第二十三条 根据重庆市及库区文物事业发展的实际需要,重庆市文化局按统筹兼顾、合理调剂的原则,统一指定出土品和文物构件的保管收藏单位,并办理移交手续。任何单位和个人不得借故扣压,阻挠文物保护和科学研究。

迁建保护的地面文物原属于国有单位管理使用的,原则上不改变管理权属。原属于集体所有或私人所有的,经移民补偿后由重庆市文化局会商当地文物行政管理部门指定其管理使用单位。

第二十四条 重庆库区文物抢救保护工作的有关项目资料、经费资料、文物资料以及管理资料,由重庆市文化局建立三峡文物信息数据中心统一建档管理。

第六章 奖 惩

第二十五条 在重庆库区文物抢救保护工作过程中,有下列情形之一的单位、集体或个人,重庆市文化局给予一定的表彰和奖励:

(一)坚决与盗掘古遗址、古墓葬、损毁文物、走私文物等犯罪行为作斗争,确保文物安全成绩显著的;

（二）有重大发现或重要研究成果的；

（三）认真履行项目协议，项目验收评定为优秀的。

第二十六条 在重庆库区文物抢救保护工作过程中，有下列情形之一的单位、集体或个人，重庆市文化局给予一定的行政和经济处罚，情节严重的由司法部门追究刑事责任：

（一）盗掘古遗址、古墓葬、损毁文物、走私文物的；

（二）移民拆迁、迁建中发现文物隐匿不报，或拒不停工造成文物损毁、流失的；

（三）不执行本暂行办法或不履行项目协议的；

（四）由于工作失职，造成文物遗迹、标本、构件损失，或危及文物安全的。

第七章　　附　　则

第二十七条 本暂行办法自公布之日起施行。

第二十八条 本暂行办法由重庆市文化局负责解释。

附录2

重庆市文化局关于印发《重庆市三峡工程淹没及迁建区考古发掘项目监理试行办法》的通知（渝文物〔2000〕66号）

重庆市文化局关于印发《重庆市三峡工程淹没及迁建区考古发掘项目监理试行办法》的通知

渝文物〔2000〕66号

库区各区县（市）文化局，各有关单位：

为进一步加强和完善重庆库区三峡文物抢救保护管理工作，为了探索现有考古发掘项目管理与三峡移民项目工作管理之间相结合的新途径，达到加强三峡工程重庆库区考古发掘项目管理，确保三峡工程重庆库区涉及的地下文物按计划实施抢救性发掘，对民族历史文化遗产负责的目的，根据《重庆市三峡工程淹没及迁建区文物抢救保护管理暂行办法》和有关政策法规，参照在工程项目中建立工程监理机制的精神，我局研究制定了《重庆市三峡工程淹没及迁建区考古发掘项目监理试行办法》，经2000年7月3日重庆市文化局三峡文物保护工作领导小组第五次全体会议研究通过，现予印发执行。

特此通知。

附件：《重庆市三峡工程淹没及迁建区考古发掘项目监理试行办法》

重庆市三峡工程淹没及迁建区
考古发掘项目监理试行办法

第一章 总 则

第一条 为了探索现有考古发掘项目管理与三峡移民项目工作管理之间相结合的新途径,达到加强三峡工程重庆库区考古发掘项目管理,确保三峡工程重庆库区涉及的地下文物按计划实施抢救性发掘,对民族历史文化遗产负责的目的,根据《中华人民共和国文物保护法》、《长江三峡工程建设移民条例》、国家文物局《田野考古操作规程》,制定本试行办法。

第二条 三峡工程重庆库区考古发掘项目从2000年度计划开始试行监理制度。

三峡工程重庆库区考古发掘项目监理,是指监理单位受考古发掘组织实施单位(业主)的委托,对三峡工程重庆库区考古发掘项目实施的全过程进行监督管理。

第三条 三峡工程重庆库区考古发掘项目监理,必须遵守国家文物保护和三峡移民建设的有关法律、法规以及行政规章。

三峡工程重庆库区考古发掘项目监理工作不能替代我国现行的考古发掘进行的各种行政的、学术的管理规定。

第四条 三峡工程重庆库区考古发掘项目监理,实行在国家文物局、三峡建委移民开发局和重庆市政府领导下,在重庆市移民局指导下,由重庆市文物局负责的管理体系。

第五条 三峡工程重庆库区考古发掘项目监理依据国家法律规定,实行有偿服务。

第二章 三峡工程重庆库区考古发掘项目监理资格

第六条 从事三峡工程重庆库区考古发掘项目监理的单位必须是具有独立法人资格的，从事考古发掘业务活动的相关单位，且具有国家文物局颁发的团体领队资格证书。

第七条 从事三峡工程重庆库区考古发掘项目监理的单位可以向重庆市文物局提出书面申请，经重庆市文物局进行执业资格和相关业务背景审查合格后，由重庆市文物局发给"三峡工程重庆库区考古发掘项目监理许可证"取得从事三峡工程重庆库区考古发掘项目监理的资格。

第八条 三峡工程重庆库区可以采用委托一家监理单位从事所有年度项目监理的办法。

第九条 三峡工程重庆库区考古发掘项目监理单位不得对本单位在重庆库区的考古发掘项目进行监理。

第三章 三峡工程重庆库区考古发掘项目监理的内容

第十条 三峡工程重庆库区考古发掘项目监理，采用业主（甲方）与项目承担单位及监理单位分别签订合同的形式，明确三方的责权利。

第十一条 三峡工程重庆库区考古项目监理主要任务，是依据《田野考古操作规程》的要求，对该项目以合同为依据，从勘探、布方、地层发掘、遗迹遗物处理、标本采集检测到各种科学记录等田野工作进行全过程的监理。考古发掘项目承担单位（责任方），应配合监理单位提出的要求，随时提供说明上述情况的资料。

第十二条 三峡工程重庆库区考古项目监理单位有监理目标的质量否决权。监理单位发现质量问题，可以随时向项目承担单位书面提出整改要求，并将有关要求抄送甲方。由于地下发掘的不可预见性，项目实施情况如果与合同预定目标有较大出入，需要向甲方提出变更建议，项目承担单位应该与监理单位联合署名。

第十三条 三峡工程重庆库区考古项目监理单位应在该考古发掘项目田野工作和田野工作结束阶段分别向甲方提交项目监理报告。该报告将作为甲方按进度拨款的重要依据。

第四章 对三峡工程重庆库区考古发掘项目监理单位的要求

第十四条 考古项目监理单位必须遵守下列规定：

（一）不得与项目承担单位有经营性的隶属关系或合伙关系；

（二）三峡工程重庆库区考古项目监理业务原则上不得分包，如确须分包须经委托单位书面同意，并签定分包合同；

（三）承担三峡工程重庆库区考古项目监理业务的单位，其监理组织和主要人员必须相对独立和稳定；

第十五条 三峡工程重庆库区考古项目监理单位应根据所承担的监理业务及监理合同要求，组成以总监理师为首的专业人员配套的项目监理机构并派驻现场代表，履行规定的职责。总监理师应具有副高以上职称及国家文物局颁发的个人领队资格。监理项目较多时总监理师必须由具有正高职称的人员担任。

考古项目总监理师是监理单位履行监理合同的全权责任人，考古项目总监理师的确定必须经委托方同意并写入监理合同。考古项目总监理师变更时，须经甲方同意。

监理范围较大时，可以在总监理师之下设监理师、监理员，以便在总监理师领导之下分级履行职责。

第十六条 考古项目监理单位有依法保密的责任，未经甲方允许不得对外公布考古项目信息。考古项目监理单位有尊重项目承担单位知识产权的责任，未经甲乙方同意，不得引用、发表该项目的各种资料和成果。

第十七条 因考古项目监理单位处理失当而造成的损失，由监理单位负相应的经济责任。具体的办法由双方在合同中约定。

第五章 附 则

第十八条 本规定系暂行办法。一旦国家文物局颁布与考古发掘项目监理有关的规定，凡本办法与之冲突的部分，一律按照国家文物局的规定执行。

第十九条 本规定只在三峡工程重庆库区考古发掘项目中试行。

第二十条 本规定自颁布之日起试行。

附录3

重庆市人民政府关于加强三峡工程重庆库区出土文物管理工作的通知（渝府发〔2001〕30号）

重庆市人民政府文件

渝府发〔2001〕30号

重庆市人民政府关于加强三峡工程重庆库区出土文物管理工作的通知

各区县（自治县、市）人民政府，市政府各部门：

随着三峡工程的实施以及重庆直辖后我市三峡文物保护工作的全面推进，三峡工程重庆库区出土了大量珍贵的历史文物。这些文物是反映长江文明演进和重庆历史文化传承的珍贵实物载体，是宝贵的民族文化遗产。为此，国务院于2000年9月27日批准建立"重庆中国三峡博物馆"，赋予该馆保存、保护和展示三峡出土珍贵文物的重要职能。为进一步搞好对出土文物的统一管理和利用工作，现就有关问题通知如下：

一、重庆市文物行政管理部门为市文化（文物）局，负责组织实施库区文物保护工作，对市政府负责；市政府有关部门、有关区县（自治县、市）人民政府应高度重视文物保护工作，配合市文化（文物）局完成三峡工程重庆库区文物保护规划的实施。

二、根据《中华人民共和国文物保护法》及实施细则的规定，市文化（文物）局应及时组织对三峡工程重庆库区出土文物的鉴定、登记工作，并明确指定有科学保护和研究展示能力的博物馆入藏珍贵文物，承担保管职责。

三、三峡工程重庆库区出土的文物，尤其是珍贵文物，首先应当满足重庆中国三峡博物馆陈列展出的需要。在地面文物保护项目开展过程中，凡收集到的古建筑构件、石刻、民俗等文物，其性质由不可移动文物转为馆藏文物的，亦按此原则办理。

四、参加重庆库区考古发掘工作的单位，应进一步加强对各类考古遗迹的保护工作，并按照国家文物局《田野考古操作规程》的要求，做好各类考古遗迹的详尽记录。对其中特别典型、珍贵的考古遗迹，可采取搬迁办法，移送到重庆中国三峡博物馆长期保护展出。

五、重庆市文化（文物）局应会同有关部门对文物保管场地进行安全检查，强化安全措施，防止失火失盗案件发生。市公安局要加大依法打击盗墓和文物走私行为的力度，所追缴的涉案文物应交市文化（文物）局指定的文博单位收藏。有关区县（自治县、市）人民政府、市政府各部门要高度重视出土文物的安全保护工作,采取切实有效措施,确保文物安全。

六、本市范围内的其它出土文物管理,参照本通知有关规定执行。不具备收藏文物条件的区县(自治县、市),应将其珍贵文物送重庆市博物馆保管。

二〇〇一年五月二十八日

主题词:文化 文物 保护 通知

抄送:市委办公厅,市委宣传部,市人大常委会办公厅,市政协办公厅,市高法院,市检察院,重庆警备区。

重庆市人民政府办公厅　　　　　　　　2001年5月31日印发

(共印840份)

附录4

重庆市人民政府关于印发重庆市三峡工程淹没及迁建区文物保护管理办法的通知（渝府发〔2001〕47号）

重庆市人民政府文件

渝府发〔2001〕47号

重庆市人民政府关于印发重庆市三峡工程淹没及迁建区文物保护管理办法的通知

各区县（自治县、市）人民政府，市政府各部门：

《重庆市三峡工程淹没及迁建区文物保护管理办法》已经市政府同意，现印发给你们，请遵照执行。

二〇〇一年七月十日

重庆市三峡工程淹没及迁建区
文物保护管理办法

第一章 总 则

第一条 为进一步加强重庆市三峡工程淹没及迁建区的文物保护工作，切实有效地实施对三峡历史文化遗产的抢救保护，根据《中华人民共和国文物保护法》、《中华人民共和国文物保护法实施细则》、《长江三峡工程建设移民条例》和国家有关法律、法规，制定本办法。

第二条 重庆市三峡工程淹没及迁建区(以下简称库区)内的一切文物保护实施工作，均适用本办法。

第三条 库区内一切具有历史、艺术、科学价值的不可移动文物和可移动文物，均受国家保护。

第四条 市文物局主管库区的文物保护工作，负责库区文物保护工作的组织实施和管理，实行任务、经费双包干。

市移民局负责库区文物保护项目计划的衔接、调整，项目的销号管理以及移民资金使用的监督管理。

市建设、规划、国土等有关部门应积极支持库区的文物保护工作，为文物保护实施提供必要的条件。

第五条 库区各级人民政府负责保护本行政辖区内的文物，应切实采取有效措施，打击和防范库区盗掘古遗址、古墓葬、损毁文物、走私文物等犯罪活动，确保库区的文物安全。

库区各区县（自治县、市）文物部门应积极协调、配合库区文物保护工作的实施，并负责组织实施库区县级以下地面文物保护单位的保护工程。

一切机关、组织和个人都有保护文物的义务。

第六条 库区内地下、水下遗存的一切文物（含古脊椎动物化石和古人类化石），地面遗存的古文化遗址、古墓葬、石窟寺、古桥梁等均属于国家所有。

属于集体所有和私人所有的古建筑、纪念建筑等，凡列入库区文物保护规划范围的，经办理移民补偿后，属于国家所有。

任何单位和个人不得对文物进行盗掘、哄抢、藏匿、变卖、拆除或改建。一切破坏、损毁和走私文物的活动均属于犯罪行为。

第二章 计划和资金管理

第七条 库区文物保护资金是三峡库区移民资金的一部分，应纳入移民资金计划统一管理。

第八条 市文物局应根据国务院三峡建设委员会审批的三峡

库区文物保护规划，按照三峡工程蓄水进度的要求，编制库区文物保护年度计划，经市移民局综合平衡后，纳入库区年度移民投资计划。

第九条 在库区文物保护年度计划执行过程中，市文物局按计划进度向市移民局提出项目的资金使用计划，由市移民局核准实施。

在计划的执行过程中，市文物局可根据实际情况对项目及经费作适当调整，调整幅度及审批程序按国务院三峡建设委员会移民开发局有关规定执行。

第十条 库区文物保护资金按照移民资金管理规定进行管理。市、区县（自治县、市）文物部门须设置库区文物保护资金账户，确保文物保护资金的专款专用，并定期向移民部门报送资金使用情况及相关报表。

第十一条 库区文物保护项目的法人应对项目经费进行严格管理，并在项目完成时向市文物局提交项目资金的使用情况报表。

任何单位和个人不得挪用、挤占、拆借、侵吞库区文物保护资金。

第十二条 库区文物保护项目的招投标、方案评审等费用按有关规定在项目前期费中直接列支；地下文物的重要遗迹留取和标本测试等经费可在计划实施中统筹使用；宣传出版、培训等工作经费按国务院三峡建设委员会移民开发局有关规定进行开支。

第三章　项目管理

第十三条　库区文物保护项目按保护工作性质分为非工程性项目及工程性项目，凡经国务院三峡建设委员会审批列入规划的地下文物考古发掘及地面文物留取资料项目属非工程性项目，地面文物原地保护和搬迁保护项目属工程性项目。

第十四条　库区文物保护实行项目法人负责制。

非工程性项目的项目法人为市文物局。

工程性项目中涉及市级以上文物保护单位的，由市文物局委托项目法人负责项目的实施管理。涉及县级以下文物保护单位的，由所在地区县（自治县、市）文物部门委托项目法人进行管理。

第十五条　库区地下文物考古发掘项目，由市文物局依法向国家文物局履行有关考古发掘的报批手续。

库区地面文物保护项目，属于县级以下文物保护单位的，其搬迁保护方案由市人民政府负责审批，其设计方案，由市文物局会同市移民局组织审批；属于市级以上文物保护单位的搬迁保护方案，按国家有关法律法规履行报批程序。

第十六条　库区地面文物搬迁保护项目的迁建用地，在选址前应进行地质灾害危险性评估。搬迁保护方案审批后，由项目法人向所在地区县（自治县、市）国土部门办理土地征用手续，其用地面积在原文物占地面积的基数上可适当考虑环境因素有所增加，具体面积指标和征地费用须经区县（自治县、市）移民部门商同级国土部门核定。

第十七条 凡在库区承担文物保护非工程性项目的单位，由市文物局核查其考古发掘及文物保护的相关资质。

凡在库区承担文物保护工程性项目的施工及监理单位，必须具备工程施工三级、监理乙级以上资质，具体准入审批由市文物局会同市建设主管部门根据其技术力量、相关资质材料以及文物保护工程履历资料核发证书，并标明投标范围。

从事水文、地质勘察、地形测绘工程的单位，其资质审核和准入管理按国家基本建设管理程序和有关规定进行。

香港、澳门、台湾地区及国外、国际组织和单位申请承担库区文物保护项目的，按国家文物涉外管理办法执行。

第十八条 库区文物保护工程性项目中，单项资金在50万元以上的，均实行招投标制。非工程性项目及50万元以下的工程性项目，可直接进行委托。

工程性项目的招投标工作均由项目法人负责组织，同时须邀请文物、移民、建设、监察等部门进行监督。市文物局牵头成立重庆市三峡库区文物保护工程性项目招标工作领导小组，负责项目评标委员会及评标结果的审批。

第十九条 库区文物保护推行项目监理制。

非工程性项目可试行综合监理；工程性项目可逐步实行单项

监理。合同经费在100万元以上的地面文物搬迁保护工程性项目，必须实行单项监理。

文物保护项目监理的具体管理办法由市文物局商市建委参照国家基本建设的监理规定另行制定。

第二十条 库区文物保护项目的管理实行合同制。

项目法人为合同甲方，负责根据合同检查项目进展情况和工作质量，按项目进度拨付经费并组织项目初步验收。

承担项目实施的单位为合同乙方，负责根据合同和行业规范实施项目计划任务，保证项目工作质量，按进度提交工作简报和竣工资料，及时报告重要发现和重大成果，并负责工作期间的文物安全和人身安全。

承担项目单位不得进行项目转包。总承包单位经甲方批准后可进行项目分包，项目主体工程不得进行分包。

项目所在地区县（自治县、市）文物保护管理所为非工程性项目的协作方，负责项目实施中的工作协调、提供出土品或文物构件的存放、整理场地以及文物安全管理等工作。

第二十一条 库区文物保护项目质量实行法人负责制。项目法人对文物保护项目质量负总责。勘察设计、施工、监理等单位的法定代表人按各自职责对所承担项目的质量负责。

第二十二条 库区文物保护工作中的出土品、文物构件及档案资料的移交由市文物局负责统一管理。

第二十三条 项目实施过程中，除市文物局另有指定外，库区的出土品和文物构件由项目合同的协作方负责提供寄存和整理场地，并负责其安全管理。

未经市文物局批准，任何单位和个人不得将出土品和文物构件携离库区。需作鉴定或测年的各类标本，必须经市文物局批准，并在指定期限内交还。

第二十四条 除国家文物局另有指定外，库区的出土品和文物构件由市文物局根据重庆市及库区文物事业发展的实际需要，以及有关大专院校和科研机构的教学、研究需要，按照统筹兼顾、合理调剂的原则，统一指定具备条件的国有博物馆单位收藏保管，并办理移交手续。任何单位和个人不得扣压出土品和文物构件，阻挠文物的妥善保管和科学研究。

市文物局负责筹备建立重庆中国三峡博物馆，以系统收藏、研究和全面展示三峡文物抢救保护工作成果。

第二十五条 各级公安部门、工商行政管理部门和重庆海关在查处库区违法犯罪活动中依法没收、追缴的除返还受害人以外的所有文物，须按国家有关规定在结案后立即无偿移交市文物局，由市文物局统一指定具备条件的国有博物馆单位收藏保管。

第二十六条 库区文物保护工作的有关项目资料、文物资料以及管理资料等，由市文物局负责统一建档、保存和管理。

第二十七条 库区文物保护项目由市文物局、移民局统一组织验收。

涉及工程性项目的验收应有当地建设主管部门和质检机构参

加。

对验收不合格的项目,乙方单位负责限期进行整改,并承担整改费用。

第二十八条 地下文物保护项目的验收资料应包括:考古发掘、勘探的文字、测绘、影像等原始记录资料;出土品及入藏或寄存手续;考古发掘报告或简报;各类测试、鉴定报告;经费结算报告;有关资料的反转片、磁盘、光盘等。

地面文物保护项目的验收资料应包括:文物调查报告及测绘、拓片、影像等原始记录资料;留取资料项目的重要文物构件及清单;原地保护工程的施工原始记录资料;搬迁保护工程的施工原始记录资料;经费结算报告;有关资料的反转片、磁盘、光盘等。

第二十九条 文物保护工程性项目验收合格后,项目法人应按照基本建设程序和移民资金的使用规定对项目组织竣工决算审计。

第三十条 库区文物保护项目的销号,由市文物局与市移民局制定具体办法,并负责办理相关手续。

第四章 奖 惩

第三十一条 在库区文物抢救保护工作过程中,有下列情形之一的单位、集体或个人,可给予表彰和奖励:

（一）坚决与盗掘古遗址、古墓葬、损毁文物、走私文物等犯罪行为作斗争，确保文物安全，成绩显著；

（二）长期从事库区文物抢救保护工作，认真履行文物保护项目合同，按时保质完成项目任务，并做出显著贡献；

（三）积极探索库区文物保护工作管理模式，在项目、资金等文物保护管理工作中成绩显著；

（四）有重大发现或取得重要研究成果。

第三十二条　对有下列情形之一的单位、集体或个人，应依法给予行政、经济处罚，情节严重的由司法部门追究刑事责任：

（一）盗掘古遗址、古墓葬、损毁文物、走私文物，或发现文物隐匿不报，不上交国家；

（二）不履行文物保护项目合同，造成文物毁损或重大经济损失；

（三）因工作失职或渎职，造成文物毁损、流失；

（四）侵占、贪污或盗窃国家文物；

（五）擅自截留文物，拒不按规定办理文物移交；

（六）挪用、侵占、浪费、贪污文物保护资金，或因失职、渎职造成文物保护资金严重损失。

第五章　附　则

第三十三条　本办法实施中的具体问题，由市文物局负责解释。

第三十四条　区县（自治县、市）人民政府可根据本办法制定实施细则。

第三十五条　本办法自发布之日起执行。

主题词：城乡建设　三峡库区　文物　保护　通知

抄送：市委办公厅，市人大常委会办公厅，市政协办公厅，
　　　市高法院，市检察院，重庆警备区。

重庆市人民政府办公厅　　　　　　　　　2001年7月11日印发

(共印1180份)

附录5

重庆市文物局、重庆市建设委员会、重庆市移民局关于加强三峡工程重庆库区文物保护工程质量管理的通知（渝文物〔2001〕73号）

重庆市文物局
重庆市建设委员会 文件
重庆市移民局

渝文物〔2001〕73号

重庆市文物局、重庆市建设委员会、重庆市移民局关于加强三峡工程重庆库区文物保护工程质量管理的通知

库区各区县（自治县、市）文化（文物）局、建委、移民局：

根据《重庆市三峡工程淹没及迁建区文物保护管理办法》（渝府发〔2001〕47号）、《中共重庆市委 重庆市人民政府关于切实加强工程质量管理的决定》（渝委发〔1999〕12号）、《中共重庆市委 重庆市人民政府关于印发〈关于实行三峡移民资金和移民工程质量管理责任制的规定〉的通知》（渝委发〔1999〕50号）、

《重庆市人民政府关于印发〈重庆市实施建设项目法人责任制规定〉的通知》（渝府发 [2000] 50 号）的规定，为加快三峡文物抢救保护工作，确保文物保护工程的质量，现就有关事项通知如下：

一、在本市行政区内从事文物保护工程建设活动的当事人，必须遵守《中华人民共和国文物保护法》、《中华人民共和国建筑法》和《纪念建筑、古建筑、石窟寺等修缮工程管理办法》、《建设工程勘察设计管理条例》、《重庆市建筑管理条例》的规定，严格执行国家和重庆市有关法律、法规和规章，精心组织、精心设计、精心施工，确保三峡文物保护工程质量。

二、市文物局是三峡工程重庆库区文物保护的行政主管部门，负责库区文物工作的组织实施，统筹协调和管理。

重庆市建委对重庆库区文物保护工程项目建设活动实施监督管理。负责对勘察、设计、施工、监理队伍的准入审核登记、工程质量监督等工作。

重庆市移民局负责重庆库区文物保护项目计划的上报、下达、调整，项目的销号管理以及移民资金使用的监督管理。

三、项目管理。根据国务院三峡建委《长江三峡工程库区移民计划及经费管理暂行办法》第十六条的规定，"凡已纳入经批准的移民安置规划中的项目，视为已立项。直接搞可行性论证，完成可行性研究后可纳入年度计划安排。凡纳入年度计划的项目视为开工报告已批准。项目前期准备工作所需的移民经费，可在年度计划中合理安排，但要计入该项目移民概算总投资中"。三峡工程重庆库区文物保护工程，按以上规定程序办理。

三峡文物保护项目计划经费，必须设立专门帐户，专人专帐管理。财务管理部门根据库区文物保护计划、工程项目合同和工程进度，及时拨付项目经费。

四、三峡文物保护工程必须按政企分开的原则建立项目法人，实行文物工程建设项目法人责任制。县级以下文物保护单位的保护工程，由所在区、县（自治县、市）文化（文物）行政主管部门委托项目法人实施管理。市级以上文物保护单位的保护工程，由重庆市文物行政主管部门委托项目法人实施管理。

不得以任何指挥部等名义代替项目法人。项目法人不明确，不得批准工程项目立项开工。

五、项目法人单位的管理费，按重庆市财政局、重庆市计划委员会、中国人民建设银行重庆市分行《关于印发"重庆市建设单位管理费收支管理暂行规定"的通知》（重财城[1992]第81号）的规定执行。项目法人单位必须按照三峡建委移民资金管理和《重庆市三峡库区移民资金管理办法》的规定严格管理。

六、三峡工程重庆库区文物保护工程，50万元以上的工程项目必须实行招标投标管理，市文物局、市建委、市移民局、市监察局联合组成重庆市三峡文物保护工程招标投标工作领导小组，负责对三峡工程重庆库区文物保护工程项目的招标投标活动实施统一管理。三峡工程重庆库区文物保护工程的所有招标投标活动，必须报重庆市三峡库区文物保护工程招投标工作领导小组审核批准，并在有形建筑市场进行。项目法人和中标企业必须按规定办理工程报建手续。

七、由于三峡工程和重庆库区文物抢救保护工作的特殊性和紧迫性，进入重庆库区从事文物保护工程的施工单位，必须是具有建设行政主管部门核发的古建筑园林工程叁级以上施工资质的建筑企业。

承担全国重点文物保护单位保护工程的施工企业，必须是具有贰级以上资质的古建筑施工企业，且有从事过全国重点文物保护单位保护工程施工的业绩。

承担其他文物保护单位的保护工程，必须具有从事过省级文物保护单位保护工程施工的业绩。

从事三峡工程重庆库区文物保护工程的勘察、设计单位，必须具有乙级以上勘察设计资质。

从事三峡工程重庆库区文物保护工程的监理单位，必须是具有乙级以上工程监理资质和从事过文物保护工程监理业绩的监理单位。

从事三峡工程重庆库区文物保护工程的工程地质、水文地质、地形测绘的单位，其资质审核和准入管理，按基本建设管理规定和程序进行。

八、外地勘察设计、施工、工程监理单位须持有重庆市建设行政主管部门的登记备案手续，方可从事库区文物保护工程的勘察设计、施工、监理等工作。

九、建设单位、勘察设计单位、施工单位、工程监理单位在三峡文物保护工程活动中，违反有关规定的，由重庆市文物行政主管部门、建设行政主管部门，按照各自职责，对其进行处罚；降低工程质量标准，造成工程重大责任安全事故的，对直接责任人员依法追究刑事责任。

附件：关于印发"重庆市建设单位管理费收支管理暂行规定"的通知（重财城 [1992] 第 81 号）

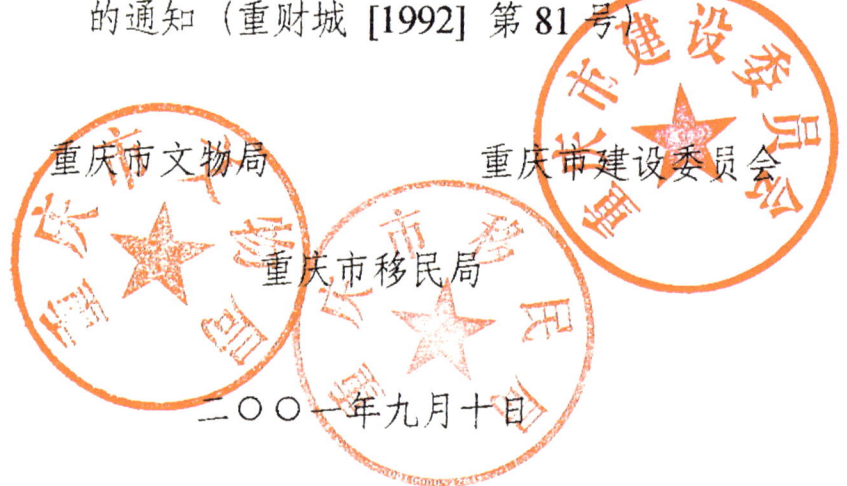

重庆市文物局　　　　　重庆市建设委员会

重庆市移民局

二〇〇一年九月十日

主题词：三峡文物　工程　管理　通知

抄送：国务院三峡建委办公室，国家文物局，
　　　三峡建委移民开发局。
　　　市委办公厅，市人大办公厅，市政府办公厅。
　　　市计委，市财政局，市土房局。
　　　库区各县（自治县、市）国土局。

重庆市文化局办公室　　　　　　　2001 年 9 月 11 日印发

（共印 150 份）

重 庆 市 财 政 局
重 庆 市 计 划 委 员 会　　文件
中国人民建设银行重庆分行

重财城〔1992〕第81号

关于印发"重庆市建设单位管理费收支管理暂行规定"的通知

市级各主管部门、各区、县(市)计划、财政、建设银行支行：

　　为了适应建设事业的发展，节约和控制投资，促进多快好省地完成建设任务，我们拟定了"建设单位管理费暂行规定"，现发给你们，请按此执行。在执行中，一般工程费用定额如与本规定不一致的，按项目级次也可以执行经同级有关部门审定的设计概算中列入的费用定额标准。特此通知。

主题词：管理费　规定　通知

抄报：市府办公厅、市财经办
抄送：市建委、市经委、市审计局、市税务局

打字：李　　油印：胡　　校对：蒋　　共印170份

建设单位管理费暂行规定

随着改革开放的深入发展，社会主义建设事业蓬勃兴起，大中型建设项目越来越多，投资规模增加。为了管好用好建设单位管理费的使用，高速优质地搞好项目建设，为此，对建设单位管理费的开支范围和标准作如下暂行规定：

第一条 建设单位管理费系指经市、区（县）人民政府、市级主管部门批准成立并经编委核批人员编制的建设单位，为"筹建、建设、联合试运转、验收总结等工作所发生的管理费用；包括由承包公司、施工企业、生产（行政、事业）单位等负责组建的所需费用"。

第二条 管理费开支的一般内容包括：工作人员的工资、工资附加费、劳保支出费、工具用具使用费、差旅费、办公费、固定资产使用费、劳动保护费、零星固定资产购置费、招募生产工人费、技术图书资料费、合同公证费、工程质量监督检测费、完工清理费、建设单位临时设施费和其他管理费用性质的开支。

第三条 管理费计提的比例和方法。

一、一般工程：

根据企业投资规模，以新建或改（扩）建性质，按单项工程费用（不包括工程建设其他费用项目）的百分比计算。

建设单位管理费＝单项工程费用×费用定额

二、各专业部门有定额规定的，取费标准仍按各专业部门定额规定计提。

第四条 管理费提取的比例和金额，超过上面规定标准提取部分，不准列入基建投资中开支。

第五条 国家专项控制商品必须列入年度支出计划，方能申请办理控购手续，否则不得购买。

第六条 修建办公业务用房、住宅等工程的建设单位，基建投资较大，未按规定批准成立管理机构，在组建过程中，又确需支付部分管理费用的，必须报经上级主管部门批准同意并落实了资金后才能列入年度基建支出计划。

第七条 各种费用开支标准（差旅费、会议费等），无论一般工程和专业工程，一律按市的统一规定执行。

第八条 以上管理费开支，按比例提取，实行总额控制。大中型项目年度由建设单位申报支用计划，经同级财政部门审查同意后，送计委列入年度基本建设计划下达执行。银行监督支付，专款专用，不得挪作他用。

实行管理费包干的建设单位,另行制定。

第九条 基本建设项目竣工移交结束后,对建设项目筹建管理机构,用国家拨款形成的建筑物、设施、材料、设备、车辆、办公用具、用品等属国家财政资产,必须清理造册全部移交财政部门。经同级计委和财政部门批准,也可以有偿或无偿调拨给下一个建设项目的管理机构使用,或作其他处理。

第十条 本规定由财政局负责解释。

第十一条 本规定自一九九二年 月 日执行。

一九九二年九月

费 用 定 额

序号	投资总额	计算基础	费用定额(%)	
			新建	改(扩)建
1	300万元以下（不含300万元）	全部单项工程费用	2.0	1.7
2	300万元-500万元（不含500万元）	全部单项工程费用	2.5	1.5
3	500万元-1000万元（不含1000万元）	全部单项工程费用	2.2	1.3
4	1000万元-5000万元（不含5000万元）	全部单项工程费用	2.0	1.1
5	5000万元-1亿元（不含1亿元）	全部单项工程费用	1.8	1.0
6	1亿元以上	全部单项工程费用	1.5	0.8

注：单项工程费用指单项工程建安工作量总额。

建设单位管理费取费标准（新建项目）

序号	第一部分工程费用总值（万元）在	计算基础	费率（%）
1	100～300	第一部分工程费用总值	2.0～2.4
2	300以上～500	第一部分工程费用总值	1.7～2.0
3	500以上～1000	第一部分工程费用总值	1.5～1.7
4	1000以上～5000	第一部分工程费用总值	1.2～1.5
5	5000以上～10000	第一部分工程费用总值	1.1～1.2
6	10000以上～20000	第一部分工程费用总值	0.9～1.1
7	20000以上～50000	第一部分工程费用总值	0.8～0.9
8	50000以上	第一部分工程费用总值	0.6～0.8

注：1. 改、扩建项目的取费标准，原则上应低于新建项目，如工程项目新建与改、扩建不易划分时，应根据工程实际按难易程度确定费率标准。

2. 费率的选择据工程繁简程度确定，一般道路及管线工程取下限，厂站、桥梁工程取上限。

第二十五条 工程建设监理费：拟建项目需要委托监理机构实施监理时，按国家物价主管部门、建设行政主管部门发布的现行工程建设监理费有关规定估列。

第二十六条 研究试验费：指为本建设项目提供或验证设计数据、资料进行必要的研究试验，按照设计规定在施工过程中必须进行试验所需的费用，以及支付科技成果、先进技术的一次性技术转让费，但不包括：

1. 应由科技三项费用（即新产品试制费、中间试验费和重要科

附录6

重庆市文物局、重庆市移民局关于印发《重庆市三峡库区文物保护统筹经费使用管理办法》的通知（渝文物〔2003〕40号）

重庆市文物局
重庆市移民局 文件

渝文物〔2003〕40号

重庆市文物局、重庆市移民局
关于印发《重庆市三峡库区文物保护
统筹经费使用管理办法》的通知

重庆三峡库区各区县（自治县）文物行政部门：

　　为加强对三峡工程重庆库区文物保护统筹经费的使用管理，促进库区文物保护工作，根据《长江三峡工程库区移民计划及经费管理暂行办法》、国务院三峡建委办公室《三峡工程库区2001年文物保护计划工作会议纪要》精神，特制定《重庆市三峡库区文物保护统筹经费使用管理办法》，现印发给你们，请遵照执行。

附件：重庆市三峡库区文物保护统筹经费使用管理办法

重庆市文物局　　　　重庆市移民局

二〇〇三年七月七日

主题词：文物　三峡　管理办法　通知

抄送：国务院三峡建委办公室，国家文物局。
　　　市政府办公厅，市审计局。

重庆市文物局办公室　　　　　　　　2003 年 7 月 8 日印发

（共印 50 份）

重庆市三峡库区文物保护统筹经费使用管理办法

第一条 为加强对三峡工程重庆库区文物保护统筹经费（以下简称统筹费）的使用管理，促进库区文物保护工作，根据《长江三峡工程库区移民计划及经费管理暂行办法》、《三峡工程库区2001年文物保护计划工作会议纪要》精神，制定本办法。

第二条 本办法所称统筹费，是指重庆三峡库区文物保护项目中单个承担单位难以独立完成的，需要由市级文物行政管理部门集中管理、统一实施的子项经费。

第三条 统筹费由重庆三峡库区文物保护项目包干经费概算中的特殊项目费（含出版、保护）、管理费、不可预见费构成。

第四条 统筹费适用于重庆三峡库区文物保护的下列综合性工作和不可预见性工作：

（一）文物保护项目实施过程中的不可预见性工作；

（二）专题研究、综合性研究及出版，相关的学术研讨、专题调研、考察学习；

（三）重要文物的修复、出土文物的集中保管和宣传展示。

对于重庆三峡工程淹没区及移民迁建区新发现的、未列入库区文物保护规划的文物保护项目，可用统筹费列支或垫支其所需保护经费，对其中保护经费额度较大的，或属市级以上（含市级）

的文物保护项目，在报请国务院三峡建委批准动用移民预备费后归垫。

第五条 统筹费实行年度项目计划管理。

重庆市移民局在每年安排文物保护计划时，核定当年统筹费计划总额；重庆市文物局在核定的计划总额内编制年度统筹费项目计划，并报经重庆市移民局审批。

统筹费年度计划的结余资金，经报重庆市移民局审批后，由重庆市文物局结转纳入下年计划使用。

第六条 使用统筹费的项目，由重庆市文物局负责组织实施、检查和验收，重庆市移民局负责监督管理。

第七条 统筹费项目实行合同制管理。统筹费项目承担单位应根据有关规范编制项目预算；经重庆市文物局核定后签订项目合同，并按合同约定和项目实施进度拨付项目经费；项目实施结束后，项目承担单位应及时编报项目决算，并办理结项手续。

第八条 重庆市文物局对统筹费项目应建立专门的项目档案。

第九条 统筹费的开支实行专项管理，单独核算。任何单位和个人不得以任何理由和方式截留、挤占和挪用。

第十条 本办法自印发之日起执行。由重庆市文物局、重庆市移民局负责解释。

附录7
三峡工程重庆库区地下文物保护项目一览表

总序号	区县	区县序号	文物点名称	面积（平方米）	时代
1		1	大溪遗址	10000	新石器
2		2	锁龙遗址	2000	新石器
3		3	耳石窝遗址	200	汉唐
4		4	汪家沟遗址	100	明清
5		5	江东嘴遗址	3000	新石器
6		6	培石遗址	2000	新石器
7		7	欧家老屋遗址	1300	新石器
8		8	魏家梁子遗址	700	新石器
9		9	琵琶洲遗址	3115	新石器—汉
10		10	龙头山遗址	5250	战国
11		11	枣园坪遗址	100	战国
12		12	窑坪遗址	100	西周、唐、明
13		13	下猫儿坪遗址	100	汉—明清
14		14	刘家沟遗址	100	汉、明清
15		15	庙坪遗址	100	明清
16	巫山	16	宝子滩遗址	100	商周
17		17	冬瓜包遗址	750	商周、战国
18		18	独树子遗址	100	商周
19		19	大水田遗址	1100	战国
20		20	柏树林遗址	2500	六朝—明清
21		21	关上遗址	2100	商周
22		22	上安坪遗址	0	商周、汉晋
23		23	下沱遗址	200	新石器
24		24	下湾遗址	2200	战国—明清
25		25	双堰塘遗址	28200	西周
26		26	跳石遗址	1400	新石器
27		27	下安坪遗址	100	六朝—明清
28		28	巴雾遗址	0	商周、汉代
29		29	唤香坪遗址	0	东周
30		30	中安坪遗址	0	战国、汉代
31		31	南陵村遗址	100	宋、明、清

续表

总序号	区县	区县序号	文物点名称	面积（平方米）	时代
32		32	李家湾遗址	0	东周、汉晋
33		33	塔坪遗址	1100	战国—明清
34		34	涂家坝遗址	1800	东周
35		35	东坝遗址	3000	东周、汉代
36		36	洋溪河遗址	100	东周、宋代
37		37	蓝家寨遗址	2000	东周
38		38	林家码头遗址	2200	东周、汉代
39		39	张家湾遗址	2200	东周、汉代
40		40	大滂遗址	1300	商周
41		41	孝子溪遗址	800	商周
42		42	刘家坝遗址	2200	新石器
43		43	野猫溪遗址	0	汉代
44		44	林家湾遗址	0	汉代
45		45	拖肚子遗址	0	汉代
46		46	老鹰背遗址	0	汉代
47	巫山	47	青石洞遗址	0	汉代
48		48	青石遗址	0	汉代
49		49	庙子山遗址	0	汉代
50		50	白水河遗址	100	汉代
51		51	柚子树坪遗址	0	汉代
52		52	回水湾遗址	0	汉代
53		53	马石湾遗址	0	汉代
54		54	董家坪遗址	200	明清
55		55	汪家坪遗址	0	汉代
56		56	叫化洞遗址	0	汉、晋
57		57	巫山古城遗址	10000	西晋—清
58		58	南陵堤坝遗址	0	清代
59		59	大溪村墓地	3500	汉代
60		60	江东嘴墓群	5000	战国、秦汉
61		61	乱葬坟墓地	1000	汉、晋、宋
62		62	椿树包墓地	1500	汉代

续表

总序号	区县	区县序号	文物点名称	面积（平方米）	时代
63		63	龙门口墓地	2000	汉代
64		64	县水泥厂墓地	2500	汉代
65		65	秀峰一中墓地	1500	汉代
66		66	水田湾墓地	2000	汉代
67		67	土城坡墓地	13500	汉代
68		68	胡家包墓地	7000	汉代
69		69	古坟包墓地	2000	汉代
70		70	瓦岗槽墓地	6000	东周、汉代
71		71	高唐观墓地	4000	战国、汉代
72		72	西坪墓地	2000	汉代
73		73	玉皇阁墓地	1000	战国—明清
74		74	下西平墓地	1000	汉代
75		75	老山岭墓地	1000	东周、明清
76		76	窑厂沱墓地	0	汉代
77		77	欧家老屋墓地	0	汉代
78		78	琵琶洲山包墓地	5000	汉、明清
79	巫山	79	榨屋梁子墓地	1000	汉、六朝
80		80	下纸厂墓地	0	汉代
81		81	殷家坝墓地	0	汉代
82		82	刘家坝墓地	0	汉、晋
83		83	石自乾墓地	0	清代
84		84	牛塘湾墓地	100	东汉
85		85	椿树坪遗址	1000	东汉
86		86	上阳村遗址	2000	东周
87		87	江东嘴石器点	1000	旧石器
88		88	下安坪石器点	100	旧石器
89		89	中安坪石器点	100	旧石器
90		90	上安坪石器点	100	旧石器
91		91	林家湾石器点	100	东周
92		92	大昌古城遗址	8000	汉、明清
93		93	高唐村墓地	300	战国、汉代
94		94	麦沱墓地	5500	汉代
95		95	平安墓地	500	东汉、晋
96		96	神女庙遗址	4500	明清

续表

总序号	区县	区县序号	文物点名称	面积（平方米）	时代
97	巫溪	1	河坪遗址	6000	商周
98		1	新浦遗址	7000	商周、汉
99		2	老油坊遗址	1000	东周
100		3	永安镇遗址	25000	商周、汉、三国、隋唐
101		4	毛狗堆遗址	2500	新石器
102		5	鱼复浦遗址	5700	汉、宋
103		6	擂鼓台遗址	1000	商周、汉
104		7	金家坪遗址	500	商周、汉
105		8	王家包遗址	1000	商周、汉、明清
106		9	白帝村遗址	8000	汉、宋
107		10	窑坪遗址	1000	汉代
108		11	刘家院坝遗址	1000	汉代
109		12	陈家坪遗址	2000	东周
110		13	万家嘴遗址	1000	明清
111		14	李家坝遗址	1500	新石器
112		15	羊安渡遗址	5100	新石器
113		16	小营盘遗址	1000	汉代
114	奉节	17	千秋坊遗址	100	汉代
115		18	黎家坪遗址	0	商周
116		19	观武镇遗址	200	明清
117		20	麻柳树包遗址	100	汉代
118		21	安坪遗址	500	汉代
119		22	窑柴坡遗址	1000	汉代
120		23	和尚坪遗址	100	汉代
121		24	关庙沱遗址	500	汉、宋
122		25	杜家坪遗址	100	汉代
123		26	瞿塘关遗址	1000	南宋
124		27	窑包遗址	0	宋代
125		28	营盘包墓群	6000	西汉、东汉
126		29	白杨沟墓群	2000	汉代
127		30	合同溪墓群	1000	汉、汉以后
128		31	白衣庵墓群	1000	汉、明清
129		32	宝塔坪墓群	18000	汉、隋唐、宋
130		33	头堂包墓群	1000	汉代

续表

总序号	区县	区县序号	文物点名称	面积（平方米）	时代
131		34	阴楼坪墓群	1000	汉代
132		35	周家坪墓群	1000	汉、汉以后
133		36	新油坊墓群	1000	汉代
134		37	茶店子墓群	100	汉代
135		38	赵家湾墓群	3000	汉代
136		39	丰获墓群	1000	汉代
137		40	陈家湾墓群	1000	汉代
138		41	白帝村墓群	1000	汉、明清
139		42	上平皋墓群	500	汉代
140		43	溪沟墓群	500	汉代
141		44	三塘崖墓群	1000	汉、三国、东晋
142		45	口前崖墓群	500	汉、汉以后
143		46	拖板崖墓群	100	汉代
144		47	肖家包崖墓群	0	汉代
145		48	白马墓群	5000	汉—明清
146		49	上关遗址	1200	东汉
147	奉节	50	三台石器采集点	0	新石器
148		51	三台崖墓群	2000	汉代
149		52	莲花池墓群	5000	汉—明清
150		53	藕塘旧石器地点	2000	旧石器
151		54	横路旧石器地点	1000	旧石器
152		55	庙湾子旧石器地点	250	旧石器
153		56	宝塔坪旧石器地点	200	旧石器
154		57	桑树坪旧石器地点	500	旧石器
155		58	草堂古人类化石点	1000	旧石器
156		59	五马石旧石器地点	500	旧石器
157		60	三坨旧石器地点	1600	旧石器
158		61	三塘旧石器地点	1000	旧石器
159		62	堰塘旧石器地点	500	旧石器
160		63	黄果树旧石器地点	500	旧石器
161		64	老君庙化石点	100	旧石器
162		65	白帝山遗址	16000	汉代
163		66	砚瓦墓群	2000	汉代
164		67	紫阳城遗址	5000	汉代

续表

总序号	区县	区县序号	文物点名称	面积（平方米）	时代
165	奉节	68	二溪沟墓群	1000	东汉
166		69	拖板村墓群	1000	汉代
167		70	桂井墓群	1000	汉代
168	云阳	1	太公沱遗址	2000	新石器—唐
169		2	人头山坡遗址	200	明清
170		3	姜家沱采集点	0	新石器—唐
171		4	螃蟹石采集点	0	新石器
172		5	李家坝遗址	40025	商周—汉
173		6	明月坝遗址	15000	商周—唐
174		7	伍家湾遗址	1700	新石器
175		8	赵家嘴遗址	500	战国
176		9	佘家嘴遗址	10000	汉代
177		10	旧县坪遗址	21000	汉—唐
178		11	云安盐场遗址	10000	汉—明清
179		12	故陵沱遗址	2500	汉代
180		13	明堂坝遗址	1500	汉—明清
181		14	高阳坝遗址	500	汉—宋
182		15	佘家包遗址	200	战国
183		16	故陵楚墓	1500	春秋、战国
184		17	平扎营墓群	8000	战国
185		18	麻柳林崖墓群	1000	汉、晋
186		19	石家包墓群	2000	汉代
187		20	张家嘴墓群	7040	汉代
188		21	走马岭墓群	5000	汉代
189		22	丰包岭墓群	100	汉代
190		23	马岭崖墓群	100	汉代
191		24	张家村崖墓群	0	汉、晋
192		25	富衣井坡崖墓群	500	汉代
193		26	小函子墓群	100	汉代
194		27	三坝溪墓群	3100	新石器
195		28	马粪沱墓群	8000	战国
196		29	打望包墓群	2000	汉代
197		30	柏树包墓群	100	汉代
198		31	大函子墓群	500	汉代

续表

总序号	区县	区县序号	文物点名称	面积（平方米）	时代
199		32	洪家包墓群	500	汉代
200		33	余家包墓群	2500	汉—晋
201		34	营盘包墓群	3000	战国
202		35	杨沙村墓群	8500	汉代
203		36	尸山包墓群	7000	新石器
204		37	红庙墓群	0	汉代
205		38	晒经遗址	10000	汉代
206		39	龙安墓群	200	唐代
207		40	稻场化石点	0	旧石器
208	云阳	41	双江旧石器点	100	旧石器
209		42	团堡山遗址	1000	商周
210		43	新河村崖墓群	500	汉代
211		44	东阳子遗址	400	新石器、商周
212		45	庙矶化石点	0	旧石器
213		46	大地坪遗址	8500	新石器
214		47	桥沟湾旧石器点	100	新石器
215		48	望乡台崖墓群	1000	汉代
216		49	塘坊墓群	500	汉代
217		50	乔家院子遗址	3000	元朝、明
218		1	聚鱼沱遗址	1200	新石器—周
219		2	中坝子遗址	10000	新石器
220		3	上中坝遗址	5000	周、宋、明
220		4	小周溪遗址	200	汉代
221		5	大周溪遗址	4500	汉代
222		6	里牌溪遗址	1000	汉代
223		7	安全墓群	6100	汉、六朝
224	万州	8	钟嘴墓群	500	汉、六朝
225		9	沙田墓群	2000	汉、六朝
226		10	铺垭墓群	2000	汉、六朝
227		11	荷包丘墓群	1000	东汉
228		12	糖坊坪墓群	500	汉、六朝
229		13	青草背墓群	500	汉、六朝
230		14	老官嘴崖墓	100	汉、六朝
231		15	寨上墓群	4500	六朝
232		16	渣子门旧石器点	2000	旧石器

续表

总序号	区县	区县序号	文物点名称	面积（平方米）	时代
233		17	黄柏溪遗址	1000	新石器
234		18	大地嘴遗址	10000	新石器
235		19	冯家河遗址	1000	汉—六朝
236		20	胡家坝遗址	5800	汉—宋
237		21	瓦子坪遗址	8000	汉—六朝
238		22	王家沱遗址	3100	汉代
239		23	涪滩遗址	1000	汉代
240		24	谭绍溪遗址	2000	汉代
241		25	杨家碑遗址	1000	汉代
242		26	苏和平遗址	3000	新石器
243		27	太阳溪口遗址	100	汉代
244		28	关木溪遗址	200	汉代
245		29	黄柏镇遗址	100	新石器
246		30	陈家嘴墓群	1000	东汉
247		31	石槽溪崖墓群	3000	东汉—六朝
248		32	白河沟墓群	1000	东汉—六朝
249	万州	33	银加嘴墓群	1000	东汉—六朝
250		34	礁芭石墓群	3000	东汉—六朝
251		35	嘴嘴墓群	1100	东汉—六朝
252		36	包上墓群	3000	东汉—六朝
253		37	黄桷梁墓群	100	东汉
254		38	燕义墓群	1000	东汉—六朝
255		39	中坝河墓群	4800	东汉—六朝
256		40	兔儿梁墓群	100	东汉—六朝
257		41	炳泉院子墓群	1000	东汉—六朝
258		42	老棺丘墓群	5000	东汉—六朝
259		43	大湾墓群	3800	东汉—六朝
260		44	大田墓群	500	东汉—六朝
261		45	团堡地墓群	1000	东汉—六朝
262		46	方庄嘴嘴墓群	50	东汉—六朝
263		47	曾家溪墓群	2000	东汉—六朝
264		48	河坝户墓群	0	东汉
265		49	砖丘包墓群	1000	东汉—六朝
266		50	上沱口墓群	1000	东汉—六朝

续表

总序号	区县	区县序号	文物点名称	面积（平方米）	时代
267		51	老屋院子墓群	2000	东汉—六朝
268		52	龙门壕墓群	2000	东汉—六朝
269		53	青龙嘴墓群	1000	东汉—六朝
270		54	苏和平墓群	600	新石器
271		55	石地磅墓群	2000	东汉
272		56	黄岭嘴墓群	500	东汉—六朝
273		57	糖坊墓群	8000	六朝
274		58	漆树坪窑址	600	宋—明
275		59	方家岭窑址	500	宋—明
276		60	窑坝窑址	100	元—明
277		61	瓦子堡窑址	0	元—明
278		62	滩垴窑址	100	元—明
279		63	插柳子窑址	200	元—明
280		64	小窑包窑址	100	元—明
281		65	冷水溪窑址	500	元—明
282		66	屋基坪窑址	200	元—明
283	万州	67	麻柳梁窑址	100	元—明
284		68	大窑包窑址	200	元—明
285		69	瓦子包窑址	500	元—明
286		70	瓦子岗窑址	200	明代
287		71	杨家坝墓群	0	清代
288		72	旅密村崖墓	0	清末—民国
289		73	沙磅墓群	100	明、清
290		74	秦家湾旧石器点	500	旧石器
291		75	蒲家村化石点	100	旧石器
292		76	陈家坝遗址	2880	汉代
293		77	涪溪口遗址	3180	新石器
294		78	黄陵嘴遗址	4800	商周、汉唐
295		79	麻柳沱遗址	2640	新石器
296		80	下中村遗址	23820	新石器
297		81	中嘴遗址	2800	汉唐
298		82	马家溪遗址	3200	汉唐
299		83	余家河遗址	1680	汉唐
300		84	麻柳湾遗址	1470	新石器

续表

总序号	区县	区县序号	文物点名称	面积（平方米）	时代
301		85	梁上墓群	1800	汉代
302		86	大丘坪墓群	23300	东汉
303		87	松岭包墓群	4480	东汉
304		88	上河坝墓群	2000	东汉
305		89	容家坝墓群	3000	东汉
306		90	陈家坝墓群	2180	东汉
307		91	庙梁墓群	1260	东汉
308		92	古坟包墓群	750	东汉
309		93	包汉墓群	1800	东汉
310		94	大地墓群	300	东汉
311		95	柑子梁墓群	8500	东汉、六朝
312		96	罗仁发墓群	5760	东汉、六朝
313		97	天丘墓群	3360	东汉、六朝
314	万州	98	瓦屋墓群	4880	东汉、六朝
315		99	观音岩墓群	960	东汉、六朝
316		100	吊嘴墓群	1080	东汉、六朝
317		101	余家河墓群	15400	东汉、六朝
318		102	屠户湾墓群	432	东汉、六朝
319		103	大坪墓群	11610	六朝
320		104	金狮湾墓群	5040	唐、宋
321		105	古坟嘴墓群	440	唐、宋
322		106	麻柳沱墓群	1200	唐、宋
323		107	仙崖包墓群	270	东汉、六朝
324		108	燕窝崖墓群	120	东汉、六朝
325		109	七孔子崖墓群	120	东汉、六朝
326		110	椅子山遗址	0	汉
327		111	少儿嘴旧石器点	0	旧石器
328		1	开县故城	12000	唐—清
329		2	太阳沟遗址	1500	东汉—南朝
330		3	大桥遗址	1000	汉—宋
331	开县	4	坪井二组遗址	1000	六朝、元、明
332		5	周家湾遗址	200	宋、元
333		6	三中村墓群	200	汉代
334		7	迎仙村墓群	3000	汉代

续表

总序号	区县	区县序号	文物点名称	面积（平方米）	时代
335		8	余家坝遗址	28000	战国—元明
336		9	平浪十四组墓群	100	汉代
337		10	渠口二组墓群	300	汉代
338		11	复洪九组墓群	300	汉—晋
339		12	复洪十四组墓群	1500	汉—晋
340		13	渠口六组墓群	100	汉—六朝
341		14	红岩子墓群	100	汉—六朝
342		15	长磅墓群	8000	六朝
343		16	铺溪四组墓群	100	六朝
344		17	平浪三组墓群	800	六朝
345		18	农试墓群	500	唐代
346		19	安康九组崖墓群	0	汉代
347		20	乌杨崖墓群	0	六朝
348		21	先农遗址	300	六朝
349		22	古墓岭墓群	1000	汉—晋
350	开县	23	王爷庙墓群	500	汉—晋
351		24	水东坝墓群	300	汉代
352		25	双河墓群	1000	东汉、清
353		26	驷马十四组墓群	1000	汉、六朝
354		27	马肚坝遗址	200	汉—元
355		28	安邱塝墓群	300	汉代
356		29	棺山墓群	3000	西汉—明清
357		30	茂林十二组墓群	100	汉代
358		31	陈家湾墓群	500	东汉—晋
359		32	厚坝墓群	1000	明清
360		33	庙坪崖墓群	500	汉—南朝
361		34	庙坪遗址	500	明清
362		35	刘家院子墓群	100	明清
363		36	老君包墓群	100	明清
364		37	古坟包遗址	5000	汉、六朝、明清
365		38	姚家坝遗址	500	商周、明清
366		39	姚家墓群	100	汉代
367	石柱	1	观音寺遗址	3600	商周—汉
368		2	沙湾遗址	1000	商周、汉

续表

总序号	区县	区县序号	文物点名称	面积（平方米）	时代
369	石柱	3	中间包墓群	1000	汉
370		4	砖瓦溪遗址	5000	商周、汉
371		5	公龙背遗址	100	周、汉
372	忠县	1	哨棚嘴遗址	5050	新石器
373		2	瓦渣地遗址	2300	新石器
374		3	罗家桥遗址	1500	新石器、夏
375		4	中坝遗址	8000	新石器
376		5	中坝盐井遗址	40	汉代
377		6	崖脚遗址	10000	新石器
378		7	杜家院子遗址	1000	商周、战国
379		8	老鸹冲遗址	12600	夏商
380		9	王家堡遗址	5000	新石器
381		10	李园遗址	100	战国、秦汉
382		11	乌杨镇遗址	4000	周、汉
383		12	周家院子遗址	700	汉代
384		13	上油坊遗址	3000	周、六朝
385		14	龙滩遗址	200	汉、六朝
386		15	邓家沱遗址	5000	新石器
387		16	石佛崖遗址	100	明清
388		17	石匣子墓群	6000	东汉
389		18	沙砖厂墓群	200	东汉
390		19	将军村墓群	200	汉代
391		20	瓦窑六队墓群	2000	汉代
392		21	瓦厂堡墓群	1000	汉代
393		22	洋渡新街墓群	600	汉代
394		23	沿江四队墓群	1000	汉代
395		24	临江一队墓群	1000	汉代
396		25	鱼洞十一队墓群	5000	汉代
397		26	新生三队墓群	1000	汉代
398		27	新生四队墓群	200	汉代
399		28	白沙一队墓群	200	汉代
400		29	三岭八队墓群	100	汉代
401		30	金黄六队墓群	100	汉代
402		31	松江八队墓群	500	汉代

续表

总序号	区县	区县序号	文物点名称	面积（平方米）	时代
403		32	石宝墓群	200	汉、宋
404		33	火电厂崖墓群	6000	汉、南朝
405		34	赵家湾崖墓群	500	南朝
406		35	仙人洞崖墓群	1500	汉、南朝
407		36	苏家崖墓群	200	南朝
408		37	汪家院子崖墓群	100	汉、南朝
409		38	滴水崖墓群	0	汉、南朝
410		39	象鼻石崖墓群	0	南朝
411		40	刘家崖墓群	0	南朝
412		41	鸡骨梁墓群	1000	汉、六朝
413	忠县	42	忠州中学崖墓群	3000	东汉
414		43	下白桥溪墓群	3000	汉、晋
415		44	宣公墓	500	唐代
416		45	唐家河遗址	500	旧石器
417		46	西流溪化石点	0	旧石器
418		47	挑水沟遗址	500	旧石器
419		48	永兴场遗址	500	旧石器
420		49	石宝寨化石点	0	旧石器
421		50	花灯坟墓群	24310	汉、晋
422		51	白沙四队墓群	4500	汉代
423		52	土地岩崖墓群	4800	南朝、隋
424		1	玉溪遗址	11000	新石器
425		2	石地坝遗址	8750	商周
426		3	黄柳嘴遗址	3000	商周、汉
427		4	麻柳嘴遗址	7500	商周、汉
428		5	丁庄遗址	4800	汉代
429		6	曾家坝遗址	1000	汉代
430	丰都	7	黄燕嘴遗址	200	汉代
431		8	大地坝遗址	100	汉代
432		9	玉溪坪遗址	10000	新石器
433		10	袁家岩遗址	3000	新石器
434		11	沙溪嘴遗址	1000	汉、宋
435		12	大沙坝遗址	200	汉、宋
436		13	赤溪遗址	1000	汉、宋

续表

总序号	区县	区县序号	文物点名称	面积（平方米）	时代
437		14	古家田坝遗址	0	汉、唐、宋
438		15	糖房遗址	5000	汉、宋
439		16	观石滩遗址	1000	汉代
440		17	长沙坝遗址	200	汉代
441		18	汀溪遗址	1000	汉、宋
442		19	张家河遗址	1000	汉、宋
443		20	凤凰踊遗址	1000	汉、宋
444		21	庙背后冶炼遗址	6000	宋代
445		22	铺子河冶炼遗址	4000	宋代
446		23	石板溪窑址	200	宋代
447		24	金钢背遗址	1000	宋代
448		25	农花庙遗址	200	宋代
449		26	老院子窑址	200	宋代
450		27	木屑溪窑址	0	宋代
451		28	赤溪墓群	6000	西汉、东汉、蜀汉
452		29	冉家路口墓群	20000	汉代
453	丰都	30	天丘坪墓群	4800	汉代
454		31	槽房沟墓群	3000	汉、六朝
455		32	二仙堡墓群	5000	汉代
456		33	大湾墓群	10000	汉代
457		34	秦家院子墓群	4000	新石器
458		35	兴义墓群	200	汉代
459		36	张家坪墓群	200	汉代
460		37	上河嘴墓群	2000	汉代
461		38	文溪墓群	200	汉代
462		39	窑址磅墓群	1000	汉代
463		40	棺山坡墓群	1000	汉代
464		41	汇南墓群	15000	汉、晋
465		42	杜家包墓群	1000	汉、晋
466		43	梁家包墓群	200	商周
467		44	毛家包墓群	1000	汉、六朝
468		45	丰稳坝遗址	5800	新石器
469		46	井水湾遗址	2050	旧石器
470		47	枣子坪遗址	1000	旧石器

续表

总序号	区县	区县序号	文物点名称	面积（平方米）	时代
471	丰都	48	范家河遗址	200	旧石器
472		49	冉家路旧石器点	3800	旧石器
473		50	老鹰嘴旧石器点	200	旧石器
474		51	池坝岭遗址	500	旧石器
475		52	和平村旧石器点	200	旧石器
476		53	高家镇遗址	980	旧石器
477		54	烟墩堡遗址	564	旧石器
478	涪陵	1	王灵村墓群	1000	战国、汉
479		2	平安村墓群	4800	汉代
480		3	连丰村墓群	6000	汉代
481		4	针织厂墓群	1000	汉代
482		5	水盈村崖墓群	200	汉代
483		6	石沱墓群	5500	汉—明
484		7	镇安遗址	4000	商周
485		8	蔺市遗址	4900	新石器
486		9	陈家嘴遗址	4000	商周—汉
487		10	八卦村遗址	1000	战国、汉唐
488		11	石沱遗址	4800	汉、宋、元、明
489		12	剪刀峡化石点	0	旧石器
490		13	隆兴场化石点	0	中侏罗世
491		14	太平村墓群	4800	汉代
492		15	北岩墓群	5000	汉代
493		16	横梁子墓群	2000	汉代
494		17	大院子墓群	2500	汉代
495		18	小田溪墓地	11560	战国
496		19	倒向屋基墓群	2000	汉、宋
497		20	薛家坪墓群	4000	汉代
498	武隆	1	土坎遗址	4800	商周—汉
499	长寿	1	将军滩遗址	100	新石器时代
500		2	钜梁沱遗址	2500	汉代
501		3	谢家湾遗址	400	汉代
502		4	芝麻坪遗址	100	汉代
503		5	大地坝遗址	100	汉、宋
504		6	对河遗址	100	汉代

续表

总序号	区县	区县序号	文物点名称	面积（平方米）	时代
505	长寿	7	小石盘遗址	100	汉代
506		8	庞家湾遗址	100	汉代
507		9	下槽房遗址	100	明清
508	巴南	1	薛家溪沟遗址	100	新石器？
509		2	团结河嘴遗址	100	新石器？
510		3	白沙沱遗址	100	新石器？
511		4	岩斗坪遗址	100	汉代
512		5	梓潼坝遗址	100	汉代
513		6	圈荡遗址	100	汉、唐
514		7	华光墓群	3500	晋代
515		8	南坪坝一村墓群	200	明清
516		9	剑山墓群	100	明清
517		10	牌楼坝遗址	100	汉代
518	渝北	1	观音阁遗址	1000	汉晋
519		2	沙公溪遗址	1000	汉代
520		3	茅草坪遗址	9000	六朝、唐宋
521		4	老锅厂土坑墓群	4000	汉、明
522		5	枳邑县旧址	3000	六朝
523	重庆市区	1	朝阳河嘴遗址	4800	商—明
524		2	新二村遗址	100	汉代
525		3	新房后湾遗址	100	汉代
526		4	干溪沟遗址	4000	汉代
527		5	广阳坝墓群	4800	新石器

附录8
三峡工程重庆库区地面文物保护项目一览表

序号	文物名称	时代	所在位置	保护方式	复建地点	完成状况	利用状况
1	大昌东城门	清代	巫山县	搬迁保护	巫山县	已完成	已利用
2	大昌南城门	清代	巫山县	搬迁保护	巫山县	已完成	已利用
3	大昌西城门	清代	巫山县	搬迁保护	巫山县	已完成	已利用
4	帝主宫	清代	巫山县	搬迁保护	巫山县	已完成	已利用
5	关帝庙	清代	巫山县	搬迁保护	巫山县	已完成	已利用
6	解放街108—110号	清代	巫山县	搬迁保护	巫山县	已完成	已利用
7	解放街112号	清代	巫山县	搬迁保护	巫山县	已完成	已利用
8	解放街113号	清代	巫山县	搬迁保护	巫山县	已完成	已利用
9	解放街114—116号	清代	巫山县	搬迁保护	巫山县	已完成	已利用
10	解放街125—127号	清代	巫山县	搬迁保护	巫山县	已完成	已利用
11	解放街126—130号	清代	巫山县	搬迁保护	巫山县	已完成	已利用
12	解放街129号	清代	巫山县	搬迁保护	巫山县	已完成	已利用
13	解放街131—133号	清代	巫山县	搬迁保护	巫山县	已完成	已利用
14	解放街23—27号	清代	巫山县	搬迁保护	巫山县	已完成	已利用
15	解放街13—15号	清代	巫山县	搬迁保护	巫山县	已完成	已利用
16	解放街63号	清代	巫山县	搬迁保护	巫山县	已完成	已利用
17	解放街66—67号	清代	巫山县	搬迁保护	巫山县	已完成	已利用
18	解放街68、70—72号	清代	巫山县	搬迁保护	巫山县	已完成	已利用
19	解放街69号	清代	巫山县	搬迁保护	巫山县	已完成	已利用
20	解放街74—76号	清代	巫山县	搬迁保护	巫山县	已完成	已利用
21	解放街89号	清代	巫山县	搬迁保护	巫山县	已完成	已利用
22	解放街90号	清代	巫山县	搬迁保护	巫山县	已完成	已利用
23	解放街92号	清代	巫山县	搬迁保护	巫山县	已完成	已利用
24	解放街9—11号	清代	巫山县	搬迁保护	巫山县	已完成	已利用
25	聚鹤街95号	清代	巫山县	搬迁保护	巫山县	已完成	已利用
26	康茂才进兵处石刻	明代	巫山县	搬迁保护	巫山县	已完成	已利用
27	李季达旧居	清代	巫山县	搬迁保护	巫山县	已完成	已利用
28	罗家老屋	清代	巫山县	搬迁保护	巫山县	已完成	已利用
29	罗家老屋南院	清代	巫山县	搬迁保护	巫山县	已完成	已利用
30	培石民居	民国	巫山县	搬迁保护	巫山县	已完成	已利用
31	胜利街1—3号	清代	巫山县	搬迁保护	巫山县	已完成	已利用

续表

序号	文物名称	时代	所在位置	保护方式	复建地点	完成状况	利用状况
32	胜利街14—18号	清代	巫山县	搬迁保护	巫山县	已完成	已利用
33	胜利街17、19号	清代	巫山县	搬迁保护	巫山县	已完成	已利用
34	胜利街21号	清代	巫山县	搬迁保护	巫山县	已完成	已利用
35	胜利街23号	清代	巫山县	搬迁保护	巫山县	已完成	已利用
36	胜利街24号	清代	巫山县	搬迁保护	巫山县	已完成	已利用
37	胜利街33号	清代	巫山县	搬迁保护	巫山县	已完成	已利用
38	胜利街35、37号	清代	巫山县	搬迁保护	巫山县	已完成	已利用
39	胜利街39—43号	清代	巫山县	搬迁保护	巫山县	已完成	已利用
40	胜利街5—7号	清代	巫山县	搬迁保护	巫山县	已完成	已利用
41	胜利街94—102号	清代	巫山县	搬迁保护	巫山县	已完成	已利用
42	望霞街22号(谭氏民居)	清代	巫山县	搬迁保护	巫山县	已完成	已利用
43	巫峡镇南门	清代	巫山县	搬迁保护	巫山县	已完成	已利用
44	无暴桥	清代	巫山县	搬迁保护	巫山县	已完成	已利用
45	无夺桥	清代	巫山县	搬迁保护	巫山县	已完成	已利用
46	无伐桥	清代	巫山县	搬迁保护	巫山县	已完成	已利用
47	兴隆寺	清代	巫山县	搬迁保护	巫山县	已完成	已利用
48	大溪乡医院	清末民初	巫山县	留取资料		已完成	
49	登龙街18号(周氏民居)	清代	巫山县	留取资料		已完成	
50	福寿桥	清代	巫山县	留取资料		已完成	
51	观音洞摩崖造像	清代	巫山县	留取资料		已完成	
52	解放街103号	清代	巫山县	留取资料		已完成	
53	解放街10号	清代	巫山县	留取资料		已完成	
54	解放街120—124号	清代	巫山县	留取资料		已完成	
55	解放街132—134号	清代	巫山县	留取资料		已完成	
56	解放街19、21号	清代	巫山县	留取资料		已完成	
57	解放街64号	清代	巫山县	留取资料		已完成	
58	解放街95号	清代	巫山县	留取资料		已完成	
59	解放街97号	清代	巫山县	留取资料		已完成	
60	聚鹤街74号	清代	巫山县	留取资料		已完成	
61	聚鹤街99号	清代	巫山县	留取资料		已完成	
62	孔明碑	明代	巫山县	留取资料		已完成	
63	宁河栈道	汉—清	巫山县	留取资料		已完成	
64	起云街42—45号	清代	巫山县	留取资料		已完成	
65	起云街54—57号	清代	巫山县	留取资料		已完成	

续表

序号	文物名称	时代	所在位置	保护方式	复建地点	完成状况	利用状况
66	清水洞墨迹	北宋	巫山县	留取资料		已完成	
67	罗家老屋和记	清代	巫山县	留取资料		已完成	
68	三间店民居	清末民初	巫山县	留取资料		已完成	
69	胜利街13、15号	清代	巫山县	留取资料		已完成	
70	胜利街2—8号	清代	巫山县	留取资料		已完成	
71	胜利街29、31号	清代	巫山县	留取资料		已完成	
72	锁津桥	清代	巫山县	留取资料		已完成	
73	彭咏梧烈士陵园	近现代	奉节县	搬迁保护	奉节县	已完成	已利用
74	清真寺礼拜堂	明清	奉节县	搬迁保护	奉节县	已完成	已利用
75	锁江铁柱	南宋	奉节县	搬迁保护	奉节县	已完成	已利用
76	依斗门、开济门及府城墙	明清	奉节县	搬迁保护	奉节县	已完成	已利用
77	永安宫	清代	奉节县	搬迁保护	奉节县	已完成	已利用
78	永安宫碑	清、民国	奉节县	搬迁保护	奉节县	已完成	已利用
79	重修杜公祠碑记	清代	奉节县	搬迁保护	奉节县	已完成	已利用
80	白帝城	明清	奉节县	原地保护		已完成	已利用
81	瞿塘峡壁石刻	宋、明、清、民国	奉节县	原地保护		已完成	已利用
82	涂家滩水文石刻	清代	奉节县	原地保护		已完成	
83	安坪水文石刻	清代	奉节县	留取资料		已完成	
84	鲍超石室	清代	奉节县	留取资料		已完成	
85	大东门民居	清代	奉节县	留取资料		已完成	
86	福音堂	民国	奉节县	留取资料		已完成	
87	瞿塘峡栈道	清代	奉节县	留取资料		已完成	
88	孟良梯栈道	清代	奉节县	留取资料		已完成	
89	清净庵	清代	奉节县	留取资料		已完成	
90	润泽池	清代	奉节县	留取资料		已完成	
91	输水孔栈道	西晋	奉节县	留取资料		已完成	
92	鱼王洞摩崖造像	清代	奉节县	留取资料		已完成	
93	长滩石碑亭	清代	云阳县	搬迁保护	云阳县	已完成	已利用
94	帝主宫	清代	云阳县	搬迁保护	云阳县	已完成	已利用
95	东岳庙	清代	云阳县	搬迁保护	云阳县	已完成	已利用
96	六岗石题刻	清代	云阳县	搬迁保护	云阳县	已完成	已利用
97	牛尾石岩画		云阳县	搬迁保护	云阳县	已完成	已利用
98	陕西箭楼	清代	云阳县	搬迁保护	云阳县	已完成	已利用

续表

序号	文物名称	时代	所在位置	保护方式	复建地点	完成状况	利用状况
99	维新学堂	清代	云阳县	搬迁保护	云阳县	已完成	已利用
100	文昌宫	明代	云阳县	搬迁保护	云阳县	已完成	已利用
101	夏黄氏节孝牌坊	清代	云阳县	搬迁保护	云阳县	已完成	已利用
102	云阳南城门	明代	云阳县	搬迁保护	云阳县	已完成	已利用
103	张桓侯庙	明清	云阳县	搬迁保护	云阳县	已完成	已利用
104	乘龙造像	清代	云阳县	原地保护		已完成	
105	大佛头造像	唐代	云阳县	原地保护		已完成	
106	飞凤山题刻	宋—清	云阳县	原地保护（异地复制）	云阳县	已完成	已利用
107	洪龙桥	清代	云阳县	原地保护（调整为留取资料）		已完成	
108	龙脊石题刻	宋—清	云阳县	原地保护（异地复制）	云阳县	已完成	已利用
109	述先桥	清代	云阳县	原地保护（调整为留取资料）		已完成	
110	同德桥	民国	云阳县	原地保护（调整为留取资料）		已完成	
111	下岩寺摩崖造像	唐代	云阳县	原地保护		已完成	
112	白兔井（含浣泉井）	汉代	云阳县	留取资料		已完成	
113	宝塔沱水则石刻	明代	云阳县	留取资料		已完成	
114	龙潜故居	民国	云阳县	留取资料		已完成	
115	马沱张王庙	清代	云阳县	留取资料		已完成	
116	彭溪口义渡摩崖题刻	清代	云阳县	留取资料		已完成	
117	水井湾摩崖造像	唐代	云阳县	留取资料		已完成	
118	天师泉古井	明代	云阳县	留取资料		已完成	
119	余家嘴摩崖题刻	清代	云阳县	留取资料		已完成	
120	云安衙署大堂	清代	云阳县	留取资料		已完成	
121	高祖庙	清代	云阳县	留取资料		已完成	
122	中山公园凉亭	民国	开县	异地复制	开县	已完成	已利用
123	救主堂	民国	开县	留取资料		已完成	
124	开县古城墙	唐代	开县	留取资料		已完成	
125	清真寺	清末	开县	留取资料		已完成	
126	岑公洞石刻	唐代	万州区	搬迁保护	万州区	已完成	已利用
127	洄澜塔	清代	万州区	搬迁保护	万州区	已完成	已利用
128	刘氏坊	清代	万州区	搬迁保护	万州区	已完成	已利用
129	陆安桥	清代	万州区	搬迁保护	万州区	已完成	已利用
130	万县旧城墙	清代	万州区	搬迁保护	万州区	已完成	已利用
131	瀼渡字库塔	清代	万州区	搬迁保护	万州区	已完成	已利用

续表

序号	文物名称	时代	所在位置	保护方式	复建地点	完成状况	利用状况
132	小周字库塔	清代	万州区	搬迁保护	万州区	已完成	已利用
133	"南无阿弥陀佛"题刻	清代	万州区	原地保护		已完成	
134	磋口石题刻	清代	万州区	原地保护		已完成	
135	崇德桥	清代	万州区	原地保护（调整为留取资料）		已完成	
136	观音岩摩崖造像	清代	万州区	原地保护		已完成	
137	黄莲村乾隆年水文题刻	清代	万州区	原地保护		已完成	
138	黄莲村同治年水文题刻	清代	万州区	原地保护		已完成	
139	利济桥	清代	万州区	原地保护（调整为留取资料）		已完成	
140	马家溪摩崖造像	明代	万州区	原地保护		已完成	
141	驷马桥	清代	万州区	原地保护（调整为留取资料）		已完成	
142	团石板水文题刻	清代	万州区	原地保护		已完成	
143	万安桥	清代	万州区	原地保护（调整为留取资料）		已完成	
144	五梁桥	清代	万州区	原地保护		已完成	已利用
145	武陵坠儿洞摩崖造像	唐代	万州区	原地保护		已完成	
146	西山钟楼	民国	万州区	原地保护		已完成	已利用
147	明镜桥	民国	万州区	留取资料		已完成	
148	天仙桥石刻	明代	万州区	留取资料		已完成	
149	武陵水文题刻	清代	万州区	留取资料		已完成	
150	丁房阙	汉代	忠县	搬迁保护	忠县	已完成	已利用
151	关爷庙（关帝庙）	清代	忠县	搬迁保护	忠县	已完成	已利用
152	老官庙	清代	忠县	搬迁保护	忠县	已完成	已利用
153	太保祠	清代	忠县	搬迁保护	忠县	已完成	已利用
154	无铭阙	汉代	忠县	搬迁保护	忠县	已完成	已利用
155	观音岩摩崖造像	明代	忠县	原地保护		已完成	
156	龙滩河摩崖造像	唐代	忠县	原地保护		已完成	
157	鸣玉溪石刻	南宋	忠县	原地保护		已完成	
158	石宝寨	清代	忠县	原地保护		已完成	已利用
159	汪家院洪水题刻	南宋	忠县	原地保护		已完成	
160	斜石盘洪水石刻	明代	忠县	原地保护		已完成	
161	巴王庙	清代	忠县	留取资料		已完成	
162	陈一伟民居	民国	忠县	留取资料		已完成	
163	皇华城遗址	南宋	忠县	留取资料		已完成	
164	烈女滩石刻	清代	忠县	留取资料		已完成	

续表

序号	文物名称	时代	所在位置	保护方式	复建地点	完成状况	利用状况
165	萧公庙	清代	忠县	留取资料		已完成	
166	洋渡老街	清代	忠县	留取资料		已完成	
167	洋渡王爷庙	清代	忠县	留取资料		已完成	
168	永兴王爷庙	清代	忠县	留取资料		已完成	
169	北龙眼桥	清代	石柱县	搬迁保护	石柱县	已完成	已利用
170	二圣宫	明代	石柱县	搬迁保护	石柱县	已完成	已利用
171	南龙眼桥	清代	石柱县	搬迁保护	石柱县	已完成	已利用
172	下盐店	清代	石柱县	搬迁保护	石柱县	已完成	已利用
173	永成商号	清代	石柱县	搬迁保护	石柱县	已完成	已利用
174	陈家和水文石刻	清代	石柱县	原地保护		已完成	
175	福尔岩摩崖造像	晚唐	石柱县	原地保护		已完成	
176	古衙署	清代	石柱县	留取资料		已完成	
177	崔绍和民居	清代	石柱县	留取资料		已完成	
178	禹王宫	清代	石柱县	留取资料		已完成	
179	云梯街	清代	石柱县	留取资料		已完成	
180	会川门	明代	丰都县	搬迁保护	丰都县	已完成	已利用
181	卢聚和大院	清代	丰都县	搬迁保护	丰都县	已完成	已利用
182	秦家大院	清代	丰都县	搬迁保护	丰都县	已完成	已利用
183	天佛寺	明代	丰都县	搬迁保护	丰都县	已完成	已利用
184	王家大院	清代	丰都县	搬迁保护	丰都县	已完成	已利用
185	周家大院	清代	丰都县	搬迁保护	丰都县	已完成	已利用
186	大佛面石刻	明代	丰都县	原地保护		已完成	已利用
187	二洞桥石刻	清代	丰都县	原地保护		已完成	
188	凤凰嘴石刻	清代	丰都县	原地保护		已完成	
189	观音滩石刻	明代	丰都县	原地保护		已完成	
190	渌水池石刻	明清	丰都县	原地保护		已完成	
191	双寿桥	清代	丰都县	原地保护		已完成	
192	一洞桥石刻	清代	丰都县	原地保护		已完成	
193	陈公馆	近现代	丰都县	留取资料		已完成	
194	李家大院	清末	丰都县	留取资料		已完成	
195	龙床石石刻	南宋	丰都县	留取资料		已完成	
196	陶家大院	清末	丰都县	留取资料		已完成	
197	吴家大院	清末	丰都县	留取资料		已完成	
198	延生堂	民国	丰都县	留取资料		已完成	

续表

序号	文物名称	时代	所在位置	保护方式	复建地点	完成状况	利用状况
199	蔺市文庙	清代	涪陵区	搬迁保护	涪陵区	已完成	已利用
200	龙门桥	清代	涪陵区	搬迁保护	涪陵区	已完成	已利用
201	安澜桥	清代	涪陵区	原地保护		已完成	已利用
202	白洞溪洪水题刻	清代	涪陵区	原地保护		已完成	
203	白鹤梁题刻	唐代	涪陵区	原地保护		已完成	已利用
204	大东溪洪水题刻	清代	涪陵区	原地保护		已完成	
205	凤阳桥	清代	涪陵区	原地保护（调整为留取资料）		已完成	
206	庚申题刻	明代	涪陵区	原地保护		已完成	
207	韩家沱洪水题刻	清代	涪陵区	原地保护		已完成	
208	猴子崖题刻	清代	涪陵区	原地保护		已完成	
209	雷劈石题刻	清代	涪陵区	原地保护		已完成	
210	龙济桥	清代	涪陵区	原地保护（调整为留取资料）		已完成	
211	马颈子题刻	清代	涪陵区	原地保护		已完成	
212	木瓜洞洪水题刻	清代	涪陵区	原地保护		已完成	
213	散心桥	明代	涪陵区	原地保护（调整为留取资料）		已完成	
214	石板溪题刻	清代	涪陵区	原地保护		已完成	
215	同心桥	不详	涪陵区	原地保护（调整为留取资料）		已完成	
216	望澜桥	清代	涪陵区	原地保护（调整为留取资料）		已完成	
217	溪下角题刻	民国	涪陵区	原地保护		已完成	
218	义和桥	不详	涪陵区	原地保护（调整为留取资料）		已完成	
219	永顺桥	清代	涪陵区	原地保护（调整为留取资料）		已完成	
220	志益桥	清代	涪陵区	原地保护（调整为留取资料）		已完成	
221	乐生堂	清代	涪陵区	留取资料		已完成	
222	邱寿安旧居	清代	涪陵区	留取资料		已完成	
223	玉泉井	清代	涪陵区	留取资料		已完成	
224	李进士故里石刻	清代	武隆县	原地保护		已完成	
225	烈女岩石刻	清代	武隆县	原地保护		已完成	
226	澎湃飞雷石刻	清代	武隆县	原地保护		已完成	
227	平易道路石刻	清代	武隆县	原地保护		已完成	
228	长乐桥	清代	长寿区	原地保护（调整为留取资料）		已完成	
229	石缸巷石刻	近现代	长寿区	原地保护		已完成	

续表

序号	文物名称	时代	所在位置	保护方式	复建地点	完成状况	利用状况
230	王爷庙	清代	长寿区	原地保护		已完成	
231	后蜀枯水位题记	后蜀	江北区	原地保护		已完成	
232	度生桥	清代	巴南区	原地保护		已完成	已利用
233	箭桥	清代	巴南区	原地保护（调整为留取资料）		已完成	
234	箭桥摩崖造像	清代	巴南区	原地保护		已完成	
235	金紫山石刻造像	明清	巴南区	原地保护		已完成	
236	普慈岩摩崖造像	清代	巴南区	原地保护		已完成	
237	普济桥	清代	巴南区	原地保护（调整为留取资料）		已完成	
238	人和桥	清代	巴南区	原地保护（调整为留取资料）		已完成	
239	三元桥	清代	巴南区	原地保护（调整为留取资料）		已完成	
240	升恒桥	清代	巴南区	原地保护（调整为留取资料）		已完成	
241	无名桥	清代	巴南区	原地保护（调整为留取资料）		已完成	
242	新大桥	清代	巴南区	原地保护（调整为留取资料）		已完成	
243	迎春石刻	南宋	巴南区	原地保护		已完成	
244	永利桥	清代	巴南区	原地保护（调整为留取资料）		已完成	
245	中江寺	清代	巴南区	留取资料		已完成	
246	"董公死难处"题记	清代	渝中区	原地保护		已完成	
247	"缙云故里"坊门	宋代	渝北区	留取资料		已完成	

附录9
研究成果的出版与刊发

1 考古报告集

重庆库区考古报告集分年度统计简表

序号	卷别	简报和报告篇数	字数（万）
1	重庆库区考古报告集·1997卷	31	137.1
2	重庆库区考古报告集·1998卷	34	158.1
3	重庆库区考古报告集·1999卷	27	153
4	重庆库区考古报告集·2000卷	51	233
5	重庆库区考古报告集·2001卷	87	378
6	重庆库区考古报告集·2002卷	56	333.4
合计		286	1392.6

2 专题报告

重庆库区已出版专题报告统计简表

序号	报告名	作者	出版社
1	万州大坪墓地	重庆市文物局、重庆市移民局	科学出版社
2	云阳晒经	重庆市文物局、重庆市移民局	科学出版社
3	忠县仙人洞与土地岩墓地	重庆市文物局、重庆市移民局	科学出版社
4	奉节新浦与老油坊	重庆市文物局、重庆市移民局	科学出版社
5	奉节宝塔坪	重庆市文物局、重庆市移民局	科学出版社
6	云阳走马岭墓地	重庆市文物局、重庆市移民局	科学出版社
7	忠县翠屏山崖墓	重庆市文物局、重庆市移民局	科学出版社
8	重庆万州老棺丘古墓群发掘报告	云南省文物考古研究所、重庆市文化局三峡办、重庆市万州区博物馆	云南科技出版社
9	瞿塘峡壁题刻保护工程报告	重庆文物局、重庆市移民局、西安文物保护修复中心	文物出版社
10	三峡古栈道	重庆文物局、重庆市移民局、西安文物保护修复中心	文物出版社

3 其他报告集中的简报和报告

散见于其他报告集中的简报和报告统计简表

序号	篇名	报告集	作者
1	巫山境内长江、大宁河流域古遗址调查简报	四川考古报告集	四川省文物管理委员会等
2	奉节县老关庙遗址第三次发掘	四川考古报告集	吉林大学考古系
3	云阳县明月坝遗址试掘简报	四川考古报告集	四川大学历史系考古专业
4	涪陵市小田溪9号墓发掘简报	四川考古报告集	四川省文物考古研究所等
5	丰都县三峡工程淹没区调查报告	四川考古报告集	四川省文物考古研究所
6	重庆市忠县独家院子遗址2001年度发掘简报	成都考古发现（2001）	成都文物考古研究所
7	重庆市忠县哨棚嘴遗址商周时期遗存2001年发掘报告	成都考古发现（2001）	成都文物考古研究所等
8	重庆市忠县罗家桥战国秦汉墓地第一次发掘报告	成都考古发现（2001）	成都文物考古研究所等
9	四川巫山大溪新石器时代遗址发掘记略	三峡考古之发现	四川长江流域文物保护委员会
10	巫山大溪遗址第三次发掘	三峡考古之发现	四川省博物馆
11	四川涪陵小田溪4座战国墓	三峡考古之发现	四川省文物管理委员会等
12	1994—1995年四川云阳李家坝遗址的发掘	三峡考古之发现（二）	四川联合大学历史系考古专业
13	四川奉节县新浦遗址发掘报告	三峡考古之发现（二）	吉林大学考古系等
14	四川巫山县魏家梁子遗址的发掘	三峡考古之发现（二）	社科院考古所三峡考古队
15	重庆市奉节县鱼复浦遗址发掘报告	三峡考古之发现（二）	吉林大学考古系等
16	四川奉节老油坊遗址试掘报告	三峡考古之发现（二）	吉林大学考古系
17	四川奉节老关庙遗址第一次和第二次发掘	三峡考古之发现（二）	吉林大学考古系
18	四川开县余家坝战国墓葬发掘简报	三峡考古之发现（二）	山东大学考古系
19	四川省奉节县营盘包东汉土坑墓清理简报	三峡考古之发现（二）	山东大学考古系
20	重庆巫山麦沱汉墓群发掘报告	三峡考古之发现（二）	重庆市文物局等
21	四川省奉节县三峡工程库区砖室墓清理报告	三峡考古之发现（二）	吉林大学考古系

4 发表于期刊的简报和报告

发表于期刊的简报和报告统计简表

序号	篇名	作者	期刊	期别
1	重庆云阳李家坝东周墓地1997年发掘报告	四川大学历史文化学院考古学系等	考古学报	2002.01
2	重庆三峡库区唐代佛教石刻造像调查报告	王玉	考古学报	2006.01
3	重庆巫山麦陀墓群发掘报告	重庆市文化局、湖南省文物考古研究所等	考古学报	1999.02
4	重庆巫山麦陀墓群第二次发掘报告	重庆市文化局、湖南省文物考古研究所等	考古学报	2005.02
5	重庆云阳县李家坝遗址1997年度发掘简报	四川大学历史文化学院等	考古	2004.06
6	重庆巫山县巫峡镇秀峰村墓地发掘简报	四川省文物考古研究所	考古	2004.01
7	重庆市巫山县锁龙遗址1997年发掘简报	成都市文物考古研究所	考古	2006.03
8	重庆云阳县乔家院子遗址六朝及明代窑址的发掘	西北大学考古队	考古	2006.05
9	重庆市云阳县佘家嘴发现一座西汉土坑墓	吴小平、钟礼强	考古	2006.06
10	重庆奉节县老关庙新石器时代遗址土坑墓的发掘	赵宾福、邹后曦、雷庭军	考古	2006.08
11	重庆万州区包上秦汉墓地	荆州博物馆等	考古	2008.01
12	四川巫山县魏家梁子遗址的发掘	社科研考古所三峡队	考古	1996.08
13	四川奉节新浦遗址发掘报告	吉林大学考古学系	考古	1999.01
14	四川开县余家坝战国墓葬发掘简报	山东大学考古系	考古	1999.01
15	重庆云阳县李家坝Ⅰ区水田遗址发掘简报	四川大学历史文化学院等	考古	2001.11
16	重庆奉节县三峡工程库区崖墓的清理	吉林大学边疆考古研究中心	考古	2004.01
17	重庆市云阳县马粪沱墓地2002年发掘简报	郑州市文物考古研究所	文物	2004.11
18	重庆巫山水田湾东周、两汉墓发掘简报	武汉市文物考古研究所等	文物	2005.09
19	重庆市云阳县明月坝唐宋寺庙遗址发掘简报	四川大学历史文化学院等	文物	2006.01
20	重庆云阳马沱墓地汉墓发掘简报	郑州市文物考古研究所等	文物	2006.04
21	重庆云阳旧县坪遗址台基建筑发掘简报	吉林省文物考古研究所等	文物	2008.01
22	冉家路口旧石器遗址2005发掘报告	高星、卫奇、李国洪	人类学学报	2008.01
23	三峡库区冉家路口旧石器遗址2007年发掘报告	彭菲、裴树文、马宁、高星、李国洪	人类学学报	2009.02
24	重庆万州区钟嘴东汉墓发掘简报	重庆市博物馆等	华夏考古	2004.01
25	重庆开县余家坝墓地2000年发掘简报	重庆市文化局等	华夏考古	2003.04

续表

序号	篇名	作者	期刊	期别
26	重庆万州区上沱口南朝墓葬发掘简报	重庆市博物馆等	华夏考古	2004.04
27	重庆市万州区武陵中嘴遗址发掘报告	云南省考古研究所	华夏考古	2006.02
28	重庆石柱县观音寺遗址发掘报告	重庆市文化局三峡办等	华夏考古	2007.03
29	重庆市万州铺垭遗址发掘报告	重庆市文化局等	华夏考古	2008.02
30	重庆市万州区中坝子遗址第三次发掘简报	西北大学文博学院等	考古与文物	2002.03
30	重庆市万州区糖房坪遗址1998年发掘简报	陕西省考古研究所	考古与文物	2003.01
32	重庆市万州区中坝子遗址第三次发掘简报	西北大学文博学院	考古与文物	2002.03
33	重庆万州中坝子遗址发现唐代佛教金铜造像	西北大学文博学院	考古与文物	2004.02
34	重庆云阳佘家嘴遗址2003年度发掘简报	庄景辉、蔡保全	南方文物	2007.01
35	四川省奉节县营盘包东汉土坑墓清理简报	吉林大学考古学系	江汉考古	1999.01
36	重庆市奉节县鱼腹浦遗址发掘报告	吉林大学考古学系	江汉考古	1999.01
37	四川奉节老关庙遗址第一、二次发掘	吉林大学考古学系	江汉考古	1999.03
38	四川奉节老油坊遗址试掘报告	吉林大学考古学系	江汉考古	1999.03
39	四川奉节三峡工程库区砖室墓清理报告	吉林大学考古学系	江汉考古	1999.03
40	重庆市奉节县毛狗堆遗址第一次发掘简报	中国文物研究所等	江汉考古	2001.03
41	重庆云阳乔家院子遗址唐宋时期遗存	西北大学考古队	江汉考古	2002.03
42	重庆晒网坝一座晋代墓葬的发掘	山东大学	江汉考古	2004.01
43	重庆市开县余家坝墓地2002年发掘简报	山东大学东方考古研究中心等	江汉考古	2004.03
44	重庆奉节县周家坪墓地发掘简报	武汉大学历史文化学院考古学系	江汉考古	2005.02
45	奉节宝塔坪遗址2003年发掘简报	吉林大学边疆考古研究中心	江汉考古	2005.04
46	巫山乌鸡沟墓地2003年度发掘简报	武汉市文物考古研究所等	江汉考古	2006.04
47	奉节县刘家院坝遗址2002年发掘报告	吉林大学边疆考古研究中心等	江汉考古	2007.03
48	重庆奉节拖板崖墓群2005年发掘报告	重庆市文化局等	江汉考古	2007.03
49	重庆晒网坝一座蜀汉墓发掘简报	山东省博物馆	江汉考古	2007.04
50	重庆巫山土城坡墓地Ⅲ区东汉墓葬发掘报告	武汉市文物考古研究所等	江汉考古	2008.01

续表

序号	篇名	作者	期刊	期别
51	重庆巫山县神女路秦汉墓葬发掘简报	重庆市文物考古所等	江汉考古	2008.02
52	重庆丰都县燕子村东汉、西晋墓发掘简报	四川大学历史文化学院等	东南文化	2008.06
53	重庆忠县砂砖厂西汉土坑墓发掘简报	北京大学考古文博学院等	东南文化	2007.05
54	重庆忠县大坟坝六朝墓葬发掘报告	北京大学考古文博学院	东南文化	2005.04
55	重庆万州中坝子遗址第四次发掘简报	西北大学考古队	文博	2002.03
56	四川忠县涂井永兴、李园两处遗址调查简报	四川省文物考古研究所三星堆遗址工作站等	四川文物	1995.03
57	忠县中坝遗址宋代瓷器窖藏发掘简报	四川省文物考古研究所	四川文物	2001.02
58	重庆市长丘、青杠堡、下坝墓地发掘简报	重庆市文物考古所等	四川文物	2006.03
59	重庆巫山土城坡墓地2006年度发掘简报	武汉市文物考古研究所等	四川文物	2008.03
60	丰都县汇南两汉—六朝发掘简报	四川省文物管理委员会等	1996年四川考古研究论文集	

5 发表于期刊的研究性文章

发表于期刊的研究性文章统计简表

序号	篇名	作者	期刊	期别
1	渝东地区商周时期考古学文化研究	江章华	考古学报	2007.04
2	三峡地区秦汉墓地分期	蒋晓春	考古学报	2008.02
3	试论巴文化与蜀文化	宋治民	考古学报	1999.02
4	四川汉代砖石室墓的初步研究	罗二虎	考古学报	2001.04
5	试论魏家梁子文化	吴耀利、丛德新	考古	1996.08
6	重庆巫山县东汉鎏金铜牌饰的发现与研究	重庆巫山县文物管理所等	考古	1998.12
7	从中坝和大溪遗址看老关庙下层文化的分期与年代	赵宾福	考古	2006.06
8	重庆忠县中坝遗址动物遗存的研究	付罗文、袁靖	考古	2006.01
9	重庆忠县中坝遗址的碳十四年代	吴小红、付罗文等	考古	2007.07
10	三峡地区秦汉时期家族墓初探	蒋晓春、李大地	考古	2008.04
11	重庆峡江地区四种新石器文化	赵宾福	文物	2004.08
12	从重庆地区考古材料看巴文化融入汉文化的过程	蒋晓春	文物	2005.08
13	重庆忠县泰始五年石柱	孙华	文物	2006.05
14	重庆忠县邓家沱石阙的初步认识	李锋	文物	2007.01

续表

序号	篇名	作者	期刊	期别
15	重庆忠县邓家沱阙的几个问题	孙华	文物	2008.04
16	重庆奉节宝塔坪遗址出土的铭文金牌饰	冯恩学	文物	2008.07
17	烟墩堡遗址研究	冯兴无、裴树文、陈福友	人类学学报	2003.03
18	井水湾旧石器遗址初步研究	裴树文、高星、冯兴无、陈福友、卫奇、朱松林、李国洪、吴天清	人类学学报	2003.04
19	三峡地区枣子坪旧石器遗址	裴树文、陈福友、冯兴无、高星、卫奇、李国洪	人类学学报	2004.03
20	冉家路口旧石器遗址初步研究	陈福友、高星、裴树文、冯兴无、卫奇、朱松林、李国洪、吴天清	人类学学报	2004.04
21	高家镇旧石器遗址1998年出土的石制品	裴树文、卫奇、冯兴无、陈福友、高星、朱松林、吴天清、李国洪	人类学学报	2005.02
22	三峡库区二级阶地发现的东方剑齿象化石及其环境与考古学意义	冯兴无、高星、金昌柱、许春华	人类学学报	2005.04
23	三峡洋安渡遗址石制品研究	陈福友、冯兴无、高星、姚炯、吴永健	人类学学报	2006.04
24	长江三峡库区玉溪遗址T0403探方古洪水沉积特征研究	朱诚、白九江等	科学通报	2008.S1
25	玉溪遗址古洪水遗存的考古发现与研究	白九江、邹后曦、朱诚	科学通报	2008.S1
26	重庆库区旧石器时代至唐宋时期考古遗址时空分布与自然环境的关系	郑朝贵、朱诚、白九江等	科学通报	2008.S1
27	中坝遗址的性质与环境关系研究	孙智彬	科学通报	2008.S1
28	长江三峡库区中坝遗址地层古洪水沉积判别研究	朱诚等	科学通报	2005.20
29	从三峡地区史前考古遗址分布看人类生存与环境的关系	赵东升、水涛	科学通报	2008.S1
30	重庆忠县中坝遗址出土的动物骨骼揭示的动物多样性及环境变化特征	朱诚、马春梅、李中轩、尹茜、孙智彬、黄蕴平	科学通报	2008.S1
31	长江三峡新石器生产工具演变所反映的人地关系	朱光耀、朱诚、施光跃、孙智彬	科学通报	2008.S1
32	长江三峡大宁河流域大昌地区环境考古	张芸、朱诚	科学通报	2008.S1
33	长江三峡河段下切速率研究	周彬、杨达源、韩志勇、李徐生、王鹏、葛兆帅	第四纪研究	2006.03
34	鄂西—三峡地区的古人类资源及相关研究进展	刘武、高星、裴树文、武仙竹、黄万波	第四纪研究	2006.04
35	三峡地区更新世人类适应生存方式	裴树文、高星、冯兴无、陈福友	第四纪研究	2006.04
36	龙骨坡遗址第7水平层石制品新材料	侯亚梅、李英华、黄万波、徐自强、鲁娜	第四纪研究	2006.04
37	三峡地区奉节—云阳的低阶地与地壳运动、河谷深槽与古洪水的新解释	张年学、李晓、李守定	第四纪研究	2005.06
38	长江三峡中坝遗址地层中Rb和Sr的分布特征及其古气候演变	黄润、朱诚、郑朝贵、马春梅	第四纪研究	2004.05

续表

序号	篇名	作者	期刊	期别
39	长江三峡地区汉代以来人类文明的兴衰与生态环境变迁	朱诚、张强、张之恒、于世永	第四纪研究	2002.05
40	近20年来中国旧石器考古学的进展与思考	张森水	第四纪研究	2002.01
41	晚更新世晚期以来的长江上游古洪水记录	葛兆帅、杨达源、李徐生、任朝霞	第四纪研究	2004.05
42	三峡地区土洞墓年代与源流考	吴敬	中原文物	2007.03
43	重庆三峡库区新出土神人手抱鱼带钩考	唐冶泽	中原文物	2008.01
44	考古地理学与三峡考古实践	高蒙河	中原文物	2002.06
45	重庆丰都和石柱县崖棺葬调查与研究	王豫	华夏考古	2004.04
46	三峡地区次生堆积剖析的考古学实践	潘碧华	华夏考古	2001.02
47	考古学次生堆积的研究与探索	高蒙河、陈淳	华夏考古	2001.02
48	三峡地区瓷器组成因素及其特征研究	朱顺龙、张珺	华夏考古	2007.01
49	试论三峡地区大溪文化的经济活动及其与地理环境的关系	吴小平	江汉考古	1998.02
50	三峡地区发现原始社会腰坑墓葬	卢德佩	江汉考古	1999.01
51	试论重庆万州中坝子遗址夏商周时期文化遗存	王建新、王涛	江汉考古	2002.03
52	考古学所见长江三峡夏商周时期的渔业生产	武仙竹	江汉考古	2002.03
53	三峡地区土坑洞室墓初探	孟华平	江汉考古	2004.02
54	从近年来三峡考古新发现看楚文化的西渐	余静	江汉考古	2005.01
55	从三峡地区与东部平原的对比看考古学文化中的环境因素	尹宏兵	江汉考古	2005.02
56	关于川渝地区船棺葬的族属问题	黄尚明	江汉考古	2005.02
57	云阳马粪沱墓出土战国晚期—汉代青铜器的分析研究	姚智辉、张建华、孙淑云	江汉考古	2005.02
58	重庆、鄂西地区商周时期甲骨的类型学研究	蒋刚	江汉考古	2005.04
59	关于三峡工程建设中文物保护工作的思考	吴宏堂	江汉考古	2005.04
60	从三峡地区的考古发现看楚文化的西进	白九江	江汉考古	2006.01
61	峡江地区汉晋南朝花纹砖上的车轮纹饰	郑君雷	江汉考古	2006.03
62	峡江地区汉晋墓葬考古发现与研究	索德浩	江汉考古	2008.01
63	三峡地区东周至六朝铁器的考古发现及相关问题的初步探讨	邹后曦、白九江	江汉考古	2008.03
64	论楚文化对巴文化的影响	黄尚明	江汉考古	2008.02
65	试论涪陵小田溪墓地的分期与时代	蒋晓春	江汉考古	2002.03
66	巴蜀文化与中原文化的关系试探	张天恩	考古与文物	1998.05

续表

序号	篇名	作者	期刊	期别
67	聚落考古中的墓地规模——以重庆万州墓群为例	麻赛萍、高蒙河	考古与文物	2005.03
68	论四川盆地秦人墓	李明斌	南方文物	2006.03
69	三峡地区环境变迁与三峡航运	武仙竹	南方文物	1997.04
70	重庆市忠县石匣子墓地2004年度发掘简报	姚崇新	南方文物	2005.02
71	考古学与民族学、民俗学的互渗——以长江三峡地区文化遗产为例	赵冬菊	南方文物	2006.03
72	试论三峡盐资源对巴文化的重要作用	程龙刚	南方文物	2008.01
73	三峡地区的船形杯及其制盐功能分析	白九江、邹后曦	南方文物	2009.01
74	重庆涂井崖墓的时代与相关问题	钟治、韦正	东南文化	2008.03
75	重庆忠县汉墓出土的顶罐俑和负子俑	刘兴林	东南文化	2008.06
76	三峡地区砖（石）室墓建筑研究	刘自兵	东南文化	2007.02
77	远古时期三峡地区长江洪、枯水位的考古研究（距今15万—1万年）	杨华	东南文化	2007.06
78	长江流域环境变化与人类活动的相互影响	武仙竹	东南文化	2000.01
79	峡江地区龙山时代遗存初步研究	李明斌	东南文化	2000.01
80	长江三峡地区远古人类埋葬习俗（墓葬）资料的考古发现与研究	杨华	东南文化	2000.03
81	论早期佛像在长江流域的传播——以汉晋考古材料为中心	何志国	东南文化	2004.03
82	考古学文化的"命名"与"易名"——以"老关庙下层文化"和"哨棚嘴文化"概念为例	赵宾福	东南文化	2004.04
83	四川省三峡库区文物工作回顾	胡昌钰、赵殿增	四川文物	2003.03
84	三峡考古回顾与探讨	宋治民	四川文物	2003.03
85	三峡考古琐记	林向	四川文物	2003.03
86	四川省文物部门三峡库区考古大事记	四川省文物考古研究所	四川文物	2003.03
87	关于三峡淹没区丰都古民居搬迁保护的思考	孙艳云、杨东昱	四川文物	2001.01
88	对三峡库区考古工作的几点意见	徐光冀	四川文物	2001.02
89	川东史前文化初探	王鲁茂	四川文物	1997.03
90	川东长江沿岸史前文化初论	江章华、王毅	四川文物	1998.02
91	巫山大溪遗址的考古发现与研究	杨华、丁建华	四川文物	2000.01
92	再论川东长江沿岸的史前文化	江章华	四川文物	2002.05
93	巫山出土陶响器、石埙、石磬考略	辛晓峰	四川文物	2003.02
94	对长江三峡地区新石器时代文化遗存的认识	杨华、龚玉龙、罗建平	四川文物	2003.05

续表

序号	篇名	作者	期刊	期别
95	忠县涂井M5与蜀地早期佛教传播	吴桂兵	四川文物	2002.05
96	试论三峡地理环境与原始文化的关系	王家德	四川文物	1996.03
97	川东盐业与三峡库区的盐业遗址	钟长永、黄健	四川文物	1997.02
98	三峡悬棺的文化内涵	谢应光	四川文物	1997.02
99	白帝城建成时间及公孙述的关系	陈剑	四川文物	1994.03
100	白帝城位置探讨	陈剑	四川文物	1995.01
101	白帝城考略	赵评春	四川文物	1995.01
102	大昌古城踏勘综考	季富政	四川文物	1999.05
103	重庆忠州城址调查	杭侃	四川文物	2001.04
104	重庆及川东的明清古民居	孙晓芳	四川文物	1997.03
105	涪陵北崖	刘争、杨峰	四川文物	1994.02
106	北崖与程颐及涪陵易学	粟品孝	四川文物	1997.02
107	重庆朝天门灵石题记	杨铭	四川文物	1997.06
108	重庆弹子石镇大佛段明教石窟造像	温玉成	四川文物	2002.02
109	涪陵白鹤梁"元符庚辰涪翁来"题刻考	胡昌健	四川文物	2003.01
110	忠县石宝寨寨尾危岩的勘查和治理	曾中懋	四川文物	1997.05
111	三峡考古发掘遗迹切割技术的应用	王海阔	四川文物	2002.01
112	三峡地区出土珍贵文物陶鸟的修复	王海阔	四川文物	2003.02
113	从三峡考古看古代三峡地区的生态环境	赵冬菊	四川文物	2005.06
114	四川万州大坪墓群人骨鉴定	李法军	四川文物	2005.03
115	关于麦沱M47所出"西王母俑"的几个问题	苏奎、尹俊霞	四川文物	2006.02
116	读三峡新出土东汉景云碑	魏启鹏	四川文物	2006.02
117	长江三峡大宁河流域的环境考古学研究	石俊会	四川文物	2006.03
118	川渝东汉墓出土吐舌陶塑造像初探	付娟	四川文物	2006.04
119	三峡地区古代渔猎综论	王家德	四川文物	1995.02
120	中坝遗址盐业考古研究	四川省文物考古研究院等	四川文物	2007.01
121	试论渝东古盐井向人工井的演进	刘卫国	盐业史研究	2002.01
122	由早期陶器制盐遗址与义务的共同特征看渝东早期盐业生产	陈伯桢	盐业史研究	2003.01
123	渝东史前制盐工业初探——以史前时期制盐陶器为研究角度	孙华	盐业史研究	2004.01
124	渝东地区古盐业发展史初探——从忠县干井沟发现原始制盐工具说起	刘卫国、曾先龙	盐业史研究	2003.03
125	四川盆地盐业起源论纲——渝东盐业考古的现状、问题与展望	孙华	盐业史研究	2003.01

续表

序号	篇名	作者	期刊	期别
126	远古时期三峡盐资源与移民文化述论	任桂园	盐业史研究	2003.01
127	宁河古栈道遗址新探	刘卫国、任桂园	盐业史研究	2003.01
128	关于三峡地区盐业生产源起的思考	程龙刚	盐业史研究	2003.04
129	渝东地区古盐业遗址考察报告	渝东盐业联合考察队	盐业史研究	2002.04
130	忠县中坝遗址的性质——盐业生产的思考与探索	孙智彬	盐业史研究	2003.01
131	渝东地区古盐业发展史初探	刘卫国、曾先龙	盐业史研究	2000.03
132	神兽西来——重庆忠县新发现石辟邪及其意义初探	霍巍	长江文明	第一辑
133	忠县土主庙阙为严氏墓阙新论	孙华	长江文明	第一辑
134	三峡地区秦汉时期人口的数量及变迁试探	蒋晓春	长江文明	第二辑
135	重庆云阳张桓侯祠考略——兼谈张桓侯异地搬迁保护之得失	孙华	长江文明	第二辑
136	长江三峡及江汉平原地区全新世环境考古与异常洪涝灾害研究	朱诚、于世永、卢春成	地理学报	1997.03
137	重庆巫山张家湾遗址2000年来的环境考古学研究	张强、朱诚、姜逢清	地理学报	2001.03
138	长江三峡大宁河流域3000年来的环境演变与人类活动	张芸、朱诚、于世永	地理科学	2001.03
139	三峡地区汉唐考古研究有关问题的思考	蒋晓春	求索	
140	三峡考古佐证长江文明	邹后曦、王凤竹	中国国家地理	2003.06
141	云阳李家坝战国墓标本取样和制作	张光敏	重庆历史与文化	1999.01
142	略谈1999年度重庆库区考古发掘的重要收获	邹后曦	重庆历史与文化	2000.01
143	记"白鹤梁"题刻的翻制	张光敏	重庆历史与文化	2000.02
144	2000年度重庆库区考古的重要收获	邹后曦	重庆历史与文化	2001.01
145	巫山大溪遗址历年发掘与思考	白九江	重庆历史与文化	2001.02
146	重庆库区2001年度的主要考古发现	邹后曦	重庆历史与文化	2002.01
147	分子人类学简介及其在三峡考古中的应用举例	白九江	重庆历史与文化	2002.02
148	三峡库区考古学文化的新认识	邹后曦	重庆历史与文化	2004.01
149	三峡地区次生堆积分析与玉溪坪遗址的采集实践	白九江	重庆历史与文化	2004.01
150	奉节永安镇遗址出土青铜器保护研究之一	杨小刚	重庆历史与文化	2007.01
151	试论三峡地区出土古代甲骨	白九江	重庆历史与文化	2006.02
152	玉溪遗址古洪水遗存的考古发现与研究	白九江、邹后曦、朱诚	重庆历史与文化	2007.02
153	巴楚在三峡地区的军事争夺和文化交融——关于巴楚关系与巴楚文化之探讨	刘不朽	中国三峡建设	2005.01
154	试论古代三峡地区丰富、神奇、怪异之动物世界	刘不朽	中国三峡建设	2001.02

续表

序号	篇名	作者	期刊	期别
155	探寻三峡早期人类足迹——试从旧石器时代寻找答案	高星	中国三峡建设	2006.02
156	徜徉在远古三峡文化交流走廊	孙华	中国三峡建设	2006.02
157	中全新世以来的川江大洪水初步研究	杨达源、张强、葛兆帅等	湖泊科学	2003.05
158	1999年度重庆库区考古发掘的重要收获	邹后曦	三峡文化研究	第3集
159	浅谈巫山的历史文化遗产保护	邹后曦	三峡文化研究	第3集
160	重庆三峡库区文物保护工作的现状与不足	林必忠	重庆民革	2000.04
161	尖底陶杯与花边陶釜	孙华、曾先龙	巴渝文化	1999.04
162	三峡地区远古至战国时期古城遗迹考古研究（下）	杨华	湖北三峡学院学报	2000.03
163	三峡地区远古至战国时期古城遗迹考古研究（上）	杨华	湖北三峡学院学报	2000.01
164	三峡地区盐资源与早期人类活动的关系	任桂园	三峡学刊	1994.04
165	三峡地区盐资源与早期中原文化因素融入之关系	任桂园	三峡学刊	1996.02
166	重庆余家坝巴人墓地的发掘收获	陈淑卿、王芬	山东大学学报（哲社版）	2004.01
167	长江三峡大宁河流域3000年来的沉积环境与河床演变初步研究	张强、张生、朱诚、张之恒	水利学报	2000.09
168	三峡新石器时代埋葬习俗考古与同时期人类社会发展历史	杨华	四川三峡学院学报	1999.02
169	从考古资料寻找长江三峡地区新石器时代城址遗迹的新线索	杨华	重庆师院学报（哲社版）	2000.01
170	峡江地区部分青铜器的成分与金相研究	姚智辉、孙淑云、邹后曦、方刚等	自然科学史研究	2005.02
171	船形杯及其制盐功能探讨	白九江、邹后曦	南方文物	2009.01
172	巴文化西播与楚文化西进	白九江	重庆社会科学	2009.12
173	三峡工程中文物保护成果及其经验	徐光冀	中国文物科学研究	2006.02
174	白鹤梁水位题刻及其保护	郝国胜	中国历史文物	2003.03
175	试述三峡文物保护规划的意义	郝国胜	中国历史文物	2005.05
176	三峡文物保护回眸	郝国胜	瞭望	2006.05
177	三峡文物保护再回眸	郝国胜	瞭望	2010.05
178	三峡文化与三峡人文精神	王川平	长江文明	2011.02

6　专题论文集

与三峡文物保护相关论文集统计简表

序号	篇名	作者	论文集
1	三峡地区在中国旧石器时代考古研究中的地位	高星、裴树文、冯兴无、陈福友、卫奇	重庆·2001三峡文物保护学术研讨会论文集
2	三峡及其周围地区早期旧石器与广西早期旧石器的关系	林强、谢光茂	重庆·2001三峡文物保护学术研讨会论文集
3	重庆地区史前文化之特征	张之恒	重庆·2001三峡文物保护学术研讨会论文集
4	重庆峡江地区的新石器文化	邹后曦、袁东山	重庆·2001三峡文物保护学术研讨会论文集
5	巫山大溪遗址历次发掘与分期	邹后曦、白九江	重庆·2001三峡文物保护学术研讨会论文集
6	重庆市万州区大周溪下层遗存浅析	陈淑卿	重庆·2001三峡文物保护学术研讨会论文集
7	试析巫峡峡区先秦时期考古学文化	邹厚本	重庆·2001三峡文物保护学术研讨会论文集
8	三峡地区史前人类房屋建筑遗迹的考古发现与研究	杨华、徐小林、吴义兵	重庆·2001三峡文物保护学术研讨会论文集
9	四川盆地先秦考古学文化的变迁及其动因的初步考察	江章华、颜劲松	重庆·2001三峡文物保护学术研讨会论文集
10	万州糖房坪夏代文化遗存简析	张天恩、刘呆运	重庆·2001三峡文物保护学术研讨会论文集
11	忠县邓家沱遗址西周时期文化遗存的初步认识	李锋	重庆·2001三峡文物保护学术研讨会论文集
12	试论云阳李家坝战国墓地的几个问题	黄伟	重庆·2001三峡文物保护学术研讨会论文集
13	涪陵小田溪墓地时代再探讨	蒋晓春	重庆·2001三峡文物保护学术研讨会论文集
14	巫山东周两汉墓分期及分区	雷兴军、罗宏斌	重庆·2001三峡文物保护学术研讨会论文集
15	巫山秀峰一中墓地战国墓地试析	赵新平	重庆·2001三峡文物保护学术研讨会论文集
16	重庆市万州区新田曾家溪墓地发掘收获与初步认识	肖梦龙	重庆·2001三峡文物保护学术研讨会论文集
17	巴文化研究的几点思考	方刚、张建文	重庆·2001三峡文物保护学术研讨会论文集
18	巴文化发展阶段浅析	黄海	重庆·2001三峡文物保护学术研讨会论文集
19	浅论三峡地区夏商周时期的文化及其变迁	王宏、余介方、金国林	重庆·2001三峡文物保护学术研讨会论文集

续表

序号	篇名	作者	论文集
20	初论晚期巴文化的类型	罗二虎	重庆·2001三峡文物保护学术研讨会论文集
21	楚文化的西渐——楚国向西扩张的考古学观察	朱萍	重庆·2001三峡文物保护学术研讨会论文集
22	峡江地区西汉墓葬研究的若干线索	郑君雷	重庆·2001三峡文物保护学术研讨会论文集
23	丰都地区两汉—南朝墓葬的初步研究	王力军	重庆·2001三峡文物保护学术研讨会论文集
24	重庆地区东汉六朝时期合葬墓中的有关问题	李大营、肖贵田	重庆·2001三峡文物保护学术研讨会论文集
25	明月坝唐代集镇遗址的初步研究	李映福	重庆·2001三峡文物保护学术研讨会论文集
26	永安镇遗址的发掘及永安宫故址考	袁东山	重庆·2001三峡文物保护学术研讨会论文集
27	巫山大昌古城的勘探、初步发掘及研究	王宏、韦贵耀	重庆·2001三峡文物保护学术研讨会论文集
28	论早期佛像在长江流域传播——以汉晋考古材料为中心	何志国	重庆·2001三峡文物保护学术研讨会论文集
29	三峡地区地理环境对古文化的影响	马雨林	重庆·2001三峡文物保护学术研讨会论文集
30	峡江地区古代聚落城址的探索——从佘家嘴文化遗存的时空分布谈起	钟礼强、李宁	重庆·2001三峡文物保护学术研讨会论文集
31	忠县瓦渣地遗址T363动物遗骸初步观察	黄蕴平、朱萍	重庆·2001三峡文物保护学术研讨会论文集
32	电子测绘在三峡考古中的应用	秦岭	重庆·2001三峡文物保护学术研讨会论文集
33	三峡考古中引入的两项科技考古手段	潘碧华、黄颖、高蒙河	重庆·2001三峡文物保护学术研讨会论文集
34	重庆云阳故陵楚墓高科技手段勘探发掘与研究	杨林、雷生霖	重庆·2001三峡文物保护学术研讨会论文集
35	三峡库区地域建筑特征探究及利用	王兵	重庆·2001三峡文物保护学术研讨会论文集
36	GPS在田野考古工作中的作用	林果、朱滨	重庆·2001三峡文物保护学术研讨会论文集
37	从张飞庙的保护谈中国文物建筑保护面临的新问题	吕舟	重庆·2001三峡文物保护学术研讨会论文集
38	重庆市巫山县地面文物建筑的保护与研究	张映莹	重庆·2001三峡文物保护学术研讨会论文集
39	长江三峡历史水文石刻	周少林	重庆·2001三峡文物保护学术研讨会论文集

续表

序号	篇名	作者	论文集
40	浅谈三峡考古田野文物修复	王海阔	重庆·2001三峡文物保护学术研讨会论文集
41	浅析三峡文物保护之纸质档案的生存环境	杨小刚	重庆·2001三峡文物保护学术研讨会论文集
42	三峡文物档案资料管理与利用浅析	范晓岚	重庆·2001三峡文物保护学术研讨会论文集
43	四川盆地及长江三峡地区旧石器时代文化初论	冯小波	2003三峡文物保护与考古学研究学术研讨会论文集
44	三峡地区"新石器时代晚期"诸遗存分析	孟华平	2003三峡文物保护与考古学研究学术研讨会论文集
45	三峡库区先秦时期的文化变迁	余西云	2003三峡文物保护与考古学研究学术研讨会论文集
46	重庆三峡库区新石器时代考古的新认识	赵宾福	2003三峡文物保护与考古学研究学术研讨会论文集
47	试析鄂西渝东地区二里头时期文化遗存	林春	2003三峡文物保护与考古学研究学术研讨会论文集
48	川东长江沿岸商周时期考古学文化变迁的初步分析	江章华、颜劲松	2003三峡文物保护与考古学研究学术研讨会论文集
49	峡江地区商代遗存的几个问题	刘继东、刘成基、卜工	2003三峡文物保护与考古学研究学术研讨会论文集
50	中坝遗址夏商陶器初论	孙智彬	2003三峡文物保护与考古学研究学术研讨会论文集
51	长江三峡地区的六朝时期墓葬	许永杰、赵永军	2003三峡文物保护与考古学研究学术研讨会论文集
52	峡江地区崖葬的内涵与性质	吴春明、王炜	2003三峡文物保护与考古学研究学术研讨会论文集
53	万州聚落：考古地理学的实践与思考	高蒙河	2003三峡文物保护与考古学研究学术研讨会论文集
54	三峡考古与土家族起源文化研究	朱世学	2003三峡文物保护与考古学研究学术研讨会论文集
55	三峡库区六朝—唐宋时期大型遗址发掘的几点思考	王然	2003三峡文物保护与考古学研究学术研讨会论文集
56	长江三峡先秦渔业初步研究	武仙竹	2003三峡文物保护与考古学研究学术研讨会论文集
57	三峡考古原始资料的整理与利用问题	王红星	2003三峡文物保护与考古学研究学术研讨会论文集
58	三峡工程文物保护资料管理工作的实践与思考	李雁	2003三峡文物保护与考古学研究学术研讨会论文集
59	连续与断裂：奉节、万州地区聚落演变过程研究	冯小妮、孙林	2003三峡文物保护与考古学研究学术研讨会论文集

续表

序号	篇名	作者	论文集
60	麻柳沱：一个聚落演变的微观分析	潘碧华、张斌	2003三峡文物保护与考古学研究学术研讨会论文集
61	长江三峡地区动物考古的初步认识	武仙竹	三峡考古与多学科研究
62	三峡地区先秦狩猎经济初探	王运辅	三峡考古与多学科研究
63	试论石地坝文化	白九江、李大地	三峡考古与多学科研究
64	峡江地区东周青铜器	袁艳玲	三峡考古与多学科研究
65	巴人占卜及其与周边地区的关系	蒋刚	三峡考古与多学科研究
66	论早期巴文化	陈果	三峡考古与多学科研究
67	关于晚期巴文化研究的几点思考	方刚、张建文	三峡考古与多学科研究
68	重庆地区东周至汉初墓葬初论	白九江、邹后曦	三峡考古与多学科研究
69	三峡地区砖（石）室墓建筑研究	刘自兵	三峡考古与多学科研究
70	长江三峡出土的长沙窑瓷器	胡习珍	三峡考古与多学科研究
71	《汉巴郡朐忍令景云碑》考释	程地宇	三峡考古与多学科研究
72	峡江古镇特色及其价值初探	李禹阶、罗玲	三峡考古与多学科研究
73	中国三峡库区重庆开县出土宋元青白瓷	陈丽琼	三峡考古与多学科研究
74	人文三峡	王川平	在历史与文化之间

7 其他论文集

其他论文集统计简表

序号	篇名	作者	论文集
1	关于三峡地区考古学文化的命名问题	俞伟超	古史的考古学探索
2	三峡与四川考古新收获以及对长江上游古代文明的新思考	俞伟超	古史的考古学探索
3	峡江地区的先秦文化	孙华	四川盆地的青铜时代

续表

序号	篇名	作者	论文集
4	四川盆地的新石器文化	孙华	四川盆地的青铜时代
5	三峡考古的几个问题	徐光冀	中国考古学会第十次年会论文集（1999）
6	三峡考古与巴蜀文化的新探索（纲要）	俞伟超	中国考古学会第十次年会论文集（1999）
7	重庆峡江地区新石器时代晚期文化	白九江、邹后曦	中国考古学会第十次年会论文集（1999）
8	忠县中坝遗址多学科综合研究的实践与探索	孙智彬	中国考古学会第十次年会论文集（1999）
9	重庆三峡地区早期巴文化分期初论	方刚、袁东山	中国考古学会第十次年会论文集（1999）
10	关于重庆云阳李家坝遗址的几个问题	罗二虎	中国考古学会第十次年会论文集（1999）
11	长江三峡库区先秦考古学文化考察（纲要）	郑若葵	中国考古学会第十次年会论文集（1999）
12	三峡地区早期汉民人文聚落成长的个案考察	吴春明	中国考古学会第十次年会论文集（1999）
13	三峡工程淹没区的城址类型及其所反映的问题	杭侃	新世纪的考古学：文化、区位、生态的多元互动
14	奉节县原始文化初探	赵宾福	青果集——吉林大学考古系十周年
15	忠县瓮井沟遗址群哨棚嘴遗址分析——兼论川东地区的新石器文化及早期青铜文化	王鑫	四川考古论文集
16	老关庙下层文化初论	赵宾福、王鲁茂	四川考古论文集
17	三峡地区新石器时代文化、生计经济与环境	白九江	环境考古研究（第四辑）
18	长江三峡库区玉溪遗址地层古洪水研究	白九江等	环境考古研究（第四辑）
19	重庆地区战国玉器初论	方刚、邹后曦	玉魂国魂——中国古代玉器与传统文化学术研讨会论文集（三）
20	1999年盐业考古田野调查报告	北京大学考古学系	中国盐业考古——长江上游盐业与景观考古的初步研究（第一集）
21	四川盆地及其邻近地区的新石器时代考古	陈伯桢、付罗文	中国盐业考古——长江上游盐业与景观考古的初步研究（第一集）
22	尖底杯：一种可能用来制盐的工具	巴盐	中国盐业考古——长江上游盐业与景观考古的初步研究（第一集）
23	尖底陶杯与花边陶釜——兼说峡江地区先秦时期的鱼盐业	孙华、曾先龙	中国盐业考古——长江上游盐业与景观考古的初步研究（第一集）
24	三峡地区的旧石器	卫奇	中国考古学研究的世纪回顾·旧石器时代考古卷

附录10
参加《三峡文物保护规划》编制的单位名单

序号	单位名称
1	中国历史博物馆
2	中国革命博物馆
3	中国文物研究所
4	中国社会科学院考古研究所
5	中国科学院古脊椎动物与古人类研究所
6	中国科学院地理研究所
7	中国科学院地球物理研究所
8	国家地震局地球物理研究所
9	湖北省文物考古研究所
10	四川省文物考古研究所
11	重庆市文化局
12	重庆市博物馆
13	北京市文物研究所
14	河北省古代建筑研究所
15	山西省古代建筑研究所
16	河南省古代建筑研究所
17	南京博物院
18	北京大学
19	清华大学
20	中央民族大学
21	吉林大学
22	南京大学
23	山东大学
24	四川大学
25	武汉大学
26	厦门大学
27	天津大学
28	北京建筑工程学院
29	西南交通大学
30	重庆建筑大学

附录11
参加三峡重庆库区文物保护工作单位名单

序号	单位名称
1	中国国家博物馆
2	中国文化遗产研究院
3	中国社会科学院考古研究所
4	中国科学院古脊椎动物与古人类研究所
5	重庆中国三峡博物馆
6	重庆市文物考古所
7	四川省文物考古研究院
8	湖北省文物考古研究所
9	湖南省文物考古研究所
10	吉林省文物考古研究所
11	辽宁省文物考古研究所
12	山东省文物考古研究所
13	河南省文物考古研究所
14	黑龙江省文物考古研究所
15	山西省考古研究所
16	广东省文物考古研究所
17	广西文物考古研究所
18	陕西省考古研究院
19	陕西省古建设计研究院
20	安徽省文物考古研究所
21	宁夏回族自治区文物考古研究所
22	云南省文物考古研究所
23	成都文物考古研究所
24	青海省文物考古研究所
25	江西省文物考古研究所
26	内蒙古自治区文物考古研究所
27	河北省文物保护中心
28	山东博物馆
29	福建博物院
30	南京博物院

续表

序号	单位名称
31	重庆自然博物馆
32	宜昌博物馆
33	常德博物馆
34	株洲市博物馆
35	怀化博物馆
36	绵阳博物馆
37	广西南宁市博物馆
38	镇江博物馆
39	西安半坡博物馆
40	凉山彝族自治州博物馆
41	广西壮族自治区柳州市博物馆
42	沈阳市文物考古研究所
43	西安文物保护修复中心
44	广州市文物考古研究所
45	南京市文物研究所
46	长春市文物保护研究所
47	福州市文物考古工作队
48	包头市文物管理处
49	郑州市文物考古研究院
50	武汉市文物考古研究所
51	湖北省荆州市博物馆
52	重庆市涪陵区博物馆
53	长沙市博物馆
54	长沙市文物考古研究所
55	岳阳市文物考古研究所
56	云阳县文物保护管理所
57	重庆市万州区文物管理所
58	奉节县白帝城文物管理所
59	益阳市文物管理处
60	洛阳市第二文物工作队
61	洛阳市文物工作队
62	开封市文物工作队
63	宝鸡市考古工作队
64	河南东方文物建筑监理有限公司

续表

序号	单位名称
65	西安市古代建筑工程公司
66	西安文物保护修复工程有限公司
67	北京大学
68	清华大学
69	四川大学
70	吉林大学
71	复旦大学
72	北京建筑工程学院
73	中山大学
74	厦门大学
75	山东大学
76	山西大学
77	上海大学
78	郑州大学
79	武汉大学
80	南京师范大学
81	南京航空航天大学
82	南京大学
83	西北大学
84	长江水利委员会长江工程监理咨询有限公司
85	长江水利委员会建设工程监理中心
86	建设部综合勘察研究设计院
87	长江航道设计院重庆勘察设计所
88	长江水利委员会勘测规划设计院
89	中国船舶重工第七一九研究所
90	中国船级社实业公司重庆分公司
91	中铁大桥局集团有限公司
92	中铁二院工程集团有限责任公司
93	中咨工程建设监理公司
94	北京建工建筑设计研究院
95	北京煤炭设计研究院（集团）
96	北京房修二古代建筑工程有限公司
97	北京园林古建工程公司
98	北京中铁工建筑工程设计院

续表

序号	单位名称
99	北京市大龙建设有限公司
100	中煤国防工程集团重庆设计院
101	四川省地质工程勘察院
102	湖南省地质建设工程（集团）总公司重庆分公司
103	湖北省大冶市殷祖园林古建公司
104	深圳市华蓝设计有限公司重庆分公司
105	山东曲阜市园林古建筑有限公司
106	青岛海防筑港工程北海总队
107	武汉欧艺建筑技术工程公司
108	江苏宜兴蓝天水净化设备有限公司
109	江苏盛发环保有限公司
110	上海交大海科集团有限公司
111	上海申乾锐达水下工程公司
112	上海连成（集团）有限公司
113	四川省蜀通岩土工程公司
114	四川合石工程咨询监理有限公司
115	四川美术学院城市雕塑设计院
116	沈阳故宫古建筑有限公司
117	沈阳市故宫文物修复工程有限公司
118	成都化工压力容器厂
119	重庆三峡水电建筑勘察设计研究院
120	重庆华运虫害防制技术研究所
121	重庆永泰建设工程监理有限公司
122	重庆浩瀚建设工程公司
123	重庆市美术公司
124	重庆市政建设工程监理公司
125	重庆市第二市政建筑工程有限公司
126	重庆巴王建筑工程有限公司
127	重庆华通路桥工程有限公司
128	重庆南江建设工程公司
129	重庆园林建筑工程(集团)有限公司
130	广厦重庆第一建筑有限公司
131	重庆西伯乐斯楼宇工程有限公司
132	重庆明瑜安装工程有限公司

续表

序号	单位名称
133	重庆洁能环保工程有限公司
134	重庆长康机电设备有限公司
135	重庆韩代电梯工程有限公司
136	重庆东方建筑装饰集团公司
137	重庆一品建设集团公司
138	重庆工业设备安装集团公司
139	重庆华商消防工程有限公司
140	重庆升泰楼宇设备有限公司
141	涪陵区民安电力工程公司
142	重庆长江轮船公司
143	重庆合智环保工程公司
144	重庆丽丹园林工程有限公司
145	重庆富刚装饰有限责任公司
146	重庆市南岸千叶霓虹灯饰有限公司
147	重庆恒升电力股分公司电力开发公司
148	重庆通用安装工程有限公司
149	重庆市天工雕塑院
150	重庆市西南建设工程有限公司
151	重庆市富正建筑有限公司
152	重庆市鸿盛花木有限公司
153	重庆建工市政交通工程有限公司
154	重庆黄金建设（集团）有限公司
155	重庆馥郁园林绿化有限公司
156	重庆众托建设有限公司
157	重庆市海露源实业有限公司
158	重庆南江地质工程勘察院
159	重庆市勘测院
160	重庆市恭州文物保护有限公司
161	重庆锦程工程咨询有限责任公司
162	重庆奇正建设实业有限公司
163	重庆市丰都县长江建设有限公司
164	重庆市一三六地质基础工程勘察设计院
165	重庆市永辉建筑工程有限公司
166	重庆市永固建设监理有限公司

续表

序号	单位名称
167	重庆市丰都宏联环境配套有限公司
168	重庆市丰都县移民建筑工程公司
169	重庆市巴人文物建筑工程有限公司
170	重庆佳兴建设监理有限公司
171	重庆协力工程监理有限公司
172	重庆市继兴工程监理有限公司
173	重庆三峡地质工程技术公司
174	重庆市水利电力建设公司
175	重庆万州水电建筑工程有限公司
176	重庆市万州平湖建筑设计事务所
177	奉节县春兴园林工程有限公司
178	重庆市运发建筑工程有限公司
179	奉节县金辉建筑工程有限责任公司
180	铁二院咨询监理公司万州分公司
181	云阳县九洲建筑有限公司
182	云阳市政水务有限责任公司

大事记（1992—2011年）

1. 1992年4月3日，第七届全国人民代表大会第五次会议正式通过了关于兴建长江三峡水利枢纽工程的决议，三峡工程正式立项。

2. 1992年6月，国家文物局组织专家考察三峡文物状况，考察期间与专家共商三峡文物保护策略，初步构建了三峡文物保护工作步骤和思路。

3. 1992年8月，国家文物局成立"三峡工程文物保护领导小组"，负责三峡文物保护的领导和组织工作。

4. 1993年3月，国家文物局在重庆市万州区和湖北省秭归县分别设立工作站，负责三峡文物保护调查的组织、协调工作。此后，又在重庆市设立联络站。

5. 1993年11月和12月，国家文物局分别在北京和成都主持召开了由重庆市文化局、四川省和湖北省文化厅以及长江水利委员会及全国24所文物保护研究机构和大专院校参加的"制定三峡库区文物保护规划动员和组织工作会议"，会议对规划的制定和文物调查进行了工作部署。随后，24所文物保护研究机构和大专院校进驻三峡进行文物调查。

6. 1994年3月，由中国历史博物馆（现中国国家博物馆）和中国文物研究所（现中国文化遗产研究院）组建的"长江三峡工程库区文物保护规划组"成立，中国历史博物馆馆长俞伟超任组长，中国文物研究所副所长黄克忠任副组长，徐光冀、傅连兴为领导成员，贾兰坡、侯仁之、吴良镛为特邀科学家。规划组在承接了国家文物局24所文物保护研究机构和大专院校的委托关系后，又委托了6所单位进驻三峡，全国30所文物保护研究机构和大专院校的300余名文物工作者参加了三峡库区文物调查。

7. 1995年初，三峡工程淹没区考古调查荣获1994年全国十大考古新发现。

8. 1995年10—12月，在俞伟超、张森水先生的主持下，"三峡工程库区旧石器时代考古培训班"在丰都高家镇举办。

9. 1996年3月，规划组完成了三峡淹没及迁建区文物保护规划的编制工作，形成了54册280万字的《长江三峡工程淹没及迁建区文物古迹保护规划报告》（以下简称《三峡文物保护规划》）等规划成果。

10. 1996年5月，规划组根据委托约定，向国务院三峡建委移民开发局、湖北省移民局、四川省移民办、长江水利委员会库区处提交了《三峡文物保护规划》。

11. 1996年10月9日，国务院副总理邹家华、国务委员李铁映主持召开了"研究三峡工程建设中文物保护工作有关问题"的会议。会议决定，三峡文物保护工作受国务院三峡工程建设委员会统一领导，由该委员会全权负责。四川省、湖北省和重庆市政府在国务院三峡建委的领导下，分别负责本省市三峡工程建设中的文物保护工作。国家文物局增补为国务院三峡建设委员会成员单位，指导两省一市开展工作，负责协调在全国范围内调集有关专业人员参加三峡文物保护工作并进行督促检查。

12. 丰都烟墩堡遗址荣获1996年全国十大考古新发现。

13. 1997年6月，国务院三峡建委移民开发局在重庆召开"三峡工程库区文物保护规划验收工作协调会"，议定1997年8月向国务院三峡建委上报《三峡文物保护规划》。

14. 1997年6月19日，重庆直辖市挂牌的第二天，重庆市文化局在重庆小天鹅宾馆主持召开了"全国文物系统支援三峡工程重庆库区文物工作协调会"，重庆市副市长甘宇平、程贻举、国家文物局副局长张柏出席并讲话，全国31所文物保护研究机构和大专院校的代表参加了会议，重庆市文化局与出席会议的31所单位签订了重庆库区文物保护协议书。

15. 1997年6月19日，重庆市人民政府宣布成立三峡文物保护专家顾问组，聘请俞伟超、谢辰生、罗哲文、黄景略、黄克忠、徐光冀、吕济民、苏东海、夏正楷、庄孔韶、徐文彬先生为专家顾问组成员，俞伟超先生为专家顾问组组长。专家顾问组成立后，每年都有专家赴重庆库区文物保护工地检查指导工作。

16. 1997年10月—1998年1月，重庆市文物局、北京大学联合举办三峡考古培训班。

17. 1997年11月5日，重庆市政府召开三峡文物保护工作专题会议，决定重庆市三峡库区文物保护工作由重庆市文化局(重庆市文物局)负责组织实施。

18. 1997年11月，规划组致函国务院三峡建委移民开发局，希望尽快论证和审批《三峡文物保护规划》。

19. 1997年12月3日，湖北省政府致函国务院三峡建委，"原则同意《三峡文物保护规划》"。

20. 1998年2月12日，重庆市政府致函国务院三峡建委，"原则同意《三峡文物保护规划》"。

21. 1998年6月，国务院三峡建委移民开发局组织有关专家，结合《三峡文物保护规划》内容对三峡库区的文物状况进行考察，形成《三峡库区文物保护工作考察考古专家组意见》和《三峡工程库区地面文物古迹保护工作的意见》。

22. 1998年7月，国务院三峡建委移民开发局在京召开"三峡库区文物保护规划工作座谈会"。

23. 1998年8月，重庆市文物局、移民局、公安局、工商局和重庆海关联合发出《关于严厉打击盗掘三峡工程重庆库区古文化遗址、古墓葬等文物犯罪活动的通告》，要求进一步加大对库区文物犯罪活动的打击力度，严惩犯罪分子。

24. 1998年9月，国务院三峡建委办公室在京召开"《长江三峡工程淹没及迁建区文物古迹保护规划报告》专家论证会"。与会者88人，包括国务院三峡建委办公室、国务院三峡建委移民开发局、国家文物局、重庆市人民政府、湖北省人民政府、重庆市移民局、湖北省移民局、重庆市文化局、湖北省文化厅、水利部长江水利委员会、规划组等单位的代表和特邀专家。规划组组长俞伟超先生做了"关于《长江三峡工程淹没及迁建区文物古迹保护规划报告》的几点说明"的报告。论证会由文物、考古、建筑、古脊椎动物与古人类、地学、水利工程及移民等学科的27位专家组成了专家论证组，徐苹芳先生任组长，傅熹年先生任副组长，形成"《长江三峡工程淹没及迁建区文物古迹保护规划报告》专家论证会意见"和"《长江三峡工程淹没及迁建区文物古迹保护规划报告》经费概算专家论证意见"，会议原则通过了《三峡文物保护规划》。

25. 1998年10月，规划组根据专家论证会的意见完成了对规划报告的修改与补充，形成了《〈长江三峡工程淹没及迁建区文物古迹保护规划〉有关内容的修订与补充》，并上报国务院三峡建委办公室。

26. 1998年，忠县中坝遗址、云阳李家坝遗址荣获全国十大考古新发现。

27. 1998年11月，重庆市文化局成立"重庆市文化局三峡文物保护工作领导小组"（王川平任组长）、"重庆市文化局三峡文物保护工作领导小组办公室"。

28. 1998年11月，重庆市文化局印发《重庆市三峡工程淹没及迁建区文物抢救保护管理暂行办法》。

29. 1998年12月，根据专家论证会的意见，重庆市移民局和重庆市文化局在重庆召开了"白鹤梁题刻、石宝寨、张桓侯庙保护方案论证会"，形成《白鹤梁题刻、石宝寨、张桓侯庙保护方案论证会专家组意见》，并上报国务院三峡建委。

30. 1999年4月29日，国务院三峡建委办公室致重庆市人民政府《关于抓紧开展白鹤梁题刻、石宝寨、张桓侯庙保护工作的函》，原则同意重庆市报送对白鹤梁题刻、石宝寨、张桓侯庙保护方案的意见。

31. 1999年6月25日，国家文物局、公安部、国务院三峡建委移民局向湖北省、重庆市文化厅（文物局）、公安厅（局）、移民局下发《关于切实做好三峡库区文物安全工作的通知》。

32. 1999年9月，长江勘测规划设计研究院专家组对涪陵白鹤梁题刻地理环境及现状再一次进行实地考察，提交"白鹤梁题刻保护方案"，即"长委方案"。

33. 1999年10月，国务院三峡建委办公室在京召开"文物保护规划审批会议"，会上听取了有关部门对《三峡文物保护规划》的审核报告，对有关问题进行了研究和讨论，会议同意将1087处文物列入保护规划。

34. 2000年6月，国务院三峡建设委员会办公室向有关部门下发"关于批复三峡工程淹没区及迁建区文物保护项目和保护方案复核意见并印发《三峡工程淹没区及迁建区文物保护规划（保护项目及保护方案）》的通知"，正式将1087处文物列入保护，其中重庆库区为752处。

35. 2000年6月，国务院三峡建委批复了《三峡工程淹没区及迁建区文物保护项目和保护方案》（国三峡委发办字[2000]15号文件），同意将1087处文物列入保护规划，其中，重庆库区752处，地下项目506处，地面项目246处。

36. 2000年7月，重庆市文化局印发《重庆市三峡工程淹没及迁建区考古发掘项目监理试行办法》。同年，三峡考古发掘监理工作开始试行。

37. 2000年9月，国务院三峡建委办公室黄真理博士提交白鹤梁题刻保护方案，即"黄真理方案"。

38. 2000年12月29日，重庆市委书记贺国强、市长包叙定在人民广场启动重庆中国三峡博物馆暨人民广场三期工程开工仪式。

39. 2000—2002年，重庆市文化局、北京大学考古文博学院、重庆师范大学联合举办"西南地区考古学与博物馆学研究生班"，该研究生班的举办培养了一批三峡文物保护的专业人才。

40. 2001年2月23—24日，重庆市文化局主持召开《涪陵白鹤梁题刻保护方案（黄真理方案）专家论证会》，会议原则通过了黄真理博士的设计方案。论证会后，葛修润院士提出了一个新的保护方案设想，并提交专家讨论，经专家组讨论研究，委托葛修润院士进一步细化保护方案。

41. 2001年5月28日，重庆市人民政府印发《关于加强三峡工程重庆库区出土文物管理工作的通知》。

42. 2001年6月19日，重庆市人民政府召开全市三峡库区文物保护工作会议，市委副书记、副市长甘宇平与重庆市文化局局长王洪华、三峡库区有关区县分管领导签订二期移民阶段文物保护工作目标责任书。

43. 2001年7月10日，重庆市人民政府印发《重庆市三峡工程淹没及迁建区文物保护管理办法》。

44. 2001年9月10日，重庆市文物局、重庆市建设委员会、重庆市移民局联合印发《关于加强三峡工程重庆库区文物保护工程质量管理的通知》。

45. 2001年10月17日，国家文物局致函重庆市文物局《关于云阳张桓侯庙搬迁保护规划方案设计的批复》（文物保函[2001]808号），原则同意《张桓侯庙搬迁保护方案》。

46. 2001年11月19日，国家文物局致函重庆市文物局《关于对忠县石宝寨保护工程初步设计方案的意见函》（文物保函[2001]907号），对建设部综合勘察设计院制定的忠县石宝寨保护工程初步设计方案提出了6点修改与补充意见。

47. 2001年11月28日，重庆市人民政府发布《关于表彰重庆市三峡库区文物保护工作先进集体和先进个人的通报》，通报表彰了10个先进集体和38名先进个人。

48. 2002年1月15—16日，重庆市人民政府在北京重庆饭店主持召开了"重庆涪陵白鹤梁题刻原址水下保护工程可行性方案研究报告论证会"，国务院三峡建委办公室、国家文物局、中国科学院、中国工程院、重庆市文化局、重庆市移民局、上海交通大学、长江重庆航道局、长江勘测规划设计研究院、中国科学院岩土力学研究所、重庆西南水运科学研究所等有关方面的领导和专家参加会议，来自全国的文物、建筑、水工、航运、科研、设计、施工、地震等方面的中国科学院、中国工程院院士及专家共12人组成专家组。专家组对白鹤梁题刻保护问题进行了咨询，原则通过了葛修润院士提出的白鹤梁题刻"无压容器"保护方案。

49. 2002年3月2日，重庆市委书记贺国强、市长包叙定亲赴涪陵视察白鹤梁水文题刻保护工作。

50. 2002年3月22日，重庆市巫山县大溪遗址发掘项目荣获国家文物局授予的"1999—2000年度田野考古三等奖"。

51. 2002年6月21—24日，"长江文明的华彩乐章——三峡文物保护成果展"在香港会展中心举行。香港展出结束后，此展在广东省博物馆展出。

52. 2002年8月12日，国家文物局致函重庆市文物局《关于丁房阙、无铭阙保护方案的批复》（文物保函［2002］777号），原则同意丁房阙、无铭阙搬迁保护方案。

53. 2002年10月2日，环幕电影《大三峡》正式开拍。

54. 2002年12月11—13日，重庆市文物局在北京组织召开了"三峡工程重庆库区二期水位重点考古项目汇报会"，俞伟超、黄景略、张忠培、徐光冀、张森水、吕遵谔、李伯谦、刘庆柱等知名考古学家参加，国家文物局副局长张柏、文物保护司司长杨志军、国务院三峡建委办公室助理巡视员邓一章及有关方面负责人出席会议。

55. 2003年1月8日，国家文物局致函重庆市文物局《关于白鹤梁题刻水下保护工程初步设计方案的批复》（文物保函［2003］28号），原则同意《白鹤梁题刻水下保护工程初步设计报告》和初步设计报告补充说明的内容。

56. 2003年2月13日，重庆涪陵白鹤梁题刻原址水下保护工程正式开工。

57. 2003年3月21日，国务院三峡建委办公室下达重庆库区文物保护总经费为37992.04万元（国三峡委办发［2003］6号）。

58. 2003年3月，《三峡文物大抢救》二期移民验收专题片正式开拍。

59. 2003年4月27日，三峡工程重庆库区文物保护工作顺利通过国务院三峡建委办公室二期工程验收委员会的终验。

60、2003年5月，吴邦国、温家宝、曾培炎同志对有关白鹤梁题刻保护工程建设问题作重要批示。

61. 2003年7月8日，重庆市文物局、重庆市移民局联合印发《重庆市三峡库区文物保护统筹经费使用管理办法》。

62. 2003年7月18日，云阳张桓侯庙搬迁保护工程通过了国家文物局组织的验收，7月19日正式对外开放。

63. 2003年10月28日，国家文物局致函重庆市文物局《关于石宝寨保护工程方案的批复》（文物保函［2003］879号），原则同意在贴坡围堤的基础上进行设计。

64. 2003年10月，重庆中国三峡博物馆主体工程开工。

65. 2003年12月，《永不逝落的文明——三峡文物抢救纪实》由山东画报出版社出版。

66. 2004年2月10日，重庆市人民政府批复将三峡重庆库区311件出土文物调拨重庆中国三峡博物馆。

67. 2004年4月，国务院三峡工程建设委员会发布《国务院三峡工程建设委员会表彰三峡工程建设先进集体和先进工作者的决定》，国家文物局文物保护司以及中国历史博物馆俞伟超、重庆市文化（文物）局邵卫东分别荣获"三峡工程建设先进集体"和"三峡工程建设先进工作者"称号。

68. 2004年4月14日，中共重庆市委、重庆市人民政府发布《关于表彰三峡移民工作先进集体和先进工作者的通报》，市文物考古所获先进集体、王川平获先进工作者表彰。

69. 2004年7月，重庆中国三峡博物馆主体工程封顶。

70. 2004年11月，重庆市人民政府办公厅建立白鹤梁保护工程联席会议制度。

71. 2005年5月22日，重庆市人民政府批复将三峡重庆库区2863件套出土文物和有关区县文管所、博物馆64件套馆藏文物调拨重庆中国三峡博物馆。

72. 2005年6月18日，重庆中国三峡博物馆正式对外开放。

73. 2006年2月，国务院三峡建委办公室对三峡工程重庆库区文物保护工作进行专项稽查。

74. 2006年2月，《万州大坪墓地》由科学出版社出版。

75. 2006年3月，重庆市文广局三峡文物保护工作领导小组办公室制定《行管费财务管理办法》。

76. 2006年4—8月，国家审计署委托重庆市审计局对三峡库区文物保护专项资金进行审计。

77. 2006年4月，98处留取资料文物保护项目全部完成。

78. 2006年7月14日，三峡工程重庆库区文物保护工作顺利通过国务院三峡建委办公室三期工程验收委员会的终验。

79. 2007年6月9日，国务院三峡建委办公室主任汪啸风、重庆市政府顾问甘宇平检查文物保护工地。

80. 2007年8月，国务院三峡建委办公室委托信永中和会计师事务所对重庆市三峡文物保护资金进行了审计。

81. 2007年12月7日，甘宇平顾问、谭栖伟副市长主持召开重庆市三峡库区文物保护工作汇报会。

82. 2008年4月8—13日，国务院三峡建委办公室副主任卢纯带队检查忠县、开县、长寿区、武隆县、涪陵区等区县的文物保护工作。

83. 2008年4月21日，大昌古民居搬迁工程通过验收。

84. 2008年7月13日，三峡工程重庆库区文物保护工作顺利通过国务院三峡办四期工程验收委员会的终验。

85. 2008年8月7日，重庆市副市长谭栖伟赴涪陵区检查白鹤梁题刻原址水下保护工程工地，重庆市文广局党委委员、重庆中国三峡博物馆馆长王川平陪同。

86. 2008年8月，李长春同志就三峡库区消落区文物保护工作做出重要批示。

87. 2008年9月2日，重庆市副市长谭栖伟主持召开重庆市三峡库区文物保护工作专题会议，研究库区文物保护工作。

88. 2008年12月15—20日，重庆市文广局在南京举办"三峡工程重庆库区文物档案管理培训班"。

89. 2009年2月，重庆市文物局委托重庆市文物考古所制定《重庆市三峡水库消落区地下文物保护规划》。

90. 2009年3月24日，经国家广电总局电影局批准，电影纪录片《三峡记忆》摄制组进行实地拍摄，2010年7月完成，2011年3月该片被国家广电总局电影局推荐为重点影片在全国院线放映。

91. 2009年4月17日，忠县石宝寨举行开放仪式。

92. 2009年5月18日，2009年"国际博物馆日"中国主会场启动暨白鹤梁水下博物馆开馆仪式在涪陵区举行，国家文物局局长单霁翔、国务院三峡办党组成员张宝欣、中国博物馆学会名誉理事长张文彬、重庆市副市长谭栖伟等出席。单霁翔局长宣布2009年"国际博物馆日"中国主会场活动启动暨白鹤梁水下博物馆开馆。

93. 2009年6月30日，重庆市市长王鸿举视察白鹤梁水下博物馆。

94. 2009年8月12日，国务院三峡建委办公室副主任卢纯在白鹤梁水下博物馆检查工作。

96. 2010年3月，重庆市文物考古所提交《重庆市三峡水库消落区地下文物保护规划》。

97. 2010年4月15日，谭栖伟副市长在涪陵视察白鹤梁水下博物馆。

98. 2010年5月8日，全国政协副主席孙家正一行视察白鹤梁水下博物馆。

99. 2010年4月24日，白鹤梁水下博物馆正式开放。

100. 2010年4月30日，重庆市人民政府通报表彰重庆市三峡库区文物保护工作先进集体10个、先进个人50名。

101. 2010年8月20日，国家文物局局长单霁翔视察白鹤梁水下博物馆。

102. 2010年8月28日，中共中央政治局常委李长春一行视察白鹤梁水下博物馆。

103. 2010年10月30日，白鹤梁题刻原址水下保护工程研究与实践获国家文物局"2009年度文物保护科学和技术创新一等奖"。

104. 2010年11月25日，参加"水下文化遗产保护展示与利用国际学术研讨会"的中外专家学者考察白鹤梁水下博物馆。

105. 2010年12月1—4日，"三峡文物遗产保护学术研讨会"在重庆市文物考古所召开，来自全国30个省、市、自治区的88所文物保护研究机构和大专院校的164名专家学者参加，32名专家学者在大会上做学术演讲，收到学术论文63篇。

106. 2010年12月2日，忠县石宝寨原地保护工程通过国家文物局组织的验收。

107. 2011年3月13日，国务院三峡建委、国家文物局组织文物保护专家对《三峡工程重庆库区消落区地下文物保护方案》进行评审，会议原则通过该方案。

108. 2011年4月13日，重庆市政协主席邢元敏一行视察白鹤梁水下博物馆。

109. 2011年4月15日，57处原地保护项目全部完成。

110. 2011年3月6日，重庆市人民政府聘请张柏为重庆市文物保护专家顾问组组长，王川平为副组长。

111. 2011年5月22日，国家文物局在重庆涪陵主持召开"白鹤梁题刻原址水下保护工程综合验收预备会议"。

112. 2011年6月，国务院办公会议审议三峡工程后续工作规划。

113. 2011年7月27日，白鹤梁题刻原址水下保护工程通过了国家文物局组织的综合验收。

114. 截至2011年8月，《永不湮落的文明——三峡文物抢救纪实》《三峡文物珍存》《重庆·2001三峡文物保护学术研讨会论文集》《万州大坪墓地》《云阳晒经》《忠县仙人洞与土地岩墓地》《奉节宝塔坪》《奉节新浦与老油坊》《云阳走马岭墓地》《重庆万州老棺丘古墓群发掘报告》《重庆库区考古报告集·1997卷—2002卷》《瞿塘峡壁题刻保护工程报告》《三峡与中国瓷器》《三峡·永恒的家园》《三峡古栈道》《巴蜀移民史》等陆续出版。

后记

三峡工程重庆库区文物保护是目前我国规模最大的文物保护工程，经过20年保护，完成了重庆库区受淹文物的保护任务，达到了妥善保护文物、将文物损失降到最低程度和保障三峡工程建设的目标。为总结重庆库区文物保护经验，推动我国文物保护事业发展，经重庆市文物局委托，中国国家博物馆承担了"三峡工程重庆库区文物保护总结性研究"课题，经研究人员系统研究，形成《三峡工程重庆库区文物保护总结性研究报告》，并以《二十年——三峡工程重庆库区文物保护总结性研究（1992—2011年）》为书名出版。

本书以国务院三峡建委办公室组织的"三峡工程文物保护总结性研究"课题的研究成果为基础，以重庆库区取得的文物保护成果为素材，根据重庆库区文物保护工作的实际，以研究的方式形成。

为加强领导，提高课题的研究质量，成立了以王川平、程武彦为组长，以徐光冀、张威、幸军、杨林为副组长的课题领导小组，成立了以郝国胜为组长的课题组。

在课题的研究中，研究人员深入库区逐区县进行调研，获取了大量第一手资料。为使课题研究符合实际，邀请工作在第一线的专业人员参加基础研究和基础资料收集工作。

本书的形成，得到了国务院三峡建委办公室和国家文物局的正确领导，得到了重庆市文物局、重庆市文广局三峡文物保护工作领导小组、重庆中国三峡博物馆、重庆市文化遗产研究院的大力支持。

  雷鸣山、宋原生、吕章申、徐光冀、黄克忠、黄德林、罗元华、黄振春、关强、刘真、王川平、幸军、张威、程武彦、倪莉、张磊、刘豫川、柳春鸣、杨林、邹后曦、邵卫东、王建国、袁泉、戴向明、袁东山、白九江、谭京梅、杨小刚、代玉彪、程敏、袁学敏、甘禄珍等同志对本书的形成给予了多方指导和帮助，在此一一致谢。

编者

2012年3月